Die Terroristenjägerin

Die Originalausgabe ist 2003 unter dem Titel »Terrorist Hunter.
The Extraordinary Story of a Woman Who Went Undercover
to Infiltrate Radical Islamic Groups Operating in America«
bei HarperCollins, New York, erschienen.

Umwelthinweis:
Dieses Buch und der Schutzumschlag wurden
auf chlorfrei gebleichtem Papier gedruckt.
Die Einschrumpffolie (zum Schutz vor Verschmutzung)
ist aus umweltschonender und recyclingfähiger PE-Folie.

1. Auflage
© 2003 by HarperCollins Publishers
© der deutschsprachigen Ausgabe 2003 by C. Bertelsmann Verlag, München,
einem Unternehmen der Verlagsgruppe Random House GmbH
Umschlaggestaltung: Design Team München
Satz: DTP im Verlag
Druck und Bindung: GGP Media, Pößneck
Printed in Germany
ISBN 3-570-00756-1
www.bertelsmann-verlag.de

Die Terroristenjägerin

Wie ich das Netzwerk des islamistischen Terrors aufdeckte

Aus dem amerikanischen Englisch
von Michael Bayer, Norbert Juraschitz
und Ursula Pesch

C. Bertelsmann

Für Mama und Papa

Dies ist eine wahre Geschichte. Sie ist wahr, weil ich mich genau an sie erinnere und weil Unmengen von Dokumenten und Aussagen, Audio- und Videobändern meine Erinnerungen bestätigen.

Einige charakteristische Kennzeichen an verschiedenen Personen und Ereignissen wurden geändert, damit die beteiligten Personen nicht gefährdet und laufende Ermittlungsverfahren nicht behindert werden.

Wenn eine Person oder ein Ort mit vollem Namen genannt wird, so handelt es sich um den richtigen Namen. Jedes Mal, wenn nur der Vorname angegeben wird, kann es auch ein fiktiver Name sein.

Sonstige Ähnlichkeiten mit irgendwelchen lebenden Personen sind durchaus beabsichtigt.

Inhalt

1. Kapitel

Die Flucht

Die Kinder, die die Bühne betreten, sehen in ihren roten, grünen und weißen Kostümen richtig süß aus. Dieses Stück scheint weniger bedrohlich zu werden als andere Ereignisse auf der Konferenz. Vielleicht wird es sogar lustig. Ich brauche dringend eine Abwechslung. Ich spüre, dass ich noch mehr tiefsinniges Gerede nicht ertragen würde, nicht an diesem Abend, und ich genieße die Unbeschwertheit. Es war ein langer Tag. Es waren drei lange Tage, und ich bin müde.

Die Aufführung der Kinder ist Teil der Schlussfeier der Konferenz. Wie jedes Jahr wurde das dreitägige Treffen auf Thanksgiving gelegt. Gewiss, ich musste dabei sein, musste arbeiten, aber eigentlich hätte ich nicht auf das freie Wochenende mit meiner Familie verzichten wollen. Also habe ich sie kurzerhand mitgenommen. Nun sind wir hier seit vier Tagen zusammen in einem Hotelzimmer und haben so wenigstens die Abende gemeinsam.

Vor vier Tagen fuhren mein Mann Leo, unsere drei Kinder und ich in unserem alten Van von New York nach Chicago. Wir haben 13 Stunden gebraucht. Ich wollte ohnehin nicht fliegen. Ich fliege nicht gern. Mein Gynäkologe versicherte mir zwar, es sei in diesem Stadium der Schwangerschaft absolut unbedenklich zu fliegen, doch ich fühlte mich im Auto wohler. Und auch wenn Leo und die Kinder während der letzten Tage die meiste Zeit nicht bei mir waren, gab es mir doch ein Gefühl der Sicherheit, sie in der Nähe zu wissen.

Jeden Morgen bin ich früh aufgestanden und habe mich für den Tag fertig gemacht. Ich musste früh aufstehen, weil ich fast eine Stunde zum Ankleiden brauche. Inzwischen ziehe ich diese muslimischen Gewänder – meine Tarnung – zwar schon eine

9

ganze Zeit lang wenigstens zwei Mal in der Woche an, aber all die Einzelteile sind immer noch unbequem und schwierig zu arrangieren. Jeden Morgen habe ich gegen den Wunsch angekämpft, im Bett zu bleiben. Mein Körper schreit nach Schlaf, weil meine ungeborene Tochter immer mehr von meiner Energie in Anspruch nimmt.

Stattdessen bin ich aufgestanden, habe mir das Gesicht gewaschen und angefangen, mich für den Tag anzukleiden. So müde, wie ich zurzeit bin, musste ich doppelt aufpassen, die Gewänder korrekt anzulegen. Solche Kleinigkeiten sind wichtig, wenn das Kostüm authentisch wirken und mich nicht verraten soll. Ich weiß, dass ich aussehe wie sie, spreche wie sie und sogar denke wie sie. Aber ein Fehltritt, ein falsches Wort, und ich könnte alles aufs Spiel setzen.

Hinzu kommt die Aufnahmeausrüstung. Je raffinierter und winziger sie ist, desto umständlicher und schwieriger ist sie anzubringen. Ich verstecke die Geräte immer unter den Kleidern, direkt unter meinem dicken Bauch, das ist der sicherste Platz. Die Drähte drücken gegen den Unterleib und machen die Apparatur noch unbequemer, aber das muss so sein. Sie sichern den Rekorder. Er darf nicht herunterfallen, nicht einmal verrutschen. Getrennt gingen Leo und ich jeden Morgen zu unserem Van am anderen Ende des Parkplatzes. Dann fuhr er mich zum Hotel Ramada Plaza in einem der Suburbs von Chicago.

In allen Räumen, in denen die Konferenz stattfindet, ging es hoch her. Das Übliche: Dschihad, Märtyrertum, Tod den Juden, die mir so vertrauten Hasstiraden. Aber an diesem letzten Tag geschah etwas Außergewöhnliches. Während ich in dem überfüllten Saal saß, hörte ich auf der linken Seite, wo die Männer sich aufhalten, plötzlich einen Tumult. Wir Frauen und Kinder drängten uns auf der rechten Seite des großen Saals, gemäß der Sitte von den Männern getrennt. Von links kreischte jemand: »Du bist kein Bruder! Hinaus mit dir!« Vor Angst wagte ich nicht einmal, den Kopf zu drehen. Der Lärm brach nicht ab, es folgte ein Streit, Geräusche eines Kampfes, viele wütende Stimmen, Gegenstände wurden umhergeschoben, dann Stille. Ich wagte es immer noch nicht, den Kopf zu heben und mich umzusehen. Eine muslimische Frau sollte sich niemals in Männerangelegenheiten einmischen. Außerdem konnte es niemand von meinen Leuten sein, denn ich nehme auf eigene Faust an dieser Konferenz teil. Vielleicht war es ein Journalist, weil ich einen Mann das Wort »Rekorder« zischen höre. Wer immer der Störenfried war, ich hoffe, er wurde nicht ernsthaft verletzt.

Wieder hörte ich wütende Stimmen. Jemand brüllte: »So eine Frechheit! Was glauben sie, wer sie sind? Den Nächsten, den wir finden, werden wir zerreißen! Keine Aufnahmen in diesem Saal, das gilt für alle! Wir meinen es ernst!« Mein Herz schlug wie verrückt, der Schweiß brach mir aus allen Poren. Ich betete zu Gott, dass der Schweißausbruch dem 5000 Dollar teuren digitalen Camcorder und dem zusätzlichen Audiorekorder nichts ausmachen würde und dass nichts schief ging. Mich selbst in Gefahr bringen, war eine Sache, aber mein Baby zu gefährden … Außerdem, wenn man mich entdeckte, würde ich eine solche Aktion nicht noch einmal durchführen können.

Der Rest des Tages verlief Gott sei Dank ohne besondere Vorkommnisse. Die Vorträge des heutigen letzten Tages waren allgemein, harmlos, alles wirkte sehr friedlich, nicht vergleichbar mit den erschreckenden Äußerungen beim gestrigen Freitagsgebet. Nun, da sich der Tag dem Ende zuneigt, atme ich erleichtert auf. Einmal hätte ich es fast bereut, hierher gekommen zu sein, aber immerhin habe ich in den letzten drei Tagen erstaunliches Material zusammengetragen. Selbst Max, mein Chef, der sich in der Regel mit Lob zurückhält, wird zufrieden sein. Beim Anblick dieser muslimischen Kinder, die in die leuchtenden Farben der palästinensischen Flagge gekleidet sind und ihre Aufführung fortsetzen, durchströmt mich so etwas wie ein Wonnegefühl, eine wohltuende Erleichterung. Hinter der Bühne bereiten Männer eine große gelbe Kulisse vor. Ich starre auf die Kulisse, auf die leuchtend gelben Scheinwerfer, und meine Augen sind ganz von der Farbe erfüllt. Die kleinen Kinder erinnern mich an Klassenkameraden aus meiner Kindheit … gerade so, als würden sie auf der Bühne meiner ehemaligen Schule auftreten …

Die gelben Sanddünen am Rand von Basra bekamen ihren karminroten Schleier erst, wenn sich die Frühlingssonne langsam und majestätisch dem Horizont zuneigte. Die Dämmerung war in Rot- und Brauntönen gehalten. Der Sonnenaufgang hingegen bot ein herrliches Schauspiel, wenn die rasch aufsteigende Scheibe schon bald die fernen Schornsteine der Raffinerien überragte und sie in ein leuchtendes Gelb tauchte. Die Wüste rings um unsere Stadt war gelb. Die in der Hitze wabernde Luft war gelb. Selbst der Himmel über uns war ein sengendes Gelb. Die Häuser aus getrocknetem Lehm waren gelbbraun. Die wenigen Sträucher, die dort wuchsen, waren gelb, genau wie die Palmen, die leuchtend gelbe Früchte trugen. Selbst die Hühner im Hinterhof meines Großvaters waren mehr gelb als weiß.

Ich fragte mich zwar, ob mein älterer Bruder Ron die Gelbtöne genauso mochte wie ich, aber ich sprach ihn nie darauf an, denn ich stellte sie mir gern als meine heimlichen, vertrauten Freunde vor: Wenn ich ihn gefragt hätte, dann wäre mein Geheimnis aufgedeckt worden. Gelbe Farbtöne spielten in meiner Kindheit eine wichtige Rolle, und sie zählen zu den lebhaftesten Erinnerungen, die ich an meine früheste Jugend habe. Meine Kindheit zerfällt in drei Teile: Alles was vor dem Ereignis geschah, was danach geschah, und was geschah, nachdem ich den Irak verließ und an einen Ort reiste, von dem ich in Basra noch nie etwas gehört hatte.

Wenn ich mit Ron von der Schule kam, begrüßte ich die länger werdenden Schatten, die schleichenden Brauntöne und die ominösen Schwarztöne des anbrechenden Abends. So sehr ich die gelben Tage von Basra liebte, flüsterten die dunkleren Farbtöne mir doch »Nacht« zu. Nacht hieß kühlere Luft, Abendessen mit der Familie und keine Schule mehr. Die Schule ging von acht Uhr morgens bis sechs Uhr abends, und je näher der Sommer rückte, desto anstrengender wurde der Unterricht. Vierzig Kinder brüteten in einem kleinen Lehmgebäude ohne Klimaanlage unter der Wüstensonne. Das hieß lange, qualvolle Stunden im Klassenzimmer, und in der Luft hing ein strenger Schweißgeruch.

Mein Bruder und ich beklagten uns nie, weil wir wussten,

dass wir zu den Glücklichen zählten. Ende der Sechzigerjahre mussten im Irak viele Kinder in unserem Alter bereits arbeiten. Sie führten Arbeiten aus, die sogar doppelt so großen und vier Mal so alten Menschen schwer fielen. Sie schufteten von morgens bis abends unter der sengenden Sonne und verdienten gerade mal ein paar Pennys pro Woche. Und wenn sie Pech hatten, wurden sie abends dann noch von ihren Eltern geschlagen und bekamen kaum etwas zu essen. Ron und ich konnten froh sein, und wir wussten das. Mir gefiel meine Schule, und ich ging gern hin. Genau genommen wollte ich sogar schon in die Schule, bevor ich alt genug war. Mama und Papa mussten den Schulleiter überreden, dass ich es schaffen würde. Es war eine private Schule mit überwiegend christlichen Kindern und einigen wenigen jüdischen wie wir. Was uns vereinte, war der Umstand, dass alle unsere Eltern das horrende Schulgeld zahlen konnten, das die Schule für ihr ausgezeichnetes Lehrangebot verlangte. Kein muslimisches Kind ging auf unsere Schule. Die meisten muslimischen Familien konnten es sich nicht leisten, und diejenigen, die es sich hätten leisten können, schickten ihre Kinder nicht dorthin. Denn die Trennung von den einheimischen, muslimischen Kindern funktionierte für alle beteiligten Parteien bestens und war in Basra seit Generationen Tradition. In meiner Schule dienten Muslime als Pförtner, Haushälter, Köche und Wächter, unter den Lehrern fand sich jedoch kein Einziger. Die Lehrer waren überwiegend Christen, meist aus Europa. Sie waren sehr gut und erhielten Gehälter nach europäischem Maßstab, zehn Mal so viel wie irakische Lehrer sich erhoffen konnten. Unsere Eltern zahlten gern für diese Erziehung, zu der Naturwissenschaft, Kultur, Kunst und Sprachen zählten. Im Alter von sechs Jahren sprachen die meisten von uns bereits ein wenig Englisch und einige Französisch. Kein Koran, kein Islam, kein Dschihad, keine »heiligen« Ansichten von einer durch und durch bösen und korrupten nichtmuslimischen Welt, die hinter der Grenze unseres Vaterlandes lauert. Unsere Lehrer kamen von dort draußen und waren sehr weltlich. Die Schule war ein kleiner intellektueller Hafen in einem Meer des Analphabetismus, der Armut und des keimenden islamischen Fundamentalismus.

Unsere jüdische Enklave in Basra war ein Überbleibsel der einst blühenden Diaspora in Babylon. Die jüdische Gemeinde im Irak zählt zu den ältesten der Welt. Nach der Überlieferung wurde Abraham, der Stammvater des jüdischen Volkes, vor rund 4000 Jahren im Süden des Irak geboren, in der Stadt Ur in Chaldäa. In jene fruchtbare Ebene Mesopotamiens zwischen Tigris und Euphrat, dem heutigen Irak, verlegt die Bibel den Anfang aller Zivilisation. Damals sprachen laut dem Buch Genesis alle Bewohner der Erde die gleiche Sprache mit nur wenigen Worten. Dann beschlossen die Menschen, eine Stadt mit einem Turm zu bauen, der so hoch war, dass er bis in den Himmel reichen würde. Gott zürnte ihnen aber wegen dieses Größenwahns und verwirrte ihre Sprache, sodass sie sich nicht mehr untereinander verstanden. Die Stadt Babylon (»Babel« ist das hebräische Wort für »Verwirrung«) wurde aufgegeben, und die Menschen verstreuten sich in alle Himmelsrichtungen.

Im 6. Jahrhundert v. Chr. eroberte der babylonische König Nebukadnezar das Königreich Juda und befahl die Zerstörung des ersten Tempels von Jerusalem. Der größte Teil der Bewohner Judas wurde nach Babylon ins Exil geführt. Mehrere Jahrhunderte lang schwankte die Lage der Juden in der babylonischen Diaspora zwischen gewaltsamer Verfolgung und erträglichen Lebensbedingungen. Wie üblich mussten Juden (wie alle Nichtmuslime) zwar eine Sondersteuer, die so genannte *Jizya*, entrichten und unterlagen gewissen Beschränkungen, aber viele kamen zu Wohlstand, und einige errangen sogar hohe Stellungen. Unter osmanischer Herrschaft und britischem Mandat verbesserte sich ihre Lage, aber als der Irak 1932 unabhängig wurde, ging es mit den Juden im Irak rapide bergab.

Viele verließen illegal das Land. Im Jahr 1950 legalisierte das irakische Parlament die Auswanderung nach Israel. Kurz darauf holte die Sokhnut oder Jewish Agency, eine internationale Organisation, die den Staat Israel und die Einwanderung unterstützte, gemeinsam mit der israelischen Regierung gut 130 000 irakische Juden per Flugzeug nach Israel. Die Operation wurde »Esra und Nehemia« genannt, nach den beiden jüdischen Führern, die um 450 v. Chr. eine Massenauswanderung aus dem Exil zurück nach Israel organisierten. Das war praktisch das Ende der babylonischen Diaspora. Bereits 1952 lebten im Irak weniger als 6000 Juden. Heute ist es nur noch eine Hand voll. Wie bei den meisten großen Migrationswellen zögerten diejenigen, denen es gut ging, am längsten mit der Ausreise. Einige Geschwister meiner Mutter reisten nach Europa aus. Die meisten Angehörigen meiner Eltern waren jedoch reich und konnten sich nicht dazu durchringen, das Land zu verlassen, vor allem weil die irakische Regierung den Ausreisenden nicht nur die Staatsbürgerschaft entzog, sondern auch ihr gesamtes Vermögen beschlagnahmte. Unsere Familien wollten diesen Preis nicht zahlen. Der Preis, den wir am Ende zahlten, war viel schrecklicher.

Laute Musik reißt mich aus meinem Tagtraum. Ich sehe zu den Kindern auf der Bühne auf. Wie Pfadfinder, auf muslimische Art, führen sie traditionelle arabische Tänze vor, stampfen mit ihren Füßen auf die Holzbühne, die Arme vorgestreckt, aber in ihren Bewegungen ist keine Freude. Dann führen sie eine neue Nummer auf, sie heißt: »Wie ich Märtyrer werde«.

In wenigen Wochen geht das zweite Jahrtausend zu Ende, eine Ära, in der die Menschheit schwere Krankheiten ausrottete, die Kernenergie nutzbar machte, Weltraumreisen fast schon zur Routine werden ließ und das menschliche Genom erforschte. Aber im Hotel Ramada Plaza in einem Chicagoer Vorort spielen arabisch-amerikanische Kinder Szenen nach, in denen sie Juden töten und selbst zu Märtyrern werden. Sie sind noch so jung und doch schon erfüllt von diesem Jahrhunderte alten Hass. Die Art, wie sie ihren Zorn auf der Bühne darstellen, lässt einem das Mark in den Knochen gefrieren. Und ich dachte, es könnte lustig werden! Ich hoffe, dass mein Camcorder noch läuft, aber ich bin zu erschöpft, mir darüber den Kopf zu zerbrechen. Einmal mehr verschmelzen Gegenwart und Vergangenheit miteinander. Meine Gedanken schweifen zurück zum Irak. Wie stark unterschieden wir uns doch von diesen Kindern auf der Bühne, wie naiv waren wir. Und wie viel Glück hatten wir, dass wir überhaupt so weit gekommen waren.

Mein jüngerer Bruder Jonathan war noch zu jung für die Schule. Vielleicht wäre er ein Jahr später in die Schule gekommen, aber damals war er noch zu Hause bei seinem Kindermädchen, der *nana*. Ron und ich hatten unsere *nanas* längst hinter uns gelassen – Mama sagte, wir wären zu alt für sie –, aber ich mochte meine immer noch. Sie war eine liebenswerte, alte, einfache Mohammedanerin, die mir vor dem Schlafengehen immer unheimliche Gespenstergeschichten erzählte. Sie meinte es bestimmt gut. Sie erzählte mir, wie sie ihre eigenen Kinder Jahre zuvor mit denselben Geschichten ins Bett gebracht hatte. *Nana* nahm mich immer in Schutz, wenn ich es mit meinen Streichen zu weit getrieben hatte. Im Schulalter bekamen wir dann statt der Kindermädchen eigene Diener. Sie kümmerten sich zwar aufmerksam um uns, aber ich kam mit meinem überhaupt nicht zurecht. Er hatte einfach keinen Humor.

Ron tat sein Bestes, mir Unannehmlichkeiten zu ersparen, genau wie meine *nana,* aber das war ein hoffnungsloses Unterfangen. Papa sagte immer, ich sei ein verkapptes Teufelchen. Mein Vater reiste viel und brachte uns regelmäßig Geschenke mit, wenn er zurückkehrte. Wenn Papa auf Reisen war, hatte ich stets Albträume, in denen er wegging und nicht zurückkam. Ich habe nie irgendjemandem von diesen Albträumen erzählt, schon gar nicht meiner Mutter. Ich hatte Angst, dass sie wütend auf mich würde, wenn ich es täte. Sie liebte meinen Vater sehr.

Ich wurde in Basra geboren und verbrachte dort die ersten Jahre meines Lebens, ohne die Stadt jemals zu verlassen. Als ich dort lebte, war Basra eine große Stadt mit fast zwei Millionen Einwohnern. Die Stadt war der größte Hafen des Irak, Endpunkt der Ölpipelines, und er verfügte über riesige Ölraffinerien. Wie viele andere Städte, die vom Erdöl profitierten, blühte die Stadt auf. Sie kann auf eine großartige Geschichte zurückblicken und wurde, wie es heißt, von dem legendären Kalifen Omar im 7. Jahrhundert gegründet. Basra nimmt sogar in den arabischen Nächten einen Ehrenplatz ein: Die meisten Geschichten in *Tausendundeiner Nacht* spielen in Bagdad und Basra. Von Basra aus brach Sindbad zu seinen sieben berühmten Seefahrten auf. Ich erinnere mich jedoch nur noch dunkel an unsere Wohngegend. Das liegt nicht etwa daran, dass ich ein schlechtes Gedächtnis hätte, im Gegenteil, es ist sehr gut.

Es kommt mir aber so vor, dass ein großer Teil meiner Erinnerungen nach dem Ereignis verloren ging. Die, die ich noch habe, werden von alten Fotos und Mamas Geschichten bestätigt. Sie ist eine hervorragende Erzählerin. Aber ich weiß nicht mehr recht, welche Erinnerungen an Basra meine eigenen und welche die von anderen sind.

In den Achtzigerjahren, als meine Familie und ich die Stadt längst verlassen hatten, schien Basra das Glück zu verlassen. Während des iranisch-irakischen Krieges wurden die Ölraffinerien schwer beschädigt. Dann kam der Golfkrieg. Was von der Stadt noch übrig war, wurde von den Bomben der Alliierten zerstört, die Ölproduktion kam zum Erliegen. Aus einem mächtigen Industrie- und Handelszentrum wurde ein von Armut, Hunger und Seuchen geplagtes Elendsviertel im Süden des Irak – Saddam Hussein lässt grüßen. Die Stadtbevölkerung ging um mehr als die Hälfte zurück, und die vom verseuchten Wasser vergifteten Kinder sterben an Krebs. Ein großer Teil des Irak liegt heute in Trümmern, aber ich kann kein Mitleid empfinden. Die Iraker haben mir sehr wehgetan. In meinen Augen ist es göttliche Gerechtigkeit.

So glücklich meine Familie sich damals auch schätzte – ein privilegiertes Leben im Irak lässt sich überhaupt nicht mit einem privilegierten Leben in Amerika vergleichen. Das Leben dort war einfach und brutal, aber damals wusste ich nichts davon. An jenem Frühlingsabend, auf dem Heimweg von der Schule, war ich ebenso glücklich und sorglos wie die Hühner meines Großvaters. Ich hatte keine Ahnung, was uns bevorstand und dass unsere ganze Welt in Kürze einstürzen sollte. Ich rief Ron zu: »Wer als Erster beim Haus ist!« Wir rannten, lachten und erreichten völlig außer Puste das Tor, wo ein Butler uns erwartete. Wir waren glücklich.

Beim Abendessen saßen Mama und Papa, die inzwischen fast zehn Jahre verheiratet waren, lächelnd nebeneinander. Man sah ihnen an, dass sie sich noch immer innig liebten. Mama stammte aus einer sehr reichen Familie, einer der reichsten im Irak. Ihr Vater lebte in einer großen Villa im nobelsten Teil Basras, zusammen mit seinen vier Frauen und ihren Kindern – meinen Onkeln und Tanten – und einer großen Dienerschaft. Meine Großmutter war die letzte Frau und, laut meiner Mutter, seine Lieblingsfrau. Mama hatte zehn richtige Geschwister und 30 Halbbrüder und -schwestern. Der ganze Clan lebte unter einem sehr großen Dach zusammen. Getreu der damaligen irakischen Sitte wollten alle, die es sich leisten konnten, und sogar viele, die es sich nicht leisten konnten, unbedingt eine große Nachkommenschaft. Mit seinen 40 Kindern erfüllte mein Großvater sich diesen Wunsch.

Er war der einzige *shohet* oder Schächter in unserer Gemeinde – jemand, der gelernt hat, Tiere so zu schlachten, dass ihr Fleisch koscher ist. Das war eine nebenberufliche Tätigkeit, die ihm ein zusätzliches Einkommen sicherte, aber es war keineswegs die einzige Quelle seines Reichtums. Er schlachtete die Hühner immer vor uns Kindern im Hinterhof. Wir ekelten uns davor, und er schien sich über unseren Ekel zu amüsieren. Er nannte uns Schwächlinge und trieb manchen Schabernack mit uns. Ich glaube, ihm machte das Töten wirklich Spaß. Ich erinnere mich noch gut an die grausamen Szenen: Die gelben Hühner tummelten sich im Hof, mein Großvater jagte ihnen hinterher. Wie er grinste, wenn er eins erwischt hatte, wie er dem zappelnden Vogel den Kopf abschnitt, und wie der Rumpf des Huhns noch Sekunden lang ohne Kopf umherrannte und überall Blut verspritzte. Das Schauspiel war surreal, gruselig und dabei fast schon komisch, aber wenn das warme Blut einen traf, war das überhaupt nicht witzig, von dem Geruch ganz zu schweigen. Es löste in mir eine heftige Empfindung des Todes aus, als wäre ich an einem Punkt ohne Wiederkehr, in einer widerlichen Finsternis. Die gelben Hühner wurden rot.

Im Harem meines Großvaters kannte jeder seinen Platz in der Hierarchie, und es gab selten Streit. Obwohl meine Großmutter die Lieblingsfrau war, nahm Mama, die jünger war als ihre meisten Halbschwestern, keinen hohen Posten in der Rangordnung des Hauses ein. Großvater war geizig, und Mama musste viele Hausarbeiten machen, die eigentlich Bediensteten vorbehalten waren. Sie half bei der Erziehung ihrer jüngeren Geschwister mit. Doch sie war zufrieden, weil in ihren Augen, wie in denen der meisten Haushaltsangehörigen, das Leben seinen vorgeschriebenen Gang nahm. Als Mama achtzehn wurde, beschloss sie, ihren Nachbarn zu heiraten, einen jungen, stattlichen und wohlhabenden Geschäftsmann. Sie kannten sich schon seit ihrer Geburt und liebten sich sehr. Mamas Entscheidung musste geheim gehalten werden, als mein Vater bei Großvater um die Hand anhielt, weil sie nach damaliger Sitte dabei nicht gefragt wurde. Eine Eheschließung musste zwischen dem angehenden Bräutigam und dem Vater der Braut vereinbart werden. Die Braut hatte nichts zu melden. Und genau wie bei anderen geschäftlichen Transaktionen wurde ein Handel geschlossen: Der Bräutigam bewies, dass er imstande war, für die Braut zu sorgen, und der Vater revanchierte sich mit einer angemessenen Mitgift. Traditionell wurden Qualifikation und Charakter des Bräutigams am Ansehen seiner Familie gemessen. Da die Familie meines Vaters in der Gemeinde ein ebenso hohes Ansehen wie die meiner Mutter genoss, wurde man sich rasch einig.

Nach der Heirat zogen Mama und Papa in ein Haus, das weniger als einen Block von dem Ort ihrer Kindheit entfernt lag. Es war nicht so groß wie das meines Großvaters, aber es war moderner und viel nobler. Es hatte sogar eine Klimaanlage – ein moderner Luxus, der damals im Irak noch eine Seltenheit war. Nicht einmal Großvater hatte in seiner Villa eine. Mama leitete unser Haus, und das Personal erledigte alle Arbeiten. Sie musste nie wieder Hausarbeiten machen, wurde nie wieder herumgeschubst – und es sah nicht so aus, dass Papa sich noch eine Frau nehmen würde. Mein Vater war anders als Großvater. Er war sanft, liebenswürdig und entspannt.

Etwas mehr als ein Jahr nach ihrer Heirat kam Ron auf die Welt. Im Irak wurde damals eine Geburt weniger als neun Monate nach der Hochzeit nicht geduldet und hätte ernste Konsequenzen gehabt. Knapp zwei Jahre nach Ron wurde ich geboren, und nach weiteren zwei Jahren kam Jonathan auf die Welt. Ron und Jonathan ähnelten meinem Vater. Sie waren stille, wohlerzogene, entzückende Kinder. Ich hingegen hatte mehr von meinem Großvater geerbt. Ich war, was man gemeinhin »aktiv« nannte. Die Leute fanden auch eine Unzahl anderer Adjektive, zum großen Teil ebenso euphemistisch: schelmisch, wagemutig, unternehmungslustig, neugierig, aufsässig, einfallsreich, keck, frech – kurz, ein Plagegeist. Keine einzige dieser Charaktereigenschaften passte zu einem süßen kleinen Mädchen mit schwarzen Zöpfen im Irak der Sechzigerjahre.

Ich wurde zu einem regelmäßigen Gast in der Notaufnahme, und nur mein Schutzengel bewahrte mich vor ernsten Verletzungen. Einmal trank ich eine Flasche Parfüm zu 60 Dollar aus. Dann wollte ich Holzscheite aus dem Kaminfeuer retten. Die Scheite wurden gerettet, aber ich verbrannte mir die Hände. Zum Glück zog ein Diener mich von dem Kamin weg, bevor meine Finger noch länger brutzelten. Es dauerte lange, bis die Verbrennungen verheilten, aber es blieben keine Narben zurück. Dann kam ich auf die Idee, Nägel zu schlucken, ganze Hände voll. Einmal versteckte ich mich stundenlang in einem Schrank und stellte es mir besonders lustig vor, wenn meine hysterischen Eltern die Polizei riefen und die Ermittlungen wegen einer Kindesentführung aufgenommen wurden. Ein anderes Mal verbarg ich mich in einer Toilette und kaute einige Packungen Mottenkugeln. Im Rückblick war dies eine ausgezeichnete Methode herauszufinden, ob ich an dem G6PD-Mangel litt. Diese Enzymmangelerscheinung, auch Favismus genannt, ist eine im Nahen Osten verbreitete genetische Störung und kann nach der Aufnahme von Lebensmitteln wie Ackerbohnen und Substanzen wie Naphthalin zum Zerfall von Blutzellen führen. Offensichtlich trage ich zwar das entsprechende Gen in mir (und habe es an zwei meiner Söhne weitergegeben), leide aber nicht unter der Mangelerscheinung. Sonst wäre das mein letzter Streich gewesen. Ich dachte mir aber noch viele andere aus.

Armer Papa, er reagierte selbst überaus dramatisch auf diese Vorfälle. Jedes Mal, wenn er mich in einem gefährlichen Moment entdeckte, fiel er in Ohnmacht. Und das hatte Mama gerade noch gefehlt. Sie hatte schon genug mit ihrem kleinen Teufelchen zu tun.

Was war es, das mich zu solchen Sachen trieb? War es einfach Neugierde? Wollte ich Aufmerksamkeit erregen? Nicht, dass es mir daran gefehlt hätte. Mama und Papa liebten mich sehr, und das wusste ich. Ich war nie eifersüchtig auf Jonathan, weil er eine *nana* hatte, die sich um ihn kümmerte. Mama verbrachte mehr als genug Zeit mit mir. Lag es an meiner Unfähigkeit, meinem »schlechten Charakter« zu widerstehen? Oder war es der Wunsch, von der verbotenen Frucht zu kosten? Zum Teil nutzte ich schamlos aus, dass meine Eltern mir alles nachsahen, weil sie dankbar waren, dass ich einmal mehr mit dem Leben davongekommen war. Mein Talent, mir die unvorhersagbarsten und gefährlichsten Streiche auszudenken, war im Alter von vier Jahren voll ausgereift. Oft genug spielte ich die Streiche vor der Nase meiner Eltern oder Diener, die mich eigentlich sorgfältig im Auge behielten. Mit vier fing ich auch endlich an zu reden. Nicht, dass ich mich davor nicht hätte verständlich machen können, aber bis dahin hatte ich offenbar nicht das Gefühl, dass ich etwas Wichtiges zu sagen hatte. Oder vielleicht hatte ich einfach keinen Grund zur Klage. Mama schleppte mich zu mehreren Ärzten, aber keiner fand irgendetwas. Sie sagten, ich würde schon reden, wenn ich so weit wäre, und sie hatten Recht, und als ich einmal angefangen hatte, war ich nicht mehr zu bremsen. Bis heute kann niemand mich vom Reden abhalten, wenn ich etwas zu sagen habe.

Ganz gleich wo, warum oder wann, es dauert nur wenige Minuten, bis ich in den Mittelpunkt der Aufmerksamkeit, des Interesses oder eines Gesprächs rücke. Anfangs fiel mir das gar nicht auf. Aber am Anfang unserer Beziehung, als Leo und ich einmal von einer Party kamen, machte er mich darauf aufmerksam. Ich achtete nun darauf, und er hatte tatsächlich Recht. Kurz nach dem Beginn einer jeden Zusammenkunft scharten sich die meisten Teilnehmer um mich herum. Mir gefiel es, im Rampenlicht zu stehen, die Aufmerksamkeit auf mich zu ziehen. Das lag in meiner Natur. Leider kann diese Eigenschaft in der Branche, in der ich tätig bin, tödlich sein. Es dauerte Jahre, bis ich lernte, mich unter die Leute zu mischen, unbemerkt zu bleiben, in den Schatten zu verschwinden, den Mund zu halten.

In meiner frühen Kindheit zählte das jedoch nicht gerade zu meinen Talenten. An einem Spätsommerabend schliefen wir alle, auch Mama und Papa, wie so oft im Haus meines Großvaters. Wegen meiner Großmutter gingen wir gern dorthin. Sie zählt zu den herzlichsten Menschen, die ich jemals kennen gelernt habe. Da das Haus keine Klimaanlage hatte, schliefen wir in den Sommernächten auf dem Dach. Das Haus war zwar alt, aber es war aus Stein gebaut, nicht wie die Lehmhütten, in denen die meisten Menschen wohnten. Eine Festung, dachten wir, die ewig stehen würde. Wie die meisten Dinge in unserem Leben stand sie nicht ewig.

In jener Nacht schliefen wir alle – meine unmittelbare Familie, die Familie meines Großvaters, ein paar Cousins, Tanten, Onkel und einige Diener – auf dem Dach. Im Traum hörte ich einen Donner, dann kam ein Sandsturm auf, und dann sah ich die bleichen Gebeine aus dem Buch Ezechiel. Wie wir es in der Schule gelernt hatten, dachte ich in meinem Traum, so erhoben sich die Gebeine und trommelten auf mich ein … und dann wachte ich auf und erkannte, dass es gar kein Traum war. Es war auch kein Sandsturm. Das Dach war eingebrochen!

Man bekam kaum Luft, und ich sah weder Mama noch Papa – sah in dem Staub und in den Trümmern überhaupt nichts. Alle schrien. Eine lähmende Angst durchzuckte mich: Wo war Jonathan? Er war damals noch ein Baby! Mitten in den Schreien meiner Verwandten und der Diener hörte ich ihn weinen. Ich taumelte, so schnell ich konnte, durch die Trümmer und fand ihn. Soweit ich das beurteilen konnte, war er nicht verletzt. Gott sei Dank überlebten alle den Einsturz mit nur kleinen Beulen und Kratzern. Ich lächelte Jonathan an und nahm ihn auf den Arm, und er lächelte zurück. Ich begriff, was soeben passiert war. Mit meinem kleinen Bruder auf dem Schoß kam mir die ganze Situation unglaublich komisch vor. Ich fing an zu lachen. Jonathan hatte sich in meinen Armen beruhigt und lachte auch. Das machte das Ganze noch komischer, und jetzt brüllte ich vor Lachen.

Mein Großvater hingegen kochte vor Zorn. Nachdem die Konstruktion nachgegeben hatte und alle heruntergepurzelt waren, dachte er eher an die Kosten der Reparatur als an unsere Gesundheit. Mein hysterisches Gelächter brachte das Fass zum Überlaufen. Er wollte sich auf mich stürzen, als wäre ich eines seiner Hühner. Papa hielt ihn zurück, dann konnte er sich nicht mehr beherrschen und lachte auch. Schon bald lachten alle aus vollem Hals, nur Großvater war fuchsteufelswild und behauptete allen Ernstes, ich hätte etwas mit dem Einsturz zu tun. Erst als Papa versprach, sich an den Kosten für die Reparatur zu beteiligen, beruhigte Großvater sich wieder.

Trotz des Vorfalls mit dem Dach und meiner zahlreichen Besuche in der Notaufnahme schien das Leben für meine Familie einen ruhigen, angenehmen Gang zu gehen. Papa war, was wir einen *Tajjer* nannten, ein Kaufmann. Ihm gehörte eine Handelskompanie, die außerordentlich gut lief. Er begab sich immer öfter geschäftlich auf Reisen, und als Folge dieser Reisen ging es unserer Familie finanziell besser als je zuvor.

Doch unter dem ruhigen Lauf der Dinge verbarg sich ein drohendes Unheil. Vielleicht waren wir aber auch zu blind, um zu bemerken, was bevorstand. Wir übersahen die Schrift an der Wand. Christen und Juden in arabischen und anderen muslimischen Ländern waren von der im Grunde intoleranten Mehrheit stets nur geduldet worden. Doch genau wie Kansas regelmäßig von Tornados und Afrika immer wieder von Hungersnöten heimgesucht wird, müssen Nichtmuslime in den meisten arabischen Ländern immer wieder mit Krawallen, Pogromen und Mord rechnen. Immer sind es die Nichtmuslime, denen die Schuld an Schwierigkeiten eines Landes in die Schuhe geschoben wird. Wir betrachteten uns zwar als Iraker, aber gleichzeitig waren wir *keine* Iraker. In guten Zeiten, wenn es ruhig war in der Region, dann vergaß man leicht, wie schnell der Boden unter den Füßen brennen konnte. Natürlich ist es im Nachhinein leicht zu sagen, »wenn« und »hätten«, oder »hab' ich es nicht gesagt«. Aber in der Geschichte haben die Menschen immer wieder offensichtliche Vorzeichen eines bevorstehenden Unheils falsch gedeutet: der Fall des Römischen Reiches, der Holocaust, Pearl Harbor, 11. September. Bei einer nachträglichen Analyse stellte sich immer heraus, dass alle diese Katastrophen hätten vorhergesagt und vielleicht sogar vermieden werden können. Wie die meisten Menschen versuchte mein Vater optimistisch zu bleiben, die Zeichen, die er sah, nach seinem eigenen moralischen Gerüst zu deuten – und hielt sich an die Vogel-Strauß-Methode. Vermutlich dachte er: »Das ist so unvorstellbar, es wird nie geschehen.«

Dabei geschieht es immer wieder.

Die Ereignisse vom Juni 1967 waren der Katalysator für das Schicksal meiner Familie. Damals war ich jung und wusste nichts von Politik. Israel spielte für uns keine Rolle, unsere Heimat war der Irak. Erst viele Jahre später erfuhr ich, was sich damals ereignet hatte und was die tieferen Ursachen der Geschehnisse waren. Am 14. Mai 1948 hatte der Staat Israel seine Unabhängigkeit erklärt. Sieben arabische Armeen griffen daraufhin die israelischen Grenzen an und bombardierten die großen Städte. Azzam Pascha, der damalige Generalsekretär der Arabischen Liga, gab das eigentliche Ziel der Invasion bekannt: »Es wird ein Ausrottungskrieg und ein gewaltiges Blutbad sein, von dem man einst sprechen wird wie von den Blutbädern der Mongolen oder der Kreuzzüge.« Der neu geborene Staat kämpfte um sein Leben, und es gelang ihm, gegen eine zahlenmäßige Übermacht nicht nur zu siegen, sondern auch ägyptische und jordanische Gebiete zu besetzen. Diese beiden Länder sowie Syrien, Libanon und Irak sollten diese Demütigung nie vergessen.

Gamal Abdel Nasser, der erste ägyptische Präsident, war in den Augen seines Volkes ein Held. Er war nach dem Sturz des Regimes von König Faruk an die Macht gekommen und hatte 1964 vor der Nationalversammlung der Vereinigten Arabischen Republik erklärt: »Die Bedrohung durch Israel liegt in seiner eigentlichen Existenz und in dem, was es repräsentiert.« Treffender hätte man es nicht ausdrücken können. Die arabische Welt beklagte sich weniger über Palästina oder die Flüchtlinge, nicht über die seit 1948 besetzten Gebiete, noch über die Allianz Israels mit den Vereinigten Staaten zu einer Zeit, als alle arabischen Länder sich auf die Seite der Sowjetunion stellten. Der eigentliche Grund, die Ursache ihrer Klage war ganz einfach die Tatsache, dass Israel existierte. Es war modern, weltlich, fanatisch demokratisch – schlimmer noch: Es war ein Land, das den Westen und seine Wertvorstellungen von Freiheit und Fortschritt massiv unterstützte. Für die arabischen Staaten, die an Israel angrenzten, hätte die Hinnahme seiner Existenz bedeutet, eine Katastrophe heraufzubeschwören. Am Ende würden Männer womöglich ihre Bärte abrasieren, Frauen in aller Öffentlichkeit ohne Schleier gehen oder, schlimmer noch, lesen lernen, und schließlich – Allah, der Allmächtige, bewahre! – könnte man an jeder Straßenecke Hamburger von McDonald's kaufen. Armageddon! Israel war für die Araber, was die Vereinigten Staaten für al-Qaida sind: ein Symbol des freien Willens, des technologischen Fortschritts, einer Gesellschaft, die sich auf Recht, Gleichheit, Meinungs- und Wahlfreiheit stützt. Israel musste vernichtet werden, bevor derartige Vorstellungen der Ungläubigen sich im Nahen Osten ausbreiten konnten.

Wir in den Vereinigten Staaten haben mit den Angriffen vom 11. September eine schreckliche Lektion in Sachen Terrorismus gelernt. Andere Länder wie Großbritannien, Spanien oder Indien leiden bereits seit Jahren oder Jahrzehnten unter Terroranschlägen. Aber in Israel gehörte Terror zum Alltag, schon bevor der Staat gegründet wurde. Mitte der Sechzigerjahre stieg die Zahl der von arabischen Ländern unterstützten Terroranschläge drastisch an. In weniger als zwei Jahren wurden über hundert tödliche Anschläge gegen unschuldige Zivilisten verübt. Gleichzeitig standen die Zeichen auf Krieg. An Israels Nordgrenze nahm Syrien Dörfer in Galiläa von den damals syrischen Golanhöhen aus unter Beschuss. In Ägypten hetzte Nasser weiter sein Volk auf und gab Äußerungen von sich wie etwa: »Wenn wir in Palästina einziehen, wird seine Erde nicht mehr von Sand bedeckt sein; sie wird von Blut getränkt sein«; oder: »Die volle Wiederherstellung des palästinensischen Volkes bedeutet die vollständige Vernichtung des Staates Israel … Unser unmittelbares Ziel ist es, die Militärmacht zu vervollkommnen. Unser nationales Ziel ist es, Israel auszulöschen.« Ägyptische Truppen nahmen auf der Sinai-Halbinsel Stellung an der israelischen Grenze, syrische Truppen bereiteten sich auf Kämpfe entlang der Golanhöhen vor. Nasser warf die UN-Friedenstruppe kurzerhand aus dem Sinai. Hafis Assad, der damalige syrische Verteidigungsminister, erklärte: »... die syrische Armee ist, mit dem Finger am Abzug, vereint. ... Die Zeit für einen Vernichtungskrieg ist gekommen.« Am 22. Mai 1967 sperrte Ägypten die Meerenge von Tiran, ein Verstoß gegen die UN-Konvention zur Regelung der Küsten- und Nachbarregion. Israelische Schiffe konnten weder ins Rote Meer einlaufen noch es verlassen. Seit 1956 hatte Israel das Recht gehabt, die Meerenge zu passieren, die Resolution war von 17 Mitgliedern der Vereinten Nationen unterstützt worden. Durch die ägyptische Blockade sollte die Ölversorgung Israels unterbrochen werden. Am 30. Mai unterschrieb König Hussein von Jordanien einen Beistandspakt mit Ägypten. Der irakische Präsident Abdur Rahman Aref schloss sich der Militärallianz an und verkündete: »Die Existenz Israels ist ein Irrtum ... Unser Ziel ist eindeutig: Israel von der Landkarte tilgen.« Kuwait, Algerien, Saudi-Arabien und Irak schickten Soldaten und Waffen an die Front. Und während die Vereinigten Staaten unter Präsident Lyndon B. Johnson und Frankreich, der zweite damalige Waffenlieferant Israels, ein Waffenembargo gegen Israel verhängten, steigerten die Sowjets ihre Lieferungen an die arabischen Länder.

In den Morgenstunden des 5. Juni 1967, eines Montags, startete die israelische Luftwaffe einen Angriff gegen ägyptische Flugplätze. Innerhalb von drei Stunden war die gesamte ägyptische Luftwaffe zerstört. Während des Angriffs erreichte König Hussein eine Botschaft, dass Israel nicht die Feindseligkeiten gegen Jordanien eröffnen werde. Als der jordanische Radar jedoch die israelischen Flugzeuge beim Rückflug von Ägypten erfasste, wurde den Jordaniern von den Ägyptern ausdrücklich versichert, dass es sich in Wirklichkeit um ägyptische Flugzeuge beim Angriff auf Israel handle. Auf diese Bestätigung hin beschoss Jordanien Westjerusalem, und eine starke jordanische Streitmacht stürmte den Palast des Hochkommissars von Palästina, das damalige Hauptquartier der UNO-Truppen in Jerusalem. Israel antwortete noch am selben Tag. Die Luftwaffe bombardierte das jordanische Geschwader – das noch am Boden war – und vernichtete es völlig. In derselben Operation wurden über zwei Drittel der syrischen Luftwaffe und zehn irakische Jagd-flugzeuge zerstört. An einem einzigen Tag vernichtete die israe-lische Luftwaffe folglich über 400 feindliche Flugzeuge und er-langte die absolute Luftherrschaft im Nahen Osten. Nach hef-tigen Bodengefechten, die ebenfalls lediglich einen Tag dauer-ten, nahm Israel ganz Jerusalem ein.

Nur sechs Tage lang wurde gekämpft, dann war der Krieg vorüber, der als Sechstagekrieg in die Geschichte einging. Er endete mit einem überwältigenden israelischen Sieg und der vernichtendsten Niederlage für arabische Armeen in der Ge-schichte. Israel besetzte die gesamte Sinai-Halbinsel und das komplette Westjordanland, das später »Westbank« genannt wurde. Am wichtigsten jedoch: Die heilige Stadt Jerusalem war, aus Sicht der Israelis, »befreit« und »vereint« worden, aus Sicht aller anderen Bewohner der Region hingegen wurde sie »be-setzt«. Israel beherrschte nunmehr eine drei Mal so große Flä-che wie noch eine Woche zuvor.

Der Irak blieb von dem Wirbelwind nicht verschont: Er ver-lor nicht nur zehn Jagdflugzeuge, sondern auch zwei Regimen-ter, die ihren arabischen Brüdern zur Seite stehen sollten. Schon auf dem Weg an die Front waren sie abgefangen worden. Die Überlebenden warfen ihre Waffen weg und rannten um ihr Leben.

Nach diesem Krieg brach sich der Antisemitismus Bahn, der im Nahen Osten schon immer geschwelt hatte. Da es den Ara-bern nicht gelungen war, den jüdischen Staat zu besiegen, nah-men sie an den schutzlosen jüdischen Nachbarn Rache – ganz ähnlich wie heute die Taliban. Hunderte von Juden in arabi-schen Ländern wurden ausgeraubt und gelyncht. Diesbezüglich wurde der Irak zum Vorbild der arabischen Welt. Saddam Hus-sein war damals Sicherheitschef für die Baath-Partei, die ein Jahr später die Macht im Irak übernahm. Schon damals war er be-kannt für seine Skrupellosigkeit und Machtgier: Nur drei Jahre später sollte er seinem Vetter, dem Generalsekretär der Baath-Partei, die Macht entreißen und selbst faktisch der mächtigste Mann des Irak werden. An diesem Punkt seiner Laufbahn galt es jedoch für ihn persönlich, eine Krise zu meistern: Er musste das Gesicht wahren. Die Vernichtung der irakischen Regimenter war für ihn besonders demütigend – ein vernichtender Schlag für das Prestige eines Egomanen. Hussein erklärte kurzerhand, die Truppe sei verraten worden, und er habe die Absicht, die Verräter aufzuspüren. Sofort hieben viele im Irak in die gleiche Kerbe, und all ihre Äußerungen hatten nur eines zu bedeuten: Es musste viel jüdisches Blut vergossen werden, um den nationalen Stolz wiederherzustellen.

Papa war ein idealer Sündenbock. Selbst ohne den Krieg hatten Saddam und sein Mob unzählige Gründe, jemanden wie ihn zu hassen. Er war jung, reich, angesehen. Sein Geschäft blühte. Er hatte eine prächtige Familie, viele Freunde in der Regierung, in der Armee, überall. In einigen Fällen reichten diese Freundschaften bis in die Grundschule zurück. Manche Bande zwischen den Familien bestanden schon seit zwei Generationen. Doch diese Freunde hatten einflussreiche Stellungen inne: in der Verwaltung, in der Regierung, in der Justiz. Sogar der Polizeichef in Basra war ein guter Freund meines Vaters. Diese Männer kannten viele wichtige Geheimnisse. Die Freundschaft meines Vaters zu ihnen konnte deshalb ohne weiteres so dargestellt werden, als habe er sie ausspioniert. Wie trefflich. Papa war ein gefundenes Fressen für Saddam.

Am 17. Juli 1968 brachte ein Staatsstreich die Baath-Partei an die Macht. Saddam Hussein und sein Vetter Ahmed Hassan al-Bakr wurden zu den neuen Herrschern des Irak. Der Putsch selbst verlief zwar relativ unblutig, aber ihm folgte ein Terrorregime mit dem Ziel, die gesamte Opposition im Land auszuschalten. Morde, Hinrichtungen, Folter und Scheinprozesse waren an der Tagesordnung. Um die Bewohner von der Gewalt und den Gräueltaten des neuen Regimes abzulenken, »entlarvte« die Militärjunta ein Spionagenetz. Die meisten gefassten »Spione« waren Juden.

Eines Nachmittags wurde unsere Eingangstür aufgebrochen. Geheimpolizisten sprangen aus einem dunkelblauen VW-Bus, stürmten ins Haus und verhafteten meinen Vater. Sie rissen die Transformatoren in der Klimaanlage heraus und erklärten, das seien Rundfunksender. Ich erinnere mich noch an jede Einzelheit jener grässlichen Szene, als ich mit dem Hämmern an der Tür meine kindliche Naivität verlor. Jener Tag war das Ende des ersten Teils meiner Kindheit, das Ende meines Lebensanfangs.

Seit sie mir Papa wegnahmen, werde ich von Träumen heimgesucht, meist sind es Albträume. Noch heute werde ich nachts und sogar in wachem Zustand von diesen Visionen verfolgt. Josephs Gabe nenne ich sie. Es mag sein, dass ich diese Gabe schon vorher hatte, aufgefallen ist sie mir erst, nachdem Papa weg war. Damals begriff ich nicht, was das bedeutete.

Joseph aus dem Buch Genesis war ein Träumer, im wahrsten Sinne des Wortes. Er hatte die Fähigkeit, seine Träume und die anderer zu deuten. Mit seinen Traumdeutungen konnte er in die Zukunft sehen. Joseph war der zweitjüngste von zwölf Brüdern. Sein Vater Jakob bevorzugte ihn vor den anderen und kaufte ihm, um das zu zeigen, einen prächtigen, bunt gestreiften Mantel. Der Unmut seiner Brüder wegen der Bevorzugung erreichte seinen Höhepunkt, als er ihnen Träume erzählte, die voraussagten, wie mächtig er später sein würde. Seine Brüder verkauften ihn, blind vor Eifersucht, als Sklave, und Joseph wurde ins Land Ägypten gebracht. Durch eine merkwürdige Fügung des Schicksals kam er jedoch mithilfe seiner Gabe aus dem Kerker frei und wurde zum mächtigsten Mann in Ägypten. Seine Träume waren wahr geworden.

Der Tag, an dem sie meinen Vater holten, war ähnlich paradox wie Josephs Gabe. Er ruinierte mein Leben, machte mich aber zugleich zu dem Menschen, der ich heute bin. Ich weiß inzwischen, dass mein Vater zusammen mit Hunderten anderer irakischer Juden verhaftet und der Spionage für Israel angeklagt wurde. Damals begriff ich jedoch nur, dass irgendetwas Schreckliches geschehen sein musste. Weil man Papa weggebracht hatte und weil Mama nie mit uns darüber sprach. Und weil Jonathan, der mit dem untrüglichen Instinkt eines Kleinkindes das drohende Unheil spürte, versuchte, die Polizisten wegzuschieben. Er wollte Papa beschützen. Ich weiß noch, dass er gegen das Eisengeländer geschleudert wurde und zu Boden fiel. Der noch nicht einmal vierjährige Junge mit einer klaffenden Wunde am Kopf versuchte, sich an Papa festzuklammern, und der Marmorfußboden färbte sich blutrot. Jonathan wollte Papa nicht gehen lassen und gab nicht auf. Blutüberströmt wollte er mit seinen winzigen Fäusten die Geheimdienstleute abwehren. Ich höre noch heute das entsetzliche Krachen, als sein Kopf gegen das Geländer schlug. Ich wünschte, ich könnte diese Szene vergessen, aber ich weiß, dass sie mich mein Leben lang begleiten wird. Jonathan trägt stolz die Narben an seinem Kopf direkt unter seinem kurzen Haarschnitt nach Art der Navy. Jener Tag hinterließ bei uns allen Narben, aber meine Narben sind nicht äußerlich; ich trage sie in meinem Innersten. Meine Mission, das, was ich heute mit meinem Leben anfange und worum es in diesem Buch geht – all dies sind Folgen dieser Narben. Meine Berufung ist das Vermächtnis meines Vaters.

Papa war weg, und meine Brüder und ich wussten nicht, wohin man ihn gebracht hatte. Wenn wir Mama fragten, gab sie uns nie eine Antwort, sondern brach in Tränen aus. Also hörten wir bald auf, sie zu fragen. Die meisten Diener verließen nach jenem Tag das Haus, und Mama, die früher fast nie irgendwohin gegangen war, blieb jetzt die meiste Zeit weg, obwohl sie im vierten Monat schwanger war. Sie verschwand früh am Morgen und kehrte erst spät am Abend und meist sehr verzweifelt zurück. Großmutter zog trotz der Proteste meines Großvaters zu uns und half, so gut sie konnte. In dieser Zeit kamen sie und ich uns näher. Die lebhaftesten Erinnerungen an jene furchtbaren Tage haben mit ihr zu tun, wie sie sanft mein Haar kämmte, es zu dichten Strähnen wellte, mich umarmte. Sie hatte so großes Mitgefühl und war mir immer eine Stütze. Noch heute lächelt sie, wenn sie mich in meinen Träumen besucht.

Mama tat alles, was in ihren Kräften stand, um Papa zu retten. Wie ein Ertrinkender, der sich an einen Strohhalm klammert, ging sie zu jeder in Betracht kommenden Adresse, um Papas Unschuld zu beweisen. Seine prominenten Freunde denunzierten ihn sofort, weil sie Angst hatten, ihnen würde es ähnlich ergehen. Einige glaubten womöglich, dass er tatsächlich die Verbrechen begangen hatte, die man ihm zur Last legte. Mama versuchte zu denjenigen Kontakt aufzunehmen, die sie gut kannte. Einige weigerten sich rundweg sie zu empfangen, andere fertigten sie mit vorgeschobenen Ausreden ab. Ein selbsterklärter enger Freund meines Vaters, dessen Bruder im Kabinett saß, erklärte sich zu einem Treffen bereit. Schamlos wollte er die Situation ausnutzen und bot der sichtlich schwangeren Frau gegen gewisse »Gefälligkeiten« seine Hilfe an. Mama hätte alles getan, um Papa zu retten, erkannte jedoch, dass dieser »Freund« sie nur ausnutzen und dann nichts unternehmen würde. Wutentbrannt verließ sie das Haus des Wüstlings und verfluchte ihn und seine Nachkommen. Sie muss ebenfalls etwas von Josephs Gabe gehabt haben, weil der scheinbar gesunde Mann wenig später einen schweren Schlaganfall erlitt und starb. Sein Vermögen hinterließ er fünf Söhnen, die darüber in Streit gerieten. Ein Sohn kam ums Leben, zwei andere wanderten ins Gefängnis. Wie das Schicksal es wollte, kamen sie in dasselbe Gefängnis, in dem Papa anfangs einsaß. Der vierte Sohn wurde Jahre darauf Berater von Saddam Hussein – und später von ihm persönlich hingerichtet, welch eine Ehre! Darauf nahm sich der letzte Sohn das Leben, weil er Angst hatte, mit der »Verschwörung« seines Bruders in Verbindung gebracht zu werden.

Papa wurde nach Bagdad verlegt, und wir alle ebenfalls. Mama, meine Brüder, Großmutter – die eigentlich nicht gehen musste, uns aber nicht im Stich lassen wollte – und ich standen allesamt unter Hausarrest in einer kleinen Hütte in Bagdad. Die irakische Regierung gab sich nicht damit zufrieden, meinen Vater zu verhaften. Alles, was wir besaßen, wurde uns weggenommen. Das winzige Haus, in dem wir einquartiert wurden, hatte ein Schlafzimmer und einen kleinen Vorraum. Durch das kleine Fenster im Schlafzimmer blickten wir auf große Dornenbüsche, die nun statt Obstbäumen hinter unserem Haus wuchsen. Vor dem Haus verlief eine stark befahrene Straße, die wir durch ein vergittertes Fenster sahen. Das Haus war aus Stein und der Boden aus grauen Betonfliesen. Die Hütte lag in einem muslimischen Armenviertel nicht weit vom Stadtzentrum und nur wenige Blocks von den Diensträumen des Verteidigungsministeriums entfernt, wo politische Häftlinge untergebracht waren. Drei uniformierte Beamte der Geheimpolizei bewachten das Haus in drei Schichten rund um die Uhr. Vermutlich wusste niemand in unserer Nachbarschaft genau, wer oder was wir waren, doch aufgrund der Polizeipräsenz werden sie sich ihren Teil gedacht haben. Sie waren sehr vorsichtig; keiner sprach jemals ein Wort mit uns.

Mama ging immer noch fast jeden Tag weg. Sie ging, und ein Beamter folgte ihr. Wir wussten nicht, wohin sie ging. Außerdem hatten wir genug damit zu tun, uns an die neue Enge und, noch wichtiger, an die staatliche Schule zu gewöhnen, die wir jetzt jeden Tag in Begleitung eines Wächters besuchen mussten. Der Wechsel von völliger Freiheit, von einem großen Haus mit Dienern und einer glücklichen Familie in diesen kleinen Käfig hatte verheerende Folgen für uns Kinder. Doch das war nichts im Vergleich zur Schule, wo ich die erste Tracht Prügel meines Lebens bezog. Trotz der Einstellung meines Großvaters und trotz meiner unzähligen Streiche hatte ich nie zuvor Schläge bekommen. Zu Hause bekam ich hier und da den Hintern versohlt, aber immer ganz leicht, eher symbolisch, und in unserer Schule in Basra war die Körperstrafe untersagt. Ich hatte keine Ahnung, dass es in dieser Schule in Bagdad üblich war, alle Kinder in einer Reihe aufzustellen und ihnen mit einem Lineal auf die Finger zu hauen, eines nach dem anderen, wenn nur eines von ihnen etwas getan hatte, was dem Lehrer nicht passte. Die Lehrer hatten ausdrücklich die Erlaubnis, Gewalt anzuwenden, und machten reichlich Gebrauch davon.

Nach einigen Tagen an der neuen Schule wagte ich es, der Lehrerin eine Frage zu etwas zu stellen, das ich nicht mitbekommen hatte. Das Ergebnis war einprägsam und bösartig. Als ob sie nur auf eine Gelegenheit gewartet hätte, stürzte sie sich mit dem Lineal auf mich und schlug mich auf den Kopf, ins Gesicht, auf die Finger, dabei schrie sie unablässig: »Hier ist kein Platz für die Töchter von Spionen, Tod allen Verrätern!« Die Kinder in der Klasse lachten, johlten und trommelten mit den Fäusten auf die Bänke. Einer spuckte mich an. Ich war gedemütigt und erkannte, dass ich mich, weil ich ja jeden Tag in die Schule gehen musste, ihnen gegenüber besser zurückhielt, um ihnen keinen Vorwand zu geben mich anzugreifen. Als Mama an jenem

Abend heimkam, war ihr Gesicht angeschwollen, und ihre Arme waren von blauen Flecken übersät. Sie sah mich an, zog mich an sich, dann weinten wir beide. Weder der Schmerz noch die Demütigung oder die Angst taten mir am meisten weh – ich war stark und wusste im Innersten, dass ich diese Tortur überstehen würde. Aber was die Lehrerin über Papa gesagt hatte, dass er ein Spion und Verräter sei, das hatte mir einen Stich versetzt. Zum ersten Mal begriff ich voll und ganz, dass er in Todesgefahr schwebte.

Da ich noch zu jung und von den Ereignissen zu mitgenommen war, dauerte es einige Zeit, bis mir auffiel, dass Mama jeden Abend mit blauen Flecken an den Händen, im Gesicht und wer weiß wo noch heimkam. Als ich sie endlich danach fragte, murmelte sie irgendwelche Entschuldigungen, die ihr nicht einmal ein Zweitklässler abgekauft hätte. Jahre später wurde mir klar, was sie durchgemacht hatte. Jeden Tag, den wir in der Schule verbrachten, versuchte sie meinen Vater zu retten. Und wie sehr sie sich bemühte! Im Gefängnis wurde Papa verhört und dem Prozess der »Überzeugung« unterzogen, der altbewährten irakischen Methode, einen Häftling zum Geständnis seiner Verbrechen zu zwingen. Da Papa genau wusste, dass ein Geständnis sein Todesurteil bedeutete, weigerte er sich, eine entsprechende Erklärung abzugeben. Er wurde grausam gefoltert. Sie rissen ihm die Nägel und Zähne aus, quälten ihn mit Elektroschocks an den Genitalien, schlugen ihn, ließen ihn hungern und raubten ihm den Schlaf. Ihm wurde gesagt, ein anderer Häftling habe ihn soeben verraten und den Behörden »alles« gestanden – aber Papa hatte herausgefunden, dass der Mann in Wahrheit schon vor Wochen gestorben war, in den ersten Tagen seines Verhörs.

Der Prozess meines Vaters rückte näher, und die Inquisitoren hatten immer noch kein Geständnis von ihm. Also versuchten sie es über meine schwangere Mutter. Sie wurde ins Gefängnis gerufen, wo man sie schon mehrmals geschlagen und gefoltert hatte. Dort versprachen sie ihr, die Folter abzubrechen und für ihren Mann eine mildere Strafe in Betracht zu ziehen, wenn sie einen Brief an ihn schreiben und ihn überreden würde, die »Verbrechen« zu gestehen. Aber Mama war nicht dumm. Sie

33

wusste, dass Papa auf keinen Fall ein Geständnis ablegen durfte. Sie weigerte sich und wurde folglich weiter gefoltert. In einem Punkt belogen die Gefängniswächter Mama nicht: Mein geplagter Vater war jedes Mal anwesend, hinter einer dünnen Wand, wenn sie eine »Sonderbehandlung« bekam. Sie legten Wert darauf, dass Mama wusste, dass er da war, und sie sagten auch ihm, dass sie da war. Manchmal hörte sie ihn hinter dieser Trennwand stöhnen. Manchmal, sagte sie, konnte sie ihn beinahe spüren. Abgesehen von der Befriedigung sadistischer Triebe war der Zweck dieses scheinbar endlosen Kreislaufs aus Schmerz und Blut, meinen Vater so unter Druck zu setzen, dass er endlich seine »Verbrechen« gestand.

Aber selbst dass er miterleben musste, wie seine Frau gefoltert wurde, brachte ihn nicht zu Fall. Er gestand nicht. Und Mama ging jeden Tag ins Gefängnis, obwohl sie wusste, was ihr bevorstand, obwohl sie schmerzlich erkannte, dass ihrem Mann langsam und qualvoll die Lebenskraft ausgequetscht wurde. Trotz allem hoffte sie noch, ihn retten zu können.

Der Schauprozess fand 1969 im Verteidigungsministerium statt, wo Papa gefangen gehalten wurde. Er dauerte drei Tage, und natürlich war eine Verteidigung nicht zugelassen. Es gab nur die Anklage. Der Richter bezeichnete meinen Vater als »Spion«, nicht als »Angeklagten«. Die Anklage behauptete, es lägen eindeutige Beweise für den Verrat meines Vaters vor, raffinierte Rundfunksender wären in seinem Haus und Büro gefunden worden, und seine Komplizen hätten bereits ihre Geständnisse unterschrieben.

Der Prozess fand hinter verschlossenen Türen statt, unter Ausschluss der Öffentlichkeit, aber Auszüge daraus wurden jeden Tag im staatlichen Fernsehen gezeigt. Am ersten Tag des Prozesses zeigten sie, wie mein Vater die falschen und offenkundig manipulierten Aussagen und »Beweise« leugnete. Noch am selben Abend erhielt meine Mutter über einen Sonderkurier einen Brief, in dem es hieß, wenn sie morgen wieder ins Gefängnis komme, werde sie möglicherweise Gelegenheit erhalten, ihren Mann zu sehen. Natürlich folgte Mama der Aufforderung. Sie wurde in einen Raum gebracht, in dem sie noch nie zuvor gewesen war. Er war viel größer und heller als die Kammern, in denen man sie zuvor geschlagen hatte. Allerdings war er genau wie die kleineren Räume mit Plakaten von Saddam und seinem Vetter, dem Präsidenten, geschmückt. In dem Raum standen drei große Tische und zehn Männer, alle mit stolzem Schnauzbart, alle in der dunklen Uniform des irakischen Geheimdienstes. Nachdem sie Mama ein paar Mal geschlagen und getreten hatten, allerdings viel schwächer, als sie es gewöhnt war, setzten sie sich hin, und der Staatsanwalt – ein Mann namens Majdi Amin – betrat den Raum, zündete sich eine Zigarette an, setzte sich und sah Mama eine Zeit lang schweigend an. Endlich sagte er: »Es besteht noch die Möglichkeit, dass Sie ihn vor Ende des Prozesses sehen.«

Er holte tief Luft, räusperte sich und fuhr fort: »Wir sind keine Unmenschen, wissen Sie. Es sieht so aus, als hätten wir womöglich einen Fehler begangen. Ich schlage vor, Sie schreiben einen Brief an den Richter, erklären ihm alles und bitten darum, Ihren Mann zu sehen. Es würde mich nicht überraschen, wenn der Richter das erlauben würde.« Er lächelte sie an.

Mama setzte sich ungläubig hin. Das war zu schön, um wahr zu sein. Es musste ein Trick sein. Aber was, wenn es keiner war? Der Staatsanwalt persönlich sagte ihr das! Unter Tränen und voller Angst, dass sie es sich womöglich anders überlegten, schrieb sie sofort mit zitternder Hand einen Brief. Sie schrieb, sie sei die Frau des Angeklagten, habe drei Kinder und das vierte sei unterwegs, ihr Mann sei unschuldig, er sei liebenswürdig und großzügig, habe den Armen immer Geld gegeben und könne keiner Fliege etwas zu Leide tun.

Aber dann schrieb sie dem Richter, dass ihr Mann niemals ein Geständnis ablegen könne. Nicht für etwas, das er nicht getan habe. Später sagte sie mir, eine Vorahnung habe sie veranlasst, das zu schreiben: Für den Fall, dass Papa jemals den Brief zu Gesicht bekommen sollte, wiederholte sie drei Mal, dass er niemals gestehen dürfe. Schließlich flehte sie den Richter an, ihr einige Augenblicke mit ihrem Mann zu gewähren, den sie so sehr vermisse. Sie gab den Brief Majdi Amin und wartete. Nach weniger als einer Stunde kam ein Wärter und sagte ihr, sie könne gehen. Sie ging mit dem ersten Funken Hoffnung seit langer Zeit.

Kaum hatte Mama den Brief übergeben, da legten die Geheimdienstleute ihn auch schon meinem Vater vor. Sie sagten ihm, seine Frau sitze auf der anderen Seite der Wand. Das sei der Beweis, sagten sie: ein Brief in ihrer eigenen Handschrift. Sie sagten ihm, er solle es sich dieses Mal ernstlich überlegen, ein Geständnis abzulegen. Sonst würde Mutter womöglich die gleiche Behandlung bekommen, die eine Woche zuvor in jenem Raum angewandt worden sei. Mein Vater wusste sofort, wovon sie sprachen. Alle im Gefängnis wussten es. Die Frau eines anderen Häftlings war vorige Woche gekommen, und die übliche Misshandlung war außer Kontrolle geraten. Sie wurde von den Wächtern der Reihe nach vergewaltigt, dann geschlagen, bis sie das Bewusstsein verlor. Die Frau wurde in einem kritischen Zustand ins Krankenhaus eingeliefert. Ihr Mann hätte beinahe den Verstand verloren.

»Sie ist gleich hier, auf der anderen Seite der Wand«, sagte ein Agent. »Du erkennst doch ihre Handschrift, oder?«

Natürlich erkannte mein Vater sie.

»Wenn du dich weigerst zu gestehen«, sagte der Agent, »dann gehen wir, schneiden ihr den Bauch auf und bringen dir in ein paar Minuten dein Kind. Auf einem Tablett.«

Das war's.

In die Hütte zurückgekehrt, wartete Mama gespannt auf den Fernsehbericht von dem Prozess. Großmutter sagte ihr, dass sie heute morgen, als sie weg war, bereits einen Ausschnitt gezeigt hätten und Papa sich wiederum für »nicht schuldig« erklärt habe. An diesem Punkt, so Großmutter, sei der Prozess unterbrochen worden. Das war vermutlich um die Zeit, als meine Mutter mit dem Staatsanwalt sprach.

Und dann, im abendlichen Bericht, sah meine Mutter, wie ihr Mann in den Zeugenstand trat und mit klarer, fester Stimme seine Verbrechen als israelischer Spion und Verräter an der irakischen Nation bekannte. Und Mutter wusste sofort, es war vorbei.

Meine Brüder und ich durften uns während der drei Prozesstage keinen einzigen Bericht ansehen, und wir wurden über die ganze Angelegenheit im Dunkeln gelassen. Den letzten Tag, als mein Vater schuldig gesprochen und zum Tod verurteilt wurde, sah sich auch Mama nicht an. Nachdem sie sein Geständnis gesehen hatte, wusste sie nicht – wollte gar nicht wissen –, wie das Urteil lautete, auch wenn sie im Innersten spürte, wie die Sache ausgehen würde.

Mamas Ängste bestätigten sich, als sie den Fernseher einschaltete und die Feierlichkeiten anlässlich der Hinrichtung mitverfolgte. Mein Vater wurde zusammen mit acht anderen Juden auf Bagdads zentralem Platz gehenkt. Die Hinrichtung wurde am helllichten Tag durchgeführt, und eine halbe Million jubelnder Zuschauer sahen sich das Spektakel an. Es war ein richtiger Festtag. Busse und Bahnen fuhren im ganzen Land kostenlos, damit möglichst viele Menschen nach Bagdad kommen und sich die Hinrichtung ansehen konnten. Und sie kamen. »Die israelischen Spione wurden gehenkt!«, johlte der aufgehetzte Mob. Überall prangte die irakische Flagge, aus Lautsprechern dröhnte flotte Musik, und von nah und fern wurden Bauchtänzerinnen herangekarrt, die unter den Leichnamen tanzten. Der blutrünstige Pöbel, der aus vollem Hals johlte und schrie, war nichts anderes als ein Rudel Hyänen. Im Fernsehen wurde das Spektakel der neun Juden in roten Pyjamas immer wieder gezeigt. Die Behörden gaben über Lautsprecher bekannt, dass die Leichname am Nachmittag um vier Uhr abgehängt und der Menge übergeben würden, damit die Bürger des Irak auf den Straßen ihren Spaß mit ihnen hätten.

Erst Jahre später erfuhr ich die Wahrheit über dieses Ereignis. Mit siebzehn, an einem anderen Ort und in einem anderen Leben, entdeckte ich eine Aufnahme von der Hinrichtung in einer alten Zeitung, während ich nach meinem Vater forschte. Erst da konnte ich wirklich glauben, dass die Hinrichtung stattgefunden hatte. Mit dieser Aufnahme war es mir endlich möglich, die Angelegenheit abzuschließen.

Doch damals, als kleines Mädchen in einer Betonhütte in Bagdad, wusste ich nicht, dass Papa gestorben war. Wir sprachen nie darüber, dass er nicht zurückkehren würde. Ich hatte nur eine vage Ahnung, dass etwas Schreckliches passiert war, weil ich sah, dass Mama nur noch ein Schatten ihrer selbst war, und weil Traurigkeit und Kummer unsere Tage erfüllten. Auch wenn ich schon damals, so wie Kinder manche Dinge einfach wissen, spürte, dass er für immer gegangen war, starb Papa für mich erst, als ich siebzehn war.

Nach der Hinrichtung meines Vaters lebten wir noch über ein Jahr in der Hütte. Das war der graue Teil meiner Kindheit: graue Wände, grauer Fußboden, graues Dasein. Ohne Sondergenehmigung durften wir die Hütte nicht mehr verlassen. Wir durften nicht in die Schule gehen. Meine Brüder und ich erfuhren über die Propaganda im Fernsehen etwas von dem Sechstagekrieg und hörten von der Niederlage der arabischen Armeen. Wir saßen meist am Fenster des kleinen Vorraums und starrten auf die Straße und die Wachen, in der Hoffnung, Papa würde plötzlich mit seinem Lächeln auftauchen, und der ganze Albtraum wäre vorüber. Wir fingen an, uns die unmöglichsten Sachen auszudenken. An einem Regentag, als selbst die Welt außerhalb unseres Gefängnisses grau wurde, saßen wir im Schlafzimmer und schauten aus dem kleinen Fenster. Mir kam plötzlich ein Gedanke, und ich sagte: »Wir brauchen uns keine Sorgen zu machen. Die israelischen Soldaten, *unsere* Soldaten, werden mit ihren Flugzeugen aus Israel kommen, und sie werden Papa den bösen Soldaten stehlen. Und dann werden sie kommen und uns stehlen und von hier wegbringen.«

»Aber woher wissen sie, wo wir sind?«, fragte Jonathan. »Nicht einmal Papa weiß, wo wir sind. Wenn er es wüsste, dann hätte er uns schon längst gerettet.«

Angespornt von allem, was ich im Fernsehen gehört und gesehen hatte, sagte ich ihm: »Sei nicht so dumm. Natürlich wissen sie es. Die Israelis wissen alles.«

Ron sagte kein Wort, nur die Tränen rollten über seine Wangen.

Wir warteten weiter auf Papa und auf die israelischen Soldaten, aber vergebens. Meine Brüder und ich kamen uns näher als je zuvor. Es tröstete mich, dass wir alle im selben Raum schliefen. Ich fühlte mich sicherer und konnte besser einschlafen. Aber in der Nacht hörte ich manchmal Wölfe heulen. Das machte mir Angst. Im Irak sagt man: Wenn Wölfe heulen, dann heißt das, dass jemand sterben wird. Das hatte mir meine *nana* erzählt. Also lag ich im Bett und dachte an den Tod. Ich versuchte mir vorzustellen, wie es im Himmel aussah. Und wenn ich gar nicht in den Himmel kam? Mir fiel ein, dass ich Mama am Abend wegen des Zähneputzens angelogen hatte. Ich geriet plötzlich in Panik. Warum heulten die Wölfe? Wer würde sterben?

In dieser Zeit wurde meine Schwester Betty geboren. Mama weinte in einem fort. Gleich nach der Geburt, während die Hebamme noch den Säugling wusch, fing meine Mutter an zu weinen. Ron und ich fragten sie, warum sie weine, die Ankunft eines Babys sei doch etwas sehr Schönes. Darauf weinte sie nur noch mehr. Jedes Mal, wenn wir versuchten, ihr gut zuzureden, weinte sie. Sie weinte die ganze Nacht hindurch, jede Nacht. Und am schlimmsten war: Sie weinte jedes Mal, wenn sie meine kleine Schwester stillte.

Eines Tages erreichte uns ein Brief, den ein alter Freund meines Vaters überbrachte. Es war der letzte Brief von Papa. Einer der Häftlinge, die mit ihm in einer Zelle gesessen hatten, ein alter, von der Folter gebrochener Mann, war aus dem Gefängnis entlassen worden. Vor seiner Entlassung hatte Papa ihm den Brief gegeben. Der alte Mann hatte das Blatt Papier und das kleine Ding, das darin eingewickelt war, sorgfältig zusammengefaltet, den Gummizug an seiner Unterhose aufgetrennt, es darin verborgen und so aus dem Gefängnis geschmuggelt. In dem Brief an meine Mutter schrieb Papa:

»Ich werde sterben, aber du musst dein eigenes Leben leben. Du musst dich um unsere Kinder kümmern. Weine nicht um mich. Nimm die Kinder und geh nach Israel. Dort wird man dir helfen. Nur dort bist du in Sicherheit.« Mit zitternder Hand fügte er noch hinzu: »Ich schicke dir mit diesem Brief auch meinen Ring und meine ewige Liebe.« Sein Ehering war in das Papier eingewickelt.

Nachdem Mama den Brief gelesen hatte, eine junge Witwe

mit vier Kindern, wurde ihr klar, dass sie sich zusammenreißen musste. Der Brief war der Wille eines zum Tode verurteilten Mannes; es war sein letzter Wunsch, dass sie sich und ihre Kinder rettete und aus dem Irak floh. Er öffnete ihr die Augen. Jetzt wusste sie, was zu tun war: Zuerst musste sie um die Freiheit kämpfen, dann konnte sie trauern. Bei all ihren Tränen dämmerte ihr auch allmählich, dass die Iraker unsere Anwesenheit nicht länger dulden würden. Sie begriff, dass wir fliehen mussten, bevor sich eine weitere Katastrophe ereignete. Und nun entdeckte meine Mutter, die man für ein privilegiertes Leben voller Annehmlichkeiten erzogen hatte, Qualitäten in sich, von denen sie zuvor nichts gewusst hatte. Unter strengsten Vorsichtsmaßnahmen versuchte sie, zu ihren vielen Freunden Kontakt aufzunehmen. Schließlich fand Mama eine Hand voll tapferer Menschen, die ihr aus Freundschaft und aus Dankbarkeit gegenüber meinem Vater helfen wollten, vielleicht auch einfach, weil sie gegen das grausame Regime waren. Einer von ihnen hatte einen glänzenden Einfall: Die einzigen Menschen, die uns aus dem Irak schaffen konnten, waren die *Shlihim*, Gesandte, die für die Jewish Agency arbeiteten. Die hätten so etwas schon öfter gemacht, sagte er meiner Mutter. Sie würden keine Gefahr scheuen, um Juden vor feindlichen Regimes zu retten.

Auf dem Weg zum Markt gab Mama den Einfall einem Freund weiter. Ihr Freund traf sich zwei Tage später in einem Gemüseladen wieder mit ihr. »Ich brauche nähere Angaben«, flüsterte er ihr zu. »Schick deine Mutter nächste Woche zum Fischladen, noch ein Treffen zwischen uns ist zu riskant.«

Mama lehnte es kategorisch ab, Großmutter als Kurier zu benutzen. »Sie weiß nichts von meinem Plan«, sagte sie dem Mann. »Niemand weiß davon, und kein anderer wird je davon erfahren. Wenn ich geschnappt werde, werde ich als Einzige dafür bezahlen.«

Zehn Tage später traf Mama sich mit einem Freund von dem Freund. Er stand hinter dem Ladentisch einer Bäckerei. Sie hatten keine Zeit zum Reden, weil Mama beobachtet wurde. Sie kaufte einen Laib Brot und bezahlte. Erst lange, nachdem sie gegangen war, wagte er, einen Blick auf den Zettel zu werfen, den sie zwischen die Scheine gesteckt hatte. Auf dem Zettel standen zwei Telefonnummern und eine kurze Nachricht, die in arabischen Buchstaben geschrieben war, auch wenn die Wörter für ihn keinen Sinn ergaben. Dennoch rief er beide Nummern an und gab sie weiter. Die Nachricht, auf Hebräisch, aber in arabischer Schrift, erreichte den Bestimmungsort: die *Shlihim*. Das Räderwerk unserer Befreiung setzte sich in Gang.

Dann brachten sie Großmutter um. An jenem Morgen wurde uns erlaubt, das Haus zu verlassen und die Familie eines der Männer zu besuchen, die man neben meinem Vater gehenkt hatte. Es war ein merkwürdiges Privileg, aber Mama stellte lieber keine Fragen. Wir gingen, und Großmutter sagte, sie bleibe zu Hause oder gehe vielleicht auf den Markt. Das war das letzte Mal, dass ich sie gesehen habe. Als wir zurückkehrten, herrschte auf der Straße vor unserer Hütte ein großer Tumult: Polizeiautos, Krankenwagen, viele Zuschauer, schreiende Nachbarn. Auf dem Heimweg vom Markt hatte eine große, schwarze Limousine Großmutter überfahren, unmittelbar vor der Hütte, in der wir lebten. Es hieß, sie sei sofort tot gewesen. Sobald uns klar wurde, was passiert war, rannten meine Brüder und ich ins Haus, zogen uns Decken über den Kopf und wollten uns verstecken. Wir hofften, dann würde diese schreckliche Realität verschwinden. Weil ich damals noch nicht wusste, was meinem Vater zugestoßen war, fühlte ich mich nach dem Mord an Großmutter zum ersten Mal als Waise. Ich saß stundenlang in meinem Versteck unter der Decke und fing an, mir Kreise vorzustellen. Die Kreise drehten sich, wurden immer schneller, und sie brachten mich von dort weg.

Mama musste uns allein lassen und ins Krankenhaus gehen, um Großmutters Leiche zu identifizieren. Nach jüdischem Brauch musste der Leichnam gewaschen werden, aber das Personal weigerte sich. Also musste Mama den toten Körper ihrer Mutter selbst waschen. Sie wusch und weinte, weinte und wusch.

Schwarze Limousinen waren damals ausschließlich der Regierung vorbehalten; kein anderer durfte ein schwarzes Auto besitzen. Die Untersuchung in dem so genannten Unfall wurde nachlässig geführt, und der Fall wurde als Unfall mit Fahrer-flucht zu den Akten gelegt. Mama wusste genau, was das hieß. An Großmutter hatten die Iraker kein Interesse, sie waren hinter meiner Mutter her. Da sie auf Anordnung der Behörden *burkhas* tragen mussten, den Ganzkörperschleier, der muslimische Frauen vom Kopf bis zu den Füßen verhüllt, waren sie und Großmutter nicht voneinander zu unterscheiden. Mama nahm an, dass derjenige, der Großmutter überfahren hatte, sie irrtümlich für die Witwe des Spions gehalten hatte. Einige Tage später wurde ihr Verdacht bestätigt. Einer der Beamten, die unsere Hütte bewachten, trat zu ihr. Normalerweise sprach keiner der Wächter ein Wort mit uns. Aber dieser Mann hatte meinen Vater in Basra im Haus des Polizeichefs kennen gelernt, als mein Vater dort noch ein gern gesehener Gast war. Er flüsterte Mama ins Ohr: »Sie haben es auf Sie abgesehen. Sie sind in großer Gefahr.«

Jetzt war wirklich keine Zeit zu verlieren. Wir waren ihnen lästig geworden; unsere Tage waren gezählt. Aber es gab ein neues Problem. Nach dem Tod von Großmutter fühlte meine Mutter sich verpflichtet, die Verantwortung für ihre fünf jüngeren Geschwister zu übernehmen, die noch in Basra bei meinem Großvater lebten. Es sei besser, ihr Leben für eine Zukunft zu riskieren, dachte sie, als in diesem Albtraum weiterzuleben.

Ihr Plan war beinahe fertig. Sie hatte sich für einen Freitag-abend entschieden, wenn die Wachen von der Freitagspredigt und dem langen Nachmittagsgebet müde waren. Aber wie sollte sie sie loswerden? Als gute Muslime tranken sie keinen Alkohol. Mama braute einen starken Kaffee, in den sie so viel Valium mischte, wie sie sich beschaffen konnte. Dann betete sie. Jetzt oder nie. Der Kaffee musste wirken, bevor die Ablösung kam. Er wirkte, die Wachen fielen in eine tiefe Betäubung.

Mama nahm die beiden Hühner, die sie für das traditionelle Sabbatmahl zubereitet hatte, und eine kleine Tasche mit ein paar Kleidern von uns. Dann scheuchte sie uns aus der Hütte. Wir hatten keine Ahnung, wohin wir gingen oder was passierte, aber wir begriffen, dass es wichtig war, und gingen ohne Fragen zu stellen mit. Ich weiß noch, wie seltsam es war, die Sterne und die Mondsichel wiederzusehen, und wie belebend die warme

Brise sich anfühlte. Ich erkannte, dass dies das Ende des grauen Teils meiner Kindheit war. Wenn wir das überlebten, so schwor ich mir, wollte ich nie wieder das Grau in mein Leben einziehen lassen.

Nach einigen Blocks wartete ein Kleinbus auf uns. Drinnen saßen die jüngeren Geschwister meiner Mutter, unsere Onkel und Tanten. Über ihre Kontakte hatte Mama sie heimlich aus Basra herschaffen lassen. Nicht einmal Großvater wusste, dass wir mit ihnen fliehen wollten – das rettete ihm später das Leben. Der irakische Fahrer war verblüfft, als wir auftauchten. Er wurde gut dafür bezahlt, dass er wartete, aber niemand hatte ihm gesagt, dass er eine Gruppe aus neun Kindern und einer jungen Frau fahren sollte. Meine Mutter steckte ihm noch etwas Geld zu, dann willigte er ein, uns bis zum Bahnhof in Bagdad zu fahren. Wir Kinder wussten damals nicht, dass wir nur ein paar Stunden hatten, bis die Sicherheitspolizei unsere Flucht entdecken und die Jagd nach uns beginnen würde.

Wir stiegen in einen Zug, der nach Norden fuhr, in Richtung iranischer Grenze. Kaum saßen wir im Zug, da fing Jonathan an zu weinen. Mama fragte ihn, was ihm fehle. »Du hast kein Herz«, warf er ihr unter Tränen vor. »Wie kannst du uns zwingen Papa zurückzulassen? Wir haben uns nie richtig von Papa verabschiedet!«

Mama setzte sich mit uns hin und erklärte uns in aller Eile die Situation. Sie sagte uns, wir müssten jetzt tapfer sein, wir würden wegfahren, und wenn es uns gelingen sollte, dann wären wir am Ende der langen Reise frei. Sie gab uns Anweisungen und schärfte uns ein, was wir sagen sollten, wenn jemand uns fragte.

Obwohl Mama es uns verbot, im Zug herumzulaufen, habe ich die Fahrt in angenehmer Erinnerung behalten. Wir waren in Bewegung – ganz anders als in der Enge der vergangenen zwei Jahre, seit sie meinen Vater weggebracht hatten. Mama richtete ein paar Decken auf dem Boden her, und einige Stunden lang lagen wir alle darauf und hielten uns an der Hand. Plötzlich rüttelte jemand an der Tür zu unserem Abteil. Mama warf Decken über uns und befahl uns, uns nicht zu rühren. Dann öffnete sie die Tür. Ein junger Polizist bat sie um ihren Ausweis.

»Warum, was ist denn los?«, fragte sie ihn.

»Ach, eine jüdische Spionin ist mit ihren vier Kindern geflohen«, erklärte er.

Mama sagte ihm, sie sei Lehrerin und fahre mit ihrem Baby und acht Schülern zu einem Ausflug in die Berge. Wir würden alle tief schlafen, und ihre Tasche mit den Papieren sei irgendwo unter uns. Dann bat sie ihn, ein wenig später wiederzukommen, wenn wir alle wach seien. Mit einem Seufzer sagte sie: »Diese Juden, ich hoffe, sie ziehen bald alle weg und lassen uns in Frieden leben.«

Kaum war der Polizist gegangen, da wies sie uns an, uns paarweise aufzuteilen und am nächsten Bahnhof aus dem Zug zu steigen. »Geht direkt zu den Toiletten und wartet dort auf mich«, schärfte sie uns ein. »Macht nicht Pipi, lauft nicht herum, sprecht kein Wort. Wartet einfach nur.«

Draußen am Bahnhof standen Unmengen von Soldaten. Ron und ich stiegen aus. Ein Soldat trat auf uns zu und fragte, was wir hier wollten und wer denn unser Vater sei. Selbstsicher antwortete Ron: »Unser Vater lebt in England. Wir wollen ihn besuchen. Wir sind nur ausgestiegen, um eine Flasche Wasser zu kaufen.«

Auf wundersame Weise trafen wir uns alle zehn in der Toilette und rannten aus dem Bahnhof, wo wir ein großes Taxi mit drei Sitzreihen entdeckten, einen Kleinbus, der im Nahen Osten häufig als Taxi verwendet wird. Der Fahrer lächelte Mama breit an und fragte: »Was haben Sie denn in letzter Zeit gemacht, Frau Falan? Hab' Sie ja schon lange nicht mehr gesehen!«

Falan war ein berühmter General in der irakischen Armee. Seine Frau und meine Mutter sahen sich sehr ähnlich. Mama spielte ihre Rolle brillant und befahl ihm, uns an die nördliche Grenze zu fahren.

»Aber das ist eine Fahrt von 16 Stunden, Frau Falan, es ist weit!«

»Fahren Sie uns dorthin, und mein Mann wird Sie reich belohnen«, sagte Mama.

Unterwegs erzählte sie dem Fahrer, dass wir in Urlaub fahren würden und dass ihr Mann, der General, wegen des Aufruhrs um die entflohenen Spione nicht mitfahren könne. Von uns sprach keiner ein Wort; Mama hatte uns strengstens eingeschärft, den Mund zu halten. Nur Ron durfte antworten, wenn er angesprochen wurde, weil er als Einziger so weit war, dass er den muslimischen Akzent nachahmen konnte. Wir fuhren zwei Tage lang. Einigen von uns wurde auf den kurvenreichen und holprigen Straßen schlecht, und sie mussten sich übergeben. Der Taxifahrer drängte meine Mutter, uns doch etwas zu essen zu kaufen. »Fahren Sie, fahren Sie einfach weiter«, beharrte sie. »Wenn die etwas essen, spucken sie es gleich wieder aus.«

Nicht weit von unserem Zielort, kurz vor den Toren der Stadt, zu der wir wollten, sahen wir eine Straßensperre. »Was ist da los?«, fragte Mama den Fahrer.

»Oh, das ist nichts Besonderes. Ich glaube, es geht um das, was sie im Radio vorhin über diese Juden gemeldet haben, die neulich geflohen sind.«

»Hat man sie gefunden?«

»Ja, sie haben sie auf der Stelle erschossen. Das sollte man mit allen Juden machen.«

Während wir uns der Straßensperre näherten, bat Mama den Fahrer an der Tankstelle anzuhalten, damit wir uns alle frisch machen konnten.

»Fahren Sie doch einfach weiter«, sagte sie. »Wir werden uns in den Toiletten kurz waschen, und dort können wir uns wieder treffen.«

An dem Kontrollpunkt sagte der Fahrer den Soldaten, dass Falans Frau und Kinder mit ihm führen. Nachdem sie sein Taxi inspiziert hatten, fuhr er zu den Toiletten, wo wir auf ihn warteten. Er lud uns wieder ein und passierte ohne weitere Untersuchung die Straßensperre. Als wir uns der Stadt näherten, in der ein Gesandter, ein *shaliah*, auf uns warten sollte, nannte Mama dem Fahrer die Adresse: Abu Ahmad, ein kleines Café in der Nähe der Grenze.

»Was wollen Sie denn dort?«, fragte der Taxifahrer sie. »Dort treiben sich nur Schmuggler herum.« Mama erzählte ihm irgendetwas, bezahlte ihn, und er setzte uns dort ab. Als wir in das Café marschierten, sahen die anwesenden Männer uns ungläubig an. Sie hatten schon viele seltsame Dinge gesehen, aber so ein Haufen war ihnen noch nie untergekommen.

Der *shaliah* war nicht da, aber er hatte einem Schmuggler in dem Café eine Nachricht zukommen lassen, dass er auf eine Frau und ihre Kinder warten solle. Dem Schmuggler hatte jedoch niemand gesagt, dass wir so viele waren. Er sagte, wir müssten uns in zwei Gruppen aufteilen.

»Auf keinen Fall«, sagte meine Mutter. »Wir sind zusammen so weit gekommen, wir werden uns jetzt nicht trennen.«

»Dann sind Sie auf sich gestellt, Madame«, sagte er und fügte ein wenig sanfter hinzu: »Es ist zu riskant für mich. Verstehen Sie mich bitte. Viele andere könnten darunter leiden, wenn sie uns fangen. Aber ich werde ein Taxi organisieren, das für Ihre Gruppe groß genug ist.«

Er bestellte eines und nannte erst dann meiner Mutter das nächste Ziel. So funktionierte die Sache. Diese Route wurde auch von anderen Flüchtlingen benutzt. Wenn man uns gefangen hätte und wir die Route unter der Folter preisgegeben hätten, dann wäre dieser Fluchtweg allen anderen, die es nach uns versuchten, verbaut gewesen.

An der bezeichneten Stelle, einem abgelegenen Hügel gut 30 Kilometer von der nächsten Stadt entfernt, setzte der Fahrer uns ab und ließ bei der Abfahrt eine große Staubwolke hinter sich. Weshalb er keine Fragen stellte, werde ich nie erfahren. Der Schmuggler hatte gesagt, dass ein *shaliah* uns hier treffen werde. Es war Mittag und sehr heiß. Wir standen und warteten. Eine Stunde verging, zwei, und immer noch weit und breit keine Menschenseele. Mama fragte sich, ob wir auch wirklich an dem richtigen Ort warteten. Je mehr Stunden vergingen, desto ängstlicher wurde sie. Hatte sie vielleicht einen Fehler begangen und die Anweisungen falsch verstanden? War dem Gesandten etwas zugestoßen? Hatte man ihn verraten? Wenn dem so war, dann war es nur eine Frage der Zeit, bis sie uns fanden. Ich hatte wie alle Kinder keine Ahnung, welche Gedanken damals meiner Mutter durch den Kopf rasten. Ich wusste nur, dass irgendetwas schief gegangen war, weil sie sehr besorgt aussah. Bis hierher hatte mir die Fahrt beinahe Spaß gemacht. Es war die aufregendste Sache, die wir seit Monaten unternommen hatten. Jetzt wurde mir jedoch allmählich mulmig. Der Abend kam, dann brach die Nacht an. Es wurde kalt, und ich hatte Hunger und Durst. Wir waren inzwischen neun Stunden auf diesem Hügel, und Mama wurde immer verzweifelter und fürchtete schon, dass man uns im Stich gelassen hatte. Ohne Hilfe, das wusste sie, mussten wir hier vermutlich sterben. Als sie das laute Geräusch eines herannahenden Lasters hörte, dachte sie: Das war es. Die Soldaten haben uns gefunden.

»Kinder, kommt schnell, wir müssen uns verstecken«, befahl sie uns. Wir warfen uns in die Büsche. Das haben wir nicht verdient, dachte ich. Wir haben es nicht verdient, so zu sterben.

Als der Laster anhielt, sah sogar ich, dass es kein irakisches Militärfahreug war. Das alte, klapprige Vehikel, mit dem normalerweise Hühner transportiert wurden, kam mir wie ein vom Himmel gesandter Engel vor. Mit ihm kam nicht der *shaliah*, sondern eine Gruppe kurdischer Schmuggler. Die Kurden, die gegen die irakische Regierung kämpften, hatten so etwas schon öfter gemacht. Sie hatten ein Abkommen mit der israelischen Regierung geschlossen. Israel versorgte sie mit Waffen, im Gegenzug halfen sie bei derartigen Rettungsaktionen. Sie waren auf uns vorbereitet. Ihr großer Hühnerlaster hatte im Innern eine kleine Geheimkammer. »Der *shaliah* konnte nicht kommen«, sagten sie. »Klettert dort rein, wir dürfen keine Zeit verlieren. Schnell.« Wir zwängten uns in die Geheimkammer des Lasters, und zwei Tage lang reisten wir zehn in diesem Versteck, ohne Licht, mit wenig Luft, ohne Essen und mit nur einem kleinen Rest Wasser. Wir fühlten uns alle elend, aber niemand beklagte sich. Nach dem, was wir den Taxifahrer sagen hörten, wussten wir, dass wir auf der Stelle erschossen würden, wenn man uns schnappte.

Als wir endlich aus dem Laster kletterten, verdreckt und vor Kälte zitternd, standen wir hoch oben in den Bergen. Ein *shaliah* wartete mit Landkarten, Taschenlampen und Essen in Dosen auf uns. Er entschuldigte sich, dass er uns keine Stiefel oder Decken bringen konnte. Wir seien einfach zu viele, sagte er. Es wäre zu gefährlich gewesen. Die Iraker seien uns auf den

Fersen. Der *shaliah* versicherte uns, dass, sobald wir die Grenze zum Iran überschritten hätten, wir in Sicherheit wären. Er verabschiedete sich von den Kurden, von denen uns zwei auf dem nächsten Abschnitt unserer Flucht begleiten würden, und wünschte uns viel Glück. Wir umarmten ihn, dann verschwand er.

Der Schnee war tief, als wir uns in Bewegung setzten. Die beiden kurdischen Führer kannten die Berge gut. In den Dörfern, durch die wir kamen, gelang es ihnen, Essen zu beschaffen. Wir gingen eine Woche lang, zwei. Um den Soldaten, die entlang der Grenze patrouillierten, auszuweichen, marschierten wir nur in den eiskalten Nächten. Wenn wir an Militärlagern und feindlichen Dörfern vorbeigingen, klebte Mama uns den Mund mit Isolierband zu, damit wir keinen Laut von uns gaben. Doch das machte uns nichts aus, nicht einmal die Kälte oder die dünne Luft oder das felsige Gelände. Wir reiften bei dieser Reise um Jahre und stapften immer weiter, ohne Klagen und ohne Tränen. Jedes Mal, wenn eines der Kinder vor Müdigkeit stolperte, nahm Mama, die schon meine Schwester Betty im Arm hatte, es auf und trug es eine Weile. Sie war großartig. Sie hatte so viel durchgemacht und gab doch nicht auf. Sie konzentrierte sich auf Papa, darauf, wie sehr er sich gewünscht hatte, dass wir es schaffen würden. Sie dachte an die Worte in seinem Brief, und sie verliehen ihr Kraft.

Achtzehn Tage nach Beginn unserer Wanderung stolperten wir über die iranische Grenze. Wir waren alle erschöpft, zerschunden, hungrig – und in Hochstimmung. Doch unsere kurdischen Führer freuten sich längst nicht so; für sie war die Tour noch nicht vorüber. Sie mussten noch zurück. Wir waren jetzt berüchtigt – die zehn Juden, die vor der Nase der irakischen Wächter geflohen waren –, und wenn unsere Führer jemals mit uns in Verbindung gebracht wurden, so war das ihr Todesurteil. Es wurden nur wenige Worte gewechselt, wir gaben uns die Hand, dann verschwanden sie in den Bergen.

Unter dem Schah pflegte der persische Staat freundschaftliche Beziehungen zu Israel. Die israelische Regierung erfuhr über die Jewish Agency von unserer Flucht, und rasch wurde mit den iranischen Behörden das weitere Vorgehen abgesprochen. Wir wurden mithilfe eines anderen *shaliah*, der uns an der Grenze erwartet hatte, in einen prächtigen Bergkurort gebracht, wo eine israelische Delegation unter Führung des Außenministers uns empfing. Noch heute kommt mir alles wie ein Traum vor, wenn ich daran denke, wie wir nach der Tortur, die wir hinter uns hatten, in dem Hotel behandelt wurden. Das Essen wurde aufs Zimmer gebracht, wir hatten warme Betten, Decken, weiche Daunenkissen.

Jeder, angefangen bei den Israelis bis hin zum Personal, schaute uns an, als wären wir seltene Vögel, die sie zum ersten Mal sahen. Bis zu einem gewissen Grad waren wir das vielleicht auch. Einige bemitleideten uns, andere bewunderten uns. Aus gejagten Flüchtlingen, hungrig und frierend, wurden wir zu Berühmtheiten, die von Ministern empfangen und wie Helden behandelt wurden. Nach ein paar Tagen Erholung brachte der Außenminister uns zum Flughafen und setzte uns in das Flugzeug, das uns nach Israel bringen sollte, wo wir bereits Schlagzeilen gemacht hatten. Auf dem Flug, endlich in Sicherheit, wohlgenährt und frisch eingekleidet, nahm Jonathan seinen ganzen Mut zusammen und fragte meine Mutter: »Dürfen wir jetzt endlich wieder sagen, dass wir Juden sind?« Als sie das hörten, verloren alle im Flugzeug, auch die Crew, die Beherrschung und fingen zu weinen an. Alle außer mir. Ich wollte meinen Gefühlen nicht freien Lauf lassen. Ich wollte mich an alles genau erinnern, jedes Detail in mich aufsaugen, damit ich, wenn ich endlich aus diesem Albtraum aufwachte, ihn nie vergaß, damit ich eines Tages davon erzählen konnte. Das war ein Teil von mir, von meinem Vermächtnis, meinem Stolz, meinem Vater. Es war sein letzter Wunsch, dass wir den Irak verlassen, und wir haben es geschafft. Am Ende haben wir es geschafft.

Ich schaute durch das Bullauge, und dort, in weiter Ferne, am Mittelmeer, erblickte ich es. Ich sah Israel in Sicht kommen, und ich wusste, das ist meine Heimat.

Erst dann rollten dicke, salzige Tränen meine Wangen herab. Mama hatte mich beobachtet, kam zu mir und setzte sich neben mich. Sie umarmte mich ganz fest und sagte, sie könne mich verstehen; auch sie sei glücklich, dass wir nun in Sicherheit seien. Was sie nicht wusste, was niemand wissen konnte, war, dass ich nicht aus Erleichterung weinte. Ich weinte nicht einmal um Vater und Großmutter. Es war die Tatsache, dass ich, als ich auf meine künftige Heimat, den winzigen Staat Israel, hinabsah, schon hoch oben in den Wolken wusste, dass ich dieses Fleckchen Erde lieben würde. Weil ich die Sandstrände sah, die Dünen und Wüsten, und die schrägen Sonnenstrahlen, die das Land in ein leuchtendes Gelb tauchten. Alles war wieder gelb, da konnte ich meine Tränen nicht länger zurückhalten.

2. Kapitel

Zerschlagene Träume

Das Gebäude wurde Ma'on Olim genannt, »Haus der Einwanderer« oder »Heim für diejenigen, die aufsteigen«. *Olim,* das hebräische Wort für »aufkommen« oder »aufsteigen«, ist auch das Wort für Einwanderer oder Neuankömmlinge. Ob sie aus Russland oder aus Äthiopien, von den Gipfeln des Atlasgebirges oder aus der sibirischen Taiga kamen, alle Einwanderer nach Israel wurden »Aufsteiger« genannt. Die Vorstellung, dass es aufwärts ging, sollte einem den Eindruck vermitteln, dass man sich auf dem Gipfel der Welt befinde, sobald man israelischen Boden betrat. In vielen Fällen entsprach dies allerdings nicht ganz der Realität. Aber uns, die wir aus dem Irak kamen und eine solche Tortur durchgemacht hatten, erschien Israel mit Sicherheit wie der Himmel auf Erden.

Das Ma'on Olim war sauber und komfortabel. Und von dort aus war, wie wir schnell entdeckten, der Mittelmeerstrand bequem zu Fuß zu erreichen. Es war kein Fünf-Sterne-Hotel. Das große, graue Gebäude hatte sieben Stockwerke, war aus Beton und verriet nicht gerade Kunstgeschmack. Aber ein Aufenthalt im Ma'on Olim, mit freundlicher Genehmigung der israelischen Regierung, gehörte zum Einwanderungsprozess. Uns wurde dort eine Einzimmerwohnung zugewiesen, ein Zimmer für eine Mutter, drei Kinder und ein Baby. Nicht gerade üppig. Der Raum war noch kleiner als die Hütte in Bagdad, aber wir waren zufrieden, weil wir unsere Freiheit und Sicherheit hatten. Zum Einwanderungsprozess gehörte auch Hebräischunterricht, der in einer so genannten *ulpan* erteilt wurde. Dort wurden auch die wichtigsten einheimischen Bräuche gelehrt. Mama ging dorthin, wir Kinder wurden allerdings sofort auf eine staatliche Grundschule nicht weit von Ma'on Olim geschickt. Nach Israels reicher Erfahrung mit Einwanderern war dies die beste Möglichkeit, frisch eingetroffene Kinder dazu zu bringen, sich unter ihresgleichen zu mischen und akzeptiert zu werden. Von uns wurde außerdem erwartet, dass wir viel schneller Hebräisch lernten als Mama. Wie ich aus eigener Erfahrung weiß, begreifen Kinder neue Sprachen sehr schnell, Erwachsene tun sich damit schwerer. Je jünger wir sind, desto weniger gehemmt und zurückhaltend sind wir, und desto weniger scheuen wir uns, Fehler zu machen. Kinder sind deshalb eher bereit, eine Veränderung zu akzeptieren, zu experimentieren, Verschiedenes auszuprobieren, mit Händen und Füßen zu reden. Kinder wollen eine neue Sprache lernen, wollen den lokalen Akzent beherrschen und die Lebensweise der Einheimischen nachahmen, Erwachsene hingegen kleben oft an alten Gewohnheiten und integrieren sich nie völlig in eine neue Umgebung.

Am ersten Schultag lernte ich also die einheimischen Kinder kennen. Niemand kannte unsere Geschichte, niemand wusste, wer Jonathan und ich waren, und ich hatte das Gefühl, dass es auch besser so war. Beim Unterricht war der Lehrerin natürlich klar, dass ich kein Wort verstand von dem, was sie sagte. Sie sah mich von Zeit zu Zeit mit einem tröstenden Lächeln an. In der ersten Pause – zwischen jeder Stunde gab es in der Regel eine Pause von 10 bis 15 Minuten, dazu eine längere Mittagspause – wurden Jonathan und ich von Kindern umringt, die auf uns einsprachen, Fragen stellten und sich mit uns anfreunden wollten. Immerhin waren wir »Aufsteiger«, und sie hatten nicht jeden Tag Gelegenheit, so seltsame und exotische Kreaturen näher kennen zu lernen.

Noch nicht einmal eine Woche war ich in meinem neuen Land, und mein Wortschatz bestand im Wesentlichen aus »Ja« und »Nein«, aber ich wollte unbedingt in die vergnügte Gemeinschaft auf dem Schulhof aufgenommen werden. Ich wollte neue Freunde finden; immerhin war ich zwei Jahre lang eingesperrt gewesen und hatte keine Freunde gehabt, außer meinen Brüdern. Es war mir immer wichtig, Freunde zu haben. Deshalb lächelte ich ein paar Kinder an, die mich in meiner ersten Pause in Israel anstarrten. Sie kamen näher, und ich war begeistert. Das folgende Gespräch klang, in meinen Ohren, ungefähr so:

»Shdfasdu cs dcsedoc qeideuwef, dfhsauhwefuh?«, fragte ein blondes Mädchen mit blauen Augen.

Ich sah sie direkt an und sagte mutig: »Ja!«

Sie wirkte verdutzt. Ihr Freund, ein dunkler Junge in kurzen Hosen und Sandalen, fragte: »Ohscsdc holacdsaijp jqped ji naslcxhnaf, hjqnlad cchie dcahac iuuiiash?«

Überzeugt, dass ich richtig geantwortet hatte, wiederholte ich mit wachsender Zuversicht: »Ja, jaha!«

Eine kleine Gruppe scharte sich um mich, und erst jetzt sahen sie mich mit merkwürdigen Blicken an, als hätte ich grüne Haare. Ich bekam allmählich das Gefühl, dass meine Strategie doch nicht so gut funktionierte. Ich beschloss, sie kurzerhand zu korrigieren. Als ein anderer Junge wissen wollte: »Afsevn hjscds olijwef uhc?«, antwortete ich mit einem nachdrücklichen »Nein!«.

Das unterdrückte Kichern in der Gruppe wurde zu einem regelrechten Gelächter. Diese Kinder waren keineswegs gemein, sie meinten es nicht böse, aber ich erkannte, dass ich mich zum Narren machte. Sie stellten ständig Fragen und ich antwortete fortwährend mit »Ja« oder »Nein« oder manchmal einer Kombination aus beidem, aber nichts schien zu funktionieren. Alle außer mir lachten aus vollem Hals. Ich wäre am liebsten im Boden versunken.

Endlich läutete es. Erst jetzt, nach dem, was eben passiert war, geriet der Unterricht zu einer Qual. Der Gedanke an die nächste Pause war jedoch noch schlimmer.

In der zweiten Pause entdeckte ich Jonathan mit seinem Rucksack, wie er sichtlich unzufrieden direkt auf das Schultor zumarschierte. Ich holte ihn ein und erfuhr, dass es ihm in der ersten Pause ungefähr genauso wie mir ergangen war. Er habe genug für den ganzen Tag, sagte er. Beschämt, fremd und wütend wollte er nach Hause zurück, ins Ma'on Olim. Das war nicht das erste Mal, dass er die Geduld verlor. Ich weiß nicht recht, ob man sagen kann, dass das Verschwinden Papas aus unserem Leben Jonathan am härtesten getroffen hatte. Aber ich weiß, dass er am stärksten seine Gefühle zeigte und Mama ihn viel sanfter behandelte als uns. Ron und ich schienen, zumindest nach außen hin, die Schrecken, die wir durchgemacht hatten, besser überstanden zu haben. Jonathan hingegen war reizbar und empfindlich, er bekam manchmal wegen Kleinigkeiten einen Wutanfall.

Ich konnte Jonathan jedoch keinen Vorwurf machen, weil er die Schule schwänzen wollte. Alles in allem schien es wirklich das einzig Vernünftige.

Also gingen wir heim.

Als Mama am selben Abend zurückkehrte und hörte, was wir getan hatten, erlebte ich zum ersten Mal, dass sie die Nerven verlor. Sie verpasste uns beiden eine ordentliche Tracht Prügel.

Mama kaufte später in der Stadt, in der das Ma'on Olim lag, eine Wohnung, und dort lebte ich bis zu meiner Heirat. Sie hieß Bat-Yam, was »Meerjungfrau« bedeutet, und zumindest aus geografischer Sicht ist der Name sehr treffend. Bat-Yam liegt wie viele israelische Städte am Mittelmeer, und die Küste ist herrlich. An den Stränden liegt gelbgoldener Sand und eine leuchtend gelbe Sonne scheint auf das kobaltblaue Wasser.

In dieses herrliche Meer hätten die meisten arabischen Länder in jener Zeit am liebsten Israel und die Israelis getrieben. Einige arabische Politiker sind immer noch der Ansicht, dass der beste Ort für alle Juden das Mittelmeer wäre – je tiefer, desto besser, versteht sich.

Israel ist zwar rund 400 Kilometer lang, aber an den meisten Stellen nur 25 bis 40 Kilometer breit. Ashkelon, eine Küstenstadt im Süden, liegt nur zehn Kilometer vom Gazastreifen entfernt, und von Netanya aus sind es nur knapp 15 Kilometer bis zur Westbank. Deshalb ist das Land auch so anfällig für Selbstmordattentate. Tel Aviv liegt keine 18 Kilometer von den »Territorien« entfernt, wie man die Westbank auch nennt.

Während sich Tel Aviv, das aus Sand und Leere gewachsen war, zu Israels bekanntester Stadt entwickelte, wurde die »Meerjungfrau« Bat-Yam, eine Vorstadt im Süden, zu einem Wohnviertel der Arbeiter. Viele Menschen, die in Tel Aviv arbeiten, wohnen in Bat-Yam, weil Wohnungen dort viel billiger sind als in Tel Aviv. Deshalb konnte Mama sich hier auch eine Wohnung leisten. Aber man bekommt immer das, wofür man gezahlt hat, und unsere Meerjungfrau war nicht umsonst so billig. Viele Wohnviertel in Bat-Yam waren geprägt von Armut, Gewalt und Drogen. Freilich zählte die Gegend, in der Mama ihre Wohnung kaufte, nicht zu den schlimmsten Stadtteilen, und eines konnte man unserer Meerjungfrau nicht wegnehmen: die wunderschönen Strände.

Nach Mamas Sonderlektion wegen des Schwänzens tat mir zwar mein Hintern weh, aber etwas anderes beunruhigte mich an Mama viel mehr. Ich hasste sie nicht für das, was sie getan hatte, auch Jonathan tat das nicht. Wir wussten beide, dass wir die Strafe verdient hatten. Mama musste streng sein, weil sie niemanden hatte, der ihr bei unserer Erziehung half. Sie wusste, dass wir ohne Disziplin in der neu gewonnenen Freiheit verwildern würden. Es machte mir jedoch Kummer, als mir zum ersten Mal auffiel, dass Mama älter wurde. Sie war Anfang dreißig und schön wie eh und je, aber etwas in ihren Augen war erloschen: ein Funkeln, das ich selbst in den schwersten und gefahrvollsten Stunden im Irak gesehen hatte. Sie arbeitete sehr hart, um uns zu ernähren, doch das machte ihr nichts aus. Im Irak gab es während des Überlebenskampfes, des Kampfes um Papa und dann um unsere Freiheit, so vieles, das sie von sich selbst ablenkte. In Israel, weit weg von dem Ort, den sie als ihre Heimat betrachtet hatte, fühlte Mama sich sehr einsam. Sie fing an, von Papa, Großmutter, der Hinrichtung, der Folter zu träumen. Spät am Abend schlichen sich diese Gedanken ein und quälten sie. Sie wurde traurig, was ich zuvor noch nie an ihr beobachtet hatte, und sie alterte. Manchmal wachte ich mitten in der Nacht wegen eines merkwürdigen Geräusches auf. Ich schlich mich in ihr Zimmer und sah sie auf dem Bett sitzen. Unter Tränen sprach sie mit Papas Bild.

Als ob Mama noch nicht genug durchgemacht hätte, weigerten sich die israelischen Behörden, sie als Kriegswitwe anzuerkennen. Das hieß, dass ihr bestimmte Vergünstigungen nicht zustanden. Ebenso quälend war der Umstand, dass der Staat weder bestätigte noch leugnete, dass mein Vater irgendwelche Verbindungen zur israelischen Regierung oder zum Geheimdienst hatte. Mama glaubte zwar nicht, dass Papa ein Spion gewesen war, aber ohne die Bestätigung der israelischen Regierung würde sie es nie mit Sicherheit wissen. Erst Jahre später und nach massivem öffentlichen Druck sowie der Lobbyarbeit mitfühlender Parlamentarier wurde meine Mutter endlich zur Witwe eines Kriegshelden erklärt und erhielt eine staatliche Rente.

Anfangs war sie jedoch ganz auf sich gestellt. Ihre Brüder und Schwestern, die vor ihr nach Israel ausgewandert waren, hatten eingewilligt, meine fünf minderjährigen Tanten und Onkel aufzuziehen. Damit und mit ihren eigenen Kindern hatten sie bereits alle Hände voll zu tun. Mama musste, zum ersten Mal in ihrem Leben, lernen, die Familie zu ernähren. Sie hatte keine einträglichen Fertigkeiten gelernt, und auch wenn uns im Ma'on Olim eine Wohnung zugewiesen wurde, so war das nur eine kurzfristige Lösung. Finanziell hatten wir gerade genug, uns über Wasser zu halten, nicht mehr. Aber Mama hatte ja das angenehme Leben kennen gelernt und wünschte sich etwas viel Besseres für uns. Abends besuchte sie Nähkurse, danach kam sie nach Hause und nähte bis spät in die Nacht Kleider. Mama nähte und verkaufte, und nach und nach bekam sie mehr Aufträge. Anfangs wurde sie nur zu Schneiderarbeiten gerufen, aber als sie mehr Geschick entwickelte, wurden auch Kleider bei ihr bestellt. Je mehr sie arbeitete, desto mehr Aufträge bekam sie. Sie bis spät in die Nacht arbeiten zu sehen, war mir eine größere Lehre als jede Tracht Prügel, die sie mir verpasste. An ihrem Beispiel lernte ich den Wert harter Arbeit zu schätzen, die Bedeutung von Entschlossenheit und, vor allen Dingen, Courage.

Wir Kinder und die Arbeit waren ihre Welt. Noch Jahre nach unserer Einreise kam sie nicht auf die Idee, mit irgendjemandem auszugehen, obwohl viele Möchtegern-Freier nur darauf warteten. Allerdings gab es einen Mann, mit dem sie vieles gemein hatte, und die beiden schlossen enge Freundschaft. Bei den Nähkursen lernte Mama einen Lehrer namens Zvi Wechsler kennen.

Zvi war über sechzig, und obwohl er immer guter Laune war, litt auch er unter den Narben einer unaussprechlichen Tragödie. Mit seiner Frau und seinen zwei Töchtern, sechs und acht Jahre alt, hatte Zvi in Warschau gelebt, als die Deutschen kamen. Er wurde gezwungen mit anzusehen, wie seine Liebsten vor seinen Augen gefoltert und vergewaltigt wurden. Als die Nazis sie schließlich ermordeten, starb seine Seele in ihm. Er wollte nicht länger leben, floh aber dennoch aus dem Konzentrationslager, damit er der ganzen Welt sagen konnte, was er gesehen hatte. Er schlug sich nach Israel durch, wo er mit seiner gelähmten Schwester lebte und sich um sie kümmerte – die einzigen Überlebenden einer einst großen Familie.

Dennoch verlor Zvi nie den Glauben an die Menschen. Zweimal in der Woche unterrichtete er freiwillig im Bezirksgefängnis. Er wollte den Gedanken nicht akzeptieren, dass manche Menschen rettungslos verloren waren. Und immer wieder erhielt er ergreifende Briefe von Exhäftlingen, die er unterrichtet hatte. Sie schrieben, sein Unterricht und sein Mitgefühl seien der Grund gewesen, dass sie sich große Mühe gegeben hätten, sich zu bessern.

Auch für ihn kam eine zweite Heirat nicht infrage. Aber Mama und er blieben bis ans Ende seines Lebens enge Freunde. Zvi war keine Vaterfigur für mich, aber er wurde Teil unserer Familie. Doch ganz öffnen konnte er sich nur meiner kleinen Schwester Betty. Zvi sagte oft, sie sei seine ungeborene Enkeltochter.

Anfang achtzig erkrankte er an Krebs. Der Schwager meines Mannes Leo – der zufällig auch Zvi hieß – war der junge Chirurg, der ihn behandelte. Die zu Rate gezogenen Ärzte im Hospital kamen zu dem Schluss, dass Wechsler sich, in Anbetracht seines Alters und des fortgeschrittenen Stadiums der Krankheit, nie von den Folgen einer solchen Operation erholen würde, selbst wenn er den Eingriff überlebte. Man solle ihn in Würde sterben lassen. Aber Zvi wusste, dass sein Patient ohne Operation höchstwahrscheinlich schon nach sechs Monaten qualvoll sterben würde. Er kannte den alten Mann und seine Lebensgeschichte. Er überredete seine Kollegen und Vorgesetzten, ihn trotz der geringen Erfolgsaussichten operieren zu dürfen. »Sie haben grünes Licht«, sagten sie am Ende, »aber wenn etwas schief geht, sind Sie auf sich gestellt; Sie bekommen vom Krankenhaus keine Rückendeckung.«

Zvi operierte also Zvi. »Ich gebe nicht auf, nicht bei diesem alten Mann«, sagte er.

Elf Stunden lang wurde der Patient von lauten Apparaten am Leben gehalten, die Sauerstoff in seine Lungen pumpten, während der Chirurg das Geschwür und die Metastasen entfernte, die sich bereits im ganzen Körper ausgebreitet hatten. Beide Zvis bestritten den Kampf ihres Lebens. Die Operation war nicht nur erfolgreich, sein Patient erholte sich sogar schon nach kurzer Zeit. Fast zehn Jahre lang führte er ein ganz normales Leben. Als er schon auf die Neunzig zuging, kam der Krebs wieder. Zvi operierte ihn noch einmal und hatte wiederum Erfolg. Zvi Wechsler wurde 94 Jahre alt, und er hat nie erfahren, dass Dr. Zvi der Einzige war, der ihn nicht aufgeben wollte.

Am Jahrestag seiner ersten Operation schickte Zvi jedes Jahr Dr. Zvi Blumen und eine Flasche Wein. Der Chirurg sagte nicht nur, das sei das ergreifendste Zeichen der Anerkennung, das er jemals erhalten habe, sondern auch, dass es von einem wirklich großen Mann komme.

Nach weniger als einem Jahr im Ma'on Olim waren wir die Rangältesten in der Hierarchie des Heims, und deshalb stand uns eine größere Wohnung zu. Sie hatte zwei Zimmer, die wir beide zum Schlafen benutzten; es war eine erhebliche Verbesserung gegenüber unserem ersten Quartier. Diese Wohnungen galten als die Business Class von Ma'on Olim, und alle nannten sie die »Suiten«. Sie hatten blaue Türen im Gegensatz zu den orangefarbenen der anderen Wohnungen, und sie lagen im Erdgeschoss. Der Umzug bedeutete, dass wir nun zur Oberschicht des Hauses zählten. Doch die Nähe zum Boden symbolisierte möglicherweise auch, dass unsere Tage im Ma'on Olim gezählt waren.

Ich ging zwar noch auf die israelische Grundschule, aber ich wollte Mama helfen, die immer härter arbeitete. Weil Hebräisch gewisse Ähnlichkeiten mit dem Arabisch, das wir im Irak gesprochen hatten, aufwies, lernten wir Kinder die Landessprache sehr schnell. Schon bald fühlte ich mich so sicher in der neuen Sprache, dass ich der Tochter von soeben eingetroffenen Neuankömmlingen Nachhilfeunterricht anbot. Sie kamen aus dem damals noch sowjetischen Georgien und schwammen im Geld. Ich unterrichtete das Mädchen einige Wochen lang, und als ich endlich meinen Lohn erhielt, waren es ungefähr anderthalb Dollar. Das war selbst damals nicht allzu viel, aber ich war stolz auf mein Einkommen. Als Mama spätabends von der Arbeit heimkam, wollte ich ihr das Geld geben. Sie nahm es nicht an, aber ich bemerkte wieder das Funkeln in ihren Augen. Sie umarmte mich und sagte, ich solle es für mich ausgeben. Also gingen Ron, Jonathan, Betty und ich am nächsten Tag nach der Schule in eine Eisdiele und feierten ein Fest. Diese Kugel Vanilleeis werde ich nie vergessen. Sie schmeckte nach Sieg.

Ohne fremde Hilfe und mit hohen, riskanten Darlehen eröffnete Mama schon bald ihr eigenes kleines Textilunternehmen. Sie fertigte selbst entworfene Kleider in kleinen Stückzahlen und verkaufte sie. Damit verdiente sie gerade genug, um uns zu ernähren. Nach ein paar Jahren nahm sie eine hohe Hypothek und noch mehr Darlehen auf und kaufte uns eine große Vierzimmerwohnung. Wir sollten auf keinen Fall darunter leiden, dass uns der Vater fehlte, sondern so komfortabel wie möglich leben. Manchmal legte sie an Samstagabenden ihre Arbeit zur Seite, und wir schlenderten am Strand entlang und belohnten uns mit einem Eis.

Eines Samstags fuhren wir nach Jerusalem. Es war unser erster Ausflug in diese bezaubernde Stadt. Eine Zeit lang besichtigten wir zu Fuß die Stadt, dann beschloss Mama, mit einem Taxi in einen anderen Stadtteil zu fahren und die Windmühle anzusehen, die Sir Moses Montefiore, ein jüdischer Philanthrop aus England, im 19. Jahrhundert gebaut hatte. Das Taxi, das wir anhielten, war besonders groß und hatte drei Sitzbänke. Ein Passagier saß bereits darin, viele Taxis in Israel sind Gemeinschaftstaxis. Ich stieg ein, Ron auch, aber Jonathan wollte nicht. Er brüllte plötzlich los, kratzte, trat um sich. Wir mussten alle mithelfen ihn zu beruhigen. Mama fand schnell heraus, was geschehen war. In Jerusalem, einer Stadt mit einer bunten Mischung aus orthodoxen und weltlichen Elementen, aus Juden, Christen und Muslimen, aus Israelis und Arabern, sind viele Taxifahrer Araber. Viele Araber wiederum tragen einen buschigen Schnurrbart. Im Irak tragen so gut wie alle Regierungsvertreter, Polizisten und Geheimpolizisten, wie diejenigen, die Papa weggenommen hatten, einen Schnurrbart. Jonathan sah den Taxifahrer und den arabischen Passagier an, beide mit dichtem Schnurrbart, und rastete aus. Er hatte seit jener Nacht, als die irakischen Geheimpolizisten ihn gegen das Geländer geschleudert hatten, eine Phobie, wir hatten es nur nicht gewusst.

So versuchten wir, eine Einwandererfamilie mit all unseren emotionalen Narben und Bürden, uns in Israel ein neues Leben aufzubauen. Mama arbeitete 15 Stunden am Tag, achtete darauf, dass wir immer nach der Mode gekleidet waren, die besten Pausenbrote und teuersten Früchte in unserem Lunchpaket hatten und alles bekamen, wovon wir träumten. Wir besaßen sogar als Erste in der Gegend einen Videorekorder – zu einer Zeit, als diese Apparate noch fast so groß wie kleine Autos waren. Irgendwie schaffte sie es und kümmerte sich sogar um unsere Leistungen in der Schule. Der intelligente Ron blühte in allen Belangen geradezu auf. Jonathan hingegen tat sich schwer. Mama lernte stundenlang mit ihm, dennoch rutschte er nur so eben durch. Ich war ganz gut, aber keine große Leuchte – tat gerade so viel, dass ich eine akzeptable Note bekam. Meine Freundinnen und Freunde waren mir viel wichtiger, und das machte meine Mutter wütend.

Was soll ich sagen? Ich suchte das Rampenlicht wie ein Schmetterling den süßen Nektar in der Blüte. In jeder Theateraufführung der Schule spielte ich die Hauptrolle. Ich liebte es, ein Kostüm anzuziehen, auf der Bühne zu stehen und die Zuhörer mit meiner Darbietung zu fesseln. Lampenfieber kannte ich nicht. Ich war beliebt, vielleicht zu beliebt, und ich verbrachte mehr Zeit mit Freundinnen als mit Hausaufgaben. Am liebsten ging ich zu Mädchen, deren Väter zu Hause waren. Ich hatte den sehnlichen Wunsch, das Wort *Abba* zu verwenden, das hebräische Wort für Papa. Mir war es nie vergönnt, dieses wunderschöne hebräische Wort zu gebrauchen, und ich beneidete die Mädchen, die einen *Abba* hatten und ihn so nennen durften, wann immer sie wollten. Manchmal, wenn ich mich unbeobachtet fühlte, flüsterte ich diesen Männern »Abba« zu, nur um zu testen, wie man sich dabei fühlt.

Zu Mamas Ärger ließen meine Beliebtheit und das gewachsene Selbstvertrauen einen alten Charakterzug von mir wieder zum Vorschein kommen. Das heiße und sonnige Bat-Yam war der ideale Nährboden für meine schelmischen Neigungen, die während des Hausarrestes im Irak gänzlich unterdrückt worden waren. Ich widmete mich voller Begeisterung wieder den alten Streichen. Da ich den Schmerz, den Mama schon mehrmals meiner Gesäßregion zugefügt hatte, vermeiden wollte, ging ich behutsamer vor. Der Unfug an sich war nicht das Problem, fand ich heraus. Ich durfte mich nur nicht dabei *erwischen* lassen. Also feilte ich meine Methoden aus. Ich schwänzte die Schule und ging an den Strand. Häufig stiftete ich Freunde an, mich zu begleiten. Dann ließen wir uns irgendeine Entschuldigung einfallen, gegen die der Lehrer nichts machen konnte, weil so viele Schüler sie bestätigten.

Da ich die Macht des Geldes und die Segnungen des freien Marktes erkannte, verkaufte ich in den Fehlzeiten vom Unterricht an Straßenecken die verschiedensten Sachen. Einmal waren es Kaktusfeigen, die in Israel als Delikatesse gelten. Allerdings war ich alles andere als ein Experte im Umgang mit diesen stachligen Dingern und sammelte sie einfach mit bloßen Händen auf. Die Schmerzen und die Schwellung in meiner Handfläche hielten wochenlang an.

Manchmal kaufte ich im Supermarkt Waren und verkaufte sie zu einem etwas höheren Preis wieder an der Schule. An meiner Schule war ein derartiges Handelsunternehmen nicht ausdrücklich verboten, aber zu Hause war es gar nicht gern gesehen. Jedes Mal, wenn Mama mich dabei erwischte, stand mir eine Tracht Prügel bevor. Diese Strafen entwickelten sich zu einer gewissen Routine. Ich lernte, Mamas Schlägen auszuweichen, und sie bekam ebenfalls Übung bei unserem kleinen Tanz. Ihr Schuh wurde ihr liebster Rutenersatz, und ihre Trefferquote auf einem sich schnell bewegenden Ziel stieg mit der Zeit schmerzlich an.

Jonathan und ich schlossen uns oft gegen Ron zusammen. Er war so ernsthaft und vernünftig, er forderte es geradezu heraus. Am Abend vor seinem ersten Rendezvous sagten Jonathan und ich beiläufig zu Mama, die an ihrer Nähmaschine saß, dass wir ihn begleiten würden.

»Ahaa«, sagte sie, ganz in die Arbeit vertieft, ohne darauf zu achten, was wir gesagt hatten. Unsere Taktik war aufgegangen, das zerstreute »Ahaa« bedeutete die Erlaubnis. Am nächsten Tag gingen wir Ron nach. Als er sich mit seiner Partnerin traf, überfielen wir sie und drängten sie, uns ins Kino mitzunehmen. Ron sah das Mädchen nie wieder. Wir spielten ihm auch andere Streiche, aber er reagierte immer tolerant und verständnisvoll, immer mit Humor. Als Mama uns eines Abends mitteilte, dass Ron uns verlassen würde, da traf uns die Nachricht wie ein Hammerschlag.

Unter reichen Familien war es im Irak Brauch gewesen, die älteren Söhne ins Ausland zu schicken, damit sie die beste Erziehung bekamen, die man mit Geld kaufen konnte. Als es an der Zeit war, wurde Ron nach England in die Schule geschickt. Mama hatte dort einen Bruder, und Ron konnte bei ihm wohnen. Ich weiß, dass Mama das für das Beste hielt, und vielleicht hatte sie auch Recht. Aber mein armer älterer Bruder! Er hatte eben erst angefangen, sich wieder als Teil einer glücklichen Familie zu fühlen, und jetzt wurde sie ihm einmal mehr verweigert. Was Jonathan und mich anging, so brach es uns das Herz. An vielen Abenden versteckten wir das Gesicht in den Kissen und weinten uns in den Schlaf.

Ron reiste ab und hinterließ eine Leere in mir. Zuvor war er derjenige gewesen, der das Sagen hatte, an den wir uns immer wenden konnten, die Vaterfigur, die uns fehlte. Jetzt war er weg, Mama schuftete bis zum Umfallen, und in gewisser Weise war ich allein. Jonathan lehnte es, wie Jungen nun einmal sind, ab, irgendwelche Hausarbeiten zu übernehmen. Betty ging inzwischen zur Schule und war eine ausgezeichnete Schülerin, aber immer viel zu sehr mit Lernen beschäftigt, als dass sie sich um den Haushalt kümmern konnte. Mama ertappte sie manchmal, wie sie nachts mit einer Taschenlampe unter der Decke las. Sie hatte ohnehin absolut kein Talent dafür. Also blieb nur ich, und ich kümmerte mich nicht nur um den gesamten Haushalt, sondern auch um meine jüngeren Geschwister.

Außerhalb war ich immer die Königin der Clique, des Schultheaters, des Balls; zu Hause war ich eine mäßige Schülerin, eine angehende Verbrecherin und das inoffizielle Hausmädchen. Ich hatte das Gefühl, ständig geprügelt oder angebrüllt zu werden, und dachte allmählich, dass Mama mich hassen und sich für mich schämen würde. Ich fühlte mich als das schwarze Schaf der Familie. Aber als Mama ihre Ersparnisse für eine prächtige und üppige Bar-Mizwa-Party für mich, ein Mädchen, ausgab, da wurde diese Einstellung gleichwohl erschüttert. War sie vielleicht doch stolz auf mich?

Um diese Zeit beschäftigte ich mich verstärkt mit der Frage, ob mein Vater in den arabisch-israelischen Konflikt verwickelt war. Ron war weit weg in England, glänzte in der Schule und hatte nicht das geringste Interesse, die Wunden der Vergangenheit aufzureißen. Jonathan verspürte ebenfalls nicht den Wunsch, an diesem Thema zu rühren. Betty hatte ihren Vater nie gesehen. Im Laufe der Zeit dachte ich jedoch immer öfter darüber nach. Neben Schule und Freundinnen, Jungs und Haushalt blieb mir nicht allzu viel Zeit. Dennoch fing ich an, nach Informationen zu suchen. Ich stöberte in sämtlichen Familienalben, sammelte Fotos und Aufzeichnungen und fragte Mama nach den Leuten auf den Bildern ein Loch in den Bauch. Nach und nach stellte ich mein erstes Dossier zusammen und hätte mir im Traum nicht einfallen lassen, dass ich später darin großes Talent entwickeln sollte – eine unverzichtbare Voraussetzung für meinen Beruf. Als Nächstes durchkämmte ich Bibliotheken und öffentliche Archive und las jedes Dokument, das ich zum Sechstagekrieg und seinem Nachspiel finden konnte. Ich suchte nach irgendwelchen Hinweisen auf Papa. Alte Zeitungen, Zeitschriften, Artikel, Rezensionen, Akten, Geschichtsbücher, Aufnahmen – ich ging sie alle durch. Ich las Hebräisch, Arabisch und Englisch und merkte zum ersten Mal, wie wichtig es war, ein

Dokument im Original lesen zu können. Wie sehr sollte mir diese Fertigkeit in meinem Leben noch zustatten kommen! Um mein Wissen zu erweitern, schrieb ich an Politiker, Historiker und Experten, bat sie um Kopien von Dokumenten und fragte sie nach ihrer Meinung.

Leider war auf alle Akten der Vermerk »Vertraulich« gestempelt, was bedeutete, sie 50 Jahre unter Verschluss zu halten. Folglich endete meine Suche ohne nennenswerte Spuren oder nützliche Hinweise. Aber alles, davon bin ich überzeugt, geschieht aus einem bestimmten Grund. Ich hätte mir nicht einmal in meinen kühnsten Träumen vorgestellt, dass diese Suche mich so sehr verändern würde. Sie bestimmte buchstäblich die Richtung meines Lebens. Nichts könnte mir heute wichtiger sein als das, was ich tue, und ich genieße jede Sekunde, aber ich würde alles dafür geben, dass Papa nicht gestorben wäre und mir nicht ein solches Vermächtnis hinterlassen hätte. Es ist eine sehr schwere Bürde.

Auch wenn meine Suche anfangs vergeblich war, ich wollte nicht kampflos aufgeben. Ich meldete mich freiwillig zur Arbeit für ein Parlamentsmitglied. Als Helferin dieses Politikers hatte ich zum ersten Mal Zugang zur Bibliothek und den Archiven der Knesset. Einige Dokumente sind an keinem anderen Ort zu finden.

Einmal stöberte ich abends in der Bibliothek einige Unterlagen durch, und da sah ich es plötzlich. Das Foto traf mich mit unerwarteter Heftigkeit. Ich sah es mir an, und mir stockte der Atem. Das war es. Das war der Beweis. Dort war das Bild, schwarz auf weiß. So lange hatte ich nach einer Antwort gesucht, und jetzt, wo ich sie gefunden hatte, wünschte ich, ich hätte nie danach gesucht. Es war eine Aufnahme von der Hinrichtung auf dem zentralen Platz in Bagdad. Unter dem Bild las ich den Namen meines Vaters und einen Text, der das Ereignis schilderte.

Ich rannte aus dem Raum, vor Tränen blind. Ich weinte, zum ersten Mal, um Papa. Noch heute, wenn ich daran denke, wie ich jenes schreckliche Bild erblickte, kommen mir die Tränen.

Ich dachte, ich hätte etwas gehört. Ja, das war er. Er hupte schon wieder. Ich war eben erst aus der Dusche gekommen, meine Haare tropften noch. Wieso kam er denn nicht auf die Idee, hochzukommen und mich abzuholen, statt in einem fort zu hupen? Er sollte nicht gar so faul sein. Immerhin war er noch nicht einmal achtzehn – drei Treppen würden ihn schon nicht umbringen. Er trieb mich an, und ich mochte es nicht, wenn man mich antrieb. Ich sah auf die Uhr. Hoppla! Es war Viertel vor neun; ich hatte ihm gesagt, er solle gegen acht kommen. Ich hatte keine Ahnung, dass es schon so spät war. Es war Sommer und noch ganz hell. Ich steckte meinen Kopf aus dem Badezimmerfenster und rief: »Komm 'rauf, in ein paar Minuten bin ich fertig!«

»Lass dir Zeit, ich warte hier!«, brüllte er zurück. Was für ein Gentleman.

Jetzt stand ich erst recht unter Druck. Ich schnappte mir das erstbeste T-Shirt und eine Jeans, die ich in der Toilette fand, und zog sie eilig an. Auf dem Weg nach draußen machte ich kurz vor dem Spiegel Halt und sah mich an. Was sahen sie alle in mir? Ich hatte keine Ahnung. Als Teenager war ich »vollschlank«, wie man so schön sagt. Ich war nicht fett, nur hier und da ein wenig rundlich, vor allem an den richtigen Stellen. Ständig liefen mir die Jungs nach. Nicht, dass ich das provoziert hätte oder leicht rumzukriegen gewesen wäre – keine Spur. Seit fast zwei Jahren ging ich nun mit Yossi, dem jungen Mann, der gerade draußen hupte. Er war iranischer Abstammung, hatte grüne Augen und dunkles, lockiges Haar. Damals dachte ich, ich wäre in ihn verliebt. Mama war eindeutig gegen diese Beziehung. Sie mochte Yossi einfach nicht, aus Gründen, die ich nicht verstand. Ich sah noch mal in den Spiegel. Was sahen sie alle, das ich nicht sah? Ich begriff wirklich nicht, wieso so viele Jungs mich umschwärmten. Ich rannte nach unten.

Yossi hatte ein kleines Auto, selbst nach israelischem Maßstab. In Israel gilt ein Volvo schon als große Limousine; die meisten Kabinettsmitglieder werden in Volvos durch die Gegend chauffiert. In dieser Welt wurde Yossis zweitüriger Ford Fiesta als ganz ordentliches Auto angesehen. Das am häufigsten benutzte Gerät an seinem Auto war die Hupe. Die meisten Israelis machen reichlich Gebrauch von ihrer Hupe, entweder um vor einer Gefahr zu warnen, ihrem Unmut über den Fahrstil anderer Luft zu machen, die Bewunderung für eine schöne Frau auf dem Bürgersteig auszudrücken oder einfach um eine Freundin nach unten zu rufen, die im dritten Stock wohnt.

Yossi und ich fuhren mit seinem Auto an den Strand, ins Kino, in den Park und zu Partys. Über die Schule zerbrach ich mir nicht groß den Kopf, das schlug sich natürlich in meinen Noten nieder. Ich war vollauf mit Yossi und Ausgehen beschäftigt, wahrscheinlich mochte Mama ihn vor allem deshalb nicht. Sie wusste, dass Bildung der einzige Weg zum Erfolg ist.

Als Yossi und ich Schluss machten, standen die Freier buchstäblich an unserer Tür Schlange. Mit einigen von ihnen versuchte ich es tatsächlich, und manche waren sehr nett, aber ich verliebte mich in keinen Einzigen. Nach einem oder zwei Rendezvous beendete ich die Affäre jedes Mal. Ich bekam allmählich das Gefühl, ich würde nur meine Zeit vergeuden. Aber je öfter ich »Nein« sagte, desto mehr Männer wollten offenbar mit mir ausgehen. Es wurde mir lästig. Ich beschloss, die Rendezvous zu beenden und mich endlich wieder verstärkt der Schule zuzuwenden.

Immer noch suchte ich nach Informationen über Papa. Mama war sich absolut sicher, dass er kein Spion war, aber ich machte mir allmählich meine eigenen Gedanken. Je mehr ich darüber nachdachte, desto klarer wurde mir, dass ich diesem Geheimnis, wenn überhaupt, dann nur durch ein Studium auf den Grund kommen konnte. Also schrieb ich mich an der Universität von Tel Aviv in der Fakultät für nahöstliche Angelegenheiten ein. Das Thema faszinierte mich schon bald, und obwohl meine Highschoolnoten insgesamt nicht gerade berauschend waren, glänzte ich in Nahostpolitik. Ich erwarb ein umfassendes Wissen und das intellektuelle Handwerkszeug, das man als Experte auf diesem Gebiet braucht.

An der Universität kursierte ein Witz, nach dem Studenten, vor allem weiblichen Geschlechts, bestimmte Fakultäten nur deshalb gewählt hätten, weil sie nach einem gebildeten Lebenspartner Ausschau hielten. Bei einigen Fakultäten, insbesondere solchen, die mit gesellschaftswissenschaftlichen Studien zu tun hatten – dazu gehörte auch die Fakultät für nahöstliche Angelegenheiten –, konnten die Absolventen sich nicht gerade lukrative Posten erhoffen. Diese Studienfächer wurden sarkastisch als »Heiratskunde« bezeichnet. Und in jedem Witz steckt bekanntlich ein Körnchen Wahrheit.

Leo wohnte nicht weit von uns. Ich hatte ihn gelegentlich schon gesehen. Das erste Mal, an dem ich ihn wirklich traf, wenn man die Begegnung so nennen kann, war in meinem ersten Jahr an der Highschool, als er uns in einer Biologiestunde unterrichtete. Wir gingen auf dieselbe Schule, und meine Biologielehrerin hielt sehr viel von ihm. Sie bat Leo, uns auf einem Gebiet zu unterrichten, bei dem sie meinte, er kenne sich besser aus als sie. Ich weiß noch, dass ich es damals für ganz schön cool hielt, dass dieser junge Mann so viel wusste, aber ich dachte nicht länger darüber nach. Das nächste Mal trafen wir uns Jahre später, im Bus zur Universität. Wir kamen ins Gespräch. Er erzählte mir, dass sein Auto heute in der Werkstatt sei. Wenn es repariert sei, würde er mich gern mitnehmen, wenn ich Lust hätte. Ein wenig später nahm ich sein Angebot an, und Leo holte mich von da an ein oder zwei Mal in der Woche zu Hause ab und fuhr mich zum Campus.

Er war wirklich ein komischer Vogel. Er trug sein blondes Haar länger als ich meines, und ich kann mich nicht daran erinnern, dass er es jemals gekämmt hätte. Er war der Einzige in seinem Jahrgang, der mit Krawatte ins Seminar kam. Die Kleiderordnung in Israel ist weit lockerer als die in den Vereinigten Staaten oder gar Großbritannien. Seine Kommilitonen hielten ihn deshalb anfangs für ein wenig verrückt, aber in seinem zweiten Studienjahr putzte sich fast die Hälfte seiner Kommilitonen ebenso heraus. Er hasste kleine Autos und war in riesige, amerikanische Straßenkreuzer verliebt, die nach jedem Maßstab riesig waren, aber in Israel besonders auffielen. Er hupte nie, das lehnte er ab. Als Junge war er aus Russland eingewandert und hatte ein paar russische Freunde, mit denen er gern einen trank. Er vertrug eine ganze Menge und becherte ordentlich. Am Anfang erzählte er mir immer Witze, die ich nicht verstand. Ich hatte den Eindruck, dass er sich über mich lustig machen wollte, auch wenn ich nicht recht wusste, wie ich auf den Gedanken kam.

Nachdem er mich ein paar Mal heimgebracht hatte, bat ich ihn an einem Abend, mit hochzukommen. Mama hatte mir das vorgeschlagen, weil sie meinen dienstbereiten Fahrer kennen lernen wollte. Ich wusste noch nicht einmal so recht, ob ich den Typ überhaupt mochte. Er kam, setzte sich eine Weile zu uns, redete mit Mama und Jonathan und ging wieder. Er kam wieder, und ich wusste immer noch nicht genau, was daraus werden sollte. Dann drängte Mama mich, mit ihm auszugehen.

Josephs Gabe? Später erzählte sie mir, dass sie an dem Abend, bevor Leo zum ersten Mal in unserer Wohnung erschien, Papa im Traum gesehen habe. Er lächelte ihr zu, winkte zum Abschied, drehte sich um und ging langsam weg. Mama sagte mir, ein solcher Traum bedeute, dass es für sie an der Zeit sei, jemanden gehen zu lassen, oder anders ausgedrückt, dass es mir bestimmt sei, die Familie zu verlassen, um meine eigene zu gründen.

Ich glaubte kein Wort davon. Jedes Mal, wenn sie mich zu etwas Bestimmtem überreden wollte, kam sie mit einem Traum daher, der einen hervorragenden Grund für alles Mögliche enthielt. Ich denke, sie erfand diese Träume nach Bedarf. Aber warum mochte sie von allen Menschen ausgerechnet Leo? Ich hatte schon hübschere, reichere, ältere Freunde gehabt, aber kein Einziger war nach ihrem Geschmack. Leo war jünger als ich, stand am Anfang seines Hauptstudiums und zählte nicht zu den Jungen, die man für reif genug für eine ernste, dauerhafte Beziehung halten würde.

Schließlich bat ich Leo um ein Rendezvous. Das war neu für mich. Normalerweise war ich diejenige gewesen, die ablehnte, und jetzt wollte ich mit einem ausgehen, bei dem ich mir nicht einmal sicher war, ob ich ihn mochte. Seine Witze nervten mich, ich hielt ihn für kühl und arrogant, und er hasste nahöstliche und arabische Musik, meine Lieblingsmusik. Wir gingen in ein nettes Lokal in Tel Aviv namens Rothschild's Pub. Wir tranken ein paar Bier, er erzählte mir Geschichten, und bevor ich wusste, was geschah, fiel ich über ihn her. Ich weiß nicht, ob es der Alkohol, das Lokal, sein Gerede oder der Groove von Eric Clapton im Hintergrund war, aber meine Zweifel – und Hemmungen – waren wie weggeblasen. Als wir uns einige Tage danach wiedertrafen, merkte ich, dass es Leo ein wenig peinlich war und dass ihm die Frage auf der Zunge lag, ob ich mich noch daran erinnern würde, was bei dem Rendezvous passiert war. Aber wie ein echter Gentleman fragte er nie danach, und ich habe es ihm nie gesagt. Natürlich erinnerte ich mich.

Am Unabhängigkeitstag Israels, nach dem jüdischen Kalender entweder Ende April oder Anfang Mai, nehmen die Leute sich in der Regel ein paar Tage frei und machen einen Ausflug. Das Wetter ist um diese Jahreszeit herrlich. Leo und ich gingen seit einigen Wochen miteinander, und ich wartete darauf, dass er anrief, damit wir gemeinsam Pläne für den Feiertag machen konnten. Stattdessen verschwand er spurlos. Er rief nicht an, gab kein Lebenszeichen von sich. Ich hatte noch nichts geplant und blieb letztendlich zu Hause. Der Typ hatte Nerven. So hatte mich noch niemand behandelt. Ich beschloss, dass ich, was immer er als Grund oder Entschuldigung angeben mochte, nichts mehr mit ihm zu tun haben wollte.

Einige Tage später tauchte er in unserer Wohnung auf. Ich kam aus der Dusche, und da stand er mitten in meinem Zimmer. Ich war sehr kühl zu ihm. Er war irritiert, was denn los sei? Zwei Menschen, die eine feste Beziehung eingegangen seien, versuchte ich ihm zu erklären, würden einander nicht einfach im Stich lassen, schon gar nicht an einem Feiertag. Er war bestürzt und sagte, seine Freunde hätten angerufen, und sie hätten spontan beschlossen, einen Ausflug nach Eilat zu machen.

Eilat! Dieser Gauner! Eilat war meine Lieblingsstadt! Diese Stadt an den beeindruckenden Stränden und Korallenriffen des Roten Meeres ist vermutlich der schönste Ort der nördlichen Hemisphäre. Das war das Ende. Ich hatte die Nase voll von ihm und wollte kein Wort mehr mit ihm reden. Aber er entschuldigte sich in einem fort, sagte, er sei davon ausgegangen, dass ich den Feiertag mit meiner Familie verbringen wolle, und so ging es immer weiter.

Im Krieg und in der Liebe, sagte Miguel de Cervantes einmal, ist eine Festung, die sich auf Verhandlungen einlässt, dazu verurteilt, erobert zu werden. Das stimmt. Wir trafen uns am selben Tag wieder, redeten eine Weile miteinander, dann ging ich in seine Wohnung. Wir redeten noch länger, wir fingen an, uns zu küssen, und lagen schließlich im Bett. Dort erwartete mich eine weitere Überraschung. Er war sanft, zärtlich und taktvoll, aber das war es nicht. Er war nicht der Erste für mich, und es machte ihm nichts aus. Ich merkte sofort, dass auch er schon Erfahrung hatte. Aber mit ihm begriff ich zum ersten Mal, was am Sex wirklich schön war. Ich war völlig erschüttert und fühlte mich mehr als Frau als jemals zuvor. Als Leo dann zu seinem Schreibtisch ging, zwei Zigaretten hervorkramte und für jeden eine anzündete, da erkannte ich, was ich in ihm sah. Dieser arrogante, egoistische, taktlose Rüpel würde der Vater meiner Kinder werden. Ich schaute ihn an und sah sie rennen, Ball spielen, sich gegenseitig nass spritzen und dabei laut lachen. Ich konnte nicht erklären, was ich damals genau sah, aber es war da, kristallklar. Er *war* es. Wie hatte Mama das voraussehen können?

Während Leo und ich noch miteinander flirteten, musste ich wie alle Israelis meinen Militärdienst leisten. Die Grundausbildung ist für viele Frauen hart, auch für nicht verzogene. Man schießt, läuft, klettert an Seilen und Wänden hoch, putzt Kloschüsseln und riesige Töpfe und Pfannen, isst kaum etwas und schläft noch weniger. Als Teil der Ausbildung muss man sich von den Vorgesetzten Misshandlungen und Beschimpfungen gefallen lassen, von Frauen, deren einziger Vorzug gegenüber einem selbst der Umstand ist, dass sie ein paar Monate vor einem eingezogen wurden.

Ich hatte Glück und wurde einem Lager zugeteilt, das nur acht Kilometer von unserem Wohnort entfernt lag. Jeden Abend, wenn die anderen Frauen über die Ausbildung klagten, sich bemitleideten und ihre Blessuren zählten, empfing ich einen Besucher. Leo hatte als Armeeoffizier freien Zutritt zum Lager, ein Vorzug, den die meisten Angehörigen der anderen Frauen nicht hatten. Er brachte mir immer Blumen, Süßigkeiten, sogar Wein, aber vor allen Dingen brachte er sich selbst. Irgendwo fanden wir ein ungestörtes Plätzchen und schmusten. Wie konnte ich die Ausbildung ernst nehmen, wenn ich fast jeden Abend mein Vergnügen hatte? Die anderen Frauen waren so neidisch, wenn sie mich mit Blättern und Grashalmen im Haar zurückkehren sahen, dass nicht einmal die Bonbons und Pralinen, die ich großzügig verteilte, sie besänftigten.

Nach meiner Entlassung heirateten Leo und ich. Wir waren beide jung, beide Studenten. Wir zogen in unser eigenes kleines Heim. Zwei Jahre später kam mein ältester Sohn Jordan zur Welt. Ich setzte mein Studium fort, und in diesen Jahren hatte ich meine erste Begegnung mit dem Geheimdienst, und sie war alles andere als angenehm. Leo war und ist fest davon überzeugt, dass man den Palästinensern einen eigenen Staat geben muss, aber in jener Zeit herrschte eine regelrechte Hysterie in Israel gegenüber Linken wie Leo, vielleicht vergleichbar mit der McCarthy-Ära der Fünfzigerjahre. Wer sich Anfang der Siebziger, nicht lange nach dem Sechstagekrieg, für einen unabhängigen Palästinenserstaat aussprach, wurde als Verräter und potenzielles Sicherheitsrisiko angesehen. Zwei Geheimdienstler traten an mich heran und baten mich, auf linke Aktivisten wie Leo »ein Auge zu haben«. Ich war entsetzt und sagte ihnen, sie müssten sich ihren Maulwurf anderswo suchen.

Frau und Mutter werden war eine wunderbare Erfahrung für mich, aber sie brachte auch neue Verantwortung mit sich. Wir mussten unseren Lebensunterhalt verdienen. Eigentlich zog es mich zur Wissenschaft hin, aber davon konnte man sich kein Brot kaufen. Leo war auch noch Student, und so schlugen wir uns mehr schlecht als recht durch. Schließlich beschloss ich, zwei Fliegen mit einer Klappe zu schlagen, und in Mamas Geschäft zu wechseln. Ihr von der hohen Inflation und der unsicheren israelischen Wirtschaft betroffenes Textilunternehmen dümpelte vor sich hin. Ich hoffte, sowohl ein wenig Geld für meine Familie zu verdienen als auch meiner Mutter unter die Arme zu greifen.

Die Branche war für mich etwas völlig Neues. Natürlich trug ich selbst Kleider, aber das war auch schon alles, was ich über sie wusste. In meiner Vorstellung war die Produktion von Kleidern mit nächtelanger Arbeit im Halbdunkeln – Entwürfe zeichnen, zurechtschneiden und nähen – verbunden, wie Mama es früher gemacht hatte. Nicht gerade ein erstrebenswertes Leben, dachte ich bei mir. Deshalb beschloss ich, mich stärker dem Verkauf zu widmen als der Produktion. Völlig ahnungslos begann ich meine Karriere. Ich zog von einem Modegeschäft zum nächsten, schleppte einen schweren Koffer voller Muster mit mir herum, über die ich so gut wie nichts wusste. Ich zeigte die Muster und, wenn Fragen gestellt wurden, brach ich meine Präsentation ab und rief wegen der Antwort Mama an. Ich hatte keine Ahnung von Preisen, Größen, Material, Qualität, Garantie, Kredit, Terminen, Mengen – von rein gar nichts. Einige Ladeninhaber sahen mich mitleidig an und entschuldigten sich unter irgendeinem Vorwand, um mich loszuwerden. Andere hielten mich für einen kompletten Vollidioten, die Unhöflicheren machten auch kein Hehl aus ihrer Meinung. Ich wusste, dass ich keine Ahnung hatte und frech war, aber ich wusste auch, dass ich nicht dumm war. Ich machte weiter die Runde und lernte mit der Zeit etwas über Zinssätze und Verkauf auf Kommission, über Stoffe und Farben, Muster und Accessoires, und vor allem lernte ich, wie man auch die hartnäckigsten und uninteressiertesten Ladeninhaber für sich gewinnt. Ich erhielt die ersten Aufträge. Zunächst kleine Mengen von zögerlichen Verkäufern und zu lächerlich niedrigen Preisen. Doch allmählich gingen mehr Bestellungen ein. Mamas Waren zeichneten sich durch eine hohe Qualität aus. Wer einmal bestellt hatte, rief oft schon nach wenigen Tagen wieder an und gab Folgebestellungen in Auftrag.

Es dauerte nicht lange, da gingen unsere Kleider weg wie warme Semmeln, wir hatten immer mehr zu tun. Ich klopfte auch an die Tür der großen Einzelhandelsketten im Land. Diese Riesen hielten sich bei der Zusammenarbeit mit kleinen Herstellern stets zurück, weil sie häufig unzuverlässig waren. Mama hatte schon mehrere Male vergeblich versucht, ihre Waren dort unterzubringen. Ich ging in die eleganten Büroräume und sagte ihnen klipp und klar, dass ich sie nicht nötig hätte, sondern sie mich. Dass ich ihnen dieses Angebot nur einmal unterbreiten würde, und wenn sie die Gelegenheit verpassten, würde ich kein zweites Mal kommen. Ich sagte ihnen, dass unser Sortiment weggehen würde wie warme Semmeln – der erste Satz in meinem Auftritt, der in etwa der Wahrheit entsprach – und dass es ihrem Umsatz erheblich schaden würde, wenn ihre Konkurrenten unsere Kleider verkaufen würden. Ich weiß nicht, wie und warum, aber sie kauften mir alles ab, die Story und die Kleider. Bei der Qualität unserer Waren, kombiniert mit meiner Chuzpe, gelang es mir, große Aufträge an Land zu ziehen, fast zu groß für uns. Ich arbeitete von nun an doppelt so hart: Ich ging selbst zu den Herstellern von Stoffen und Accessoires und zu den Großhändlern und musste diesen Teil des Geschäftes schnell lernen. Nicht einmal für einen Crashkurs war Zeit, aber ich konnte es mir auch nicht leisten, übers Ohr gehauen zu werden. Bei einem solchen Auftragsvolumen und unseren knappen Gewinnspannen hätte es das Ende für uns bedeutet, wenn wir mangelhafte Ware produziert oder dabei Verlust gemacht hätten. Nun stand ich Mama bei den Modeentwürfen nicht mehr nur zur Seite, sondern hatte mittlerweile auch das letzte Wort und entschied, was gemacht wurde und was sich verkaufen würde.

Wir schafften es und hatten kolossalen Erfolg. Die Kleider waren in den Läden schon ausverkauft, bevor wir nachliefern konnten. Wir erhielten Anrufe von den Filialen dieser Ketten. Sie flehten uns um mehr Artikel an und sagten, die Leute würden gezielt nach unserem Sortiment fragen. Der Lebensstandard der Familie stieg, wir konnten uns ein eigenes Haus in der Vorstadt leisten. Lebe wohl, Bat-Yam. Leo und ich zogen in ein Haus neben Mamas.

An diesem Punkt tat ich etwas, das sich auf mein späteres Leben auswirken sollte, aber aus Gründen, die ich mir damals nie hätte träumen lassen. Ich beschloss, in den größten und zugleich heikelsten Textilmarkt Israels vorzustoßen: in den der ultraorthodoxen Gemeinde. Im Gegensatz zur Durchschnittsfamilie mit ihren ein oder zwei Kindern haben ultraorthodoxe Eltern in der Regel zwölf oder noch mehr Kinder. Und gewöhnlich ziehen sie jedem Kind, ob Junge oder Mädchen, an Feiertagen neue Sachen an, und in Israel gibt es viele Feiertage. Folglich ist dieser Markt eine potenzielle Goldgrube, hat aber einen großen Nachteil. Ultraorthodoxe kaufen nur bei ihren eigenen Leuten ein. Mit weltlichen Händlern machen sie keine Geschäfte, vor allem weil sie unter solchen Herstellern meist keine Gewänder im passenden Stil finden: lange Kleider, lange Ärmel, Borten, Kopfbedeckung, alles, was dazugehörte. Ferner hätten sie dann mit Menschen zu tun, die nicht wie sie aussehen, sich nicht so kleiden wie sie, nicht ihre Sprache sprechen und nicht wie sie denken. Das war mir klar, weshalb ich mir die Zeit nahm, ihre Lebensweise zu studieren. Als ich mich ausreichend vorbereitet fühlte, zog ich ein langes Gewand mit langen Ärmeln an, bedeckte meinen Kopf und Hals gemäß der Tradition und ging in ihre Wohngegenden. Um es kurz zu machen, wir wurden auch unter den Ultraorthodoxen zu einem Verkaufsschlager. Hier lernte ich, mich zu tarnen, unter die Leute zu mischen, mich anzupassen, eine andere Persönlichkeit anzunehmen.

Morgens zog ich meine übliche enge Jeans und ein kurzärmeliges T-Shirt an, ging in unsere kleine Fabrik, kontrollierte die Näherinnen und ließ hier und da eine Bemerkung fallen. Später zog ich ein Jackett über, traf mich mit den Geschäftsführern der großen Einzelhandelsketten und sprach mit ihnen über Umsatz, Vertrieb und Mode. Dann zog ich mich im Auto um, legte meine Tarnung als ultraorthodoxe Jüdin an und ging in unsere Läden in den Vierteln von B'nai-Braq und Jerusalem. Ich sah nach, ob alles in Ordnung war, und half beim Verkauf mit. Noch später zog ich wieder Jeans und T-Shirt an und kehrte in das Industrieviertel von Tel Aviv zurück. Dort traf ich mich mit Stoffherstellern. In dieser Phase meines Lebens gewöhnte ich mich daran, innerhalb von wenigen Minuten in eine andere Haut zu schlüpfen.

Das Geschäft blühte, und unsere Familie wuchs. Wir hatten mittlerweile drei Kinder, Jordan, Gil und Charlie, lauter Jungs. Jordan ging schon zur Schule. Wir hatten viele Freunde und gingen oft aus. Wir amüsierten uns. Das Leben war schön.

Leider war die Idylle nicht von Dauer. Der Apfel war groß, schön und saftig, aber er wurde von innen her von einem bösartigen Wurm aufgefressen.

Nach seiner Rückkehr aus dem Krieg im Libanon hatte Leo keine Ruhe mehr in Israel. Wir sollten doch versuchen, meinte er, woanders zu leben, zumindest eine Zeit lang. Nicht nur der Krieg war der Anlass. Er hatte die Nase voll von der Grobheit der Israelis, der rücksichtslosen Fahrerei und dem Gehupe, ganz allgemein von dem Benehmen und den Sitten im Nahen Osten. Ich war absolut dagegen. Ich war eine Patriotin. Papa war gestorben, weil er als Jude in der Diaspora gelebt hatte. Finanziell ging es uns gut in Israel. Ich wollte auf keinen Fall das Land verlassen. Aber Leo ließ mir keine Ruhe, auch wenn er jahrelang nicht einmal wusste, wohin er auswandern wollte.

Es kam nicht von heute auf morgen, aber im Laufe der Zeit bekam meine Abwehrmauer Risse. Ich war nicht so naiv, dass ich Israel für das Gelobte Land gehalten hätte. Wenn man das Leben in Israel mit einem Satz beschreiben wollte, dann müsste er unbedingt die Worte »Not« und »Krieg« enthalten. Ich war noch ein Kind, als 1973 der Jom-Kippur-Krieg ausbrach, und diese schwere Zeit hatte mich geprägt. Ich sah junge Männer in den Krieg ziehen, viele kehrten nicht zurück. Danach kam der Krieg im Libanon. Leo war an den Kämpfen beteiligt, und ich fuhr ein paar Mal nach Norden, holte ihn zu kurzen Fronturlauben ab, nachdem er aus dem Kriegsgebiet nach Israel geflogen war. Zwei Mal wäre er beinahe ums Leben gekommen. Im Golfkrieg heulten dann wiederum die Sirenen. Dieses Mal stand die Zivilbevölkerung an vorderster Front, da Scud-Raketen jedes Ziel erreichen konnten. Wir wurden alle unfreiwillig zu Soldaten.

Als Offizier wurde Leo Anfang Januar 1991 eingezogen, noch vor der ersten Bombardierung Bagdads durch die Koalitionstruppen. Zwei Tage nach Kriegsbeginn, Mitte Januar, erreichten uns die ersten irakischen Raketen. Wir wussten, dass Saddam Hussein Massenvernichtungswaffen einsetzen wollte. Sobald die Sirenen ertönten, gingen alle in einen »versiegelten Raum«, wie wir es nannten. Es gab keine Luftschutzbunker mehr. Wir mussten uns nunmehr auf Giftgas oder heimtückische Bazillen einstellen. Deshalb versiegelten alle die Fenster in einem Zimmer in ihren Wohnungen mit Plastiktüten und Isolierband.

Wenn die Sirenen heulten, gingen wir in das Zimmer, setzten Gasmasken auf, schlossen die Tür und legten ein feuchtes Handtuch vor die Tür auf den Fußboden, damit kein Gas durch den Spalt einströmte. Wir sollten die Masken aufbehalten, bis die Raketen auf biologische und chemische Waffen hin überprüft und dekontaminiert worden waren. Ab dem Alarm hatten wir nur 30 Sekunden Zeit, in das Zimmer zu laufen und die Gasmasken aufzusetzen. Wenn wir länger brauchten, hieß es in den Instruktionen der Behörden, sei es zu spät. Aber das war noch nicht alles. An manchen Orten waren die Sirenen weit entfernt und kaum zu hören. Deshalb musste im Radio der »stumme Sender« eingeschaltet werden, ein Kanal, der rund um die Uhr absolute Stille sendete. Sobald vom Radar eine Warnung einging, übertrug der stumme Sender jedoch sofort das Heulen der Sirenen. Wir schliefen alle mit dem eingeschalteten Radio neben dem Bett, eingestellt auf den stummen Sender. Die meisten Angriffe erfolgten in der Nacht, sodass von erholsamem Schlaf keine Rede sein konnte.

Aber das war immer noch nicht alles. Wir Erwachsenen kamen irgendwie mit den Gasmasken zurecht. Aber was war mit den Kindern? Charlie war damals noch nicht auf der Welt, aber ich hatte Jordan und Gil. Für ältere Kinder wie Jordan wurden Masken in kleineren Größen angeboten. Für die ganz Kleinen erfand man einen Apparat, der wie ein Sauerstoffzelt im Krankenhaus oder wie ein Inkubator aussah. Er hatte einen genialen Schließmechanismus, mit dem man das Gerät schnell öffnen, den Säugling oder das Kleinkind hineinlegen und es innerhalb von Sekunden im Innern in Sicherheit bringen konnte. Zumindest stand es so auf der Gebrauchsanweisung, die mit dem Apparat geliefert wurde. Ich tat mein Möglichstes, ihn zu bedienen. Mama zog zu uns, damit wir uns gegenseitig helfen konnten und nur ein Zimmer versiegeln mussten. Als die Sirenen zum ersten Mal heulten, herrschte bei uns ein totales Chaos, es war ein einziges Fiasko. Kaum ertönte die furchtbare Melodie, da versuchten wir, streng nach Vorschrift vorzugehen. Ich fing bei mir an, wie man uns zuvor gesagt hatte. Dann versuchte ich den Säugling Gil in sein Zelt zu legen. Mama hatte große

Schwierigkeiten beim Aufsetzen ihrer Maske. Jordan schaffte es irgendwie, sie sich selbst aufzusetzen. Ich ließ mich für den Bruchteil einer Sekunde ablenken, der Schließmechanismus des Zeltes schnappte zu und klemmte Gils Hals ein. Hektisch versuchte ich, seinen Kopf freizubekommen, aber je heftiger ich rüttelte, desto stärker klemmte es ihm den Hals ein. Er schrie. Jordan saß still in der Ecke, mit der Maske auf dem Kopf. Ich dachte, bei ihm sei alles in Ordnung, aber als ich genauer hinsah, entdeckte ich, dass sein Gesicht blau angelaufen war. Die Maske saß ganz korrekt, aber das Ventil war noch geschlossen. Ich hatte vergessen, es aufzumachen. Er wusste nicht, wie es sich anfühlte, wenn man eine Maske auf dem Kopf hatte, also ertrug er es gehorsam und erstickte langsam. Rund 120 Sekunden nach dem Alarm – eine Verspätung von 90 Sekunden – plagte Mama sich immer noch mit ihrer Maske ab, Jordan war am Ersticken und Gils Kopf zwischen zwei Plastikbolzen eingeklemmt. Wenn diese Scud-Raketen mit Giftgas bestückt gewesen wären, wäre dieses Buch nie geschrieben worden.

Dann rief Leo an. Er war in großer Sorge. Er selbst war in seinem Bunker in Sicherheit – dort gab es wirksame Filtermechanismen, und die Insassen mussten nicht einmal Masken tragen. Aber wie lief es bei uns zu Hause, wollte er wissen. *Prächtig,* log ich.

Wir hatten noch Gelegenheit, besser mit den Apparaten vertraut zu werden, weil fast jede Nacht mindestens ein Angriff gemeldet wurde, manchmal sogar drei oder vier. Mit kleinen Kindern und ohne den Ehegatten, unter der ständigen Bedrohung durch chemische Angriffe, machte ich einen Albtraum durch. Aus Angst vor Angriffen stand im ganzen Land alles still. Wochenlang waren die Schulen und Geschäfte geschlossen, alles war geschlossen. Die Menschen gingen nur für die dringendsten Besorgungen aus dem Haus und rannten sofort wieder heim. Israel wurde zu einer gigantischen Geisterstadt. Jeder saß einfach zu Hause und wartete – auf den nächsten Angriff, auf die nächste Meldung. War jetzt Giftgas im Spiel oder nicht?

Leo und ich telefonierten täglich miteinander. Er erzählte mir, alles sei unter Kontrolle, ich brauche mir keine Sorgen zu machen, das Ganze sei bald vorüber und er werde dann heimkeh-ren. Jetzt war er an der Reihe mit Lügen, und ich merkte sofort, dass er log, hatte aber keine Ahnung, weswegen. Erst sehr viel später erfuhr ich die Wahrheit. Während des Krieges wurde Leo einem Forschungsteam zugeteilt, das Einrichtungen für die Behandlung der Opfer von Massenvernichtungswaffen entwer-fen sollte. Eines Abends wurde er zu einem Treffen mit einigen Generalen bestellt, alle mit grimmigem Gesichtsausdruck. Sie fragten ihn nach seiner Meinung als Biologe zu einer Gefahr: Anthrax. Sie schätzten die Zahl der Opfer auf 5000 bis 50 000 infizierte Personen pro Raketensalve. Er wurde gebeten, das Ausmaß der Bedrohung abzuwägen und eine rasche Lösung für die effektive Behandlung eines so großen Personenkreises aus-zuarbeiten. Als Leo nach dem Krieg zurückkehrte, hatte er graue Haare, die zuvor noch nicht da waren. Für ihn war der Krieg der Tropfen, der das Fass zum Überlaufen brachte.

Ein Jahr nach dem Krieg entschlossen wir uns zu einer Reise in die Vereinigten Staaten. Wir nahmen unsere Jungs und flogen los. Wir reisten von Küste zu Küste, es war herrlich. Wir hatten den Eindruck, wenn es den Himmel auf Erden gab, dann muss-te er irgendwo im Yellowstone-Nationalpark liegen, oder ent-lang des Pacific Coast Highway in Kalifornien, oder vielleicht im Grand Canyon. Und dann Manhattan, das von der Verra-zano Narrows Bridge aus in Sicht kam – ein atemberaubender Anblick, die Skyline mit den majestätischen Wolkenkratzern, von den Twin Towers über das Empire State bis hin zum Chrys-ler Building. Unglaublich schön. Die Symbole der mächtigsten Nation der Welt. Leo war hingerissen. Er beschloss, dass wir hierher ziehen würden: in die Vereinigten Staaten von Amerika.

Ich zögerte allerdings immer noch. Doch dann ereigneten sich mehrere Dinge nacheinander. Ich verlor, als Folge eines Behand-lungsfehlers, ein neu geborenes Baby. Ich habe nie geklagt, das Geld hätte mir den Sohn auch nicht zurückgebracht. Ich bekam ihn nicht einmal zu Gesicht, weil man ihn mir sofort nach der Geburt wegnahm. Ich war zu schwach. Aber Leo saß stunden-lang neben ihm, während die Kinderärzte auf der Intensivsta-tion um sein Leben rangen.

Dann folgte der nächste Schlag, eine große Tragödie für ganz Israel. Ein rechter Fanatiker erschoss Ministerpräsident Yitzhak Rabin. Kaum ein Israeli wird jemals vergessen, was er zum Zeitpunkt des Mordanschlags tat und wo er sich aufhielt. Wir waren bei Freunden und amüsierten uns. Dann hörten wir Rufe auf der Straße, und Mama rief an. Wir schalteten den Fernseher ein und hörten die Meldung, dass er lebensgefährlich verletzt sei. Kurz danach gab ein Sprecher mit zitternder Stimme bekannt, dass Rabin gestorben sei. Etwas ganz Großes brach an jenem Abend in uns allen auseinander. Das Zeitalter der Unschuld war vorüber, das Zeitalter des reinen und gewissenhaften Zionismus, eines idealisierten Bildes von unserem kleinen Land und unseren Landsleuten. Die Träume waren ausgeträumt. An jenem Tag wurden wir auf entsetzliche Weise volljährig.

Die Schrift auf der Wand ist immer da, aber wir neigen dazu, sie zu verdrängen. Einige Jahre vor diesem Mord hatte ein rechter Psychopath eine Handgranate mitten in eine Friedenskundgebung geworfen. Ein Aktivist kam ums Leben. Bei Kundgebungen der Rechten wurden schon Monate vor dem Mord an Rabin Plakate von ihm und seinen Partnern im Friedensprozess gezeigt. Sie waren in SS-Uniformen gekleidet, und auf ihre Gesichter war eine Zielscheibe gemalt. Als Rabin starb, wachte das Land auf, aber da war es zu spät. Israel weinte. An dem Tag seiner Beisetzung zogen anderthalb Millionen Israelis, ein Drittel der gesamten Staatsbevölkerung, in einer Prozession an seinem Grab vorbei und erwiesen ihm die letzte Ehre, am schwärzesten Tag in der Geschichte Israels.

Der nächste Schlag? Die israelischen Steuerbehörden beschlossen, was ja ihr gutes Recht ist, Mamas Geschäft zu überprüfen und nach Unregelmäßigkeiten zu suchen. Später hörte ich, dass es gängige Praxis sei, Geschäfte, die einen plötzlichen Anstieg der Einnahmen vorweisen, näher unter die Lupe zu nehmen. Monatelang wurde ich verhört, als wäre ich eine Verbrecherin. Ich musste immer wieder schwere Aktenordner mit unserer gesamten Buchhaltung ins Finanzamt schleppen. Am Ende wurde uns zwar eine weiße Weste bescheinigt, aber ich war tief gekränkt über die Art und Weise, wie diese Ermittlung durchgeführt worden war. Ich fühlte mich von meinem Adoptivland hintergangen. Zum ersten Mal bekam ich den Eindruck, dass etwas schief ging, eine Art Pechsträhne. Ich wollte das ändern, die Reihe schlechter Ereignisse stoppen. Weshalb sollten wir es nicht eine Zeit lang mit einem Ortswechsel versuchen? Zwei oder drei Jahre in Amerika würden Leo in seinem Beruf erheblich voranbringen. Bei einer Rückkehr nach Israel wäre er dann in einer ausgezeichneten Position. Leo spürte die Öffnung in mir und bedrängte mich immer stärker. Andererseits würde ich meine Familie vermissen, stritt ich mit mir selbst. Mamas Geschäft würde Schaden nehmen. Und mir würde es schwer fallen, in New York Arbeit zu finden. Was für ein Dilemma.

Dann wurde Rothschild's Pub geschlossen, der Ort, an dem unsere Liebe begonnen hatte ... Unser Lieblingslokal bedeutete Leo und mir sehr viel. Ein ganz schlechtes Omen, sagte ich mir, es war an der Zeit, abzureisen.

3. Kapitel

Eine verräterische Broschüre

»Auf dem Feld der Beobachtung begünstigt das Glück
nur den vorbereiteten Geist.«
LOUIS PASTEUR

Nach Amerika zu ziehen war so, als ob ich ein Leben, das ich
kannte, mit einem anderen, unbekannten tauschen würde. Das
letzte Mal, als ich von einem Land in ein anderes zog, war die
Alternative einfach gewesen: weggehen oder sterben. Jetzt aber
unternahm ich diesen Schritt aus Gründen, die weit weniger dramatisch waren. Trotzdem war für mich ein Umzug von Tel Aviv
in die Suburbs von New York ein schwieriges Unterfangen, egal
wie freiwillig unser Entschluss auch gewesen sein mochte.

Man kann sich kaum vorstellen, wie viele Sachen sich über die
Jahre in einem Haus so ansammeln können, vor allem in einem
großen Haus wie dem unseren mit sechs Schlafzimmern. Die
Dinge, die wir mitnehmen wollten, unter anderem natürlich un-
sere Fotos und Videos mit unseren Erinnerungen, schickten wir
per Schiff voraus. Den Rest verkauften oder verschenkten wir.
Alle, die wir kannten, kamen zu diesem Abschiedsfest mit
Geschenkverteilung: unsere Freunde, Nachbarn, und Bekann-
ten, deren Freunde und Nachbarn, die Angestellten aus unseren
Läden – als ich danach durchs Haus ging, konnte ich mir leicht
vorstellen, wie Rom aussah, nachdem es die Wandalen und
Westgoten gestürmt und ausgeplündert hatten.

Als unsere Visa für die Vereinigten Staaten endlich mit Verspätung ankamen, brachen wir zum Flughafen auf. Es war eine
richtige Prozession. Sie bestand aus Leo, mir, unseren drei Jungs,
zehn mittelgroßen Kisten und vier großen Koffern, Mama und
Leos Mutter, unseren engsten Freunden, Jonathan und Betty

und unseren nicht so engen Freunden. Auf dem Flughafen war ganz einfach zu erkennen, wer zu uns gehörte und wer nicht, denn als es dann wirklich losging, brach fast jeder in unserer Riesengruppe in Tränen aus.

Wir flogen an einem 4. Juli, dem amerikanischen Unabhängigkeitstag, und im Anflug auf den New Yorker John-F.-Kennedy-Flughafen sahen wir unter uns große Feuerwerke. Es war ein spektakulärer Anblick, der uns den Eindruck vermittelte, Amerika würde uns herzlich begrüßen. Unsere Ankunft hätte nicht netter sein können.

Aber dann begrüßte uns Amerika tatsächlich so, wie es schon so viele Einwanderer vor uns empfangen hatte: Finde ein Haus zum Mieten, das kleiner, älter und viel weniger nett ist als dasjenige, das du daheim zurückgelassen hast. Trage alle notwendigen Dokumente zusammen, damit du es überhaupt mieten darfst. Dann finde heraus, dass es dich fast zwei Drittel deines Gehalts kosten wird. Gib ganz schnell den Großteil deiner Ersparnisse aus, von denen du gedacht hast, sie würden eine ganze Zeit reichen, und zwar für Möbel, ein Auto und, weil deine Jungs gut Klavier spielen können, auch noch für ein Klavier. Nimm an einem ausgesprochen peinlichen Pflichtkurs über Alkohol am Steuer teil, umgeben von eifrigen Teenagern, die bisher weder Alkohol getrunken noch ein Auto gefahren haben, und dann lege eine Fahrprüfung ab, obwohl du schon seit fast zwei Jahrzehnten einen Führerschein besitzt. Beantrage eine Sozialversicherungsnummer. All dies schien kein Ende zu nehmen. Aber endlich hatten wir alle unsere Personalausweise und amerikanischen Führerscheine, unseren Telefon-, Gas-, Elektrizitäts- und Kabelanschluss und unsere Bankkonten. Wir kauften einen gebrauchten Minivan.

Die Jungs, die kein Wort Englisch sprachen, passten sich der fremden Kultur so schnell an wie meine Brüder und ich, als wir nach Israel kamen. Jordan, unser Ältester, kam eines Tages nach Hause und teilte uns mit, er wolle seine langen Haare abschneiden. In Israel war seine schwarze Lockenpracht, die ihm auf die Schulter fiel, nichts Ungewöhnliches gewesen. Hier merkte Jordan, als sein Englisch besser wurde, dass man ihn wegen seiner Haare für einen verweichlichten Waschlappen hielt. Als Nächstes begann er auf seine Kleidung zu achten, und während wir uns kaum Sachen aus den Billigläden von K-Mart und Payless leisten konnten, wollte er sein Outfit von Abercrombie, Nautica und Nike haben. Er wusste, was er wollte, und er hatte Recht. Denn als er seine äußere Erscheinung veränderte, wurde er fast über Nacht beliebt. Gil passte sich dank der Vorarbeit seines älteren Bruders seinem neuen kulturellen Umfeld schnell an, obwohl er zwei Jahre brauchte, bis er fließend Englisch sprechen konnte. Mein jüngster Sohn Charlie fand seinen eigenen Weg. In seiner Klasse setzte man ihn neben einen chinesischen Jungen, der auch gerade eingewandert war und der ebenfalls kein Englisch konnte. Sie sprachen miteinander – jeden Tag den ganzen Tag lang. Sie entwickelten ihre eigene Spezialsprache, die weder aus Hebräisch noch aus Chinesisch bestand.

Also, da war ich nun endlich, in meinem gemütlichen Vorortheim. Mehr oder weniger der amerikanische Traum, oder nicht? Ich lehnte mich zurück und fasste den Entschluss, mich erst einmal ein bisschen auszuruhen. Zum ersten Mal, seitdem ich erwachsen war, wollte ich mich entspannen, nichts tun und es für eine Weile sachte angehen lassen.

Dieser Entschluss hielt fast zwei Wochen lang.

Leo war auf der Arbeit, die Kinder waren in der Schule, und ich war gelangweilt.

Einsamkeit erfasste mich. Ich bin ein Mensch, der sich nach Gesellschaft sehnt. Ich brauche Freunde. Ich muss ausgehen. Hier in meinem neuen Heim in den Vereinigten Staaten saß ich herum, ohne etwas zu tun zu haben, und hatte viel zu viel Zeit zum Denken. Ich fing an, den Umzug zu bedauern. Ich bekam das Gefühl, dass Leo mich ausgetrickst hatte. Ich wurde depressiv, wollte mein altes Leben zurückhaben. Meine Arbeit, meine Firma, meine Freunde, mein Haus und meine Familie in Israel. Wenn ich mich abends bei Leo beklagte, wurde er ärgerlich und machte sich über mich lustig.

Aber abgesehen von meinem Heimweh nach Israel und der

Tatsache, dass Nichtstun meinem Temperament widersprach, gab es da auch noch ein anderes Problem: Geld. Unsere finanzielle Lage war sehr angespannt, und Leo und ich begannen zu befürchten, dass wir nicht mehr in der Lage sein würden, uns die Dinge leisten zu können, die unsere Kinder brauchten.

Deshalb beschloss ich, mich nach einem Job umzuschauen. Ich begann, die Anzeigen in den Morgenzeitungen durchzuschauen. Es gab einen Haufen Stellen für Teilzeitlehrer, Tutoren, Nachhilfelehrer. Ich hatte vom Lehren nicht viel Ahnung, ich hatte keine Zeugnisse oder dokumentierte Abschlüsse, und ich hatte sowieso keine Arbeitserlaubnis. Ich hatte sie beantragt, denn Leos Visum erlaubte das, aber ich hatte noch keine erhalten. Eine Arbeitserlaubnis zu bekommen, ist ein langwieriger und zeitraubender Prozess, der normalerweise drei bis vier Monate dauert. Die Ineffizienz der Einwanderungsbehörde INS kommt hier voll zum Tragen und macht das Leben der Neuankömmlinge so erbärmlich, wie es nur geht. Ich schaute weiter die Stellenanzeigen durch. An einem Sonntag fiel mir etwas auf. Ein Institut suchte jemanden, der an Forschungsarbeiten über den Nahen Osten interessiert war. Das war ich. Ich hatte einen Abschluss der Fakultät für nahöstliche Angelegenheiten der Universität von Tel Aviv. Ich sprach die beiden Sprachen des Nahen Ostens, Hebräisch und Arabisch, fließend. Aber wer würde mich ohne Papiere einstellen? Auch hatte ich die Sorge, dass mein Englisch für eine solche Arbeit nicht geschliffen genug wäre. Und sie verlangten Computerkenntnisse. Ich schreibe ganz gut mit der Schreibmaschine, aber hebräisch! Und ich hatte überhaupt keine Erfahrung mit dem Maschinenschreiben auf Englisch und schon gar nicht mit Computerprogrammen wie Excel, PowerPoint und so weiter. Nein, für diesen Job war ich noch nicht geeignet.

Als ich dann an einem Montagmorgen durch das Zentrum der Stadt bummelte, in der wir lebten, fiel mir ein Geschenkartikelladen auf. Er war klein, hatte aber eine prima Lage. Ich betrat den Laden und lernte »Catwoman« kennen, die Katzenfrau.

Linda war Besitzerin eines kleinen Ladens, aber eines großen Körpers. Sie war mindestens 30 Zentimeter größer als ich und wog ungefähr 200 Kilo mehr. Aber selbst wenn man an Tiger, die größten Katzen, denkt, hatte Linda überhaupt nichts Katzenhaftes an sich. Warum dann aber der Name »Catwoman«? Ganz einfach, sie besaß vier Katzen, und diese vier Katzen lebten in ihrem Laden und verließen ihn nie. Ich habe oft davon gehört, wie selbstständig Katzen seien, wie sauber, und wie zuverlässig sie nur das Katzenklo benutzten. Nun, Lindas Katzen hatten davon offensichtlich noch nichts gehört.

Ich sollte bald merken, dass Linda auch mehr an ihren Katzen als an ihren Kunden lag. Oder an ihren Verkäufern. Aber diese Katzen waren meine geringste Sorge, als ich den Laden betrat und zum ersten Mal Linda begegnete. Ich beschloss, den direkten Weg zu wählen. Einfach, ehrlich, unverblümt, israelisch. So fragte ich sie, ob sie Hilfe brauche. Denn ich suche gerade Arbeit.

Linda musterte mich von oben bis unten und sagte dann, ja, sie wäre vielleicht interessiert. Wie lange ich denn vorhätte zu bleiben. Nur diesen Sommer? Ich erzählte ihr, dass wir zwei, vielleicht sogar drei Jahre hierbleiben würden. Sie fragte mich, ob ich verkaufen könne. Ich grinste von einem Ohr zum anderen. Ob ich verkaufen könne? Also, diese Frage konnte ich nun wirklich guten Gewissens bejahen.

Einer der größten Unterschiede zwischen Israel und den Vereinigten Staaten ist die Qualität des Service. Selbst in Europa legen die Geschäfte keinen so großen Wert auf den Service wie in Amerika – daher stammt auch der Ruf der amerikanischen Touristen, heikel und verwöhnt zu sein. Linda war jedoch eine Insel der Grobheit in diesem Ozean des erstklassigen Service. Einmal kam ein älterer Herr in den Laden, fragte nach silbernen Kerzenleuchtern und hatte schon nach fünf Minuten einen ganzen Satz für 1700 Dollar gekauft. Bevor er den Laden verließ, bat er Linda, seinen Einkauf als Geschenk zu verpacken. Da erhob sie sich langsam aus ihrem Sessel, musterte ihn mit eiskaltem Blick und donnerte ihn an: »Bei uns gibt es keine Geschenkverpackung! Sehen wir so aus, als ob wir dafür Zeit hätten?« Der Mann packte seine Kerzenleuchter und stürzte aus dem Laden, ohne sich noch einmal umzudrehen. Linda behandelte jedermann auf diese Weise. Mich verblüffte, dass sie sogar Stammkunden hatte. Dabei gab es in ihrem Geschäft nicht einmal eine Registrierkasse. Alles eingenommene Geld landete in einer großen Schublade.

Als ich für sie zu arbeiten anfing, war ich als Erstes nett zu den Kunden. Ich lächelte sie an, auch wenn sie nichts kauften. Aus irgendeinem Grund war Linda vorsichtig, wenn sie es mit mir zu tun hatte. Irgendwie erkannte sie, dass ich mich nicht so behandeln ließe wie all die anderen. Sie bemerkte natürlich auch, dass der Umsatz ordentlich stieg. Ich war nicht nur nett zu den Kunden, ich spürte auch gleich, was sie wollten. Wie der Kerl, der einmal hereinkam, so ein typischer Macho in den Dreißigern, mit einer schweren Goldkette auf einer Brust, die haariger als ein Angorapullover war, und mit mehr Haaren auf den Knöcheln als auf dem Kopf. Er suchte eine CD, die wir nicht im Angebot hatten. Ich überredete ihn, stattdessen eine ganze Reihe Frauenzeitschriften zu kaufen. Ich erklärte ihm, dass die Kenntnisse, die er durch sie erhielte, seine Beliebtheit bei den Damen nicht unbeträchtlich erhöhen würde.

Auch wenn es in Lindas Laden ganz gut lief – ich wurde mit der Zeit unzufrieden. Ich war den ganzen Tag auf den Beinen und das sechs Tage in der Woche. Auch wenn mich meine Arbeit in meinem Glauben bestärkte, dass ich Eskimos Eis verkaufen könnte, so traf ich doch in New York nicht allzu viele Eskimos, und diejenigen, die nach New York reisten, kauften sowieso kein Eis. Ich wollte nicht mein ganzes Leben in einem kleinen Einzelhandelsgeschäft verbringen, vor allem wenn es mir nicht einmal gehörte. Nachdem ich ein paar Monate für Linda gearbeitet hatte, kam es an einem Sonntag zum Bruch. An diesem Morgen wachte Gil krank auf. Leo war auf Arbeit, und ausgerechnet am Sonntag war im Laden am meisten los. Ich entschloss mich, Linda nicht im Stich zu lassen. Deshalb nahm ich Gil mit. Ich dachte, er könne so lange im Hinterzimmer bleiben. Als ich ankam, fragte mich Linda ärgerlich, warum ich ihn zur Arbeit mitgebracht hätte. Ich erklärte es ihr, aber sie schaute mich nur an und bellte: »Warum haben Sie ihn hergebracht? Wollen Sie, dass er uns auch noch ansteckt?« Das reichte jetzt.

Dieser Tropfen brachte das Fass zum Überlaufen. Ich riss mir für diese Frau ein Bein aus, und sie behandelte mich, als ob mein Sohn die Pest hätte. Also war mal wieder Ruhe und Erholung angesagt.

Nur … das ging nicht. Unsere finanzielle Situation war schon recht prekär gewesen, als ich noch bei Linda gearbeitet hatte; jetzt war endgültig Gefahr im Verzug. Im Supermarkt begann ich nur noch das Allernötigste zu kaufen. Ich verglich die Preise der verschiedenen Marken und nahm dann die billigste oder die, für die ich einen Gutschein hatte. An der Kasse beobachtete ich die Kassiererin ganz genau, wenn sie die Waren einscannte. Es ist erstaunlich, wie viele Fehler sie an der Kasse machen, trotz der Strichcodes und all der Computer. Ich konnte immer hier einen Dollar finden, dort fünfzig Cent, und in diesen Tagen zählte wirklich jeder Penny. Allmählich war ich von der Idee, Geld zu sparen, richtig besessen. Unser Haus in Israel mit seinen beiden Whirlpools und den unzähligen Schlafzimmern schien unendlich weit weg zu sein.

Wir hörten auf, irgendwelche Dinge spontan zu kaufen, ließen den Geschirrspüler und den Wäschetrockner nur noch nachts laufen, wenn die Strompreise niedriger waren, und planten unsere Autofahrten so, dass wir verschiedene Besorgungen zusammen erledigen konnten. Zum Essen oder ins Kino gehen kam überhaupt nicht mehr in Frage. Ich wurde immer deprimierter. Waren wir deswegen in die Vereinigten Staaten gekommen?

Eines Abends gingen die Kinder und ich in den Supermarkt. An der Kasse wurde meine Kreditkarte nicht mehr akzeptiert. Ich wusste nicht, dass wir schon unser Limit erreicht hatten. Deshalb sagte ich nur: »Macht nichts, dann nehmen wir eben die Kundenkarte.« Auch die wurde nicht akzeptiert. Ganz nervös entschuldigte ich mich: »Da stimmt etwas nicht.« Etwas stimmte da wirklich nicht. Am Geldautomaten in diesem Supermarkt überprüfte ich unseren Kontostand. Es waren noch zehn Tage bis zu Leos nächstem Zahltag, und wir hatten gerade noch dreizehn Dollar auf dem Konto. Noch nie hatte ich mich so geschämt. Ich gab die Waren zurück, die ich eigentlich hatte kaufen wollen, und die Kinder und ich verließen das Geschäft. Zu Hause angekommen, schloss ich mich im Schlafzimmer ein und brach in Tränen aus. Ich hielt es nicht länger aus. Ich wollte meine alten Freunde, meine Verwandten und meine Mutter, ich wollte mein ganzes altes Leben zurückhaben.

In dieser Nacht kam Leo spät in ein stilles, düsteres Haus zurück. Die Jungs waren schon im Bett. Wir hatten ihnen nichts von unseren finanziellen Schwierigkeiten erzählt, weil wir sie nicht beunruhigen wollten. Deshalb waren die Ereignisse im Supermarkt für sie ein Schock gewesen, und auch meine Reaktion hatte ihnen Angst gemacht; so hatten sie mich noch nie gesehen. Den ganzen Abend waren sie ganz still gewesen und dann auch von allein früh ins Bett gegangen. Als Leo dann kam, drückte ich ihn ganz fest an mich und flehte ihn an, während mir dicke Tränen über die Wangen liefen: »Leo, ich halte das nicht mehr aus. Ich will heim.« Er hielt mich eine ganze Zeit lang fest und fragte mich dann, was passiert sei, und ich erzählte ihm von den abgelehnten Karten, von den dreizehn Dollar und von der ganzen Erniedrigung.

Auch er hatte keine Ahnung gehabt, dass nur noch ein paar Dollar auf dem Konto waren. Aber geduldig und mit einer ganz ruhigen Stimme begann er mir zu erzählen, wie alle großen Geschäftsleute am Anfang durch harte Zeiten gegangen seien, dass sie durchschnittlich siebenmal gescheitert seien und wieder neu hätten anfangen müssen, bevor sie es endlich ganz nach oben geschafft hätten. Das sei es, was wir brauchten, sagte er: Geduld und Ausdauer. Die dreizehn Dollar seien ein Zeichen, und zwar ein gutes, denn nach jüdischer Tradition sei die Dreizehn eine Glückszahl. Zu diesen Glückszahlen gehören die Fünf, die Anzahl der Finger einer Hand; die Sieben, die Anzahl der Wochentage, und die Dreizehn, das Alter, an dem jüdische Jungen mit der Bar-Mizwa-Feier ein vollgültiges Mitglied der Gemeinde werden.

Leo wusste, dass ich an so etwas glaubte, obwohl er selbst für solche Zahlenspielereien normalerweise nur zynische Bemerkungen übrig hatte. Also war sein Versuch, mich damit zu beruhigen, ganz offensichtlich nur eine ziemlich schmalzige Geschichte. Aber es wirkte, und ich konnte sogar wieder lächeln. Vielleicht hatte er sogar Recht. Dies war ja gerade erst der Anfang, und Anfänge sind immer schwierig.

Wenn ich einen Job hätte, würden die Dinge auch wieder besser werden. Also begann ich erneut die Stellenanzeigen in der Zeitung durchzuschauen. Da war sie. Immer noch. Die Anzeige dieses Forschungsinstituts für den Nahen Osten, die mir schon bei unserer Ankunft in New York aufgefallen war. Ich wunderte mich. Wie war es möglich, dass sie nach so langer Zeit immer noch da war und auf mich wartete? »Du, ja, du«, flüsterte sie mir zu. »Bist du jetzt bereit?« Inzwischen waren sechs Monate vergangen. Wieso hatten sie in dieser ganzen Zeit niemanden gefunden, der für diese Stelle geeignet war? Ich sprach mit Leo darüber. Vielleicht sei das Gehalt zu niedrig, meinte er. Schließlich sei in dieser Anzeige von einer gemeinnützigen Organisation die Rede. Oder vielleicht hätten sie jemanden eingestellt, aber der sei schon wieder ausgeschieden. Ich entschloss mich, ihnen meinen Lebenslauf zu schicken.

Zwei Wochen verstrichen, in denen ich keine Antwort bekam. Ich dachte, sie seien nicht interessiert. Ich war schon fast so weit, mein Glück in einer islamischen Schule in der Nähe unseres Hauses zu versuchen und dort Kindern Arabisch beizubringen, als Berta anrief. Mit ihrem typischen New Yorker Akzent klang sie sehr nett am Telefon. Sie fragte mich, ob ich immer noch an dem Job interessiert sei, und sprach einige Dinge an, die ich in meinem Lebenslauf und Begleitbrief erwähnt hatte – meine Kenntnisse im Arabischen und Hebräischen, meine Ausbildung. Dann fragte sie mich, ob ich nicht für ein Vorstellungsgespräch vorbeikommen wolle.

»Wie wär's mit morgen Früh?«, antwortete ich darauf.

Leo kann sich über meinen Aberglauben und meine Vorahnungen lustig machen, so viel er will, aber da war es wieder! Josephs Gabe. Ein ganz starkes Gefühl erfüllte mich. Hier geschah etwas Geheimnisvolles. Diese Anzeige war für mich bestimmt. Ich fühlte es tief in meinem Inneren, dass es mit dieser Arbeitsgelegenheit etwas ganz Spezielles auf sich hatte, und ich wollte das

Interview nicht verpatzen. Ich schickte die Kinder in die Schule, zog mein bestes Kostüm an und fuhr mit dem Zug nach New York hinein.

Am Ziel stand ich dann vor einem großen Gebäude, das sogar noch hässlicher als das Ma'on Olim war. Ich zählte die Stockwerke, es waren dreizehn, ausgerechnet dreizehn! Noch ein Zeichen? Ich trat ein, erzählte dem Portier, wohin ich wollte, und trug meinen Namen ein. Mir fielen die vielen Sicherheitskameras auf. Sehr schöne Marmorfußböden und dunkle Teppiche, schwere Leuchter. Es war viel eindrucksvoller, als von außen zu erwarten war. Ich nahm den Aufzug zum dritten Stock, fand den Eingang zum entsprechenden Büro und klopfte an die Tür.

»Ich komme!«, rief ein Mann. »Wer ist da?«

»Ich bin's, ich komme wegen der Anzeige!«, antwortete ich, als die Tür aufging. Weder der riesige, dunkelhaarige, unrasierte junge Mann in Shorts und Sandalen, der vor mir stand, noch das Büro selbst – wenigstens das Wenige, das ich hinter der Gestalt des Mannes erspähen konnte – sahen im Entferntesten so aus, wie ich mir ein Forschungsinstitut vorgestellt hatte. In meiner Vorstellung sollte es voller leicht eigentümlich aussehender Jungs mit Anzug und Krawatte sein, die an sauber aufgeräumten Schreibtischen sitzen, auf denen nur einige offene Bücher liegen. Dort verfassen sie einen Bericht oder diktieren ihn einer Sekretärin, damit die ihn später in die Maschine tippt. Aber dieser Platz sah überhaupt nicht so aus. Tatsächlich war keine Seele zu sehen.

»Also, was wollten Sie noch mal?«, fragte mich der junge Mann.

Ich versuchte es noch einmal: »Ich bin hier wegen eines Einstellungs …«

»Oh, jetzt verstehe ich, kommen Sie, kommen Sie doch herein.«

Ich schaute mich um. Es sah aus wie nach einem Bombenangriff. Es herrschte eine unheimliche Unordnung. Bücher, Zeitungen, Aktenordner, Kisten und elektronische Geräte waren über das ganze Büro verstreut. Unter all diesem Haufen von Papier und Maschinen waren gar keine Schreibtische mehr zu erkennen. Ich wusste aber, dass es sie geben musste, denn hier und da sah ich, wie Computerbildschirme tapfer aus dem allgemeinen Chaos herausragten, was darauf hindeutete, dass unter ihnen doch eine Art Schreibtisch existierte. Als ich genauer hinschaute, fielen mir viele Zeitschriften auf. Einige von ihnen waren auf Arabisch. Tonbänder unterschiedlicher Größe lagen auf einigen der Papierstapel. An den Wänden hingen Poster von bärtigen Männern, die ich nie zuvor gesehen hatte. Auf einigen dieser Poster standen Koranverse auf Arabisch, und auf einem war die Al-Aqsa-Moschee in Jerusalem zu sehen.

In der Zwischenzeit musterte mich weiterhin der Koloss, der selbst recht nahöstlich aussah. Obwohl er lächelte, begann ich mich zu fragen, wo ich hier gelandet war. In einem Hauptquartier der Hamas? Berta hatte mir praktisch nichts über diese Organisation erzählt. »Kommen Sie einfach vorbei, und wir gehen die Einzelheiten durch, wenn Sie da sind«, hatte sie mir gesagt. Vielleicht sollte ich doch besser islamischen Kindern Arabisch beibringen. Aber was ich sah, machte mich doch auch neugierig. Was taten die Leute hier? Und wo *waren* die alle? Bisher gab es hier nur mich in meinem feinen Kostüm und den Koloss in seinen Shorts. Er schaute mich an. Ich schaute ihn an. Er lächelte immer noch. Ich war mir nicht sicher, was genau er von mir wollte.

Da er wirklich nahöstlich aussah, fragte ich ihn: »*Tahqi arabi*?« (Sprechen Sie Arabisch?) Er starrte mich an, als ob mir gerade Hörner gewachsen wären. Vielleicht Hebräisch, dachte ich, denn einige sephardische Juden haben einen sehr dunklen Teint, und fragte deshalb: »*Ata medaber ivrit*?« Auch dieses Mal folgte ein großes Schweigen. Offensichtlich beherrschte er keine der beiden Sprachen. Jetzt war es wohl an ihm, sich zu fragen, ob ich hier richtig sei; vielleicht hatte ich eigentlich einen Termin beim Psychiater im vierten Stock.

Plötzlich tauchte eine Frau hinter dem jetzt nicht mehr lächelnden Riesen auf. Gott sei Dank, das musste Berta sein. Der Eindruck, den ich am Telefon gewonnen hatte, bestätigte sich. Sie war eine herzliche Frau. Sie fragte mich, ob ich Judah schon kennen gelernt hätte. Schon irgendwie, murmelten wir beide,

schauten uns an und gaben uns mit einem »Sehr erfreut« die
Hand. Berta entschuldigte sich dafür, dass alle in einer Sitzung
seien, und bat mich herein. Sie erzählte mir, dass man in dieser
Organisation hauptsächlich Forschungsarbeit betreibe, und
fragte mich nach meinen Interessen und meinen Erwartungen
und wollte etwas mehr über meinen Hintergrund wissen. Sie
interessierte sich überhaupt nicht für die Bestimmungen meines
Visums und ebenso wenig für meine mangelnden Computerkenntnisse. Letzteres war richtig schade, denn ich hatte Leo in
den letzten Tagen dazu gebracht, mir einige Grundkenntnisse
beizubringen. Nachdem wir uns eine halbe Stunde unterhalten
hatten, sagte sie: »Ich glaube, jetzt sind sie fertig. Sie können
jetzt mit Max sprechen.«

Max, der diesen eigentümlichen Platz anscheinend leitete, war
ein kleiner, rundlicher Mann Ende sechzig mit immer noch dichtem grauen Haar. Unser Gespräch war nur kurz. Er erkundigte
sich ein bisschen nach meiner persönlichen Geschichte; das
meiste kannte er schon aus meinem Lebenslauf, den er in den
Händen hielt, als ich sein Büro betrat. Dann fragte er nach meinen politischen Ansichten über den Nahostkonflikt. Ich erzählte ihm, dass ich eher links eingestellt sei, insofern ich an die
Notwendigkeit eines palästinensischen Staates glaubte. Dann
fragte er mich, wie gut mein Arabisch sei, und ich antwortete,
ich spräche diese Sprache genauso fließend wie das Hebräische.
Ich hatte den Eindruck, ihm gefiel, was er da hörte, aber ich war
mir nicht ganz sicher. Als Nächstes fragte er mich zu meiner
Überraschung, wann ich anfangen könnte, und sagte, ich solle
zu Berta gehen und mit ihr die Einzelheiten besprechen. Wie ich
bald lernen sollte, befasste sich Max nur ungern mit Einzelheiten.

Das Gehalt, das mir Berta anbot, war höher, als mein Einkommen bei Linda gewesen war. Ich war von der Höhe der
Summe angenehm überrascht, und mein Erstaunen war wohl
von meinem Gesicht abzulesen, da Berta mir sofort sagte, ich
solle mir keine Sorgen machen. Sie müssten erst einmal sehen,
was ich leisten könne, und wenn es zu allseitiger Zufriedenheit
verlaufe, könne man die Frage meines Gehalts neu erörtern.

Ich fragte dann doch, was man eigentlich von mir zu tun erwartete. Ich hatte nicht die geringste Ahnung, womit die sich hier überhaupt beschäftigten, und meine Unterhaltung mit Max hatte mir dies auch nicht klarer gemacht.

»Ich denke, meistens wird es sich dabei um Verwaltungsarbeit handeln«, meinte Berta. »Ich weiß aus Ihrem Lebenslauf, dass Sie damit ein bisschen Erfahrung haben. Das Ablegen, Kopieren und Zusammenstellen von Akten und Mappen, etwas von der Art. Wenn Sie sich eine Zeit lang hier umgesehen haben, werden Sie es schon von allein mitbekommen. Keine Angst, das klappt schon.«

Zurück auf der Straße, rief ich Leo von der ersten Telefonzelle aus an, die ich fand. »Oh, mein Gott, ich hab' den Job! Ich hab' ihn!«, schrie ich in den Hörer. »Und weißt du, wie viel sie mir bezahlen werden? Gemeinnützig oder Gewinn bringend, wir werden auf jeden Fall davon profitieren!«

Ich konnte es immer noch nicht glauben, dass sie mich wirklich eingestellt hatten. Neueinwanderer, kein amerikanischer College-Abschluss und begrenzte Computerkenntnisse. Offensichtlich spielte dies alles keine Rolle. Leo freute sich für mich, und ich freute mich für uns. Keiner von uns hatte die leiseste Idee, in was ich da hineingeraten war.

Jetzt arbeitete ich also für eine gemeinnützige Organisation, die den Nahen Osten erforschte. Aber was taten wir nun genau? Ich erwartete oder hoffte, dass mich jemand an meinem ersten Arbeitstag unter die Fittiche nehmen, mich überall herumführen und mir die nötigen Hintergrundinformationen geben würde. Aber keiner tat das. Nicht nur am ersten Tag, viele Monate lang tappte ich im Dunkeln. Das lag an der speziellen Funktionsweise des ganzen Büros, daran, dass jeder an seinen Projekten arbeitete. Jeder hatte gewisse Spezialkenntnisse und Erfahrungen auf seinen eigenen, eng begrenzten Feldern, dachte aber gar nicht daran, diese Kenntnisse mit anderen zu teilen.

Heute funktioniert das Büro ganz anders. Nach meiner Erfahrung mit diesem misslungenen Einstand führte ich ein System ein, bei dem jeder neue Forschungsangestellte einem älteren Kollegen zugeteilt wird, der ihn herumführt und beibringt, was wir tun und wie wir es tun.

Mich begrüßte noch ein geballtes Schweigen. Das Wenige, das ich aufschnappte, war, dass die Organisation unter permanentem Druck arbeitete, da sie auf eine endlose Flut von Untersuchungs- und Forschungsaufträgen reagieren musste, die meist von den Medien kamen. Jeder im Büro war angespannt und gereizt, einschließlich Max. Schon Jahre vor dem 11. September war das Arbeitspensum gewaltig, und Max' Führungsverhalten war dabei auch keine Hilfe. Er war nicht gerade eine zugängliche, gut organisierte Person. Aber selbst wenn meine neuen Kollegen mich hätten einarbeiten wollen, wäre es für sie sehr schwierig geworden, die nötige Zeit zu finden.

Am ersten Tag bat ich Judah um einige Auskünfte. Er lächelte mich wieder an, aber ich merkte, dass er der Computerexperte war und sehr wenig über die Forschungsprojekte im Büro wusste. Als Nächstes versuchte ich es bei Amy, einer blonden, blauäugigen, attraktiven jungen Frau. Max empfahl sie mir als eine seiner erfahrensten Mitarbeiterinnen. Ich sollte in ihrer Nähe bleiben und dabei die Grundlagen meines Jobs lernen. Ich bat sie, mich herumzuführen und mir zu erklären, was sie gerade tue. Sie schaute mich an, als sei dies die empörendste Anfrage, die sie je vernommen habe. Sie murmelte ein paar Entschuldigungen und wandte sich wieder dem Papierberg auf ihrem Schreibtisch zu. Besiegt zog ich mich in mein Exil im siebten Stock zurück.

Die Organisation hatte ein Büro im dritten und eines im siebten Stock. Ich begriff schnell, dass es hier wie im Ma'on Olim war: Je näher man dem Erdboden war, desto höher stand man in der Hierarchie. Ich befand mich in der siebten Etage, in Sibirien. Die meisten anderen Mitarbeiter, einschließlich Max, arbeiteten im dritten Stock. Man hatte mir den Schreibtisch von jemand anderem zugewiesen – es sollte Monate dauern, bis ich meinen eigenen bekam –, und als ich so dasaß, fühlte ich mich wie ein Idiot. War dieser Job doch ein Riesenfehler? Sollte ich gleich wieder kündigen? Was war mit diesen Leuten los? Warum sah dieser Schreibtisch aus wie ein Schweinestall? Warum um

Himmels willen hatte ich nicht meinen eigenen? Und was war das alles überhaupt für ein Haufen Plunder?

Geistesabwesend ergriff ich eine Broschüre, die auf dem Papierhaufen vor mir lag. Deren Titel: »Die Heilige-Land-Stiftung für Hilfe und Entwicklung: Programme und Ziele«. Holy Land Foundation, HLF. Hilfe für wen? Entwicklung wovon?

Auf dem Umschlag des Berichts war ein süßes Bild von einer Gruppe kniender arabischer Jungen, die Rucksäcke trugen und von denen einer ein Federmäppchen in der Hand hielt. Das Logo der HLF waren zwei Hände, die sich über ein Gebäude wölbten, das mir irgendwie bekannt vorkam. Die Jungs auf dem Bild waren beschäftigt, sie schauten nicht in meine Richtung, aber es schien fast so, als ob mich die Broschüre selbst anspräche. Sie bestand aus zwei Teilen: Die erste Hälfte war in Englisch, die zweite Arabisch. Ich drehte sie um, um mir den arabischsprachigen Umschlag anzusehen. Das gleiche Bild von den Jungen, das gleiche Logo, arabische Schrift. Nichts Ungewöhnliches also.

Mein erster Impuls war, den Text einfach wieder auf den Müllberg auf dem Schreibtisch zurückzuwerfen, zu Max zu gehen und ihm zu erzählen, was mich bedrückte. Gleichzeitig fragte ich mich aber auch, wie lange wohl diese Broschüre dort schon Staub angesetzt hatte, und ob überhaupt schon jemand reingeschaut hatte. Und dann hörten das Büro, meine abweisenden Kollegen, Max und all das plötzlich auf, mich zu ärgern, denn diese verdammte Broschüre schaute mich *tatsächlich* an. Aber diesmal versuchte sie, sich von meiner Aufmerksamkeit zu befreien, und bettelte mich sogar fast an, sie wieder auf den Schreibtisch zurückzuwerfen, wo sie buchstäblich jahrelang unbeachtet gelegen hatte, bis ich aufgetaucht war.

Ich betrachtete die Broschüre noch einmal, musterte noch einmal das Logo. Und das Bild. Oh, mein Gott.

In der Zeit, die ich in der Bücherei und den Archiven der Knesset zugebracht hatte, um etwas über meinen Vater herauszufinden, und dabei Dokumente und Berichte wie denjenigen, der jetzt vor mir lag, durchgearbeitet hatte, hatte ich Gift wie dieses zu erkennen gelernt. An der Oberfläche findet sich dabei immer billige Propaganda und eine unschuldig wirkende äußere Schicht, aber wenn man beginnt, zwischen den Zeilen zu lesen, entdeckt man, dass die wahren Absichten bösartig, gehässig und tendenziös sind. Wie hatte ich das zuerst übersehen können? Selbst die Fotografie schien zwei Bedeutungsebenen zu haben. Auf der Vorder- und auf der Rückseite der Broschüre war das gleiche Bild, aber einmal war es seitenverkehrt. Eine Nachlässigkeit der Druckerei – oder vielleicht eine geheime Andeutung?

Nun wurde mir auch klar, was die beiden Hände in dem HLF-Logo hielten. Es war ein Bild der Al-Aqsa-Moschee in Jerusalem, die eines der wichtigsten Symbole des arabisch-israelischen Konflikts ist. Dort begann die zweite Intifada, die man deshalb auch die »Al-Aqsa-Intifada« nennt. Und die Fläche zwischen den beiden Händen, die die Moschee hielten, hatte exakt die Umrisse des Landes Palästina, und zwar vom Fluss bis ans Meer, also vom Jordan bis zum Mittelmeer. Eine solche Karte schloss die Existenz des Staates Israel aus: »Vom Fluss bis zum Meer« war auch ein Spruch, den die Palästinenser auf ihren Demonstrationen immer wieder skandierten. Als ich nun diese Broschüre in Händen hielt, fragte ich mich doch, warum eine Stiftung, die sich der humanitären Hilfe und anderen schönen Dingen verschrieben hatte, ein solch provozierendes Logo verwendete.

Zwei Sprachen. Das machte mich neugierig. Arabisch mit einer englischen Übersetzung. Oder waren es zwei verschiedene Texte? Im Nahen Osten war mir so etwas schon so oft begegnet. Einerseits gab es da den einfachen Inhalt, aber dann gab es da noch die Bedeutung, die man damit zwischen, hinter und unter den Zeilen ausdrücken wollte. Ein paar Monate nach dem 11. September war der amerikanische Vizepräsident Dick Cheney in die arabischen Länder gereist, um zu versuchen, dort günstige Rahmenbedingungen für einen Angriff auf den Irak zu schaffen. Er lernte vor Ort schnell, dass das Gesagte nicht unbedingt das bedeutete, worauf man sich geeinigt hatte. Entsprechend meinte Cheney nach seiner Rückkehr, dass er nicht mit dem zufrieden sei, was man tatsächlich zu ihm gesagt habe, sondern mit dem, was diese Führer seiner Ansicht nach in Wirklichkeit dachten. Sage eine Sache, meine unter deinesgleichen etwas anderes, lass die Gegenpartei deinen Worten noch eine dritte Interpretation geben und tue dann am Ende etwas, was sich von allen drei vorher besprochenen oder verstandenen Versionen deiner Aussage unterscheidet.

So was kann man auch schlicht Lügen nennen. Nehmen wir eine Broschüre wie die, die ich da in meinen Händen hielt. In ihr werden auf Englisch die Botschaften und Ziele der Organisation verdeutlicht. Auf Arabisch steht dort etwas ganz Ähnliches, allerdings mit ein paar kleinen Änderungen, und plötzlich hat diese Veröffentlichung zwei Botschaften, eine für Amerikaner, auf deren Spenden gehofft wird, und eine andere für die Leute, die Arabisch sprechen. Ich betrachtete diese Broschüre und wusste plötzlich, dass sie mir ins Gesicht log. Was war es, das sie zu verbergen suchte?

Ich arbeitete sie ein paar Stunden lang durch. Ich las sie sehr genau. Zuerst auf Arabisch, denn diese Sprache ist für mich einfacher als das Englische, aber auch weil ich berechtigterweise annahm, dass die arabische Version die Wahrheit hinter den Zeilen dieser Holy Land Foundation aufdecken würde. Danach las ich die englische Übersetzung. Ich verglich die beiden Fassungen immer wieder miteinander. Fast zögernd begann ich dann, einen Bericht zu verfassen. Ich brauchte ein paar Tage, um ihn fertigzustellen. Ich las andere Dokumente, durchforschte Bücher und Akten und belegte meine Erkenntnisse. Wenn mir in diesem Büro niemand helfen wollte, auch gut, dann würde ich mir einfach selber helfen – und mir alles beschaffen, was meine Nachforschungen erleichtern würde. Ich hatte keine Ahnung, ob das, was ich da tat, zu meiner Entlassung oder Beförderung führen würde, aber ich hatte nun mal einen Verdacht, dem ich nachgehen wollte. Hier sind einige der Erkenntnisse, die ich in dem Bericht darlegte, den ich wenige Tage nach meinem Arbeitsbeginn in diesem Büro zusammenstellte. Ich nannte ihn: »HLF – Wohin geht das Spendengeld wirklich?«

In ihrer Publikation, den »HLF-News« von 1992, behauptet die Holy Land Foundation, sie habe alle gesammelten Spenden »für die offenkundig Armen und auf niederschmetternde Weise Bedürftigen« in Palästina verwendet. Stimmt das tatsächlich? Diese auf Arabisch und Englisch herausgegebene Denkschrift zählt palästinensische Organisationen aus dem Westjordanland und dem Gazastreifen auf, die von der HLF Gelder erhalten haben. Die englischsprachige Liste besteht aus 30 Organisationen. Die entsprechende arabische Liste umfasst dagegen 39 Namen!

Ich zeigte dann, dass einige dieser neun Organisationen, die man in der englischen Version weggelassen hatte, Gelder an die Familien von Hamas-Terroristen weitergeleitet hatten, die an Selbstmordattentaten und anderen Anschlägen auf israelische Bürger beteiligt gewesen waren. Eine der Organisationen bot Terroristen sogar konspirative Wohnungen und Verstecke für ihre Waffen an. Eine andere, die von einem der geistlichen Führer der Hamas geleitet wurde, war von den israelischen Behörden verboten worden.

Andere Vereinigungen, die in dieser Schrift erwähnt wurden, hatten ebenfalls Verbindungen zur Hamas. Eine davon war die Islamische Universität von Gaza, eine bekannte Hochburg der Hamas: Etwa 60 Prozent der 415 Hamas-Anhänger, die im Dezember 1992 von den israelischen Behörden in den Süden des Libanon deportiert wurden, waren an dieser Hochschule Dozenten oder Studenten. Sogar Jassir Arafat befahl bei einem Versuch, die Hamas zurückzudrängen, im Jahr 1995 einen Agriff auf diese Universität und die Zerstörung eines Teils ihrer Einrichtung.

Ich bekam heraus, dass ein Teil der in der englischen Version erwähnten Vereinigungen, die als unschuldige Wohlfahrtsorganisationen dargestellt wurden, ebenfalls die Hamas unterstützten und von deren Anführern geleitet wurden. Ich lieferte Beweise, dass diese Einrichtungen in den Terrorismus verstrickt waren. Als Anhang fügte ich dann noch fünf Ausschnitte von Dokumenten an, aus denen ich meine Informationen bezogen hatte. Ich schloss mit der kurzen Anmerkung:

Dies ist die Zusammenfassung meiner Erkenntnisse über den illegalen Transfer von Geldern der HLF an palästinensische Organisationen, die in den Terrorismus verwickelt sind. Ich glaube, wir sollten, basierend auf diesem vorläufigen Bericht, eine breiter angelegte Untersuchung in die Wege leiten. Bitte teilen Sie mir mit, wie Sie darüber denken.

Danach legte ich Max den Bericht auf seinen Schreibtisch.

Ich wollte nicht nach San Francisco fahren. Ich hatte ein ungutes Gefühl, was diese Reise anging. Ich arbeitete nun schon einige Monate für das Büro, hatte aber sehr wenig Erfahrung in der Sache, die ich nun erledigen sollte. Mit der Zeit und der dabei gewonnenen Praxis würde ich es lernen, wie man sich auf solche Versammlungen vorbereiten muss, aber all dies fehlte mir damals noch. Alles musste in allergrößter Eile geschehen, denn ich hatte erst am Abend zuvor von dieser Veranstaltung erfahren. So hatte ich alles falsch gemacht, was man nur falsch machen konnte. Und ich hatte einen schrecklichen Streit mit Leo gehabt. Er wollte es einfach nicht glauben und auch nichts davon wissen, dass ich von einem Tag auf den anderen nach San Francisco reisen müsse, um dort eine islamische Wohltätigkeitsveranstaltung zu beobachten. Diese Reise war nicht der einzige Grund für unseren Krach; schon seit ein paar Wochen war die Spannung zwischen uns immer größer geworden. Mein anspruchsvoller neuer Job, die vielen Stunden, die ich im Büro zubrachte, die Schulschwierigkeiten unserer Kinder, unsere finanzielle Situation, all das kam zusammen und hatte uns extrem reizbar gemacht. Aber diese Reise gab Leo nun den Rest.

Die ersten Wochen im Büro waren wirklich sehr schwierig gewesen. Die Leute waren immer noch nicht sehr hilfsbereit, wir hatten öfter mal kleinere Auseinandersetzungen, und es gab so viel, was ich lernen musste. Als ich dann einen ganzen Monat, nachdem ich meinen Bericht über die HLF auf den Schreibtisch von Max gelegt hatte, in dessen Büro bestellt wurde, war ich sicher, dass ich jetzt endgültig in großen Schwierigkeiten war.

Max schloss die Tür. Er setzte sich hinter seinen Schreibtisch, den er gerade genug abgeräumt hatte, damit er mich dahinter überhaupt sehen konnte. Seine Miene war düster.

Das war's, dachte ich. Ich hätte nicht einen solch unverblümten Bericht über eine islamische Wohltätigkeitsvereinigung verfassen dürfen, ohne die Ziele und Grundsätze der Organisation zu kennen, die mich eingestellt hatte. Dies war nicht die CIA, sondern ein Forschungsinstitut. Was hatte ich mir nur dabei gedacht?

Max fing nicht gleich an, mich auszuschimpfen. Stattdessen wollte er ganz genau wissen, warum ich diesen Bericht verfasst hätte. Ich erzählte ihm die ganze Geschichte, wie ich die Broschüre fand und die Widersprüche zwischen der angeblichen Aufgabe dieser Wohltätigkeitsorganisation und ihren wahren Absichten bemerkte. Max fragte mich, wer mir die Idee dazu gegeben habe, die HLF zu untersuchen, und wer im Büro mich bei meinen Nachforschungen unterstützt habe. Noch einmal versicherte ich ihm, dass ich diese Untersuchung ganz allein aus eigenem Antrieb heraus unternommen hätte und niemand anderer außer mir dafür zu tadeln sei.

Max sah mich etwas verwirrt an. Tadel? »Dieser Bericht ist sehr interessant«, sagte er. »Er öffnet einem wirklich die Augen.« Ich erfuhr später, dass er solche positiven Bemerkungen nur äußerst selten zu äußern pflegte. Max ist ein Boss, der meint, es reiche völlig aus, seine Zustimmung durch Schweigen auszudrücken.

Aber ich begann jetzt langsam zu verstehen, was in diesem Büro von uns erwartet wurde.

Ich brauchte eine ganze Zeit, um herauszufinden, was einem denn an meinem Bericht die Augen öffnen konnte. Mir als Israelin war die Vorstellung nicht neu, dass islamische Wohltätigkeitsorganisationen als Fassade für eine Unterstützung des Terrorismus dienten. Daheim in Israel war das eine allgemein anerkannte Tatsache. Es erstaunte mich allerdings zu sehen, mit welcher Leichtigkeit und Unverfrorenheit diese Gruppen auf US-amerikanischem Boden operierten. Damals, Jahre vor dem 11. September, erkannte ich noch nicht, dass sich niemand in den

Vereinigten Staaten – einem Land, dem damals noch jede Erfahrung mit dem islamistischen Terrorismus fehlte und dessen Bevölkerung geneigt war, an die Integrität von religiösen und Wohlfahrtseinrichtungen zu glauben – vorstellen konnte, dass eine Gruppe, die sich »Heilige-Land-Stiftung« nannte, auf so zynische Weise dem Leid und der Zerstörung diente. Jahre vor den Anschlägen auf das World Trade Center und das Pentagon hatte ich versucht, das FBI und das US-Außenministerium für meine Untersuchungen über den Missbrauch von Wohlfahrtseinrichtungen als Tarnorganisationen zu interessieren. Beide konnten damals offensichtlich mit meinem Material noch nichts anfangen.

Aber nur Tage nach dem 11. September unterschrieb George W. Bush einen Präsidentenerlass, der eine Reihe von Wohlfahrtseinrichtungen als Tarnorganisationen für terroristische Aktivitäten bezeichnete. Für die meisten Amerikaner, selbst für einige bei den Strafverfolgungsbehörden und im Kongress, war dies ein Schock. Hilfsorganisationen, die ihre Gelder dazu benutzten, um Morde zu finanzieren? Nicht lange danach gab es Nachträge zu diesem Präsidentenerlass, die die Öffentlichkeit noch mehr schockierten. Sie zählten weitere so genannte karitative Einrichtungen auf. Darunter befand sich auch die HLF, deren Aufnahme in diese Liste eine neue Front im Kampf gegen den Terrorismus eröffnete. Die Einrichtungen, die im ursprünglichen Erlass aufgeführt worden waren, saßen nämlich alle in Afghanistan und Pakistan. Und das hieß: Aus dem Auge, aus dem Sinn. Die HLF jedoch hatte ihren Sitz hier in den Vereinigten Staaten und operierte direkt vor den Augen der hiesigen Behörden, und manchmal sogar noch mit deren Unterstützung. Eine amerikanische steuerfreie Wohltätigkeitsorganisation, die US-Dollar für den Terrorismus sammelte.

Als ich zum ersten Mal mit Max über meinen HLF-Bericht sprach, versprach er mir, meine Erkenntnisse zusammen mit der HLF-Broschüre an »die richtigen Leute« weiterzuleiten. Ich bin mir immer noch nicht sicher, wer genau diese »richtigen Leute« waren, aber als mir der Bericht des Justizministeriums über die HLF in die Hände fiel, der im Rahmen des Präsidentenerlasses erstellt worden war, klangen einzelne Textpassagen mir seltsam vertraut.

Der Tag, an dem die HLF zur terroristischen Organisation erklärt wurde, war für mich ein großer Moment. Aber er brach mir auch fast das Herz, denn ich fragte mich, warum dazu ein 11. September nötig gewesen war. Warum hatten die Behörden nur so lange gebraucht, bis sie verstanden, was mir fast sofort in den Broschüren und Werbeschriften dieser Wohltätigkeitsorganisationen aufgefallen war, die diese unbehelligt verteilen konnten? Warum vermochten sie nicht zu erkennen, dass sich die Terroristen dadurch tarnten, dass sie völlig offen agierten?

Mir schien es, als ob das Schicksal sich wieder einmal über mich lustig machte. Als ich aus dem Irak nach Israel kam, hatte ich geglaubt, dass nun Verfolgung, Angst und Terror hinter mir lägen. Dann kamen der Jom-Kippur-Krieg von 1973, der meine alten Wunden wieder aufriss, und dann der Golfkrieg. Schließlich zogen wir in die Vereinigten Staaten, und ich dachte, jetzt sei ich weit genug von jedem Terror entfernt, hier in diesem Land der unbegrenzten Möglichkeiten, diesem Land der Ruhe und des Friedens – und, wie ich dann entdeckte, einem Land, in dem wahre Minenfelder auf mich warteten. Ausgerechnet in Amerika kam ich dem Terrorismus näher als jemals zuvor. Die Geschichte wiederholte sich.

An dem Freitag, als ich nach San Francisco fuhr, stand ich schon auf, als es hell wurde, und bereitete das Sabbatessen für Leo und die Jungs vor: *Kebba*, ein traditionelles irakisches Gericht aus Fleisch und Kartoffelmehl, Suppe und Salat. Leo zeigte mir die kalte Schulter, als ich zum Flughafen aufbrach. So hätte er mich nicht behandeln dürfen; so hätte er mich nicht gehen lassen sollen. Darüber mussten wir unbedingt reden, wenn ich wieder zurück war. Für nichts in der Welt hätte ich auf diese Veranstaltung, diese Wohltätigkeitsveranstaltung der HLF, verzichtet. Zu diesem Zeitpunkt wusste ich bereits, dass die HLF eine Tarnorganisation der Hamas war. Nach dem Durcharbeiten der Broschüre hatte ich viel über sie erfahren, und ich spürte, dass mein Wissen nicht vollständig wäre, wenn ich nicht nach San

Francisco ginge und dort den Leuten begegnete, über die ich so viel gelesen hatte, und mir anhörte, was sie zu sagen hatten.

Aber das schlechte Gefühl, das ich wegen dieser Reise hatte, wurde mit der Zeit eher noch stärker. Es sah so aus, als ob nichts richtig klappen würde. Berta hatte erst am Tag zuvor die Flugtickets besorgt, deshalb waren sie nicht nur unverschämt teuer, sie waren nicht einmal für einen Direktflug. Gott, wie ich das Fliegen hasste. Obwohl die Sicherheitsmaßnahmen an den Sperren lächerlich waren im Vergleich zu dem, was ich von der El Al gewöhnt war, schafften wir es doch, eine halbe Stunde zu spät in Denver anzukommen. Dadurch verpasste ich meinen Anschlussflug, und so konnte ich erst über eine Stunde später nach San Francisco weiterfliegen. Das Treffen würde schon angefangen haben, wenn ich dort ankam.

Ich landete, besorgte mir ein Taxi und legte auf dessen Rücksitz in größter Eile meine islamische Verkleidung und meine Aufnahmeapparatur an. Es war wirklich gefährlich und absolut unprofessionell. Ich hätte erst im Hotel einchecken und mich dort auf meinem Zimmer sorgfältig und diskret umziehen sollen: als Frau West hineingehen, um dann als Königin von Saba wieder herauszukommen.

Inzwischen fuhr der Taxifahrer offensichtlich immer im Kreis herum. Äußerst nervös erkundigte ich mich, was los sei, und er entschuldigte sich sofort. Er schwor, dass er mich nicht betrügen wolle. Er war zu der Adresse gefahren, die ich ihm angegeben hatte, aber da gab es kein solches Hotel. Er wandte sich über Funk an seinen Disponenten, von dem er schließlich erfuhr, dass zwar Straße und Hausnummer korrekt seien, die Adresse aber in Berkeley sei, nicht in San Francisco. Das bedeutete eine 40-minütige Taxifahrt, und ich wurde langsam hysterisch. Ich hatte mich mit Leo gestritten, war ans andere Ende Amerikas geflogen, das Ganze hatte mein Büro sehr viel Geld gekostet, ich würde ein ganzes Wochenende meine Kinder nicht sehen, und dann war ich dank dieses ganzen Chaos dabei, mit leeren Händen heimzukommen. Das war wirklich schlimm, sehr schlimm.

Ich schaute auf meine Uhr – es war 21 Uhr New Yorker Zeit: Leo und die Kinder hatten wahrscheinlich bereits zu Abend gegessen. Vom Rücksitz meines Taxis aus versuchte ich ihn anzurufen – noch ein großer Fehler, wie ich wusste, aber ich wollte einfach seine Stimme hören. Ein nettes Wort von ihm hätte meine Stimmung sehr verbessert. Aber niemand ging ans Telefon. Wo konnten sie hingegangen sein? Durch die Windschutzscheibe sah ich ein Meer von roten Schlusslichtern. Großartig. Ein Stau. Gab es noch etwas, was schief gehen konnte?

Was war ich damals noch für eine Anfängerin! Ich wusste noch nicht, dass solche Treffen selten pünktlich anfangen. Jetzt weiß ich, dass, selbst wenn die Informationen, die ich über solche Zusammenkünfte erhalten habe, einmal korrekt sind, was selten genug der Fall ist, der ursprüngliche Plan in den wenigsten Fällen eingehalten wird. Es überrascht mich auch nicht mehr, wenn die vorgesehenen Redner dann überhaupt nicht auftauchen. Ach, der hohe Wert der Erfahrung. Wie es Oscar Wilde so treffend ausgedrückt hat, ist Erfahrung einfach der Name, den wir unseren Fehlern geben. Und ich war gerade dabei, einen ganz großen zu machen.

Die Wohltätigkeitsveranstaltung, die Spenden für die Organisation beschaffen sollte, war als eine große, offene Versammlung geplant. Als ich dort endlich zwei Stunden verspätet eintraf, hoffte ich, wenigstens noch die Schlussworte zu hören. In der Erwartung, ein paar hundert Leute vorzufinden, öffnete ich die Tür zum Versammlungsraum. Angezogen wie eine fromme Muslimin, hoffte ich, unbemerkt eintreten zu können. Was ich aber dann sah, ließ mich erstarren. Es ergriff mich eine eiskalte, lähmende Angst.

Es war eine große, schöne Halle. Funkelnde Leuchter, schwere Teppiche, wenigstens hundert Esstische aus dunklem Holz. Sehr luxuriös. Die Tische waren für ein formelles Dinner gedeckt, aber alle außer einem waren leer. An diesem einen Tisch saßen etwa 15 Männer, die mich nun alle anstarrten. Für den Bruchteil einer Sekunde dachte ich, ich sei am falschen Platz, aber dann wurde mir klar, als ich diese arabischen Männer betrachtete, dass das nicht stimmte. Dies war der richtige Ort, und ich erkannte sogar einige der Gesichter. In den Monaten davor hatte ich ungezählte Akten und Berichte durchgearbeitet und dabei viel über diese Organisation erfahren. Das Bild einiger dieser Leute, die um diesen großen Tisch herum saßen, hatte den Umschlag einiger der Dossiers geschmückt. In einem kleinen, rundlichen Mann mittleren Alters mit grauem Haar und einem sauber gestutzten Bart erkannte ich einen jordanischen Politiker, daneben saßen einige der Anführer der HLF. Diese Leute waren ganz offensichtlich wegen des Treffens hier, also, wo war es? War es schon vorbei? Der Raum war warm, meine Kleider waren schwer, aber darunter begann ich zu frieren.

Einige Männer betrachteten mich mit Neugier und Interesse, andere mit offensichtlichem Misstrauen. Uns war allen klar, dass ich hier nicht hingehörte. Wie sollte ich nun weiter vorgehen?

Es gab nur zwei Optionen. Gehen oder bleiben. Eintreten und glaubwürdig erscheinen – oder sofort den Ort verlassen. Ich könnte vielleicht sagen, ich hätte mich im Raum geirrt, womit meine Karriere als verdeckte Ermittlerin allerdings vorbei wäre; danach könnte ich nie mehr mein Gesicht bei einem solchen Treffen zeigen. Bevor ich es richtig mitbekam, hatte ich schon furchtlos und zielstrebig den Raum betreten.

»*A'-Salamu Aley'kum*«, »Friede sei mit euch.« Ich sprach sie so direkt an, als ob ich sie schon seit Jahren kennen würde.

»*Wa-Aley'kum as-Salam*«, »Auch mit euch sei Friede.« Meine Selbstsicherheit schien sie zu verblüffen.

Ich fuhr auf Arabisch fort: »Ich bin nicht von hier, Brüder. Ich habe Freunde besucht, und die haben mir von dieser Wohltätigkeitsveranstaltung erzählt. Ist dies die Spendenversammlung der HLF?«

»Ja, Schwester, die findet hier statt.« Bisher nahmen sie mir meine Geschichte ab. »Vielen Dank, dass du gekommen bist.«

»Ist die Versammlung etwa schon vorbei? Ich wünschte, ich wäre schon früher gekommen.«

»Nein, in Wirklichkeit hat sie überhaupt noch nicht angefangen. Die Leute sind noch nicht gekommen. Mach es dir bitte bequem und setz dich, du kannst mit uns zusammen warten.«

Ich setzte mich an den Nachbartisch. Man setzte sich nicht an den Tisch der Männer. Ich war ihnen offensichtlich immer noch verdächtig, und die nächste Stunde sprachen sie nur noch miteinander, auf Arabisch natürlich und sehr leise. Ich konnte kaum etwas verstehen. Und es war völlig unmöglich, die Worte auf Band aufzunehmen. Unter meinen Gewändern presste ich meine Oberschenkel so fest zusammen, dass die Eindrücke meiner Fingernägel noch eine ganze Woche zu sehen waren. Sprachen sie über mich? Was, wenn sie sich plötzlich dafür entschieden, mir weitere Fragen zu stellen? Ich überdachte meine Tarngeschichte. War sie schlüssig genug? Und wenn sie nun schon herausgefunden hatten, wer ich wirklich war?

Sie flüsterten weiter. Ich versuchte weiter zuzuhören. Ich bekam mit, dass sie über diese Veranstaltung schrecklich enttäuscht waren. Sie erwähnten, dass die letzte Veranstaltung an diesem Ort 100 000 Dollar an Spenden erbracht hätte. Geld, das an die Hamas ging, musste ich denken.

Ich saß an meinem Tisch und wartete darauf, dass die anderen Leute kämen. Ich wartete eine recht lange Zeit, aber niemand anderer erschien. Die Männer setzten ihre Unterhaltung fort, und nach einer Stunde fingen sie an, mit normaler Lautstärke zu reden.

»Es scheint, dass niemand mehr kommt, dann können wir jetzt ja mit dem Abendessen anfangen«, wandte sich einer an mich. »Du darfst gern mit uns essen.«

»Nein, danke, aber ich glaube, ich sollte besser gehen.« Dies war eine gute Gelegenheit für mich, endlich wegzukommen.

»Nein, wir bestehen darauf.« Sie ließen mich nicht gehen. »Du bist diesen ganzen Weg gekommen, jetzt musst du auch dableiben und mit uns zu Abend essen.«

Ich entschuldigte mich, ich müsse mir vor dem Essen die Hände waschen, verließ den Raum und rief Leo an. Er hob den Hörer ab. Die Kinder schliefen schon.

Er fragte mich, was ich wolle. Er klang sehr kalt und distanziert. Aber damit konnte er mich jetzt nicht aufhalten.

»Hör mir bitte zu!«, sagte ich ihm mit leiser Stimme. »Ich bin in einem Treffen. Wenn ich nicht in den nächsten beiden Stunden zurückrufe, benachrichtige Berta. Sie hat meine Adresse und kennt die Einzelheiten. Pass aber auf, dass sie mitbekommt, dass ich in Berkeley bin und nicht in San Francisco. Sie wird wissen, was zu tun ist und wen man anrufen muss. Ihre Notnummer liegt in der obersten rechten Schublade des Schreibtischs im Erdgeschoss.«

Ich konnte direkt fühlen, wie mir Leo in 4500 Kilometer Entfernung äußerst aufmerksam zuhörte. Er war sich nicht ganz sicher, was er mit dem Ganzen anfangen sollte und ob ich dies alles nur erfand, um ihn aufzuziehen. Ich hatte nicht die Zeit, ihn davon zu überzeugen, dass ich die Wahrheit sagte. Sollte er es doch selbst herausfinden. Ich legte schnell auf und kehrte in den Konferenzsaal zurück, bevor jemand Verdacht schöpfen konnte.

Dann kam das Dinner, und ich hatte das seltsame Gefühl, gleichzeitig große Angst zu haben und doch für das ausgezeichnete Essen – nahöstliche Küche mit Shish Kebab und Falafel – dankbar zu sein. Es schmeckte fast wie daheim in Israel.

Während dieses guten Essens schienen die Männer etwas aufzutauen, und wir fingen an, uns zu unterhalten. Ich sprach nur ganz wenig und sehr zurückhaltend und passte gut auf, meine Geschichte glaubhaft erscheinen zu lassen. Da war ich nun und saß mit Mitgliedern der Hamas zusammen, der Terrororganisation, die das Leben von mehr israelischen Unschuldigen auf dem Gewissen hatte, als irgendeine andere. Ich, eine Jüdin und Israelin – eine Frau, allein mit 15 islamischen Männern. Ein unglaubliches Szenario.

Nach dem Essen unterhielten wir uns noch ein wenig, tauschten Adressen und Telefonnummern aus, und ich stiftete in einem Umschlag eine nette Summe für »die Sache«, den Dschihad. Nach einiger Zeit wurde dann die »Sitzung geschlossen«. Im Taxi auf dem Weg ins Hotel rief ich Leo an. Jetzt war es in New York schon sehr spät, aber er hob den Hörer ab, bevor noch das erste Klingelzeichen vorbei war. Er hatte wohl neben dem Telefon gesessen.

»Es geht mir gut«, sagte ich ihm. »Du kannst jetzt ins Bett gehen … Ja, keine Angst, alles ist glatt gelaufen. Ich erzähle dir alles, wenn ich wieder zurück bin.«

Ich schaute immer mal wieder durch die Heckscheibe des

Taxis, um sicher zu sein, dass ich nicht verfolgt wurde. Ich konnte es noch immer kaum glauben, dass ich aus dieser Situation unbehelligt herausgekommen war. Je größer der Abstand zwischen Berkeley und mir, desto mehr begann ich mich als Siegerin zu fühlen. Sicher, ich konnte keine brauchbaren Tonaufnahmen machen, aber ich hatte wirklich den wichtigsten Test bestanden; sie hatten mich für eine der Ihren gehalten. Jetzt, da ich mit Hamas-Mitgliedern hier in der Höhle des Löwen zusammengesessen hatte, konnte ich überallhin gehen, in jede Versammlung eindringen, alles aufnehmen und mitschneiden. Dieser Abend war meine Feuertaufe und mein Abschlussexamen an der Spionageuniversität. Und ich hatte cum laude bestanden. Vom Mittelpunkt der Aufmerksamkeit, von der Königin des Abschlussballs, war ich zur Herrin der Schatten geworden. Meine Verwandlung war vollkommen.

Später fand ich dann heraus, was bei dieser Spendenversammlung wirklich passiert und warum niemand gekommen war. Sie war als großes Ereignis geplant gewesen, und viele Leute in dieser Gemeinde hätten eigentlich daran teilnehmen sollen, aber dann hatte anscheinend die Tochter eines in dieser Gegend lebenden wohlhabenden und einflussreichen Moslem ihre Hochzeit auf denselben Abend gelegt. Der Vater hatte jeden Moslem, der in dieser Region lebte, eingeladen, und verständlicherweise zogen alle diese Hochzeit der Spendenwerbung vor. Und so waren nur die 15 arabischen Typen aufgetaucht – und ich.

Leo holte mich am Flughafen ab, sprach aber kaum ein Wort zu mir. Die Eile und die seltsame Weise, in der diese Reise binnen eines Tages organisiert worden war, mein mysteriöser Telefonanruf – irgendetwas schien ihm da faul zu sein. Was dachte er sich wohl dabei? Auf der Rückfahrt vom Flughafen wurde der Ton zwischen uns immer schärfer, wir fingen an, uns zu beleidigen und anzuschreien, und der Streit ging genau dort weiter, wo wir vor meiner Reise nach San Francisco aufgehört hatten.

Schließlich rückte Leo damit heraus: Er verdächtigte mich,

eine Affäre zu haben. Als ich diesen Unsinn hörte, verlor ich endgültig jede Beherrschung. Wir schrien uns gegenseitig an, und ich verlangte, dass er mich aussteigen ließ. Er fuhr an den Straßenrand, ich stieg aus, er fuhr weiter, drehte sofort wieder um und kam zurück, um mich wieder mitzunehmen. Einen solch schlimmen Streit hatten wir nicht mehr gehabt, seit wir aus Israel weggegangen waren.

Wir fauchten uns dann noch einige Zeit an, aber schließlich vertrugen wir uns wieder. Als wir zu Hause ankamen, drückte ich Leo ganz fest an mich und weinte lange an seiner Schulter. Ich hatte diesen Job wegen des zusätzlichen Einkommens angenommen, und wohin hatte er mich gebracht? Was, wenn mir etwas passiert wäre? Kein Geld der Welt wäre das wert gewesen. Bei der Spendenversammlung hatte ich unheimlich Angst gehabt, aber nicht um mich, sondern um meine Kinder. Ich hatte meinen Vater verloren und war dabei durch die Hölle gegangen, ich wusste, wie fürchterlich das war. Ich würde alles tun, um meinen Kindern dieses Schicksal zu ersparen. Die lange Reise, der Stress, die Begegnung mit den arabischen Männern, der sinnlose Streit mit meinem Mann, all dies überwältigte mich nun vollkommen, und ich weinte wie ein kleines Mädchen.

Aber da war noch mehr als nur die Auflösung einer starken inneren Anspannung. Ich weinte auch, da ich nun endgültig begriffen hatte, dass nichts ein reiner Zufall war. Mein Arabisch, meine Kenntnisse über den Nahen Osten, die Entscheidung, Israel zu verlassen, die Stellenanzeige des Forschungsinstituts, all dies hatte einen tieferen Sinn. Nennen Sie es, wie Sie wollen, Schicksal, Karma, Josephs Gabe, göttliche Vorsehung. Entscheidend war, dass es einen Grund für mein Hiersein gab. Dies war meine Bestimmung.

Die Geschichte wollte mich nicht loslassen.

Aber dieses Mal würde die Geschichte mir keine miesen Tricks mehr spielen können. Dieses Mal würde ich selbst Geschichte machen, und zwar so, wie es mir gefiel.

Baba, du wärst so stolz auf mich gewesen, wenn du das noch hättest miterleben können.

4. Kapitel

Dar al-Hijra

Palestinian Islamic Jihad, Sami al-Arian, Islamic Committee for Palestine, Islamic Concern Project, Ramadan Abdallah Shallah, World and Islam Studies Enterprise, Fat'hi Ibrahim Shikaki –, all das waren für mich böhmische Dörfer, nachdem ich erst zwei Wochen für das Institut gearbeitet hatte. In diesen zwei Wochen hatte ich zwar einiges über die HLF und über die Hamas erfahren, doch die oben aufgelisteten Namen sagten mir rein gar nichts. Und dann wurde ich gebeten, einige Dokumente zu übersetzen. Dokumente, die diese Namen und Organisationen betrafen.

Nein, ich werde nicht versuchen, Sie zum Experten auf diesem Gebiet zu machen, doch zumindest werden Sie so viel erfahren, dass Sie deren Bedeutung für meine Geschichte und für die Sicherheit Amerikas verstehen werden.

Etwas mehr als eine Woche, nachdem ich meine Arbeit für das Institut aufgenommen hatte, rief Berta an und lud mich zu meiner ersten Mitarbeiterversammlung ein. Ich war völlig aus dem Häuschen. Endlich würde ich ein bisschen davon mitbekommen, was dort unten im dritten Stock vor sich ging, denn bislang hatten mir die Kollegen keinerlei Einblick in ihre Arbeit gewährt. Okay. Aber wenn sie jetzt darüber diskutierten, würde ich wohl einiges erfahren.

Wir begannen mit der Versammlung erst, als alle da waren. Aufgeregt wartete ich auf den ersten Punkt der Tagesordnung. Und dann ging es darum, eine einheitliche Schrift für die Dokumente des Büros auszuwählen. Sollte das ein Witz sein? Times New Roman oder Arial? Da ich mit den technischen Begriffen und mit den Feinheiten von Microsoft Office nicht vertraut war, konnte ich der Diskussion nicht immer ganz folgen. Als Nächstes redeten meine Kollegen über die Notwendigkeit einer sauberen, aufgeräumten Küche sowie über weitere ähnlich schwer wiegende Angelegenheiten. Haben die nicht mehr alle Tassen im Schrank?, dachte ich, oder begriff ich einfach nicht die Bedeutung dieser Probleme?

Einige Tage später war Purim, der jüdische Festtag, an dem die Menschen der Errettung der persischen Juden vor rund 2500 Jahren gedenken. Es ist ein Freudenfest, an dem es leckeres Gebäck gibt. Ich freute mich darauf, mit meinen Kindern in die Synagoge zu gehen. Als ich am späten Nachmittag gerade aufbrechen wollte, kam Amy mit zwei Dokumenten in mein Büro oben in »Sibirien«.

»Max hat mich gebeten, sie dir zu geben«, sagte sie. »Sie wurden ihm gerade gefaxt, und er muss wissen, was drin steht. Er hat gesagt, dass du Arabisch kannst. Du kannst doch Arabisch, oder?«

Dies war mein erster Auftrag hier im Büro. In gewisser Weise ein Test. Den HLF-Bericht hatte ich ungefragt geschrieben. Nun aber erteilte man mir endlich eine Aufgabe. Ich betrachtete die Dokumente.

»Worum geht's denn?«, fragte ich.

»Kann ich dir nicht genau sagen. Ich weiß nur, dass sie vor zwei Jahren bei irgendeiner Razzia in Florida beschlagnahmt wurden.«

»Warum ist die Übersetzung denn jetzt dringend?«

Amy hatte keine Ahnung. Sie war nur die Botin. Erneut betrachtete ich die Dokumente. Die Schrift war winzig und die Qualität der Faxkopien sehr schlecht. Ich fragte Amy, ob es eine bessere Kopie gebe, aber sie sagte, diese sei die einzige.

Ich machte mich an die Übersetzung der Dokumente, und je länger ich daran arbeitete, desto komplizierter schien das Ganze zu werden. Große Passagen waren völlig unleserlich. Und selbst innerhalb der besseren Passagen war die Hälfte der Sätze nicht zu entziffern. Ich konnte zwar fließend Arabisch sprechen, verstand aber viele der Begriffe und Wörter nicht, weil mir die Materie fremd war. Ich hatte noch nie so etwas gemacht und kein Wörterbuch zur Verfügung. Meine Unsicherheit quälte mich. War der Job eine Nummer zu groß für mich? Ich war frustriert, wütend auf mich selbst, wütend auf alle anderen. Was ist an der Sache so dringend, dachte ich, dass ich mich so unvermittelt, am Abend des Purimfestes, damit herumplagen muss? Und warum musste ich alles so ernst nehmen? Mir fiel keine Antwort ein. Aber ich wollte meine Sache gut machen, also suchte ich im Büro nach relevanten Unterlagen. Um zu verstehen, was ich tat, brauchte ich Hintergrundinformationen zu diesem Thema.

Um zwei Uhr nachts war ich endlich mit der Übersetzung fertig und legte sie auf Max' Schreibtisch. Ich war nicht zufrieden mit dem Ergebnis. Bis heute weiß ich nicht, was Max, wenn überhaupt, mit der Übersetzung gemacht hat. Natürlich verpasste ich die Megilla-Lesung, die Synagoge, das Fest, alles. Meine Kinder waren sehr enttäuscht. Wenn du wegen der Arbeit ein Baseballspiel deiner Kinder versäumst, nun, dann schaust du dir eben das nächste an. Aber das Purimfest findet nur einmal im Jahr statt. Die Kinder gingen mit Leo, aber sie sagten, ich hätte ihnen bei der Feier gefehlt. Dieser Tag ist mir noch immer als einer der schlimmsten bei diesem Job in Erinnerung.

Wie so viele Dinge, die uns zuwider sind, während wir sie tun, nur um später festzustellen, dass sie uns eine Menge weitergeholfen haben, erwies sich auch diese Tortur als wichtig. Nichts geschieht ohne Grund. Es spielte keine Rolle, was Max mit meiner Übersetzung gemacht hatte. Mir hatte dieser Prozess eine Tür in die Welt des Palestinian Islamic Jihad (PIJ) und den mit ihm verbundenen Organisationen in den USA geöffnet. Ich verliebte mich in den PIJ. Ich verliebte mich in die in Tampa ansässige Zelle des PIJ. Von diesem Abend an befasste ich mich mit allem, was wir in unserem Büro über den PIJ hatten, mit sämtlichen Akten, Bändern und Videos. Und wir hatten sehr viel Material, da der PIJ bereits 1995 von der US-Regierung als Terrororganisation eingestuft worden war. Ich begann, Dokumente aus aller Welt anzufordern: Zeitschriften, akademische und politische Schriften, Bücher und Artikel, auf Englisch, auf Hebräisch und häufig auch auf Arabisch. Ich las sie alle. Ich las jedes einzelne Dokument, das die Regierung je über den PIJ und seine Tarnorganisation veröffentlicht hatte. Ich lernte und lernte und wollte immer noch mehr lernen. Schon wenige Monate nach dieser scheußlichen Nacht war ich, was den PIJ in den Vereinigten Staaten anging, zur Autorität geworden. Nicht einmal Regierungsagenten, die den Auftrag haben, Nachforschungen über die Gruppe anzustellen, wissen so viel über sie wie ich.

Und nun zu den Dokumenten selbst. Was ich übersetzt hatte, waren Kommuniqués des PIJ, in denen er die Verantwortung für Terroranschläge in Israel übernahm. Es handelte sich hier um Faxe, die eine Spezialeinheit der US-Regierung in den Büros des Islamic Committee for Palestine (ICP) und des World and Islam Studies Enterprise (WISE) in Tampa, Florida, beschlagnahmt hatte. In den Dokumenten ging es um »den Märtyrertod des Kommandanten und Helden Issam Mussa Barahima«, um »Heroismus, Opfer und Selbstaufopferung in Jenin«. »Die israelische Armee«, so hieß es, »ging davon aus, der Kommandant Issam Barahima sei bereits den Märtyrertod gestorben. Aber die Zionisten waren schockiert, als der Märtyrer und Held begann, Handgranaten zu werfen und Salven aus mehreren Maschinengewehren abzufeuern. Der Kommandant der israelischen Spezialeinheiten zur ›Terror‹bekämpfung wurde getötet, und vier Soldaten wurden schwer verletzt.«

Abschließend hieß es in diesen Dokumenten: »Die Brigaden des Saif al-Islam [Schwert des Islam] und des Islamischen Dschihad in Palästina verfolgen den zionistischen Feind und bekämpfen ihn, um zu beweisen, dass der einzige Weg zur Befreiung Palästinas der bewaffnete Dschihad ist. All unsere heldenhaften Mudschahiddin, die aus ganzer Seele beim Blut der Shuhada [Märtyrer] schworen: Lang lebe Palästina vom Meer bis zum Fluss, lang lebe die Intifada.«

In den darauf folgenden Tagen suchte ich in unseren Archiven nach allem, was mit dem PIJ, dem ICP und WISE zu tun hatte. Ich las Dokumente, hörte mir Bänder an, sah Videos. Eines der

Bänder vom Dezember 1992 enthielt eine Rede auf Arabisch, die ein gewisser Ramadan Abdallah Shallah bei der Eröffnungssitzung der 5. Jahreskonferenz des ICP gehalten hatte. Die Konferenz fand im McCormick Center Hotel in Chicago statt. Im Folgenden finden Sie einige Auszüge aus dieser Rede, übersetzt aus dem Arabischen:

»Vielleicht haben einige von uns seinen Namen gehört, den Namen des Märtyrers Issam Barahima aus Palästina. Barahima starb während eines Kampfes mit den Besatzungstruppen den Märtyrertod. Barahima war ein junger palästinensischer Muslim, der in den letzten beiden Jahren in Höhlen in den Bergen der Westbank lebte. Seine Waffen waren ein Maschinengewehr und sein Koran, den er in seiner Brusttasche bei sich trug. Der zionistische Feind gab zu, dass Issam Barahima in den vergangenen Monaten für alle Dschihad-Militäroperationen gegen feindliche Ziele verantwortlich war. Die Besatzungssoldaten waren überrascht, als Issam Handgranaten warf und auf sie schoss [aus dem Publikum sind Rufe zu hören: »Takbir« oder »Gepriesen sei Allah«]. Issam tötete einen Zionisten und verletzte vier weitere. Und sein Gott hat ihn als Märtyrer in sein Reich aufgenommen.«

Klingt sehr vertraut, oder? Ein rhetorischer Zwilling des PIJ-Kommuniqués. Ich fragte mich, ob das ICP für den PIJ die gleiche Rolle spielte wie die HLF für Hamas: eine Tarnorganisation, dazu bestimmt, die Behörden zu täuschen.

Schon bald sollte ich es erfahren. Auf einem Videoband einer Spendenaktion, die das ICP in Cleveland veranstaltete, sagte ein ortsansässiger Imam, ein Komplize der Verschwörer, die 1993 einen Bombenanschlag auf das World Trade Center verübten: »Das Islamic Committee for Palestine ist der aktive Arm des Islamischen Dschihad in Palästina, den wir aus Sicherheitsgründen hier [in den USA] gerne Islamic Committee for Palestine nennen. Spendet für den Islamischen Dschihad. Wenn ihr einen Scheck ausstellt, dann auf das Islamic Committee for Palestine, ICP.«

ICP war also der »aktive Arm« des PIJ in den Vereinigten Staaten. Der aktive Arm einer illegalen Terrororganisation, die stolz in Amerika residierte und operierte. Die sich unsere demokratischen Freiheiten zunutze machte.

Als Nächstes wandte ich meine Aufmerksamkeit jenem Ramadan Abdallah Shallah zu. Wer war er, fragte ich mich, und wer war Sami al-Arian, ein weiterer angesehener Redner bei der Eröffnungssitzung dieser Konferenz? Was verband diese Männer?

Ich brauchte Monate, um das, was ich über sie erfuhr, zu verarbeiten. Es gibt eine Fülle an Informationen zu diesem Thema, aber ich werde mein Bestes tun, mich auf das Wesentliche zu beschränken. Dieses Buch ist kein Lehrbuch in Sachen Terrorismus und auch keine *Enzyklopädie der abscheulichen Kreaturen*. Aber es ist meine Geschichte, so wie ich sie sehe, und diese Menschen sind zu einem Teil davon geworden.

Sami al-Arian ist Professor der Computerwissenschaften an der University of South Florida in der wunderschönen Stadt Tampa. Anfang der Neunzigerjahre besorgte Sami mehreren Leuten, einschließlich Shallah und Bashir Nafi, die damals in Großbritannien lebten, ein Visum. Sami kannte die beiden bereits seit Ende der Siebzigerjahre. Nafi und Shallah lebten in Kairo und besuchten ägyptische Universitäten. Sami studierte in North Carolina, reiste aber häufig für mehrere Monate nach Ägypten. Damals hatte diese nette Gruppe von Palästinensern die Idee, den Palestinian Islamic Jihad zu gründen. Jahre später gründete Sami auch WISE und ICP. Wir wissen bereits, worum es sich beim ICP handelt: um eine Tarnorganisation für die Terrororganisation PIJ. Das allein ist schon Grund genug, Sami als Terroristen zu bezeichnen. Aber worum handelt es sich bei WISE, dieser anderen von ihm gegründeten Organisation? Sami bezeichnet WISE immer als Forschungsinstitut, das sich auf den Nahen Osten spezialisiert hat. Klingt nett und harmlos. Man könnte das Institut, für das ich arbeite, auf die gleiche Weise beschreiben. Mithilfe von Sami traf WISE eine vertragliche Übereinkunft mit dem Nahost-Komitee der University of South Florida, derzufolge die WISE-Mitarbeiter Anspruch auf die Vergünstigungen der Universitätsfakultät und auf die Nutzung der Campus-Einrichtungen hatten.

Shallah und Nafi hatten einen Bürgen für ein USA-Visum und wurden von Sami, ihrem alten Freund, in den Vorstand von WISE geholt. Shallah ist Ökonom, Nafi Theologe und islamischer Gelehrter. Um das Ganze glaubwürdig erscheinen zu lassen, brauchten sie noch einen Historiker. Das war Khalil Shikaki, ein Nahost-Experte, der an der Columbia University seinen Doktor in politischen Wissenschaften gemacht hatte und bei vielen als moderater Muslim galt. Eine perfekte Wahl.

Shallah war Samis Nachbar in Tampa, bis ein Mann namens Fat'hi Ibrahim Shikaki, der Führer des PIJ, im Oktober 1995 auf Malta einem Mordanschlag zum Opfer fiel. Fat'hi war Khalils Bruder. Was also tut Shallah, der angesehene Redner bei den ICP-Konferenzen, ein enger Freund und Verbündeter von Sami al-Arian, Vorstandsmitglied von WISE und Dozent an der University of South Florida – was tut er am nächsten Tag? Er fliegt nach Syrien und wird Fat'hi Shikakis Nachfolger, wird Generalsekretär des Palestinian Islamic Jihad in Damaskus. Verstehen Sie, was das für ein Schritt ist? Stellen Sie sich vor, Sie haben einen angenehmen, freundlichen Nachbarn, ein Gelehrter, ein Intellektueller. Und Sie hören keinerlei Klagen über ihn, ja, zufällig mögen Sie ihn. Vielleicht hat Ihr Sohn oder Ihre Tochter sogar einen Kurs bei ihm am College belegt. Und dann wird eines Tages der Führer einer Terrororganisation, sagen wir, um das Ganze besonders plastisch zu machen, Osama bin Laden, in irgendeiner Höhle, in der er sich gerade versteckt hat, erschossen. Was macht unser Mann? Ohne auch nur einen Moment zu zögern, besteigt er das erste Flugzeug nach Afghanistan oder Pakistan oder zu irgendeinem der grässlichen Löcher, in denen die Schlangen der al-Qaida nisten, und übernimmt mir nichts, dir nichts die Stelle des Führers.

WISE war also, wie sich herausstellte, eine Schwestergesellschaft des ICP in Form einer Denkfabrik und damit eine weitere Tarnorganisation für den PIJ. Verwirrend? Was ist mit der Tatsache, dass Sami das ICP als das »Islamic Concern Project, Inc.« eintragen ließ, den Namen in der Praxis jedoch nie verwendete? Sami sprach vom ICP immer als dem »Islamic Committee for Palestine«, obwohl diese Organisation nicht registriert ist.

Kurz nach Shallahs Ernennung zum Chef des PIJ führten US-Bundesbeamte eine Razzia in den Büros von ICP und WISE in Tampa durch. Auch Samis Haus wurde durchsucht, weil sich dort das Hauptquartier des ICP in den USA befand. Zu den Dokumenten, die die Agenten mitnahmen, gehörten auch die Kommuniqués, die ich später übersetzte.

Die Razzia bedeutete das Ende von ICP und WISE. Keine der beiden Organisationen wurde offiziell verboten, aber sie stellten ihre Aktivitäten ein.

Als Shallah nach Syrien ging und der Führer des PIJ wurde, erklärte Sami, davon habe er nichts gewusst. Bei mehreren Gelegenheiten leugnete er öffentlich, Kenntnis von Shallahs Aktivitäten und Ideologie gehabt zu haben. In Fernsehinterviews sagte er, all dies sei »ein großer Schock« für ihn gewesen. Ein großer Schock für den Mann, der in Ägypten zusammen mit seinem Kumpan Shallah den PIJ ins Leben rief? Ein großer Schock für einen Mann, der Shallah nach Amerika einlud und ihm half, ein Visum für die USA zu bekommen? Ein großer Schock für den Mann, der Shallahs Nachbar war, ihn einstellte und gemeinsam mit ihm für WISE tätig war?

Nun arbeitete ich schon einige Monate im Institut und wusste immer noch nicht, dass man mit Max nur per E-Mail effektiv kommunizieren konnte. Ich arbeitete immer noch in »Sibirien«, und obwohl ich endlich meinen eigenen Schreibtisch besaß, hatte ich keinen Zugang zur Gruppe der Insider. Ich hatte also sehr wenig Kontakt zu Max. Er wusste auch nicht genau, was ich hier oben trieb. Er würde es nie zugeben, aber ich weiß, dass er damals den Eindruck hatte, ich würde den ganzen Tag in meinem Büro sitzen und wenig produktive Arbeit leisten. Eines Tages lief ich zufällig Berta über den Weg. Sie fragte mich, woran ich gerade arbeite, und ich sagte: Zeitschriften lesen, Videobänder anschauen, fischen – nach Informationen. Sie erzählte mir, Max habe erwähnt, ich könne mehr bei den Recherchen helfen, ich würde mir nicht genug Mühe geben.

Es überraschte mich nicht sonderlich, als ich eines Abends beim Verlassen des Büros feststellte, dass Max sich mit drei Regierungsbeamten traf, um über den PIJ und Sami al-Arian zu reden – *meine* Themen –, mich jedoch nicht eingeladen hatte. Ich wusste von diesen Agenten, weil ich mit ihren Ermittlungen vertraut war, hatte aber bislang keinen von ihnen kennen gelernt. Das Letzte, woran Max gedacht hatte, war, mir von dem Treffen zu erzählen.

Also platzte ich einfach herein. Die Agenten sahen mich an. Max stellte sie vor: Barry Carmody und ein Agent, den ich Kirk nennen werde, beide FBI, sowie John Canfield von der Zollfahndung. Max sagte, dies seien die Männer, die im Fall Sami und PIJ ermittelten, und erwartete offensichtlich, dass ich lächelte und wieder ging.

An diesem Tag trug ich zufällig ein enges weißes Shirt, eng sitzende Jeans, einen breiten Gürtel im Westernstil und hochhackige Stiefel. Den Agenten fielen fast die Augen aus dem Kopf. Und dann fragte Canfield, ein bisschen herablassend: »Na, können *Sie* uns etwas Neues über Sami erzählen?«

Max rutschte unruhig auf seinem Stuhl hin und her und sagte: »Nein, ich glaube nicht, dass sie viel über Sami weiß. Daran arbeitet sie zurzeit nicht.«

In den vergangenen Monaten hatte ich PIJ gegessen, WISE getrunken und ICP geatmet. Jeden Abend las ich, wenn Leo und die Kinder eingeschlafen waren, die Unterlagen, die ich über diese Organisationen hatte. Ich ging viel öfter mit Sami und Shallah ins Bett als mit dem armen Leo. An jenem Abend hatte ich zum Beispiel einen zehn Zentimeter dicken Ordner mit Material über den PIJ bei mir, den ich mit nach Hause nehmen wollte. Canfields Timing war hervorragend. Es sprudelte alles nur so aus mir heraus. Ich hatte es satt, auf den siebten Stock verbannt zu sein, an Versammlungen über Schrifttypen teilzunehmen, nicht gebührend geschätzt zu werden und unsichtbar zu sein. Ich wusste, meine Stunde war endlich gekommen.

»Ja, ich denke schon, dass ich Ihnen einiges über Sami erzählen kann«, begann ich und starrte die vier Männer an. »Sie wollen was über Sami wissen? Das können Sie haben.«

John, Barry und Kirk wussten nicht, wie ihnen geschah. Ich zeigte ihnen die Dokumente, die ich über ihren Mann hatte. Der Ordner, den ich bei mir trug, enthielt die vollständige Akte über Barahima, den so genannten Märtyrer, um den es in den Dokumenten ging, die ich übersetzt hatte. Die drei wussten zwar von Barahima, hatten aber keine Ahnung, dass seine Geschichte auf einer ICP-Konferenz fast wörtlich aus dem PIJ-Kommuniqué zitiert worden war. Dann zeigte ich ihnen die Dokumente über Sami, die mit der University of South Florida zu tun hatten. Die Agenten besaßen Kopien dieser Dokumente und hätten eigentlich wissen müssen, was ich ihnen erzählte.

Als Shallah, Sami und ihre Verbindungsleute zum PIJ einer Überprüfung durch die Regierung unterzogen wurden, engagierte die University of South Florida einen Anwalt, um Ermittlungen zu Sami, ICP und WISE anzustellen und, wie die Vertreter der Universität hofften, den Ruf der Universität zu retten. Der Anwalt schrieb einen 200-seitigen Bericht. Seine Erkenntnisse: Die University of South Florida konnte auf keinen Fall gewusst haben, dass Shallah der war, der er war. Als Teil seiner Nachforschungen hatte der Anwalt Khalil Shikaki, eine der Säulen von WISE, befragt, dessen Bruder bis zu seiner Ermordung Führer des PIJ gewesen war. Vom Anwalt danach gefragt, wann er Shallah kennen gelernt habe – Shikaki lebte seit 1985 in den Vereinigten Staaten, Shallah seit 1991 –, antwortete Shikaki, er sei Shallah zum ersten Mal begegnet, als sie beide ihre Arbeit für WISE aufgenommen hätten.

Ich hatte jedoch eine Abschrift des Mitschnitts einer ICP-Konferenz von 1990, bei der sich Shikaki nach einer Rede hinsetzt und Shallah, neben Shikaki einer der Diskussionsteilnehmer, aufsteht und sagt: »Ich stimme dem zu, was mein Bruder Khalil gerade gesagt hat.« Ich zeigte Max und den drei Agenten den Abschnitt im Bericht des Anwalts, in dem Khalil sagt, er schäme sich nicht seiner Teilnahme bei ICP-Konferenzen, bei denen es sich um akademische Versammlungen rein intellektueller Natur handle. Eine weitere Lüge. Ich gab den Agenten Bücher, die sie nicht hatten. Darunter eins mit dem flotten Titel: »Reihe Islam und Palästina – die ICP-Reden der dritten Jahreskonferenz: Islam, der Weg zum Sieg.« Es enthielt die Schluss-ausführungen der Konferenz, die im Dezember 1990 in Chicago stattfand. Im Folgenden einige aus dem Arabischen übersetzte Auszüge der Schlussfolgerungen dieser hoch akademischen Versammlung:

»Die Konferenz wurde in einer der kritischsten Zeiten für die islamische und die arabische Welt einberufen. In einer Zeit, in der täglich und unaufhörlich Massaker an unserer den Dschihad führenden Nation verübt werden und in der Meeresflotten und westliche Truppen ins Herz der arabischen Wüste gesandt wurden, um im heiligen Gebiet des Islam stationiert zu werden. Die Teilnehmer jubelten den gesegneten Kämpfern der Intifada zu und priesen ihre Entschlossenheit, trotz des Terrors ihrer Feinde und des ihnen von ihren Freunden auferlegten Embargos, ihren Dschihad und ihre Opfer fortzusetzen. Sie luden auch alle Teile der *Ummah* [islamische Nation] ein, sich zu solidarisieren und eine Front zu bilden gegen die neue Kreuzzugsinvasion in das Reich der Muslime und des Islam [US-Truppen in Saudi-Arabien].

Die Teilnehmer erklären, dass der Dschihad der einzige Weg ist, das gesamte palästinensische Heilige Land, das Eigentum der gesamten *Ummah* ist, zurückzuerhalten, und dass niemand das Recht hat, eine Handbreit davon aufzugeben oder abzutreten oder die Existenz des Zionismus oder von Teilen desselben anzuerkennen, weil dies als Verrat an Allah, seinem Propheten, unserer muslimischen Nation, ihrem Dschihad, ihren Märtyrern und deren unablässig dargebrachten Opfern betrachtet wird.

Die Teilnehmer rufen alle ehrlichen Menschen der *Ummah*, ihre Organisationen, islamischen und nationalen Institutionen, vor allem auf dem amerikanischen Kontinent, dazu auf, all ihre Ressourcen und Energien zu bündeln, um den Dschihad unseres Volkes in Palästina zu unterstützen und ihm die finanziellen Mittel zukommen zu lassen, die ihn in die Lage versetzen, die derzeit akute und gefährliche Finanzkrise zu überwinden, die sich während der Golfkrise verschlimmerte, und sie rufen alle

Muslime auf, den Dschihad unserer Brüder in Kaschmir, Afghanistan, Eritrea, im Libanon und Sudan zu unterstützen. Die Konferenzteilnehmer versichern, dass die ausländischen Invasionstruppen [US-Truppen in Saudi-Arabien] in erster Linie das Ziel verfolgen, die irakische Militärmacht zu zerstören, die die Sicherheit Israels bedroht, die arabischen und islamischen Ölquellen zu besetzen, die amerikanische Hegemonie, Führerschaft und den Einfluss auf die Welt auszudehnen, und nicht, Kuwait zu befreien.«

Brr! Dschihad, Intifada, Kreuzzug, Dschihad, Märtyrer, noch mehr Dschihad. In der Tat, ausgesprochen akademisch. Nur noch übertroffen von den Lehren Sokrates' und Platos. Und heilig. Wie im heiligen Krieg. Dschihad.

Ich kam gerade erst in Schwung. Ich zeigte Max, John, Barry und Kirk die Vereinbarung, die Sami mit der University of South Florida getroffen hatte, sowie die Lebensläufe von Bashir Nafi und Ramadan Abdallah Shallah, die er der Universität vorgelegt hatte. In Nafis Lebenslauf heißt es, er sei einer der Herausgeber von *al-Mukhtar al-Islami* (Der Islamische Digest) und von *a-Taliya al-Islamiya* (Der Islamische Verkäufer). Ramadan schreibt in seinem Lebenslauf, er sei einer der Herausgeber von *al-Mukhtar* sowie einer weiteren Publikation, *al-Nur* (Das Licht), gewesen. Mir ging es darum zu beweisen, dass, vielleicht mit Ausnahme von Khalil Shikaki, alle diese so genannten Gelehrten von ICP und WISE schon lange vor ihrer Einreise in die Vereinigten Staaten enge Beziehungen zum PIJ unterhalten hatten. Jeder, der diese Unterlagen studiert hatte, von der Regierung bis zum Nahost-Komitee der Universität, hätte dies erkennen müssen.

»Hat einer von Ihnen diese Publikationen je gesehen?«, fragte ich die Agenten.

Nein, das hatten sie nicht.

Ich entschuldigte mich für einen Moment, rannte hoch in mein Büro, um einige Exemplare zu holen.

Ich zog ein Interview mit Fat'hi Shikaki hervor, in dem er erklärt, *al-Mukhtar al-Islami* diene dazu, die Ideologie des PIJ zu verbreiten. ICP- und WISE-Angehörige seien bereits Herausgeber und Mitarbeiter (die manchmal unter einem Pseudonym schrieben) von *al-Mukhtar* gewesen, bevor sie für WISE und ICP tätig wurden.

Al-Mukhtar wurde in Ägypten herausgegeben. Als die Führer des PIJ Ägypten verließen, gab Bashir Nafi in London *a-Taliya al-Islamiya* heraus. Gleichzeitig wurden Teile von *a-Taliya* in Israel unter dem Namen *al-Nur* veröffentlicht. Nafi war in England, Shallah in Jerusalem, und sie führten per Fax eine lebhafte Korrespondenz, um sicherzustellen, dass ihre Veröffentlichungen auf der gleichen Seite erschienen. Mehrere Geschichtsbücher in englischer, hebräischer und arabischer Sprache, die sich mit dem PIJ befassten, bezeichnen *a-Taliya* und *al-Nur* als offizielle PIJ-Publikationen. Ich zeigte den vier Männern ein paar dieser Publikationen. Ich zeigte ihnen einige Ausgaben von *a-Taliya* und sagte, ich hätte mir jede einzelne Ausgabe dieser Zeitschrift besorgt. Dann erklärte ich ihnen, dass die Adresse, unter der man in den Vereinigten Staaten alte Ausgaben von *a-Taliya* bestellen könne, die gleiche Postleitzahl habe wie der Bezirk, in dem Sami gewohnt hatte (nämlich Raleigh in North Carolina), bevor er nach Tampa zog.

Dass Sami, Nafi und Shallah schon lange für den PIJ tätig waren, stand außer Frage.

Sami schaffte es, wie es schien, sich mit einer beeindruckenden Schar von Terroristen zu umgeben. Einer der würdevollen Gentlemen, die er zu den von WISE an der Universität organisierten Diskussionen am runden Tisch einlud, war Hassan Turabi, der Generalsekretär der regierenden fundamentalistischen Partei des Sudans. Man braucht nicht lange zu suchen, um zu erfahren, wer Turabi ist. Laut eines 1996 vom State Department veröffentlichten Fact Sheet über Osama bin Laden war dieser von 1991 an fünf Jahre lang Turabis Gast im Sudan. Sami lud Turabi 1992 nach Florida ein.

Aber das war noch nicht alles. WISE arbeitete mit dem Nahost-Komitee (MEC) der University of South Florida zusammen, und 1991 hieß es in einer Dissertation, die von einem fast ausschließlich aus MEC-Mitgliedern bestehenden Ausschuss zugelassen worden war, Bashir Nafi unterhalte enge Beziehungen zu

Fat'hi Shikaki und veröffentliche *a-Taliya* »speziell für die Gruppe.« Und dennoch erkannten die MEC-Mitglieder des Ausschusses, die die Dissertation zugelassen hatten, nicht die Verbindung zwischen Nafi und dem PIJ.

Und die Pointe des Ganzen: Als Teil der Vereinbarung mit der Universität hatten WISE-Mitglieder Zugang zu den Ressourcen der Schule. Auf diese Weise lernte Shallah, ein Terroristenführer, im Rahmen einer VIP-Führung MacDill kennen.

»Mission First, People Always« lautet der Slogan des Luftwaffenstützpunktes MacDill in Tampa, Florida, Basis des 6. Mobilen Lufteinsatzkommandos. »People always«. Einschließlich Shallah, dem Mann, der bald Generalsekretär des Palestinian Islamic Jihad werden sollte. Shallah, der lächelte, Hände schüttelte, Fotos machte und sich wer weiß was einprägte. Was hat solch ein Mann auf einem amerikanischen Luftwaffenstützpunkt zu suchen? Ein Mann, der selbst jetzt noch Führer einer großen Terrororganisation ist – einer Organisation, die eng mit der al-Qaida zusammenarbeitet!

An diesem Punkt meiner improvisierten Präsentation waren Max und die Agenten völlig platt. Man hatte ihnen den Auftrag erteilt, in Sachen PIJ zu ermitteln. Sie hatten seit Jahren daran gearbeitet, waren *die* Experten der Regierung, was die Organisation und ihre Statthalter anging. Und dennoch hatte ich in wenigen Monaten nur mithilfe allgemein zugänglicher Dokumente mehr über dieses Thema herausgefunden, als sie es je für möglich gehalten hätten. Es sprudelte nur so aus mir heraus, und ich überrollte sie wie eine Flutwelle. Ja, mein altes Ich war wieder da. Es gelang mir noch immer, im Mittelpunkt zu stehen. Während der vielen Monate, in denen ich unsichtbar gewesen war, war meine Fähigkeit, Aufmerksamkeit zu fordern, nicht verloren gegangen. Ich beherrschte beide Techniken. Fast so, als sei ich eine gespaltene Persönlichkeit und hätte Kontrolle über beide Personen. Dieser Abend hat mir Spaß gemacht, das muss ich zugeben. John Canfield sah mich immer wieder ungläubig an. Schließlich sagte er:

»Ich hoffe wirklich, dass es Sie nur einmal gibt. Auf diesem Planeten ist wahrlich kein Platz für noch so jemanden wie Sie.«

Max rief mich am nächsten Tag in sein Büro. Ich merkte, dass er eigentlich mit mir über den vergangenen Abend reden wollte, aber nicht die richtigen Worte fand. Stattdessen sagte er mir, man habe das Institut gebeten, weitere Informationen über den PIJ bereitzustellen. Anfang nächster Woche kämen wieder einige Agenten, ob ich diesmal von vornherein an dem Treffen teilnehmen und ihnen meine Erkenntnisse zur Verfügung stellen könne? Oh, und vielleicht hätte ich Lust, in die dritte Etage umzuziehen? Dann bräuchte ich nicht immer meine Unterlagen zwischen der dritten und der siebten Etage hin- und herzuschleppen.

Ich lächelte ihn an, hatte das Gefühl, eine solche Situation schon einmal erlebt zu haben. Es war genauso wie damals im Ma'on Olim. In der Hierarchie aufsteigen, indem man hinuntergeht. Außerdem fragte Max, ob ich nicht Verstärkung brauchte. Jemanden aus dem Büro? Wenn ich wollte, würde er einen Mitarbeiter freistellen, der mich bei meinen Ermittlungen unterstützen könne. Und dann rang er noch ein bisschen mehr mit sich.

»Wegen gestern«, begann er.

»Ja?«

»Du hast entdeckt, was wir alle nicht mitbekommen haben, und du wusstest, was du damit anfangen musstest.«

Ich lachte.

»Eine letzte Sache«, sagte er. »Da du die einzige Israeli in unserer Organisation bist, dachte ich, dass du vielleicht einen Weg findest, an einige Dokumente aus Israel heranzukommen. Wir versuchen das schon seit einigen Jahren. Sie sind sehr wichtig. Selbst der Bundesbehörde, die mit dieser Ermittlung betraut ist, ist das nicht gelungen.«

»Ich werde mein Bestes tun«, sagte ich.

Max erklärte mir, welche Gerichtsdokumente für die Ermittlung gebraucht würden – die Zusammenfassung der Entscheidung des Obersten Gerichtshofes in Israel im Fall Odah. Abdel Aziz Odah war der geistige Führer des PIJ. Er sollte Mitte der Achzigerjahre aus Israel abgeschoben werden, legte beim Obersten Gerichtshof Berufung ein und wurde erneut als Terrorist und als einer der Führer des PIJ verurteilt und 1987 zusammen mit unserem inzwischen verstorbenen Bekannten Fat'hi Shikaki abgeschoben.

Die Einwanderungs- und Einbürgerungsbehörde INS hat eine Datenbank, die dazu verwendet wird, alle möglichen unerwünschten Personen, die in die Vereinigten Staaten einzureisen versuchen, herauszufiltern. Jeder, der in seinem Ursprungsland festgenommen und wegen Terrorismus verurteilt wurde, soll automatisch ein Einreiseverbot erhalten. Wie also konnte Odah zwischen 1988 und 1992 – auf Einladung von Sami al-Arian – wiederholt in dieses Land einreisen, um an ICP-Konferenzen teilzunehmen, nachdem er als Terrorist verurteilt worden war? Die INS ist, wie wir seit dem 11. September wissen, nicht immer der effektivste Filter. Nirgendwo ist aktenkundig, dass ein gewisser Abdel Aziz Odah in dieses Land gekommen ist. Und dennoch gibt es Videobänder, die zeigen, dass er an diesen »hoch akademischen Versammlungen« teilnahm und damit beweisen, dass er hier war. Man nimmt an, dass er unter falschem Namen einreiste. Dieser Mangel an Unterlagen über Odah war der Grund dafür, dass die Dokumente des Israelischen Obersten Gerichtshofes für Max so wichtig geworden waren. Wie konnte ich an sie herankommen?

Meine Schwester Betty war eine sehr gute Studentin und wollte ursprünglich Ärztin werden. In Israel ist es nicht leicht, einen Platz in der medizinischen Fakultät zu bekommen, es gibt nur vier davon, und der Konkurrenzkampf ist groß. Betty schaffte es dennoch. Sie nahm ihr Studium auf, während sie ihren Militärdienst leistete. Morgens und nachmittags tat sie ihren Dienst bei der Armee, in der übrigen Zeit studierte sie. Als sie ihr Interesse an der Rechtswissenschaft entdeckte, beschloss sie, sich zusätzlich noch an der juristischen Fakultät einzuschreiben. Wieder wurde sie problemlos aufgenommen. Vielleicht blieb ihr neben dem Militärdienst und dem Medizinstudium zu viel Zeit – ich weiß es nicht. Jedenfalls machte sie ihren Abschluss mit Auszeichnung. Als ich die Dokumente brauchte, rief ich sie also an. Schließlich war sie Anwältin, und vielleicht wusste sie, wie an die Papiere heranzukommen war.

Kleinigkeit, sagte sie. So wie in den Vereinigten Staaten gibt es in Israel eine Datenbank, in der die Entscheidungen des Obersten Gerichtshofes gesammelt sind. Betty griff auf die Datenbank zu, kopierte das, was ich brauchte, schickte mir die Dokumente per E-Mail und die Diskette per Fed Ex zur späteren Verwendung. Drei Stunden, nachdem Max mich gebeten hatte, bei der Beschaffung dieser Dokumente mitzuhelfen, ging ich nach unten und stattete ihm einen Besuch ab.

»Ich habe darüber nachgedacht«, sagte ich, »danke, aber ich möchte nicht in das Büro nach unten ziehen. Zu viel Durcheinander. Dort werde ich nicht so gut arbeiten können wie in meinem jetzigen Büro. Es gefällt mir oben. Ich habe dort mein eigenes kleines Reich. Ich teile mir die Dinge so ein, wie es mir passt. Ich kann den ganzen Tag Videobänder laufen lassen, ich kann sie mir ungestört anhören und währenddessen die Dokumente durchsehen, die ich nach meinem eigenen Dafürhalten sortiert habe. Deswegen möchte ich gern noch eine Weile oben bleiben. Was einen Mitarbeiter angeht, ja, ich könnte wirklich Hilfe gebrauchen. Ich möchte George.«

George war einer der besten Forscher unseres Instituts und einer der Ersten, zu denen ich eine Beziehung entwickelt hatte. Er war zwar Christ, wusste aber viel über das Judentum und über Israel, weil er fast ein Jahr lang in Israel Politikwissenschaften studiert hatte. In dieser Zeit hatte er das zweifelhafte Privileg gehabt, Zeuge eines Terroranschlags zu werden – eine Bombe explodierte in seiner Nähe in einem Bus –, was ihn, glaube ich, dazu veranlasste, in unserem Bereich zu arbeiten, obwohl er abstreitet, dass dies der ausschlaggebende Faktor war. George erzählte mir, unter anderem habe ihn gewundert, dass die Israelis – was den Kirchen- bzw. Synagogenbesuch anbelangt – längst nicht so religiös seien wie die Amerikaner. Damit hat er Recht. Verglichen mit der Anzahl der Amerikaner, die regelmäßig einen Gottesdienst besuchen, geht ein viel kleinerer Prozentsatz der israelischen Bevölkerung in die Synagoge. Erst in meinen Gesprächen mit George wurde mir klar, wie unglaublich religiös die Amerikaner sind. Zwar gibt es eine Trennung von Kirche und Staat, und auch die Schulen sind säkularisiert, aber dennoch sind den Amerikanern die jüdisch-christlichen Werte lieb und teuer. Die Trennung von Kirche und Staat wird – und das scheint ein Widerspruch zu sein – von Seiten der Religionen genauestens beachtet. Das macht Amerika umso bewunderns-werter.

Ich wusste, dass George und ich uns gut ergänzen würden. Er würde sich um die englischen Dokumente kümmern und ich mich um die arabischen. Zusammen würden wir sehr viel weiter kommen. »Ich mag George. Er ist sehr intelligent«, sagte ich zu Max. »Und ich weiß, dass er sich gut mit dem PIJ auskennt. Ich würde sehr gern mit ihm in dieser Sache zusammenarbeiten.«

»Oh, und noch was«, sagte ich. »Hier sind die Unterlagen, nach denen du gesucht hast. Ich hoffe, sie helfen dir weiter.« Ich zeigte ihm auf seinem Computerbildschirm die Dateien, die Betty mir gemailt hatte.

»Wie zum Teufel bist du an die rangekommen?« Max war sprachlos.

Seit Monaten hatte ich mich durch Berge von Material gearbeitet, das auf Regalen verstaubte und in überquellenden Papierkörben steckte. Zufällig hatte ich die HLF-Broschüre gefunden und bei ihrer Lektüre entdeckt, dass es sich um eine Tarnorganisation der Hamas handelte. Man hatte mich gebeten, die Barahima-Akte zu übersetzen, und ich hatte von den PIJ-Aktivisten in den Vereinigten Staaten erfahren. Aber im Laufe der Zeit ging ich mit mehr Sachverstand und gezielter an meine Nachforschungen heran. Als ich die Systeme und verwickelten Methoden dieser Schattenwelt kennen lernte, wurde mir allmählich klar, dass es galt, einen Code zu knacken, eine Botschaft zu entziffern.

Nach und nach setzte ich vor meinem geistigen Auge immer mehr Puzzleteile zusammen, und ein größeres Bild entstand. Ich wusste nun, dass es in den USA viele Organisationen sowie Gruppen und Zellen gab, die sich der Zerstörung Amerikas, des Westens und von allem, was uns lieb und teuer ist, verschrieben hatten. Das überraschte mich nicht. Ich kam aus dem Land des heiligen Terrors, hatte den Terror am eigenen Leib erfahren. Am Tag, als ich die HLF-Broschüre fand, wurde mir klar, dass diese Wohltätigkeitsorganisationen in Amerika als Tarnorganisationen des Terrors genutzt wurden und als Möglichkeit, Geldmittel für den Terrorismus zu beschaffen. Aber das war noch nicht alles. Diese Gruppen waren auch damit beschäftigt, Entscheidungsträger zu beeinflussen und eine Infrastruktur für etwas aufzubauen, das ich damals noch nicht ganz verstand. Doch ich begann zu begreifen, dass viele Führer terroristischer Gruppen in Amerika lebten und dieses Land als sicheren Ausgangspunkt für ihre Aktivitäten nutzten. Die Leichtigkeit, mit der sie in Amerika operierten, verblüffte mich.

Es gab immer noch so viel, das ich nicht wusste, aber mein Vorteil in diesem Katz-und-Maus-Spiel waren meine Vertrautheit mit Arabern und Muslimen, meine Kenntnisse über die Geschichte und Politik der Region, aus der der islamische Terrorismus stammt, meine Sprachkenntnisse, meine Entschlossenheit und meine Zielstrebigkeit. Ich hatte zunehmend das Gefühl, für diese Art von Arbeit geschaffen zu sein. Ich spürte, dass ich bereit war, Risiken einzugehen, ja sogar Opfer zu bringen. Während ich also mit George im Büro saß und Akten und Abschriften studierte, wurde mir auf einmal klar, was zu tun war. Schluss mit der Schreibtischarbeit. Ich musste selbst vor Ort ermitteln.

In der Zeit vor dem 11. September waren religiöse und wohltätige Einrichtungen für Regierungsagenten völlig tabu. In einer Moschee oder bei einer von religiösen oder »wohltätigen« Organisationen gesponserten Konferenz eine Razzia durchzuführen, hätte zu einem allgemeinen Aufschrei religiöser Gruppen und liberal gesinnter Kreise geführt. Außerdem hatten Behörden wie das FBI schon immer gezögert zu ermitteln, bevor tatsächlich ein Verbrechen begangen worden war. So war eine Verschwörung, das World Trade Center oder die US-Botschaften in Ostafrika zu bombardieren, keine Untersuchung wert – nicht, bis die Botschaften in Kenia und Tansania in die Luft gejagt worden waren; nicht, bevor die Zwillingstürme in sich zusammengefallen waren. Diese Haltung hat sich seit dem 11. September grundlegend geändert, aber vor dieser Zeit konnten Radikale ihr Unwesen treiben, ohne befürchten zu müssen, entdeckt oder festgenommen zu werden. Und das taten sie auch. Ich wusste, was vor sich ging, und ich wusste, dass man sie aufhalten musste. Wenn die Behörden es nicht taten oder tun konnten, dann wollte ich es versuchen.

Ich musste mich sehr sorgfältig vorbereiten, musste viel cleverer sein als bei meinem Undercoverbesuch der HLF-Spendenaktion in Berkeley. Ich musste mir eine falsche Identität zulegen – eine falsche Adresse, falsche Personalien und eine neue Familiengeschichte. Ich erfand eine komplizierte Geschichte und übte sie so lange, bis ich sie in- und auswendig kannte. Ich vermochte stundenlang über das Viertel zu reden, aus dem ich angeblich stammte, über die Stadt, in der meine Moschee lag, und über die Geschichte meiner arabischen Familie, die im Nahen Osten lebte. Ich besuchte sogar häufig »meine« Moschee, um die Geschichte noch glaubwürdiger zu machen. Ich redete mit anderen Moscheebesuchern und übte mein gesprochenes Arabisch. Was meine äußere Tarnung anging, so war ich zuversichtlich. Ich hatte genug üben können, mich in eine andere Person zu verwandeln, als ich in Israel mit den ultraorthodoxen Juden Geschäfte gemacht hatte. Wie eine Muslima auszusehen war einfach. Nach Wochen der Vorbereitung fühlte ich mich bereit.

Ich war nicht die Erste, die sich in diese Gruppen einzuschmuggeln versuchte. Einige derjenigen, die dies probiert hatten, waren erwischt worden. Im besten Fall hatte man sie einfach nur vertrieben, im schlimmsten Fall übel zugerichtet. Als Frau in einer Kultur, die nicht einmal ihre eigenen Frauen richtig tolerierte, verdeckt zu ermitteln, war sehr gefährlich. Selbst in den Jahren, bevor man im Fernsehen übertrug, wie zwei israelische Soldaten in Ramallah gelyncht wurden, hatten diese Leute es todernst gemeint. Verdeckt zu ermitteln und so zu tun, als berge dies kein Risiko, war einfach dumm. Die Geschichte hat die scheußliche Neigung, sich zu wiederholen, und ich wollte nicht so enden wie mein Vater. Was würde aus meinen Kindern werden, wenn mir etwas passierte? In all den Jahren seit meinem ersten Undercover-Job ist die Angst nicht geschwunden. Die Kleidung, die ich trage, hilft nicht nur dabei, meine Identität zu verbergen, sondern auch meine Angst. Bei meiner Art von Spiel lauert die Gefahr überall, selbst dann, wenn ich nicht gerade verdeckt arbeite.

Also stellte ich zwei Regeln auf. Erstens würde ich nie in meinem eigenen Viertel tätig werden. Ich könnte später ohne Verkleidung im Supermarkt erkannt werden. Zweitens musste ich klar zwischen meiner falschen und meiner wahren Identität trennen. Wenn ich verdeckt ermittle, dann bin ich die Muslima, die ich zu sein vorgebe, und als solche habe ich nichts zu befürchten.

Auf der schmalen Auffahrt wimmelte es von Autos. Viel mehr, als man an einem Freitagnachmittag erwarten würde. Aufgeregte Polizisten waren damit beschäftigt, zahllose Fahrzeuge zur Moschee und den angrenzenden Parkplätzen zu dirigieren. Und die Fahrer selbst steckten Kopf und Hände aus den Wagen und benutzten ihre Stimmen und Finger auf fantasievolle Weise. Es war offensichtlich, dass etwas Ungewöhnliches vor sich ging.

Bevor ich am Morgen zum Flughafen aufgebrochen war, hatte ich meine Kinder umarmt. Ich hatte sie lange im Arm gehalten, so wie es vor ewigen Zeiten meine Mutter mit mir getan hatte. Sie hatten gefragt, was los sei. Leo wusste, wo ich hinging, sie jedoch nicht, und sie fanden, dass ich mich merkwürdig verhielt. Leo und ich waren uns einig, dass es besser war, sie nicht zu beunruhigen. Wenn alles gut ging, wäre ich vor dem Abendessen zurück.

Über den unerträglichen Verkehr, das unaufhörliche Gehupe und die qualmenden Auspuffgase erhob sie sich: die Moschee Dar al-Hijra. Von weitem wirkte sie nicht sonderlich beeindruckend – groß, weiß, rechteckig. Doch der erste Eindruck trog, denn aus der Nähe betrachtet handelte es sich um ein großes, luxuriös wirkendes, wunderschönes modernes Gebäude. Ich sah, dass es zwei Tore gab, eines für Fahrzeuge, ein anderes für Fußgänger, parkte meinen Mietwagen und ging zum Eingang. Auf der Vorderseite des Gebäudes, nahe dem Parkplatz, gab es eine Tür, die den Männern vorbehalten war. Der Eingang für

Frauen lag auf der Rückseite der Moschee. Um dort hinzugelangen, musste ich um das Gebäude herumgehen. Dabei wurde mir bewusst, wie groß die Moschee tatsächlich war. Ich entdeckte einen hübschen Spielplatz für Kinder, der, wie ich später erfuhr, rund 70 000 Dollar gekostet hatte, ein Geschenk der Nike Corporation. Ich fand den Eingang und betrat die Moschee. Frauen mit Kindern, so zeigte ein Schild im Korridor an, mussten nach rechts gehen. Dieser Korridor führte nicht zum eigentlichen Betsaal, sondern zu einem Raum, in den die Freitagspredigt oder *Khutbat al-Jum'aa* mithilfe von Lautsprechern übertragen wurde. Linker Hand war ein Gang nur für Frauen, der in den großen Betsaal führte. Wie die Männer mussten wir unsere Schuhe ausziehen, bevor wir den heiligen Boden der Moschee betraten. Außerdem mussten wir uns vorher im *hamam* die Hände und das Gesicht waschen. Eine Treppe führte zu einer Empore etwa sechs Meter über dem eigentlichen Betsaal. Von dort aus war zwar der Prediger schlecht zu sehen, die Männer unten im Betsaal jedoch umso besser. Deswegen entschied ich mich, dort zu bleiben.

Drei Tage zuvor hatte Max mir erzählt, er habe einen Anruf von irgendwelchen Leuten eines Nahostinstituts in Washington, D.C., erhalten. Ich kannte dieses Institut – in gewisser Weise glich es unserem –, hatte mit den Leuten aber noch keinen Kontakt aufgenommen. Sie hatten Max gefragt, ob wir uns nicht treffen und Informationen über die HLF und andere Organisationen austauschen wollten. Max hatte keine Zeit, erzählte ihnen aber von mir.

Er fragte mich, ob ich mich nicht mit ihnen treffen wolle. Ich könnte fliegen, den Shuttle von La Guardia zum Reagan National nehmen und rechtzeitig zum Sabbatmahl wieder zurück sein. Er wusste inzwischen, wie wichtig mir die Freitagabende waren – dass ich, wenn möglich, an diesen Abenden mit meiner Familie essen wollte.

Bevor ich nach Washington flog, rief ich im dortigen Institut an und hatte Harry am Apparat. Harry, von Beruf Anwalt, schien ein netter junger Mann zu sein. Nachdem wir besprochen hatten, welche Unterlagen ich mitbringen solle, sagte er: »Wenn

Sie nach unserem Treffen noch Zeit haben, könnten Sie die Dar al-Hijra besuchen. Das dürfte nicht uninteressant sein.«

Unser Treffen war nicht besonders produktiv, obwohl Harry eine Menge wusste und wir uns beide für die HLF und ihre Dachorganisation, die Islamische Vereinigung für Palästina, IAP, interessierten. Zwischen der Sichtweise der Leute in Washington und meiner Sichtweise von unserer Arbeit lagen Welten. Für sie war das Ganze eher akademischer Natur. Sie hielten nichts davon, aufgrund ihrer Informationen zu handeln. Ich sagte ihnen, dass mir viel daran liege, die zuständigen Behörden für unsere Ermittlungen zu interessieren. Doch sie glaubten nicht daran, dass man die Sache ernst nehmen würde. Und sie hatten Recht. Sie wurde nicht ernst genommen. Zumindest zu diesem Zeitpunkt nicht.

Und so beschloss ich, die Moschee Dar al-Hijra zu besuchen. In gewisser Weise ein Wortspiel. Hijra, 622 n. Chr., 1 AH, das Jahr, in dem der islamische Kalender beginnt. 1 AH – nach der Hedschra, nach der Reise – kennzeichnet den Zeitpunkt, zu dem der Prophet Mohammed Mekka verließ und nach Jathrib (später Medina) auswanderte, die Reise, während der er seine Offenbarungen empfing. Hijra oder Hedschra bedeutet auch Immigranten und Dar al-Hijra dementsprechend »Haus der Immigranten«. So wie »Ma'on Olim« auf Hebräisch, dachte ich. Vielleicht ein Zeichen?

Diese Dar al-Hijra war auch das Haus von Muhammad al-Hanooti. Ich wusste noch nicht, wer er war, als ich an jenem Freitag in die Moschee ging. Ich hatte Max vor meiner Abreise gefragt, was er mir über die Dar al-Hijra sagen könne. Nicht viel. Auch unsere Datenbank half kaum weiter.

Als ich die Moschee betrat, sah ich, dass es eine reiche Gemeinde war – das Gebäudeinnere war extravagant, aber auf geschmackvolle Weise. Sie muss einige sehr wohlhabende Geldgeber haben, dachte ich. Außerdem fiel mir auf, dass dieser Freitagsgottesdienst sehr ungewöhnlich zu sein schien. Die Moschee war völlig überfüllt. Ein paar Leute drängten sich durch die Menge und sammelten schon vor Beginn der Predigt Spenden ein. Das war im Allgemeinen nicht üblich. Ich spendete fünf

Dollar. Viele Frauen schluchzten. Sie klangen wie professionelle Klageweiber und schlugen sich auf die Brust und ins Gesicht. Und dieses ganze Spektakel, bevor der Imam, al-Hanooti, sich überhaupt gezeigt hatte.

Es war im Dezember 1998, dem ersten Freitag, nachdem die Amerikaner ihre Bombenangriffe auf den Irak wieder aufgenommen hatten. Saddam Hussein suchte nach Wegen, sein Arsenal von Vernichtungsspielzeug zu vergrößern und zu verbessern, und hatte die UN-Waffeninspektoren, die herausfinden sollten, was er in seinen Palästen und an anderen Orten versteckte, ausgewiesen. Der Vergeltungsschlag ließ nicht lange auf sich warten. Er führte nicht nur zu einem großen Aufruhr in Bagdad, sondern, wie es schien, auch hier im nördlichen Zipfel von Virginia. In der Moschee Dar al-Hijra.

Später erfuhr ich, dass al-Hanooti 1937 in Haifa geboren wurde. Nach Israels Unabhängigkeitskrieg im Jahr 1948 floh seine Familie in den Irak. 1965 zog al-Hanooti nach Kuwait und von dort aus 1978 in die USA, wo er 1992 das Greater Washington Islamic Center, bekannt als Dar al-Hijra, gründete. Seine Verbundenheit mit dem Irak war groß, und so begann er, als er an diesem Freitagnachmittag endlich kam, in seiner Predigt, die er auf Englisch hielt, auch mit einer Geschichte über den Irak, aus dem er kurz zuvor zurückgekehrt war. Er sagte, er sei zutiefst erschüttert über das Leid des irakischen Volkes. Der Krieg und das Embargo hatten zu einem Mangel an Lebensmitteln und Medikamenten geführt, weswegen die irakischen Kinder starben. Unter der Zuhörerschaft, die schon vor Beginn seiner Rede sehr unruhig gewesen war, machte sich zunehmende Aufregung breit. Alle um mich herum weinten. Wollte ich nicht auffallen, musste auch ich weinen. Also dachte ich, während al-Hanooti über den Irak sprach, über meine Kindheit in diesem Land nach. Darüber, was ich durchgemacht hatte, was die Iraker mir angetan hatten. Was sie mit meinem Vater gemacht hatten. Schon bald weinte auch ich. Und dann umarmten die Frauen um mich herum einander. Ich folgte ihrem Beispiel.

An diesem Punkt wechselte al-Hanooti ins Arabische über. Durch meinen Tränenschleier hindurch blickte ich in die Runde.

Mindestens die Hälfte der in der Moschee Anwesenden waren Afroamerikaner. Je mehr ich hörte, desto mehr regte mich die Predigt auf. Im Folgenden ein kurzer Ausschnitt daraus:

>Das irakische Volk leidet seit vielen Jahren unter einem Krieg nach dem anderen. Und warum? Einfach weil Israel und die Vereinigten Staaten die Zerstörung aller muslimischen Zentren der Welt planen. Die Geschichte lehrt uns, dass sie gegen den Islam und die Muslime sind. Aber Allah ist mächtig, und Er wird es ihnen heimzahlen. Wir müssen alles in unserer Macht Stehende tun, um das irakische Volk vor den Tyranneien zu schützen [den USA und ihren Verbündeten]. Wir müssen alle für den Dschihad bereit sein, mit unseren Geldspenden und in unseren Herzen. Dar al-Hijra wird ein leuchtendes Beispiel sein für Loyalität, für Befreiung und die Unterstützung des Dschihad, den Allah fordert.<

Dar al-Hijra, ein Beispiel für den Dschihad? An diesem Punkt ging al-Hanootis Rede in ein Gebet über. Alle in der Moschee – die Männer unten, die Frauen auf der Empore – standen auf. Da merkte ich, dass ich etwas Wichtiges versäumt hatte.

Meine Verkleidung war perfekt und meine Geschichte hieb- und stichfest. Ich hatte eben sogar mit den anderen geweint. Aber ich hatte nicht daran gedacht, mich auf die eigentliche Gebetspraxis vorzubereiten. Darauf, wie ich stehen, mich bewegen und wann ich mich verneigen musste. Meine Füße wurden schwer, mein Atem flach, meine Finger taub, und ich sah alles nur noch verschwommen. Ich hyperventilierte, und ich wusste es. In dieser aufgeladenen Atmosphäre würden die Frauen mich nicht ungeschoren davonkommen lassen, wenn sie herausfanden, dass ich eine Betrügerin war. Ich musste nachdenken. Und zwar schnell. Ich vertrieb alle anderen Gedanken aus meinem Kopf. Ich hatte in der Vergangenheit gesehen, wie Muslime beten, daran musste ich mich einfach erinnern, an die Fahrer, die Kleider in die kleine Fabrik meiner Mutter geliefert hatten, die Bauarbeiter, die mein Haus in Israel gebaut hatten. Die Erinnerung an ihre Bewegungen kam zurück. Schnell! Es ging gleich los! Es war, als ob ich mich von außen betrachtete und sagte: »Nun mach schon, Mädchen. Du schaffst das.«

Al-Hanooti begann mit dem Gebet. Mir fiel ein, dass es bei den Muslimen Brauch ist, während des Gebets enger zusammenzurücken, sodass sich die Schultern berühren. Aber die Dar al-Hijra war so überfüllt, dass sich dieser Schritt erübrigte. Nach jedem Satz, den al-Hanooti von sich gab, antwortete die Gemeinde mit »Amen«.

»Das irakische Volk leidet, aber Allah wird Rache nehmen.«
»Amen.«
»Allah wird die Amerikaner und die Briten verfluchen.«
»Amen.«
»Allah wird uns den Sieg über unsere tyrannischen Feinde in unserem Land [Irak] schenken.«
»Amen.«
»Allah, die ungläubigen Amerikaner und Briten kämpfen gegen dich.«
»Amen.«
»Allah, so wie Allah es uns verspricht, wird sein Versprechen halten, und sein Fluch, der Fluch Allahs, wird die ungläubigen Juden treffen.«
»Amen.«
»Allah, Allahs Fluch wird die tyrannischen Amerikaner treffen.«
»Amen.«
»Allah wird dem irakischen Volk helfen, den Sieg zu erringen.«
»Amen.«
»Allah wird dem Irak helfen, von den Tyranneien befreit zu werden.«
»Amen.«

Danach folgte das traditionelle Freitagsgebet. Inzwischen erinnerte ich mich wieder. Ich verneigte mich, bewegte mich und sah genauso aus wie alle anderen. Aber die Predigt hatte mich sehr mitgenommen. Wie viele der Anwesenden begriffen wirklich, was hier gesagt wurde? Ich vermutete, dass die meisten Afroamerikaner kein Wort verstanden. Aber was war mit den Ägyptern, Palästinensern, Irakern? Wie viele kamen tatsächlich, um zu beten, einfach nur zu beten und den Islam zu praktizieren, und wie viele standen hinter diesen Aussagen? Es stand außer Zweifel, was al-Hanootis Sache war. War es nicht Verrat, in Kriegszeiten öffentlich den Feind zu unterstützen? Wie weit ging die Redefreiheit? Al-Hanooti drängte seine Glaubensbrüder, Geld für die Iraker zu sammeln. Er rief zum Dschihad auf, zum heiligen Krieg. Er kündigte an, Allah werde einen Fluch über die »tyrannischen Amerikaner« verhängen. Er drängte seine Anhänger, Dar al-Hijra zum Vorbild für den Dschihad zu machen. Für mich war das nichts anderes als eine Kriegserklärung gegen Amerika, gegen den Westen, gegen die Zivilisation. Wenn so seine Predigten aussahen, wenn so seine *Khutbat al-Jum'aa* aussah, wie sahen dann seine *Fatwas* aus? Ein Fatwa, ein Rechtsgutachten, eines angesehenen Imams konnte enormen Einfluss haben.

Spielt es wirklich eine Rolle, ob die meisten Gläubigen in der Dar al-Hijra nicht alles verstanden oder allem zustimmten, was al-Hanooti sagte? Schon wenige Anhänger, die solch einer *Khutbat* oder einem *Fatwa* zustimmen und sich danach richten, reichen aus, um verheerenden Schaden anzurichten. Die Anhänger, die fest entschlossen sind, Fatwas durchzusetzen, werden sich nicht entmutigen lassen und vor nichts Halt machen. Jeder, der aufgestachelt genug ist, einem Fatwa zu folgen, wäre nur allzu bereit, sein Leben für die Sache zu opfern. Die einzige Möglichkeit, ihn davon abzuhalten, ist, zu verhindern, dass Fatwas überhaupt ausgestellt werden.

Prediger wie al-Hanooti und Moscheen wie die Dar al-Hijra fördern einen Fundamentalismus, der sich als äußerst gefährlich erweisen kann. Eine neue Generation wächst mit diesen Predigten heran. Der Dar al-Hijra ist auch eine Schule angeschlossen. Was mag in der Schule einer Moschee unterrichtet werden, in der der Imam al-Hanooti heißt? Und da fragen wir uns, woher die Amerikaner, die sich in Bin Ladens Camps in Afghanistan ausbilden ließen, ihre verrückten Ideen her haben.

Als ich die Moschee verließ, war ich ganz auf das konzentriert, was ich gesehen und gehört hatte. Ich weiß, dass ich bestürzt aussah, weil die Leute mich anstarrten, aber sie führten dies wohl auf die Predigt über das Leid des irakischen Volkes zurück. Ich erkannte einige der Personen, die die Moschee verließen. Die Säulen der muslimischen Gemeinde in den Vereinigten Staaten, einige ihrer prominentesten Vertreter. Ein besonders hagerer Mann kam mir zwar bekannt vor, aber mir fiel nicht sofort ein, wer er war. In meiner Erinnerung hatte er ein volleres Gesicht, doch dann wusste ich es plötzlich. Abdalhalim al-Ashqar, vor kurzem aus dem Gefängnis entlassen, nachdem er in den Hungerstreik getreten war und die Gefängnisärzte kein unnötiges Risiko hatten eingehen wollen. Kein Wunder, dass er Gewicht verloren hatte. Al-Ashqar war in New York verhaftet worden, weil er sich geweigert hatte, vor einem US-Geschworenengericht auszusagen, welche politischen Verbindungen Musa Abu Marzook hatte, der politische Führer der Hamas und einer der Führer der IAP, der Dachorganisation der HLF. Weitere Puzzleteilchen. Je mehr ich sammelte, desto deutlicher wurden die Verstrickungen. Die Spieler hatten vielleicht unterschiedliche Namen und Adressen und gehörten unterschiedlichen Organisationen an, aber sie spielten alle das gleiche Spiel. Ich musste nur die gemeinsame Quelle finden. Ich flog zurück nach New York, winkte mir dann ein Taxi herbei und sagte dem Fahrer: »Bringen Sie mich pünktlich zum Abendessen nach Hause, und Sie werden es nicht bereuen.« Der Typ fuhr, als sei der Teufel hinter ihm her, und als ich nach Hause kam, wartete das Essen auf mich. Die wirkliche Welt, in der Liebe und Zufriedenheit herrschten, war noch da. Sie erfüllte mein Herz mit Freude.

Am nächsten Morgen, einem Samstag, ging ich ins Büro. Ich schrieb einen Bericht über das, was ich gehört und aufgenommen hatte, übersetzte die arabischen Passagen und beschäftige mich dann genauer mit meinem Material. Ich warf eine dünne Angelschnur aus und hoffte, ein paar Sardinen zu fangen. Das Ding, das ich dann schließlich aus dem Wasser zog, glich allerdings einem mythologischen Meereswesen, das meine kühnsten Träume übertraf und größer war als alles, was meine Kollegen und ich je gesehen hatten. Diese dünne Schnur führte mich schließlich zu Entdeckungen, die eine der größten Antiterror-Operationen in der US-Geschichte auslösten. Ich hatte die Verbindung hergestellt, den Code entziffert, den Schlüssel gefunden. Sami al-Arian, PIJ, Muhammad al-Hanooti, Abdalhalim al-Ashqar, HLF, al-Qaida. Viele Spieler, eine Handlung. Und eine Adresse, in Virginia. Sesam, öffne dich! Das Passwort hatte mich zur Quelle gebracht. Ich deckte die Verbindung nach Saudi-Arabien auf.

Die folgende Geschichte gehört chronologisch vielleicht nicht hierher, aber ich würde dieses Kapitel gern mit al-Hanooti abschließen. Einige Tage nach meinem Moscheebesuch versuchte ich, das FBI für meine Abschrift der Rede des Imams zu interessieren. Wie Harry vorausgesagt hatte, taten sie die Sache ab. Redefreiheit, nicht genug, um eine Untersuchung einzuleiten, noch kein Verbrechen begangen, usw.

Als ich mich nach dem 11. September mit Generalstaatsanwalt John Ashcroft traf, war eines der Themen, die ich ansprach, al-Hanooti. Ich gab ihm die Bänder, die das FBI nicht hatte haben wollen. Zwei Wochen später riefen mich einige INS-Leute an. Sie sagten, Ashcroft habe die von mir erhaltenen Informationen an sie weitergeleitet, und sie würden gerade versuchen, al-Hanootis Einbürgerung zu verhindern. Vielleicht wird er eines Tages sogar abgeschoben. Aber noch sind wir mit ihm nicht fertig. Obwohl er nicht mehr in der Dar al-Hijra tätig sein durfte und eine Zeit lang im Norden des Staates New York lebte, habe ich vor kurzem erfahren, dass er zum »Großmufti von Groß-Washington« ernannt wurde und dass er zurückkehren wird – zur Dar al-Hijra.

Sie denken vielleicht, die ganze Geschichte mit al-Hanooti und der Moschee Dar al-Hijra sei eine Nebensächlichkeit, die ich über Gebühr aufgebauscht habe. Doch wenn Sie das Folgende hören, werden Sie Ihre Meinung möglicherweise ändern. Ein Jordanier namens Eyud Alrababah wandte sich wenige Tage nach dem 11. September an das FBI und erzählte, er habe im Fernsehen zwei der Entführer erkannt, die das Flugzeug in das Pentagon gesteuert hätten. Er hatte Hani Hanjour, den Anführer des Anschlags auf das Pentagon, sowie Nawaf Alhazmi, einen weiteren Beteiligten, in seiner Gemeindemoschee getroffen und sich mit ihnen angefreundet. Er hatte sie zum Tee eingeladen, ihnen geholfen, eine Wohnung zu mieten und war mit ihnen nach Connecticut gereist. Die Moschee, in der er die beiden kennen gelernt hatte, war keine andere als das Islamische Zentrum Dar al-Hijra.

Und ein Jahr nach dem 11. September nahm in der Dar al-Hijra, wo der neue Imam den Dschihad und den Hass auf Israel und seine Verbündeten predigte, alles wieder seinen gewohnten Gang.

5. Kapitel

Ein diplomatischer Zwischenfall

In den ersten Monaten musste ich zahllose Wochenenden im Büro verbringen. Ich arbeite nicht gern am Wochenende. Wochenenden sind dazu da, sich auszuruhen, mit der Familie zusammen zu sein, Spaß zu haben und den Haushalt zu erledigen.

Leo versucht, mir bei der Hausarbeit zu helfen – er kann sehr gut Staub saugen, das muss man ihm lassen –, aber einige Dinge kriegt er bis heute nicht so hin, wie ich es mir wünschen würde. Zum Beispiel die Holzfußböden wischen oder die Wäsche zusammenlegen. Aber er fährt die Kinder zur Klavierstunde und verschiedenen anderen Aktivitäten, kümmert sich um alle kleineren Reparaturen im Haus sowie um die Rechnungen und bereitet manchmal sogar ein einfaches Abendessen zu, wenn ich spät von der Arbeit heimkomme. Dennoch bleiben mir noch eine Menge Hausarbeit und vier Kinder, die mit Essen und Kleidung versorgt werden müssen und Hilfe bei den Hausaufgaben brauchen. Während unseres ersten Jahres in Amerika saßen Leo und ich allabendlich mit den Kindern zusammen und halfen ihnen bei den Hausaufgaben – selbst in solchen Fächern wie Mathematik, was natürlich an den anfangs mangelnden Sprachkenntnissen lag. Mit der Zeit verbesserte sich jedoch die Situation, und mittlerweile kommen die Kinder nicht nur gut in der Schule mit, sie haben auch riesige Fortschritte in ihren außerschulischen Aktivitäten gemacht. Eins von ihnen hat tatsächlich bei einem Konzert in der Carnegie Hall Klavier gespielt.

Manchmal komme ich erst um zehn Uhr abends nach Hause. Dann putze ich die Badezimmer, wische die Fußböden, koche und mache anschließend die Küche sauber. Ich kann schmutzige Küchen nicht ausstehen. Ehrlich gesagt ist Schmutz mir grundsätzlich zuwider. Ich liebe Ordnung. Als ich meine Arbeit im Büro aufnahm, sah es dort aus, als hätte eine Bombe eingeschlagen. Als ich dann später meinen eigenen Bereich und mein eigenes Team bekam, unterschied sich mein Bereich zunehmend vom übrigen Büro. Er war sauber und ordentlich wie ein Museum. Zu Hause kann ich, egal wie müde ich bin oder wie spät ich von der Arbeit heimkomme, erst in mein Schlafzimmer gehen, wenn alles aufgeräumt ist.

Dort mache ich mich dann an meine anderen Aufgaben, erledige all die Dinge, zu denen ich am Tag nicht gekommen bin, wie Websites durchsehen, die von radikalen oder mit Terroristen sympathisierenden Gruppen stammen, E-Mails und Nachrichten lesen, mein Wissen vertiefen. Ich versuche fieberhaft, mich über den islamischen Terrorismus auf dem Laufenden zu halten. Ich muss einfach alles darüber wissen. Und als ich meinen eigenen Bereich übernahm, wurde meine Arbeitszeit noch länger. Ich arbeitete nicht nur bis spätabends und an Wochenenden, sondern auch an Feiertagen. Sogar an hohen Feiertagen. Ich ging selbst am Jom Kippur ins Büro. Dieser Tag, der Versöhnungstag, ist der höchste jüdische Feiertag, an dem die Menschen fasten und enthaltsam sein sollen. Es ist der Tag, an dem sie über ihre Beziehung zu Gott, zu anderen Menschen und zu sich selbst nachdenken und mit dem Vorsatz, sich in Zukunft zu bessern, um Vergebung für die im vergangenen Jahr begangenen Sünden bitten. Drei Jahre hintereinander verbrachte ich das Versöhnungsfest im Büro: hungrig vom Fasten, wütend auf mich selbst und voller Reue, dass ich arbeitete, statt zu Hause zu sein, wo ich hingehörte. Jedes Jahr nahm ich mir fest vor, es nicht wieder zu tun, und jedes Jahr kam etwas so Wichtiges dazwischen, dass ich mich sofort und persönlich darum kümmern musste.

Wenigstens einen Vorteil hat es, als Einzige im Büro zu sein – es gibt keinerlei Unterbrechungen. Keine Anrufe oder Papiere oder Versammlungen oder bürokratische Angelegenheiten. Nur ich, die Dokumente und die Ruhe.

Und so schloss ich am Samstag nach meinem Besuch der Moschee Dar al-Hijra die Fenster, damit nicht einmal die Straßengeräusche hereindrangen und ich lesen, nachdenken und mich konzentrieren konnte. Ich beendete die Übersetzung der arabischen Passagen der Al-Hanooti-Predigt, fertigte eine Zusammenfassung der Ereignisse und Aussagen in der Moschee an und sah mir die Sache dann genauer an. Mir ging al-Ashqar nicht aus dem Sinn, der Mann, der nach einem Hungerstreik aus dem Gefängnis entlassen worden war. Vielleicht weil ich al-Hanooti mal eine Weile vergessen wollte, vielleicht weil mich al-Ashqars beharrliche Weigerung zu essen beeindruckte. Oder vielleicht war es auch nur eine Ahnung.

Der Fall al-Hanooti war für mich nicht erledigt, nie und nimmer. Ich suchte nur nach einem neuen Ausgangspunkt, und al-Ashqar war so gut wie jeder andere. Ich befasste mich mit seiner Geschichte und fand heraus, dass er eine Wohltätigkeitsorganisation namens al-Aqsa Educational Fund leitete. Laut den Unterlagen des Justizministeriums handelte es sich hierbei um eine Tarnorganisation der Hamas in den Vereinigten Staaten. Wie die HLF, dachte ich.

Ich suchte nach den Steuerformularen des al-Aqsa Educational Fund, dem Formular 1023, einem Antrag auf Steuerbefreiung, und den 990er Formularen, die für jedes Steuerjahr eingereicht werden müssen, in dem die Einkünfte einer Organisation 25 000 US-Dollar überschreiten. Alle Wohltätigkeitsorganisationen in den Vereinigten Staaten müssen Steuerformulare einreichen. Die 1023er und 990er Formulare sind der Öffentlichkeit frei zugänglich und in den meisten Fällen leicht abrufbar. Meiner Erfahrung nach sehen sich jedoch Regierungsbeamte, die in Sachen Terrorismus ermitteln, selten diese Formulare an.

Auf al-Aqsas Formular 1023 tauchte eine Adresse auf, die mir schon mal irgendwo untergekommen war: Herndon, Virginia, 555 Grove Street. Eins von Al-Aqsas Vorstandsmitgliedern gab diese Adresse an. Wie hätte ich eine Zahl wie 555 ignorieren können? Die Fünf ist nicht nur in der jüdischen Tradition, sondern auch in den arabischen Kulturen eine magische Zahl. »Hamsa«, wie die Araber sie nennen, ist ein Symbol für Glück, mit dem Dämonen vertrieben werden. Ich zermarterte mir das Hirn. Und dann kam ich drauf: Sami al-Arian und WISE.

1991 schrieb unser alter Bekannter Ramadan Abdallah Shallah, damals Vorstandsmitglied von WISE, einen Brief an Mark Orr, Leiter des International Affairs Center an der University of South Florida. Shallah ist, wie Sie sich erinnern werden, derzeit Generalsekretär der Terrororganisation Palestinian Islamic Jihad (PIJ) und eben die Person, die im Juni 2002 aus ihrem Unterschlupf in Damaskus, Syrien, stolz verkündet hatte, sie habe den Befehl dazu gegeben, in Israel einen Bus in die Luft zu jagen, ein Anschlag, bei dem 18 Zivilisten getötet und über 30 schwer verletzt wurden. In diesem Brief an die Universität schrieb Shallah, die größten Spenden an WISE würden von dem »in Washington ansässigen International Institute of Islamic Thought (IIIT)« stammen. Er legte seinem Brief eine Broschüre bei, die dieses Institut und dessen Aktivitäten vorstellte.

Auf dem Briefkopf tauchte auch der Name Bashir Nafi auf, einer der vier Gründungsmitglieder von WISE und PIJ, der 1997 aus den Vereinigten Staaten abgeschoben worden war, und ich stellte fest, dass Nafi für das IIIT gearbeitet hatte, dessen Adresse mit 555 Grove Street in Herndon, Virginia, angegeben war. Ich suchte dann vorsichtshalber nach Querverweisen auf al-Hanooti, und es gab sie tatsächlich: Auf al-Hanootis Hypothekenzahlungen war als Absender 555 Grove Street, Herndon, Virginia, angegeben. Wohin ich auch schaute, tauchte diese Adresse auf. Ein Zufall? Etwas Merkwürdiges ging dort vor sich. Diese Adresse musste ich mir merken.

Als ich Dan Cadman kennen lernte, war er Beamter der Einwanderungs- und Einbürgerungsbehörde (INS) in Washington, D.C., hatte aber während seiner Jahre in Florida begonnen, Nachforschungen über den Terrorismus auf US-amerikanischem Boden anzustellen. Tatsächlich hatte sich Dan schon Jahre, bevor irgendjemand auf die Idee kam, der Terrorismus könne eine ernsthafte Bedrohung für dieses Land darstellen, der Terrorismusbekämpfung gewidmet. Dabei kreuzte er auch die Wege Sami al-Arians.

Zu Dans Arbeit in Florida gehörte es, Einbürgerungsanträge zu prüfen, und eines Tages landete Samis Antrag auf seinem

Schreibtisch. Sami behauptet häufig in der Presse, er sei US-Bürger. Doch das stimmt nicht. Er hat Geld für verschiedene politische Kampagnen gespendet, unter anderem für Präsidentschaftskandidaten, was illegal ist. Dieses Recht ist allein US-Bürgern vorbehalten. Er und seine Familie ließen sich zusammen mit George W. Bush und seiner Frau Laura, bevor diese Präsident und First Lady wurden, fotografieren – ein herzallerliebstes Bild.

Sami ist, vor allem dank Dan Cadman, kein US-Bürger. Dan fiel auf, dass Sami in einem Abschnitt auf dem Einbürgerungsantrag, in dem der Antragsteller alle Organisationen aufführen muss, denen er angehört, allein die Computer Engineering Society der University of South Florida nannte. Einer Eingebung folgend sah Dan sich Samis Antragsakte genauer an und stellte fest, dass der Professor Bürge für viele Visa gewesen war, ausgestellt auf Männer aus dem Nahen Osten, die nach Amerika kamen, um für WISE zu arbeiten. Bei weiteren Nachforschungen entdeckte Dan, dass Sami nicht nur Mitglied von WISE und ICP, sondern auch ihr Gründer war. Da er hinsichtlich seiner Verbindungen zu diesen Organisationen gelogen hatte, lehnte Dan seinen Einbürgerungsantrag ab. Sami klagte zwar dagegen, aber er verlor. Auch das Gericht sah in dem Vorenthalten solcher Informationen, vor allem angesichts der Verbindungen von WISE und ICP zum PIJ, eine Lüge.

In seinem Washingtoner Büro brütete Dan die Idee aus, innerhalb der INS eine Einheit zur Terrorismusbekämpfung zu schaffen, die Terroristen in den Vereinigten Staaten aufspüren und aus dem Land weisen sollte. Wozu seine neuen Vorgesetzten, die Dans Enthusiasmus für die Terrorismusbekämpfung nicht gerade teilten, nur meinten: Klar, warum nicht? Soll sich der Typ doch nach Herzenslust um die Terrorismusbekämpfung kümmern. Um Dan bei diesem Unternehmen zu helfen, gaben sie ihm sogar einen eigenen Schreibtisch.

An diesem saß Cadman dann und entwarf einen Plan. Ihm war klar, dass es sich bei Sami nicht um einen Einzelfall handelte, dass es viele von seiner Sorte gab. Er wusste, dass er von seinen Vorgesetzten keine Unterstützung erhalten würde, und begann, mit verschiedenen INS-Außenstellen Kontakt aufzunehmen, um nach Mitstreitern zu suchen. Er klapperte sämtliche Büros ab, informierte die Beamten über seine Arbeit und organisierte eine Konferenz in New Mexico, zu der er Hunderte von INS-Beamten und nichtstaatlichen Experten in Sachen Terrorismusbekämpfung einlud. Als er Informationen zusammentrug und Außenstellen für seine Arbeit interessierte, begannen auch seine Vorgesetzten ihn ernst zu nehmen. Nach einem Jahr wies man ihm zwei Agenten und eine Analytikerin zu.

Bei der Konferenz in New Mexico lernte Dan meinen Boss Max kennen. Dan erklärte Max, er versuche, so viel wie möglich über Sami und die Tampa-Sektion des PIJ zu erfahren, um zu verstehen, wie diese Typen in den USA operierten. Er wollte einerseits wissen, wie sie dachten, und andererseits die Fehler analysieren, die die INS gemacht hatte, als man Sami erlaubte, für die Visa so vieler seiner PIJ-Kollegen zu bürgen, damit Ähnliches in Zukunft vermieden werden konnte.

Max hatte noch gut die kleine Lehrstunde in Erinnerung, die ich John Canfield, Barry Carmody und Kirk in unserem Büro gegeben hatte, und verwies ihn an mich.

Veronica Cates, die INS-Analytikerin, die mit Dan zusammenarbeitete, kam relativ früh am Morgen in mein Büro. Sie war groß, blond, elegant, sehr intelligent und hatte irgendwie etwas Edles an sich. Sie blieb den ganzen Tag da und machte bei George und mir einen Intensivkurs in Sachen Sami. Wir versorgten sie mit Informationen, und sie machte sich Notizen und bat um Kopien von Dokumenten. Es gab so viel, was sie lernen musste, aber sie war mit Begeisterung bei der Sache.

Eines Tages bat Max mich, einen Bericht über die Hamas und ihre Tarnorganisationen in den Vereinigten Staaten auszuarbeiten. Ich war die Holy-Land-Foundation-Expertin, und da die HLF eine Tarnorganisation der Hamas war, lag es nahe, mich mit diesem Job zu beauftragen. Mir war bewusst, dass es noch andere Organisationen in den Vereinigten Staaten geben musste, die Geld für die Hamas sammelten. Also durchforstete ich unsere Akten über die Hamas, einschließlich meiner eigenen früheren Berichte, und eins wurde sofort deutlich. Die HLF stand in Verbindung mit einer weiteren Wohltätigkeitsorganisation, der IAP oder Islamic Association for Palestine.

Sobald ich dies herausgefunden hatte, begann ich Zeitungen zu durchforsten. Ich lese unglaublich gern Zeitungen. Nicht die amerikanischen Tageszeitungen, die lese ich abends. Was ich jetzt las, waren Jahre alte arabische Zeitungen. Wenn du weißt, wonach du suchst, können sie dich zur Quelle führen. Also begann ich mit einer vom Informationsbüro der IAP herausgegebenen Zeitschrift, genannt *al-Zaytuna,* »Die Olive«. Sehr symbolträchtig. Nicht wegen des Olivenzweigs, der Frieden symbolisiert, sondern wegen der für die Westbank in Palästina so typischen Olivenbäume. Die Olive, für mich ein faszinierender Lesestoff, war Nachfolgerin einer anderen Zeitschrift namens *Ila-Falastine,* »Nach Palästina«. Dort fand ich jede Menge Hamas-Propaganda einschließlich Interviews mit Sheikh Ahmad Yassin, dem geistigen Führer der Hamas, Berichte über Yassins Festnahme in Israel, mehrere Hamas-Kommuniqués und Anweisungen für Spender.

In der Ausgabe vom Oktober 1988 war die »Hamas-Glaubenscharta« abgedruckt. Darin hieß es: »Das erste Prinzip lautet, dass Hamas Teil der Muslimbruderschaft ist. Dschihad ist der Weg. Die einzige Möglichkeit, das Palästinenserproblem zu lösen, ist der Dschihad.« In der Ausgabe vom November/Dezember 1989 fand ich eine Anzeige der IAP. »Unser palästinensisches Volk«, so der Text, »beginnt nun das dritte Jahr der heiligen Intifada unter der Führung der Hamas. Wir versichern allen Arabern und Muslimen, dass unser Dschihad fortschreitet. Palästina ist Teil eines alten Kampfes der Gerechtigkeit, der Muslime gegen die Nichtstuer, die Juden und ihre Verbündeten. Die einzige Möglichkeit, Palästina, das gesamte Palästina, zu befreien, ist der Dschihad. Jeder Muslim und jeder Araber ist um Allahs willen der palästinensischen Sache und dem Dschihad verpflichtet. Die Islamische Widerstandsgruppe [auf Arabisch Harakat al-Muqawama al-Islamiya; »Hamas« ist das Akronym] ist das Gewissen des palästinensischen Volkes und die Hoffnung ungeachtet all jener, die unsere arabischen

Völker betrogen haben, wo immer sie sich aufhalten. Der Feind hat Tausende von Häusern und Olivenbäumen zerstört. Bringt weiterhin Opfer, bis Allah den Sieg über die Juden und ihre Verbündeten verkündet.«

Diesem langatmigen Sermon folgte ein Spendenaufruf: »Die IAP in Nordamerika wird euch bis zum Sieg der Intifada auf dem Laufenden halten. Wir rufen euch um Allahs willen zum Dschihad auf, indem ihr jede euch mögliche Summe zur Unterstützung der Intifada spendet. Sendet eure Spenden an den Occupied Land Fund«, ein früherer Name der Holy Land Foundation, bis die Organisation sich 1990 einen etwas harmloser klingenden Namen gab. In der Anzeige war ein Postfach in Los Angeles angegeben. Und sie war unterzeichnet mit »Islamic Association for Palestine in North America«, IAP.

Es ist erstaunlich, an wie viele Informationen ein sachkundiger Ermittler herankommen kann, indem er sich einfach nur der Öffentlichkeit zugängliche Dokumente anschaut. Selbst bevor das Internet diesen Prozess beschleunigte und mir die Arbeit erleichterte, gelang es mir beim Lesen von Archivdokumenten, wirkliche Juwelen zu entdecken. An diesem Punkt meiner Ermittlung hatte ich erfahren, dass die HLF und die IAP mit der Hamas in Verbindung standen. Ich war mit der HLF und mit Hamas vertraut, aber nicht mit der IAP. Deswegen beschloss ich, die IAP mit dem Skalpell öffentlicher Dokumente zu sezieren. Ich sammelte alles nur Erdenkliche über diese Organisation. Ich besorgte mir ihre Gründungsurkunde. Wie so oft bei derlei Wohltätigkeitsorganisationen wurde die Sache umso komplizierter, je mehr ich mich mit ihnen beschäftigte. Diese Wohltätigkeitsverbände tarnen ihre Aktionen auf so komplizierte und hinterhältige Weise, dass ich fast verstehen kann, warum die Ermittler der US-Regierung sie nicht effektiver bekämpfen können. Ich weiß von Regierungsagenten, denen es gelang, eine Organisation oder eine Website auszuschalten, nur um festzustellen, dass das Ding ein paar Tage später unter einem anderen Namen wieder auftauchte. Es ist wie mit der mythologischen Hydra: Man schlägt ihr einen Kopf ab, wofür dann zwei weitere Köpfe nachwachsen.

Zwar hatte ich keine Kräfte wie Herkules, war aber nicht weniger hartnäckig – und viel neugieriger. Ich las und studierte, verfolgte Spuren und analysierte, und als der Winter näher rückte und die Tage kürzer wurden, wurden meine Tage im Büro noch länger, da sich die Aufgabe, die IAP zu entziffern, als zunehmend komplizierter erwies. Nach und nach stieß ich auf die Namen, Adressen und Funktionäre dieser komplexen Organisation. Schließlich schrieb ich einen 49-seitigen Bericht über die IAP und ihre Verbindung zur Hamas. Ich nannte die Akte »IAP, die unendliche Geschichte«.

Auf eine äußerst verwickelte und komplizierte Art und Weise änderte die IAP ständig Namen und Adressen und tauschte ihre Führer aus. Sie wurde erstmals 1981 als Islamic Association for Palestine in North America in Illinois eingetragen. Ein Jahr später wurde der Name des eingetragenen Geschäftsführers geändert und als Postanschrift nun die Adresse des damaligen Präsidenten der Organisation in Illinois angegeben. Ein Jahresbericht der IAP zeigt, dass das Büro 1991 aufgelöst wurde. 1993 wurde es wieder eingetragen, diesmal als American Muslim Society, AMS. In der Ausgabe der Zeitschrift *al-Zaytuna* vom Februar 1992 hieß es jedoch, dass die »Sektion in Chicago seit dem 9. [Februar 1992] offiziell operiert« habe. Offensichtlich war der IAP-Zweig in Chicago zwischen seiner Pseudoauflösung im Jahr 1991 und seiner Neueintragung im Jahr 1993 tätig geblieben. 1994 ließ sich die Organisation erneut registrieren, diesmal als die IAP in Chicago, und gab an, dass sie vorhabe, nun auch als American Muslim Society tätig zu werden. Bei der IAP in Chicago und der AMS handelte es sich also um ein und dieselbe Organisation.

Außerhalb von Illinois, in Kalifornien, hatte sich die IAP 1986 als gemeinnützige Organisation eintragen lassen. In der Zwischenzeit gründete das IAP-Hauptquartier in Texas fünf unterschiedliche Organisationen, bei denen es sich eindeutig um weitere IAP-Ableger handelte. Das erste dieser Unternehmen war die 1990 gegründete American Middle Eastern League for Palestine, AMELP. Der Bevollmächtigte war Ghassan A. Dahduli, der in Richardson, Texas, lebte. Damals konnte ich noch nicht ahnen, dass Dahduli bei meinen zukünftigen Aktionen zur Bekämpfung des Terrorismus eine nicht unwesentliche Rolle spielen würde. Mit ihm würde ich Punkte sammeln können.

Im selben Jahr, in dem Dahduli die AMELP gründete, wurde das IAP-Informationsbüro in Dallas eingetragen wie auch die Islamic Association for Palestine in North America. Letztere gehörte ebenfalls Ghassan A. Dahduli, und das angegebene Postfach in Dallas wurde ebenfalls von der AMELP genutzt. 1993 wurde die IAP als solche in Texas registriert. Und als Krönung des Ganzen operierte die IAP als nicht registrierte Vereinigung in Indiana und Arizona.

Die Namen all dieser Unternehmen schwirrten mir im Kopf herum. Viele Fassaden, eine Einheit. Als Ergebnis war es kaum möglich, all ihre Aktivitäten zu verfolgen. Es war, als würde man an einer Straßenecke fünf Hütchenspiele gleichzeitig beobachten.

Während ich mich intensiv mit der IAP befasste, stellte ich erstaunt fest, dass Muhammad al-Hanooti, der Imam der Moschee Dar al-Hijra, der Allah angerufen hatte, einen Fluch über die tyrannischen Amerikaner auszusprechen, der zum Dschihad aufgerufen und die Moscheebesucher aufgefordert hatte, den Irak in seinem Kampf gegen die Vereinigten Staaten zu unterstützen, Anfang der Neunzigerjahre der Führer der IAP gewesen war. Dieser Fall wurde immer faszinierender. Und dann fand ich auch Samis Namen. Ja, schon wieder Sami al-Arian. Auch er war in den Anfangsjahren Mitglied der IAP, bevor er seine eigene Organisation, den PIJ, gründete.

Das war interessant: Was war es gewesen, was in den Achtzigerjahren zu so großen Veränderungen in der IAP-Führung und ihren Schwesterorganisationen geführt hatte? Ich vertiefte mich in Ausgaben der Zeitschrift *Ila-Falastine*, hörte mir Tonbänder und sah mir Videos an und studierte Gründungsurkunden und Hunderte von Dokumenten in englischer und arabischer Sprache, bis sich schließlich die Antwort herauskristallisierte. Der Schlüssel zu dieser Geschichte war die Gründung der Hamas.

Die IAP diente als Keimzelle der palästinensischen Fundamentalisten in den Vereinigten Staaten und unterstützte die palästinensischen Radikalen im Gazastreifen ideologisch und finanziell. Vor der Gründung der Hamas hatten Sami, ein Palästinenser, und sein PIJ zur IAP gehört. Ende der Achtzigerjahre entwickelte sich die Hamas im Zuge der ersten palästinensischen Intifada aus der Muslimbruderschaft, dem ideologischen Vorläufer der derzeit gewalttätigsten islamischen Extremistenbewegungen. Sheikh Ahmad Yassin, damals Führer der Muslimbruderschaft im Gazastreifen, erkannte, dass eine neue politische und militärische Organisation für die Intifada von Vorteil sein würde, und gründete die Hamas. Der Name ist nicht nur ein Akronym für die »Islamische Widerstandsbewegung«, sondern bedeutet auch »Eifer«.

Fast unmittelbar nach Gründung der Hamas wurde die IAP zu deren finanziellem Arm in den Vereinigten Staaten, und ihr Ableger, die HLF, sammelte ebenfalls Mittel für die Hamas.

In der Hitze der Intifada gab es einen Bruch zwischen der Hamas, die schnell an Popularität und Einfluss gewann, und dem PIJ, dem Palestinian Islamic Jihad. In den besetzten Gebieten konkurrierten der PIJ und Hamas um Geldmittel aus dem Ausland und um Unterstützung vor Ort in Form der Rekrutierung von Mudschahiddin. Jede dieser Organisationen feierte sogar einen anderen Tag als den Beginn der Intifada, entsprechend dem, was sie als ihren Beitrag zu dieser Erhebung betrachtete. Ein ähnlicher Kampf fand auf US-amerikanischem Boden innerhalb der IAP statt.

Als die Hamas immer größeren Einfluss in der IAP gewann, trennte sich Sami, der auf Seiten des PIJ stand, von der IAP und gründete das Islamic Concern Project (ICP), später Islamic Committee for Palestine genannt. Da er Amerikas Ehrfurcht vor religiösen Einrichtungen kannte, wählte Sami einen Namen, der nach einem religiösen Unternehmen klang, damit er keine Steuern zahlen oder der Regierung Unterlagen vorlegen musste, die die finanziellen Transaktionen seiner Organisation enthüllen würden. Sehr clever, sehr praktisch.

Sami, Dahduli und al-Hanooti hatten also alle mit der IAP zu tun. Fangarme, wohin man auch sah. Es gab nicht einen Stein, unter dem nicht die Asseln hervorhuschten. Bald war es so weit, dass ich IAPs »unendliche Geschichte« erzählen konnte.

Ich rief Veronica an. Ich hatte eine Idee, die Veronica umsetzen sollte. Vor Jahren, in der Zeit vor dem 11. September, versuchte die INS nur, bekannte, verurteilte Terroristen an der Einreise in dieses Land zu hindern. Anhänger des Terrorismus, Leute, die Fatwas aussprachen, die zum Heiligen Krieg gegen Amerika aufriefen, und Leute, die die USA nur verbal bedrohten, konnten ohne Schwierigkeiten ein USA-Visum bekommen. Das lag unter anderem daran, dass die INS keine Möglichkeit hatte, diese Leute effizient zu überwachen. Die Geheimdienste sahen im islamischen Fundamentalismus keine ernsthafte Bedrohung der USA und observierten solche Leute nicht so sorgfältig, wie es nötig gewesen wäre. Die INS hatte nicht einmal eine Einheit, die Informationen über diese Leute sammelte. Dan Cadman hatte eine solche Einheit gegründet, aber es gab noch immer ein Problem: Die INS sammelt keine Geheiminformationen. Das ist Aufgabe der CIA und des FBI, die jedoch ihre Informationen nicht an die INS weitergeben. Oder an sonst jemanden. Die INS war seit langem unter heftigem Beschuss, weil es ihr nicht gelungen war, bestimmte Leute an der Einreise in die USA zu hindern, doch in vielen Fällen hatte sie die hierzu erforderlichen Informationen von den Geheimdiensten nicht erhalten.
Ich unterbreitete Veronica meinen Vorschlag.
»Wir müssen einen Weg finden, um Anhänger von Terrororganisationen daran zu hindern, in dieses Land zu kommen«, sagte ich. »Einige sind so gefährlich wie die Terroristen selbst. Wenn diese Leute uns so sehr hassen, wie kann es dann angehen, dass sie einfach hierher kommen können, um ihren Hass zu verbreiten, zum Dschihad aufzurufen und vor allem auch um Geld zu sammeln, um diesen zu finanzieren?«
Meine Idee war einfach. Das State Department hatte eine Liste von Terroristen, denen die Einreise verboten war. Was, wenn die Liste auch Anhänger des Terrorismus, potenzielle Terroristen und diejenigen einschlösse, die den Terrorismus propa-

gierende Fatwas aussprachen? Leute, die eine echte Gefahr für die Vereinigten Staaten darstellen konnten?

Veronica fand die Idee großartig und erzählte gleich Dan davon. Schon bald riefen die beiden zurück. Sie waren ganz gespannt darauf, von mir Informationen über solche Leute zu bekommen. Hatte ich jemand Bestimmten im Kopf?

Das hatte ich in der Tat: Dr. Ishaq al-Farhan und Sheikh Yousef al-Qaradawi. Sie könnten einen guten Anfang darstellen. Zwei bekannte muslimische Gelehrte, Farhan und Qaradawi, zwei angesehene Herren. Farhan, ein politischer Führer in Jordanien, Qaradawi, ein Bürger Katars, ein verehrter Geistlicher mit einer weltweiten Anhängerschaft. Beide reisten häufig in die Vereinigten Staaten und nahmen an wichtigen muslimischen Versammlungen und Konferenzen teil.

Sie mögen sich fragen, warum ich es verhindern wollte, dass man diesen ehrenhaften Muslimführern ihren aufrichtigen Wunsch erfüllte, im Land der Redefreiheit offen ihre Meinung zu sagen. Nun, Qaradawi mag vielleicht einer der angesehensten Geistlichen in der muslimischen Welt sein, aber er ist auch einer der religiösen Führer der schon hinlänglich bekannten Muslimbruderschaft. Lange bevor sie die Hamas gebar, war die 1928 in Ägypten gegründete Bruderschaft eine internationale sunnitisch-islamische Extremistenbewegung. Als die europäischen Mächte nach dem Ersten Weltkrieg den Nahen Osten unter sich aufteilten, entstand die Muslimbruderschaft aus Opposition gegen die durch die westlichen Länder gezogenen Grenzen, die Nationen entstehen ließen, die noch heute existieren. Für die muslimischen Brüder gab es nur eine arabische Nation, die *Ummah*, regiert von der *Scharia*, dem religiösen Gesetz des Islam. Die Bruderschaft bekämpft noch heute alle arabischen Regierungen, und in den meisten arabischen Ländern werden ihre Mitglieder deswegen unerbittlich verfolgt. Die Muslimbruderschaft hat nicht nur die Hamas, den PIJ und den Ägyptischen Islamischen Dschihad (Mitglieder dieser Gruppe ermordeten 1981 den ägyptischen Präsidenten Anwar as-Sadat) hervorgebracht, sondern ist auch der Ursprung von al-Gama'at al-Islamiya, der islamischen Gruppe, deren Führer Sheikh Omar

Abdel Rahman ist. Rahman, bekannt als »der blinde Scheich«, verbüßt in einem US-amerikanischen Bundesgefängnis eine lebenslange Haftstrafe wegen seiner Beteiligung an einer Verschwörung, den New Yorker Lincoln-Tunnel in die Luft zu jagen. Glücklicherweise wurde dieser Anschlag nie in die Tat umgesetzt. Rahman wurde wegen der Planung eines Komplotts verurteilt, seine Organisation, al-Gama'at al-Islamiya, ist eng verbunden mit der al-Qaida. Ein Sohn des blinden Scheichs war zum Beispiel ein hoher Funktionär von Bin Laden, bevor er nach dem 11. September bei der Bombardierung Afghanistans durch die Amerikaner getötet wurde. In dieser Welt war Qaradawi, der Mann, den ich daran hindern wollte, auf US-amerikanischem Boden zu predigen, eine wichtige Figur. Er war über ein Jahrzehnt lang Gast zahlreicher radikaler islamischer Organisationen in den USA gewesen und zu verschiedenen Konferenzen als Redner eingeladen worden. Eine dieser Konferenzen fand 1995 in Toledo, Ohio, statt, organisiert von der Muslim Arab Youth Association, MAYA. Dort verkündete er:

»Folgendes lehren die Hadith [eine Sammlung überlieferter Aussprüche des Propheten Mohammed, die nicht zum Koran gehört] des Ibn-Omar und die Hadith des Abu-Hurairah: Du sollst die Juden weiterhin bekämpfen, und sie werden dich bekämpfen, bis die Muslime sie töten. Und der Jude wird sich hinter dem Stein und dem Baum verstecken, und der Stein und der Baum werden sagen: ›Oh, Diener des Allah, oh Muslim, da ist ein Jude hinter mir! Komm und töte ihn!‹ Erst wenn dies geschieht, wird der Tag der Auferstehung kommen. Unsere Brüder in der Hamas, in Palästina, dem Islamischen Widerstand, dem Islamischen Dschihad (PIJ), nachdem alle Übrigen aufgegeben und verzweifelt haben, bringt uns der Dschihad unseren Glauben zurück. ... der Dschihad geht weiter – bis zum Tag der Auferstehung.«

Also, ein weiterer Muslim, der die Juden und Israel hasst. Muslime hassen Juden, das ist ein alter Hut. Daran lässt sich nicht viel ändern. Warum sollte Amerika sich damit befassen?

Zum einen sind die Gruppen, denen Qaradawi sich verbunden fühlt, 1995 vom State Department auf die Liste ausländischer Terrororganisationen gesetzt worden. Allein diese Tatsache reicht aus, um ihn entsprechend dem Einwanderungs- und Staatsangehörigkeitsgesetz aus den Vereinigten Staaten auszuweisen.

Aber jetzt kommt die Krönung des Ganzen. In einer *khutba*, einer Predigt, die Qaradawi 1996 hielt und die man auf der offiziellen Website der Hamas nachlesen konnte, sagte er, dass die Selbstmordattentäter der Hamas und des Palestinian Islamic Jihad keine Terroristen sondern Märtyrer und dass alle Mitglieder der israelischen Gesellschaft berechtigte Ziele solcher Anschläge seien. Qaradawi war der erste prominente muslimische Geistliche, der erklärte, solche Selbstmordanschläge – »Märtyrertum« in der groteskesten Verwendung des Wortes – seien eine legitime Waffe gegen Zivilisten. Er war der Erste, der in einem Fatwa solche Methoden empfahl und rechtfertigte, was ihn zum geistigen Vater von Selbstmordanschlägen macht. In gewisser Weise trägt er nicht weniger Schuld am 11. September als Osama bin Laden. Qaradawi gab sich nicht damit zufrieden, die Hamas und den PIJ zu billigen, er empfahl nicht nur theoretisch den Dschihad und Selbstmordattentate. Er und seine Familie waren auch wichtige Aktionäre der Finanzgesellschaft al-Taqwa, die man nach dem 11. September als Al-Qaida-Förderer einstufte und deren Vermögen von der US-Regierung eingefroren wurde. Nach Aussagen des Finanzministeriums finanzierte al-Taqwa nicht nur die al-Qaida, sondern organisierte auch Waffenlieferungen.

Ein solcher Typ also war Qaradawi, dessen Einreise in die Vereinigten Staaten ich verhindern wollte.

Nun zu Ishaq al-Farhan, dem Generalsekretär der Islamischen Aktionsfront IAF. Die IAF war der politische Flügel der Muslimbruderschaft in Jordanien, eng verbunden mit der Hamas, einem weiteren Flügel der Muslimbruderschaft, und so wie die Hamas gegen den Friedensprozess im Nahen Osten.

Aber Farhan war nicht nur einfach gegen den Friedensprozess. Nasser Hidmi, ein palästinensischer Jugendlicher, der 1992 in Israel festgenommen wurde, als er versuchte, eine Bombe zu zünden, offenbarte die Rolle des militärischen Flügels der Hamas in den Vereinigten Staaten. Er erklärte, wie dieser Flügel neue Terroristen rekrutierte und wie islamische Konferenzen in Amerika zur Ausbildung von Terroristen genutzt wurden. Diese Konferenzen wurden laut Hidmi von der IAP und von MAYA finanziert, und Farhan spielte dort nicht nur eine wichtige Rolle als Redner, er rekrutierte auch palästinensische Jugendliche, die an den Aktivitäten der Hamas teilnehmen sollten. In seinen Aussagen gegenüber den Israelis berichtete Hidmi:

»An der Islamischen Konferenz nahmen 5000 geladene Gäste teil, die in Hotels in der Nähe des Zentrums wohnten. Bei der Konferenz in Kansas City rief Muhammad Salah etwa 20 junge Männer, zu denen auch ich gehörte, zu einem Geheimtreffen der Hamas-Aktivisten zusammen. Sie informierten uns, dass alle bei diesem Geheimtreffen anwesenden jungen Männer aus den besetzten Gebieten kämen und aufgrund von Formularen, die sie in den [Flüchtlings-]Lagern ausgefüllt hatten, ausgewählt worden seien. Sie sollten an Aktivitäten der Hamas teilnehmen, die die Intifada unterstützen und stärken. Einer von denen, die zu uns sprachen, war Ishaq al-Farhan, ein Mitglied des jordanischen Parlaments.«

Farhan ist also für die Hamas tätig, spricht bei Geheimtreffen und rekrutiert und instruiert Terroristen. Aber ist die Hamas nicht ein Problem Israels? Nein, ist es nicht. Sich das so vorzustellen, ist ein fataler Fehler. Doch genau das tat die US-Regierung, die die Hamas und den PIJ jahrelang als Nahostproblem behandelte. Die Beamten begriffen nicht oder ignorierten, dass es sich bei all diesen Gruppen im Wesentlichen um ein und dieselbe Organisation handelt, um Tentakeln des gleichen Wesens, des islamischen Fundamentalismus, und dass alle das gleiche Ziel verfolgen: zu töten, zu töten, zu töten. Hamas-Mitglieder wurden in Bin Ladens Lagern in Afghanistan militärisch ausgebildet. Richard Reid, der so genannte »Schuhbomber«, der Al-Qaida-Aktivist, der versuchte, den American-Airlines-Flug

Nr. 63 von Paris nach New York in die Luft zu jagen, besuchte Israel wenige Monate vor dem 11. September. Dort traf er einen Hamas-Aktivisten, der in einem von Bin Ladens Ausbildungscamps sein blutiges Handwerk erlernt hatte und dieses Reid nun weitervermittelte.

Die Ereignisse des 11. September änderten die Haltung der Regierung, aber da war es schon zu spät.

Lesen Sie, warum Ishaq al-Farhan definitiv ein Problem für Amerika darstellt. Zwischen Juli 1995 und April 1997 fand in Manhattan ein Auslieferungsverfahren gegen Musa Abu Marzook, den Führer des Politbüros der Hamas, statt. Während dieser Zeit erhielten das Weiße Haus und die US-Botschaft in Amman, Jordanien, zahlreiche Ersuche zur Freilassung von Marzook. Farhan, der Generalsekretär der IAF, schrieb Briefe, in denen er seine Freilassung forderte. In einem Brief vom 13. Mai 1996 ruft Farhan »alle Regierungen der arabischen und islamischen Welt und alle Verteidiger der Menschenrechte auf, ihre Stimme zu erheben, die Aufhebung dieser Entscheidung zu fordern und Dr. Musa Abu Marzook, Gefangener aufgrund seiner Gesinnung und des politischen Kampfes, freizulassen«. Sechs Monate später, am 10. November 1996, erhielt die amerikanische Botschaft in Amman folgendes Schreiben:

»Wir verlangen, dass Sie Dr. Musa Abu Marzook umgehend freilassen, und drängen darauf, ihn nicht dem zionistischen Feind auszuliefern. Wir warnen Sie, dass wir, sollten Sie Dr. Musa Abu Marzook nicht freilassen und ihn den Juden ausliefern, alles um Sie herum hochgehen lassen, in Amman, Jerusalem und den übrigen arabischen Ländern. Und Sie werden Ihre Toten betrauern so wie 1982 im Libanon, als wir das Marine House mit einer Autobombe zerstörten. Und in unserem Land gibt es viele Autos. Sie erinnern sich sicherlich auch noch an den Öltanker, mit dem wir Ihre Soldaten in Saudi-Arabien in die Luft jagten.«

Das State Department übersetzte diese Drohung, und ein Beamter kritzelte auf die Übersetzung: »Das arabische Fax trägt den

Namen der Islamischen Aktionsfront.« Das Fax stammte aus den Büros der IAF, deren Führer Farhan ist.

Und so legten George und ich dicke Akten zu Qaradawi und Farhan an und schickten sie Veronica. Offen gesagt glaubten wir nicht, dass diese Informationen, wie hieb- und stichfest sie auch waren, tatsächlich sinnvoll genutzt werden würden.

Acht Monate lang hörte ich nichts über Qaradawi oder Farhan. Wenn man mit der Regierung arbeitet, wandern Informationen nur in eine Richtung: zur Regierung. Sobald Sie deren Agenten Ihre Informationen geliefert haben, werden diese zur Verschlusssache, und selbst Sie können Ihr Material nicht zurückfordern. Die Regierung würde nicht einmal zugeben, es von Ihnen erhalten zu haben. Das gehört zum Spiel, und obwohl ich mich manchmal über diese Anonymität ärgere, garantiert sie doch meine Sicherheit. Die Verbrecher wissen nicht einmal, dass es mich gibt. Oder zumindest so lange nicht, bis dieses Buch veröffentlicht wird. Doch darüber im Dunkeln gelassen zu werden, was mit den Informationen geschieht, die man zur Verfügung gestellt hat, kann frustrierend sein. Ich gebe ihnen entscheidende Beweise, und sie konfiszieren sie – und das war's dann.

Eines Morgens rief Veronica mich endlich an und sagte mit einer Dringlichkeit in der Stimme, die ich nie zuvor bei ihr gehört hatte, ich solle die Nachrichten einschalten.

Die Hölle war los. Ich hatte tatsächlich einen diplomatischen Zwischenfall ausgelöst. Ich fühlte mich beinahe schuldig. Beinahe.

Ein Artikel der *New York Times* vom 5. Mai 2000 fasste diesen Vorfall mit Ishaq al-Farhan zusammen und bezog eindeutig Stellung: »Einwanderungsbeamte nahmen am Kennedy International Airport kurzfristig einen prominenten, moderaten, islamistischen politischen Führer aus Jordanien fest, unterzogen ihn einem langen Verhör und schickten ihn, wie er sagte, mit der nächsten Maschine nach Hause. Dagegen wurde von höherer Stelle bei peinlich berührten amerikanischen Diplomaten Einspruch erhoben.«

Ein moderater islamistischer politischer Führer. Gut. In diesem Artikel, in dem Farhan fälschlicherweise als Universitätsrektor und Senator bezeichnet wurde – tatsächlich ist er Senator im Ruhestand –, hieß es dann weiter, der 67 Jahre alte Farhan sei, »am Dienstag mit einem Flug der Royal Jordanian Airways aus Amman in New York gelandet. Er hatte vor, einen Sohn und eine Tochter zu besuchen, die in den Vereinigten Staaten leben, und vor islamischen Gruppen in Amerika zu sprechen. Mr. Farhans jordanischer Diplomatenpass war abgestempelt mit einem fünf Jahre, d.h. bis Dezember 2003, gültigen Visum, das zur mehrfachen Einreise berechtigte, das jüngste einer Reihe von USA-Visen, die er seit seiner vier Jahrzehnte zurückliegenden Promotion an der Columbia University erhalten hatte. Als Mr. Farhan seinen Pass vorlegte, wurde er, wie er sagte, in einen Raum gebracht, wo ihm Beamte der Einwanderungs- und Einbürgerungsbehörde mitteilten, das State Department habe sein Visum für ungültig erklärt und verlangt, dass er verhört werde. Nach einem sechsstündigen Verhör wies man ihn an, so Farhan, für 2000 Dollar ein Ticket für einen Rückflug mit einer KLM-Maschine nach Amman zu kaufen. [Farhan] berichtete, die Einwanderungsbeamten hätten ihn davon in Kenntnis gesetzt, dass er mindestens fünf Jahre lang nicht wieder in die Vereinigten Staaten einreisen dürfe.«

Die INS hatte den von mir und George zusammengestellten Bericht erhalten, die Daten recherchiert, ihre eigene Ermittlung durchgeführt, die Tatsachen verifiziert und war zu ihren eigenen Schlussfolgerungen gelangt. Sie schrieb dann *ihren* Bericht und schickte ihn an das State Department. Die Behörde empfahl, Farhan auf die Überwachungsliste des State Department zu setzen.

Das State Department unterzog dann die INS-Daten sowie den Bericht einer eingehenden Prüfung, verglich beides mit Informationen der US-Botschaft in Amman, prüfte andere Quellen und setzte den Namen des Mannes auf die Liste. Das einzige Problem war, dass Farhan als ehemaliges Mitglied des jordanischen Parlaments in den Augen des State Department Diplomat ist. In Fällen wie diesem ist die richtige Vorgehensweise die, den Diplomaten durch die zuständige Botschaft davon zu unterrichten, dass sein Visum für ungültig erklärt wurde, *bevor* er sein Ursprungsland verlässt. Das hatte das State Department versäumt. Farhan kam in New York an, sein Name tauchte auf dem Bildschirm des INS-Computers auf, er wurde als Terrorist behandelt, durchsucht, verhört und dann aus dem Land geworfen. Bevor er abgeschoben wurde, telefonierte Farhan jedoch mit dem jordanischen Botschafter in den Vereinigten Staaten, seinem langjährigen Bekannten. Die Nachricht verbreitete sich wie ein Lauffeuer. Als Farhan wieder in Jordanien war, gab es dort Großkundgebungen und Demonstrationen der Muslimbruderschaft, bei denen die Vereinigten Staaten verdammt wurden und Tausende schrien: »Tod den USA!« Die jordanischen Medien berichteten ausführlichst über den Zwischenfall. Der amerikanische Botschafter in Jordanien, William Burns, rief Farhan an, »um sein Bedauern« über den Vorfall zu bekunden. Später wurde Burns ins Büro des jordanischen Außenministers beordert, um eine offizielle Erklärung abzugeben. In der Zwischenzeit hatte auch König Abdallah US-Präsident Clinton um eine Erklärung gebeten. Clinton entschuldigte sich. Auf Anweisung des State Department entschuldigte sich der amerikanische Botschafter in Jordanien persönlich bei Farhan für den Zwischenfall. Und Farhan erhielt ein unbefristetes USA-Visum.

Hatte ich das gewollt? Mitnichten. Ich hatte das Gefühl, dieser ganze Zwischenfall sei mein Fehler. Die Idee stammte von mir, ich hatte die Informationen geliefert und diesen ganzen Wirbel verursacht. Ich rief Veronica an und redete mit ihr. Auch sie war verärgert, aber nicht, weil sie dachte, wir hätten einen Fehler gemacht. Das auf keinen Fall. Sie sagte mir sofort, die Sache sei nicht meine Schuld, ich hätte das Richtige getan, hundertprozentig. Ebenso die INS-Einheit zur Terrorismusbekämpfung. Absolut. Das State Department habe alles vermasselt, weil es sich nicht an das Protokoll gehalten habe. Und dann habe es auch noch der Politik den Vorrang vor der Sicherheit gegeben. Zwar sei Farhan nicht ordnungsgemäß unterrichtet worden, aber das ändere nichts daran, dass er mit bestimmten Organisationen zusammenarbeite. Und weder stehe ihm eine formelle Entschuldigung eines US-Botschafters zu noch ein unbegrenztes Visum.

Veronica hatte Recht.

Qaradawis Geschichte war viel einfacher. Sie ereignete sich wenige Monate nach dem Farhan-Vorfall. Wie bei Farhan prüfte die INS die Beweise, die wir ihr geliefert hatten, verfasste ihren eigenen Bericht und schickte ihn an das State Department, das Qaradawis Namen auf die Überwachungsliste setzte. Zur Abwechslung machte das State Department diesmal keinen Fehler. Vielleicht hatten sie ihre Lektion gelernt. Als Qaradawi versuchte, sein Visum zu verlängern, wurde er in die amerikanische Botschaft in Katar zitiert und sein für zehn Jahre gültiges Visum, das zur wiederholten Einreise berechtigte, nicht erneuert. Unkompliziert, effektiv, so wie es auch im Fall Farhan hätte geschehen sollen.

Ich wusste nichts davon, bis ich hörte, dass Qaradawi bei einer Konferenz in Baltimore, Maryland, wo man mit ihm gerechnet hatte, nicht aufgetaucht war. Die Geschichte mit seinem Visum zu erfahren, war für mich wie ein großer Sieg. Qaradawi und andere muslimische Geistliche, die ihre Macht missbrauchen, um den heiligen Krieg zu predigen, haben kein Recht, hierher zu kommen.

Mehr als ein Jahr nach dem Farhan-Vorfall hörte ich, dass Sheikh Ikrima Sabri, der Großmufti von Jerusalem und Palästina, im Juli 2001 zur 26. Jahresversammlung des Islamic Circle of North America, INCA, erwartet wurde. Inzwischen war ich erneut aufgestiegen, schließlich doch in den dritten Stock hinuntergezogen und beaufsichtigte ein Team talentierter junger Forscher.

Dieser Mufti, eine der angesehensten religiösen Autoritäten des Islam, ist berühmt-berüchtigt dafür, zur Vernichtung der Vereinigten Staaten aufzurufen und den Dschihad, Selbstmordanschläge und Kinder-»Opfer« zu billigen, indem er Kinder dazu ermutigt, zu Märtyrern zu werden. »Je jünger der Märtyrer«, so sagte er, »desto mehr Achtung habe ich vor ihm.« Von Jassir Arafat selbst zum Mufti ernannt, sagte Sabri 1997 in der »Stimme Palästinas«, dem offiziellen Rundfunksender der palästinensischen Autonomiebehörde: »Oh, Allah, zerstöre Amerika, da es von zionistischen Juden kontrolliert wird. Allah wird das Weiße Haus schwarz anstreichen. Die Muslime sagen Großbritannien, Frankreich und allen ungläubigen Nationen, dass Jerusalem arabisch ist. Allah wird im Namen seines Propheten Rache nehmen an den kolonialistischen Siedlern, die die Nachfahren von Affen und Schweinen sind. Vergib uns, o Mohammed, für die Taten dieser Affen und Schweine, die deine Heiligkeit entweihen wollten.«

Am 24. August, nur 14 Tage vor dem 11. September, trat der Mufti im Fernsehsender der palästinensischen Autonomiebehörde auf und hielt eine Predigt, in der er sagte: »Allah, schütze al-Aqsa. Allah, zerstöre die Besatzungsmacht und ihre Helfer und Agenten. Zerstöre die USA und ihre Helfer und Agenten. Allah, zerstöre Großbritannien und seine Helfer und Agenten. Allah, gewähre dem Islam und den Muslimen den Sieg.«

Nach dem 11. September ließen die israelischen Behörden Sabri festnehmen. Er war gerade von einem illegalen Besuch im Süden des Libanon zurückgekehrt, wo er sich mit Hisbollah-Vertretern getroffen hatte. Während seiner Haft sagte Sabri den israelischen Behörden: »Das Weiße Haus wird mit Allahs Hilfe schwarz werden, und Amerika, Großbritannien und Israel müssen zerstört werden.«

Da er eine einflussreiche Persönlichkeit des religiösen Lebens in Palästina ist, sind Sabris Aussagen in der Praxis Fatwas. Wenn jemand mit der Autorität eines Sabri, des blinden Scheichs, al-Hanootis oder Qaradawis zur Zerstörung Amerikas aufruft, handelt es sich nicht nur um Rhetorik und auch nicht um Redefreiheit. Auch wenn diese Männer die Waffe nicht selbst in der Hand halten, sind sie genauso verantwortlich für den Terrorismus wie die Terroristen selbst. Vielleicht sogar noch mehr, weil sie die Flamme entzünden, die in den Herzen der Terroristen brennt. Sie machen Mord zu einer religiösen Mission. Sie nutzen ihren unglaublichen Einfluss, den Tod statt das Leben, Hass statt Frieden und Märtyrertum statt Hoffnung zu predigen.

So wie bei Qaradawi und Farhan war es eindeutig richtig, Sabri die Einreise in die Vereinigten Staaten zu verweigern. Also arbeiteten meine Mitarbeiter und ich einen Bericht über den

Mufti aus, in dem wir seine Aussagen sowie die Beweise dafür, dass er den Terrorismus unterstützte und enge Beziehungen zur Hamas pflegte, aufführten. Wir schickten ihn Veronica. Wenige Tage später rief sie mich an und sagte, ihr Bericht sei bereits auf dem Weg zum State Department. »Ich sehe keinen Grund, warum sie ihn nicht an der Einreise hindern sollten«, sagte sie mir. Auch ich dachte, die Beweise seien überzeugend genug.

Eine Woche später rief Veronica mich erneut an. Sie war außer sich. Das State Department hatte sich geweigert, Sabris Namen auf die Überwachungsliste zu setzen. Irgendeinem Beamten des State Department war bei der Prüfung des Berichtes aufgefallen, dass Sabri den Titel »Großmufti von Jerusalem und Gesamtpalästina« führte. Daraufhin hatte jemand kalte Füße bekommen, und Sabri behielt sein Visum. Der Titel, nicht der Mann, wurde bewertet. Wieder eins zu null im Fall Politik gegen Sicherheit. Veronica sagte, Dan habe versucht, gegen diese Entscheidung Einspruch einzulegen, Beamte des State Department hätten die ganze Sache jedoch vertuscht.

Sabri erschien zu der Versammlung in Cleveland, forderte dort die Unterstützung der Hamas und der Selbstmordattentäter und gab auch diesmal Aussagen von sich wie: »Die Juden wagen es nicht, mich zu belästigen, weil sie die feigsten Kreaturen sind, die Allah je erschaffen hat.« Und: »Wir sagen ihnen [den Juden]: So wie ihr das Leben liebt, so lieben die Muslime den Tod und das Märtyrertum.«

Kein Wunder, dass die Terroristen, wenn sie dergestalt aufgehetzt werden, bereitwillig ihr Leben hingeben, solange sie andere mit in den Tod nehmen können.

Und was die Sache noch schlimmer macht: Ein Jahr nach dem 11. September hat Dan Cadman einen Posten in Europa angenommen. Er ist nicht mehr bei der Terrorismusbekämpfung. Wer bei der INS wird mir nun, wo Dan nicht mehr da ist, dabei helfen, Terroristen an der Einreise in die USA zu hindern?

Schicksal. Es musste so sein, Max' Bitte, einen Bericht über die IAP zu verfassen. Wie in so vielen anderen Fällen fand der ursprüngliche Bericht kaum Verwendung. Aber mein Wissen, meine Ermittlungen, meine Fähigkeit, die Einzelheiten zu einem großen Bild zusammenzufügen – all das war nicht umsonst. Ich befasste mich mit der IAP, und mit den Informationen, die ich erhielt, half ich der Regierung, Qaradawi an der Einreise in die USA zu hindern. Indirekt sorgte ich sogar für einen diplomatischen Zwischenfall mit Jordanien. Und das war längst noch nicht alles.

Schon bald nachdem ich die Anzeige in der *Ila-Falastine* gefunden hatte, verteilte ich Kopien dieser Anzeige, die die Satzung der Hamas enthielt, sowie zahlreiche andere Auszüge aus dieser Publikation an verschiedene Leute bei unterschiedlichen Gelegenheiten. Jahre später bat ein Richter in einem Zivilprozess um die Meinung des Justizministeriums zu der Frage, ob die HLF eine Tarnorganisation der Hamas sei. Das Ministerium legte dem Gericht im April 2002 entsprechende Dokumente vor. Als ich diese Dokumente erhielt, war ich erstaunt festzustellen, dass man dem Justizministerium die Anzeige mit der Hamas-Satzung, einige andere Anzeigen für HLF-Spendenaktionen sowie einige Hamas-Kommuniqués vorgelegt hatte, auf die ich in der Zeitschrift *Ila-Falastine* gestoßen war. Meine Handschrift, die Notizen, die ich mir auf Hebräisch gemacht hatte, waren deutlich auf diesen Dokumenten zu sehen.

Meine Recherchen zur IAP trugen schließlich doch Früchte.

Ich hatte meinen Bericht über die IAP, die Hamas sowie die Abschiebungen mit al-Hanooti begonnen. Nun wollte ich ihn auch mit al-Hanooti abschließen. Ich hatte erfahren, dass er einer der Hauptzeugen in Marzooks Prozess in Manhattan gewesen war. Er lobte ihn bei diesem Verfahren sogar über den grünen Klee. Dann erfuhr ich, dass al-Hanooti einer der nicht angeklagten Verschwörer des Bombenanschlags auf das World Trade Center im Jahr 1993 gewesen war. Da befand er sich in guter Gesellschaft. Das Gleiche traf auch auf Osama bin Laden zu.

Mitte 1999, als das Jahrtausend sich dem Ende zuneigte, saß ich an meinem Schreibtisch und dachte darüber nach, dass die gleichen Namen immer wieder auftauchten – bei jeder Ermittlung. Sie hatten irgendwie immer miteinander zu tun, und der

Unterschied zwischen PIJ, Hamas, Hisbollah und al-Qaida wurde immer unschärfer.

Ich schloss schließlich meinen Bericht über al-Hanooti ab. Basierend auf den Ausführungen des Imams und auf seinen wiederholten Aussagen in der Moschee Dar al-Hijra und angesichts meines zunehmenden Pessimismus hinsichtlich der Fähigkeit der Regierung, uns vor derlei Gestalten zu schützen, beendete ich meinen Bericht mit folgender düsterer Aussage: »Solange radikale islamische Imams wie al-Hanooti Schlüsselpositionen in wichtigen islamischen Zentren innehaben, wäre es kaum überraschend, würde sich bei dem Versuch von Radikalen, ihr eigentliches Ziel – die muslimische Weltherrschaft – zu verwirklichen, erneut etwas Ähnliches wie der Bombenanschlag auf das World Trade Center ereignen.«

6. Kapitel

Die Freitagspredigt

Die Mehrzahl großer muslimischer Konferenzen in den Vereinigten Staaten fällt, ob absichtlich oder nicht, mit wichtigen amerikanischen Feiertagen wie dem Thanksgiving Day oder Weihnachten zusammen. Vielleicht liegt es daran, dass amerikanische Feiertage oft mit einem verlängerten Wochenende verbunden sind, sodass sich leicht eine dreitägige Konferenz organisieren lässt.

Im Jahr 1999 fand wie üblich die Konferenz am Thanksgiving-Wochenende in Chicago, Illinois, statt. Ich wollte an der Konferenz teilnehmen, aber den Feiertag auch mit meiner Familie verbringen. Und Leo lag viel daran, in meiner Nähe zu sein, falls etwas mit meinem Undercoverjob oder mit meiner Schwangerschaft schief ging. Da ich nicht gern fliege, beschlossen wir, die 13-stündige Fahrt von New York nach Chicago in unserem alten Minivan zu unternehmen. Leo und die Kinder könnten ein bisschen Urlaub machen, während ich arbeitete, und abends wären wir dann zusammen.

Leo machte es nichts aus, die gesamte Strecke zu fahren, und ich arbeitete die meiste Zeit an meinem Laptop, die Jungs spielten ihre Computerspiele oder sahen sich auf dem tragbaren Fernseher, den wir hinten im Wagen installiert hatten, Videos an.

In Rosemont, einem Vorort von Chicago, angekommen, quartierten wir uns nicht im Ramada Plaza ein, wo am nächsten Tag die Konferenz beginnen sollte, sondern in einem unscheinbaren Hotel ein paar Häuserblocks entfernt. Wir konnten auf keinen Fall im Ramada wohnen. Leo und die Kinder sehen kein bisschen wie Araber aus, die in erster Linie diese Konferenzen besuchen. Eine zufällige Begegnung im Aufzug,

Foyer oder Restaurant – und meine Tarnung würde auffliegen. Abends aßen wir in einem Restaurant in sicherer Entfernung vom Ramada. Dennoch tat mir vom vielen Über-die-Schulter-Schauen an diesem Wochenende der Nacken weh.

Bevor wir am ersten Abend zu Bett gingen, legte ich mir die Kleidung zurecht, die ich zur Tarnung als Muslima brauchte, sowie mein Aufnahmegerät. Ich tat dies im Voraus, um am Morgen nicht in Stress zu geraten. Ich vergewisserte mich, dass die Batterien geladen, die Bänder leer und das Zubehör griffbereit waren. Nach der anstrengenden Fahrt mussten sich die Jungs ein wenig austoben und hüpften auf den beiden Doppelbetten herum. Ich mochte sie nicht bitten, damit aufzuhören, aber es zerrte an meinen Nerven. Als wir schließlich alle im Bett lagen, schliefen sie schon nach kürzester Zeit ein. Doch ich konnte nicht schlafen. Unruhig wälzte ich mich von einer Seite auf die andere. Als ich um vier Uhr morgens von einem meiner zahlreichen Besuche im Badezimmer zurückkehrte, blickte mich Leo an. Auch er konnte nicht schlafen.

Am nächsten Morgen, dem Thanksgiving Day, stand ich kurz vor Tagesanbruch auf, nahm eine heiße Dusche und verscheuchte die Sorgen der Nacht. Welch eine Ironie, heute eine Verkleidung zu tragen, dachte ich, als ich mein muslimisches Gewand anzog. War nicht Halloween die Zeit für gruselige Kostüme? Ich überprüfte alles dreimal, vergewisserte mich, dass das Aufnahmegerät sicher angebracht war, die Batterien geladen und die Bänder zurückgespult waren. Und packte Reservebatterien und -bänder in meine Tasche. Ich nahm auch meine Visitenkarten mit – mein Alter Ego ist von Beruf Näherin. Hierfür hatte ich mich entschieden, weil ich mich ja schließlich in der Bekleidungsbranche gut auskenne. Und Bargeld steckte ich ein, eine ganze Menge, denn man wusste nie, was auf solchen Konferenzen auf einen zukam, und ich konnte ja schlecht meine Kreditkarten mitnehmen, auf denen stand mein richtiger Name. Ich war schließlich froh, so viel Geld dabei zu haben, denn an jenem Morgen kaufte ich die Essensmarken für die gesamte Konferenz, und später am Tag spendete ich Geld für den Sohn eines Märtyrers.

Die Kinder schliefen noch, als ich schließlich angezogen war. Leo holte den Wagen, und wenige Minuten später ging ich nach unten. Ich kam mir komisch vor, in einem Chicagoer Hotel wie eine Muslima gekleidet zu sein. Alle schienen mich anzustarren. Da ich nicht einmal die war, die ich vorgab zu sein, war mir das Ganze umso unangenehmer.

Aus Angst, jemand könnte bemerken, wie ich aus einem Wagen stieg, der nicht von einem »Bruder« gefahren wurde, bat ich Leo, mich in einiger Entfernung von der Einfahrt des Ramada abzusetzen. Die Leute strömten bereits in die Richtung des Hoteleingangs. In der schneidenden Kälte schloss ich mich ihnen raschen Schrittes an und blickte mich kein einziges Mal um. Ich spürte Leos besorgten Blick in meinem Nacken, bis ich das Foyer erreichte. Mir fiel auf, dass die Wagen, die auf der Suche nach Parkplätzen ihre Runden drehten, Nummernschilder des Staates Illinois hatten. Viele Wagen waren schon älter, was bedeutete, dass es sich nicht um Leihwagen handelte. Eine Reihe dieser Leute stammte also von hier. Wahrscheinlich kannten sie einander. Ich musste also genau aufpassen, was ich erzählte.

Der Hotelportier schickte mich zur Anmeldung am anderen Ende des Foyers. Dort hatte sich bereits eine Schlange gebildet. Als ich mich anstellte, wurde ich plötzlich nervös. Das hier war eine IAP-Konferenz, Islamic Association for Palestine, deswegen würden viele der Besucher Palästinenser sein. Sie würden an meinem Akzent erkennen, dass ich Irakerin war. Was, wenn sie mich danach fragten? Was, wenn sie mir andere Fragen stellten? Was, wenn ich über irgendein Detail meiner Geschichte stolperte? Die Leute bei der Anmeldung waren gegenüber allen, die sie nicht kannten oder die nicht wie jemand aus dem Nahen Osten aussahen, sehr argwöhnisch. Sie nahmen einige der in der Schlange Stehenden ins Verhör. Direkt vor mir in der Reihe stand ein Mann, der weder südländisch aussah noch Arabisch sprach. Sie stellten ihm einige Fragen, und er versuchte, ihnen Erklärungen zu geben, aber die Organisatoren kauften ihm seine Geschichte nicht ab. Höflich, aber bestimmt verweigerten sie ihm den Einlass. Sie sagten ihm, die Konferenz sei nur für eingetragene IAP-Mitglieder, und baten ihn, wieder zu gehen. Als ich an die Reihe kam, lächelten sie mich an. Ich erwiderte ihr Lächeln, aber mir schlug das Herz bis zum Hals.

Sie schöpften keinerlei Verdacht. Ich sah wie eine aus dem Nahen Osten aus und war zudem noch schwanger – die perfekte Tarnung. Als ich mich für die Konferenz eingeschrieben und die Gebühr bezahlt hatte, wollten sie wissen, ob ich Mitglied der IAP sei. Nein? Vielleicht wollte ich Mitglied werden? Für nur weitere 30 Dollar würde ich regelmäßig ihre Publikation *al-Zaytuna* erhalten. Ich stimmte sofort zu. Allmählich kehrte mein Selbstvertrauen wieder zurück. Dann fragten sie mich, ob ich Essensmarken kaufen wolle. Natürlich wollte ich das, denn ich war schwanger und hatte ständig Hunger, und der Preis erschien mir akzeptabel.

»Wo gibt es denn Frühstück?«, fragte ich, als mein Magen knurrte, und ging in die Richtung, in die sie gedeutet hatten, bis ich einen großen, wunderschönen Speisesaal fand. Eleganter Deckenstuck, große Kristallleuchter, viel Licht. Das Frühstücksbüfett sah sehr verlockend aus. Es waren erst wenige andere Konferenzteilnehmer hier, also nahm ich an, dass es noch zu früh war. Ich setzte mich mit meinem Teller an einen Tisch. Das Essen war hervorragend, und ich holte mir zweimal Nachschlag. Kurz bevor ich gehen wollte, kam ein Kellner an meinen Tisch. Ich gab ihm meine Essensmarke und fragte, ob ich noch einen Kaffee haben könne. Er sah mich an, als hätte ich nicht mehr alle Tassen im Schrank.

»Was ist das denn?«, fragte er.

»Die Marke«, sagte ich. »Für das Frühstück!«

Der Kellner, dem nun klar wurde, was passiert war, erklärte mir in einem Ton, als habe er ein schwachsinniges Kind vor sich, dass sich der kleinere Frühstückssaal für die Konferenzteilnehmer auf der anderen Seite des Foyers befinde, bei einem Schild mit dem Hinweis DRITTE IAP-JAHRESKONFERENZ.

Ich kam mir ziemlich dumm vor, aber wenn man satt ist, nimmt man solche Dinge mit Humor. Was der Kellner mir für mein »Frühstück« abnahm, fand ich allerdings weniger amüsant, denn es kostete mehr als sämtliche Mahlzeiten der gesamten Konferenz.

Nach dem Frühstück ging ich zurück ins Foyer. Die IAP-Leute bei der Anmeldung zeigten mir den Weg zu den Konferenzräumen, die in einem anderen Teil des weiträumigen Hotels lagen. Der Weg dorthin führte durch einen hell erleuchteten Korridor mit großen Fenstern auf beiden Seiten und mit Blick auf einen wunderschönen Patio. Ich hatte den Eindruck, dass dieser Teil des Hotels später angebaut worden war. Am Ende des Korridors fand ich einen großen Saal mit gewaltigen Kronleuchtern und kastanienbraunen Teppichen mit gelben Punkten, in dem der für Konferenzräume so typische schwere Geruch hing und der so aussah wie viele andere Konferenzräume, die ich überall im Land gesehen hatte. Zur linken Hand befand sich ein kleinerer Saal, in dem später ein Basar stattfinden sollte, auf dem Tapes, Bücher und anderes verkauft werden würden. In den Hauptkonferenzraum, der hinter dem großen Saal lag, gelangte man durch zwei Verbindungstüren.

Es war noch früh, und die Leute begannen gerade erst, in dem großen Saal ihre Stände aufzubauen. Natürlich gab es einen IAP-Stand und einen HLF-Stand. Dann gab es einen Stand der Global Relief Foundation, GRF, einer weiteren Wohltätigkeitsorganisation, die im Jahr 2002, wie die HLF ein Jahr zuvor, als terroristische Tarnorganisation eingestuft wurde, einen Stand der Benevolence International Foundation, BIF, der dieses Schicksal einen Monat nach der GRF widerfuhr, sowie Stände einiger anderer mit dem Terrorismus in Verbindung stehender Wohltätigkeitsverbände.

Bei einem Stand blieb ich abrupt stehen. Als ich den Mann sah, der ihn aufbaute, krampfte sich mir der Magen zusammen. Aber ich musste dieses Gefühl überwinden, denn ich wollte ihn unbedingt kennen lernen. Eine solche Chance bekam ich so schnell nicht wieder.

Er war klein, mager, fast kahlköpfig und sah völlig harmlos aus. Ich ging auf ihn zu und zauberte unter großen Schwierigkeiten ein Lächeln hervor. Der Mann stellte sich als Muhammad Salah, muslimischer Menschenrechtsaktivist, vor. Er verteilte grüne Anstecknadeln und bat um Spenden. Ich gab ihm zehn Dollar, und wir kamen ins Gespräch.

Seine erste Frage: Ob ich wisse, wer er sei. Nein, log ich. »Deswegen sind diese Konferenzen so wichtig«, sagte er. »Damit wir euch von der Unterdrückung und dem Leid der Muslime in Amerika und überall auf der Welt berichten können.« Dann erzählte er mir seine Geschichte. Er war Palästinenser, hatte jedoch die amerikanische Staatsbürgerschaft und verkaufte Gebrauchtwagen hier in Chicago. Anfang der Neunzigerjahre sei er nach Israel gegangen, um Familie und Freunde zu besuchen. Und was sei ihm da passiert? Die Behörden hätten ihn festgenommen und für fünf Jahre ins Gefängnis gesteckt.

»Warum?«, fragte ich und versuchte, entsetzt dreinzublicken.

»Ich werde dir erzählen, warum. Weil die Israelis unschuldige Palästinenser unterdrücken«, sagte er entrüstet. »Und weißt du, was am schockierendsten ist? Als ich, nachdem ich gefoltert worden war und glaubte, in diesem Gefängnis sterben zu müssen, in die USA zurückkehrte, ließen sie mich überprüfen und froren mein Vermögen ein! Mich, einen unschuldigen Bürger, einen Autohändler, einen Familienvater, einen Vater von fünf Kindern!«

Es fiel mir nun wirklich schwer, die Show weiter durchzuziehen. »Natürlich. Jetzt erinnere ich mich«, rief ich aus. »Wie konnte ich das nur vergessen. Du bist ein großer Held. Ich habe meinen drei Söhnen deine Geschichte erzählt, und ich hoffe, es wird sie motivieren, Mudschahiddin zu werden, *Insha-Allah!*, so Gott will.«

Ich sagte ihm, wie mutig und zäh er sei, und dass wir Muslime von ihm lernen sollten. Er bat mich, nach seiner Frau Ausschau zu halten, die ebenfalls an der Konferenz teilnehme, und mit ihr zu reden. Ich versprach es ihm. Wir redeten noch eine Weile, und dann ging ich weiter. Ich hatte keine neuen Fakten erfahren, doch die Unterhaltung mit Salah war aufschlussreich. Kenne deinen Gegner, das war ein Motto.

In Wirklichkeit war Salah der Kopf des weltweiten militärischen Flügels der Hamas. Er wurde Anfang 1993 mit 100 000 Dollar Bargeld in der Tasche in Israel festgenommen. Das Geld sollte seiner eigenen Aussage zufolge an die Mitglieder des militärischen Flügels der Hamas verteilt werden. Salahs Reise nach Israel hatte den Zweck, die aufgrund der Abschiebung der meisten gefährlichen Hamas-Aktivisten zerstörte Infrastruktur der Hamas wieder aufzubauen. Während seiner Zeit im Gefängnis gab Salah in Unterhaltungen mit anderen Insassen und in einem freiwilligen, auf Arabisch verfassten Geständnis, das eher für andere Spitzenfunktionäre der Hamas gedacht war als für die Israelis, detaillierte Informationen über die Struktur und die Finanzierung der Hamas preis. Seine Aussage wurde später als zulässig erachtet und als Beweis im Prozess gegen Musa Abu Marzook in New York verwendet.

In seiner Aussage beschrieb Salah, wie er von Musa Abu Marzook – dem Chef des Politbüros der Hamas, dessen Auslieferungsprozess eine nicht weiter genannte Person im Büro der IAF des jordanischen Exdiplomaten Ishaq al-Farhan dazu veranlasst hatte, der US-Botschaft in Amman Drohbriefe zu schicken – auf seinen angesehenen Posten berufen worden war. Marzook, einer der prominentesten Führer der Hamas, arbeitete eng mit Muhammad Salah zusammen. Salah enthüllte, er sei von Marzook dazu ermächtigt worden, Personen zu rekrutieren, die in der Handhabung von Sprengstoff für den Einsatz im heiligen Krieg ausgebildet werden sollten. Salah bildete darauf in den Vereinigten Staaten zehn Rekruten aus, von denen drei dazu auserwählt wurden, Anschläge zu verüben. Er überwachte nicht nur den Bau von Bomben, Sprengsätzen und Fernzündungen, sondern wurde von Marzook auch beauftragt, biologische und chemische Waffen für die Hamas zu entwickeln.

Nasser Hidmi, der palästinensische Jugendliche, der festgenommen wurde, als er versuchte, in Israel eine Bombe zur Explosion zu bringen, und der enthüllte, dass Ishaq al-Farhan auf einer Konferenz in Kansas an der Rekrutierung von Terroristen beteiligt war, sagte, der Mann, der diese 20 potenziellen Terroristen tatsächlich ausgewählt habe, sei Muhammad Salah gewesen.

Er, der unschuldige Bürger, der Gebrauchtwagenhändler und Familienvater.

Aber das war noch nicht alles. Marzook beauftragte Salah auch damit, über die Freilassung von Hamas-Führern aus israelischen Gefängnissen zu verhandeln. Er sollte den Israelis ein Angebot machen. Salah wusste, wo sich der Leichnam eines israelischen Soldaten befand, der von der Hamas gekidnappt und ermordet worden war. Der Soldat war gefoltert worden, man hatte ihm die Augen ausgestochen und seinen Körper verstümmelt. Als ich Salah sah, der gerade letzte Hand an seinen Stand anlegte, hatte ich sofort das gequälte Opfer vor Augen und hörte seine Schreie. Ich bete zu Gott, dass er starb, *bevor* sie ihm das antaten.

Ich reagiere auf die Vorstellung von Folter mit Übelkeit, Unterleibsschmerzen und Herzklopfen. Jedes Mal, wenn ich daran denke, erinnere ich mich an den alten Mann, der mit meinem Vater im Gefängnis saß und dort gefoltert wurde. Der Mann, der uns den Brief meines Vaters brachte. Er erzählte meiner Mutter in wenigen Worten von der Brutalität, davon, dass den Gefangenen die Fingernägel herausgerissen würden und man sie an rotierende Deckenventilatoren hänge. Als er Mama den Brief gab, sah ich ganz deutlich, dass seine Hand mit Dutzenden kleinen Narben übersät war, die von Brandwunden von Zigaretten stammten. Da ich schwanger war, reagierte ich diesmal viel heftiger, dennoch musste ich all diese Gefühle unterdrücken, während ich Salahs scheinheiligen Lügen zuhörte.

Inzwischen war der HLF-Stand aufgebaut. Ich ging hinüber, und sofort kam ein Mann auf mich zu und fragte mich auf Arabisch, ob ich mit seiner Organisation vertraut sei. Innerlich musste ich laut lachen. Ich wusste wahrscheinlich mehr darüber als er selbst. Doch ich setzte ein naives Gesicht auf und gestand, dass ich nur sehr wenig darüber wisse. Während unserer Unterhaltung fragte er mich, warum ich, offensichtlich eine Irakerin, an der Sache der Palästinenser interessiert sei. Ich sagte, wir seien alle Brüder und Muslime, und im Dschihad gebe es keine Grenzen. Das gefiel ihm. Außerdem erzählte ich ihm, mein Mann sei Palästinenser. Armer Leo. Schon allein der Gedanke, er könne an dieser Konferenz teilnehmen, war mehr, als ich ertragen konnte.

Der rundliche Rotschopf, mit dem ich sprach, sah genauso wenig wie ein Palästinenser aus wie Leo. Nachdem er mir einen kurzen Vortrag über die HLF gehalten und mir erklärt hatte, wie wichtig es sei, Geld nach Palästina zu schicken, sagte er mir, dass eines der wichtigsten Projekte der Gruppe das Adoptionsprogramm sei. Mit nur 50 Dollar im Monat könne ich ein palästinensisches Kind meiner Wahl »adoptieren«, sprich sponsern. »Vor allem jetzt, wenige Wochen vor Beginn des heiligen Monats Ramadan«, sagte er, »kann das Geld verwendet werden, um für diese Kinder Geschenke zu kaufen. Sie würden sich riesig über Festtagspäckchen freuen, und wenn du ein Kind sponsern willst, dann wäre jetzt die beste Zeit, damit anzufangen.«

Ich hatte das Gefühl, dass hier irgendwas im Busch war. »Kannst du mir ein bisschen mehr darüber erzählen?«, fragte ich.

Das tat er liebend gern. Er sagte mir, dass es sich dabei um eines ihrer erfolgreichsten Projekte in letzter Zeit handle (zweifellos, um Geld an die Hamas weiterzuleiten, dachte ich), und er zog einige große Aktenmappen mit Bildern von Kindern hervor. Waisen. Es gab auch Beschreibungen dieser Kinder. Alter, Geschlecht, Wohnort und welches Ereignis sie zu Waisen gemacht hatte. Ich las ein paar davon. Viele der Beschriebenen waren Kinder von *shuhada*, Märtyrern, also von Selbstmordattentätern und dergleichen! Dieses Programm war folglich ein weiterer Anreiz für jeden, der das Märtyrertum als Weg zum Paradies betrachtete, weil er sichergehen konnte, dass seine Kinder versorgt werden würden. Ich sah mir einige weitere Bilder und Beschreibungen genauer an.

»Weißt du«, sagte ich zu dem Rotschopf, »ein palästinensisches Kind zu sponsern ist wirklich eine wunderbare Sache. Aber wenn ich eine gute Tat vollbringen will, dann auch richtig. Ich möchte den Sohn eines Märtyrers adoptieren.« Er sah sehr erfreut aus, doch dann zog er die Augenbrauen zusammen. »Das könnte ein Problem sein, Schwester. Im Moment steht keiner zur Verfügung, weißt du. Offensichtlich werden sie als Erste adoptiert, sie sind die Begehrtesten auf unserer Liste.«

Ich blieb hartnäckig und erklärte ihm, ich hätte eigene Kinder und wisse, wie schrecklich es sei, ein Waise zu sein. Zumindest das war keine Lüge. Ich würde mich viel besser fühlen, fuhr ich fort, wenn ich wüsste, dass mein Geld einer wirklich guten Sache zugute komme, und was könnte besser sein, als den Sohn eines Mannes zu unterstützen, der für den Dschihad gestorben sei.

Es funktionierte. Er vergewisserte sich, dass ich bis zum Ende der Konferenz blieb, und schlug mir dann vor, am folgenden Tag wieder zu seinem Stand zu kommen. Er würde versuchen, etwas Besonderes für mich zu arrangieren, nur für mich.

Es war Mittagszeit, und ich hatte schon wieder Hunger. Ich folgte dem Besucherstrom, um sicherzugehen, diesmal in den richtigen Speisesaal zu gelangen, den ich dann zusammen mit den anderen Frauen betrat. Für Frauen und Kinder war ein großer, düster aussehender Raum vorgesehen, der durch eine Tür mit dem Speisesaal der Männer verbunden war. Die Kinder saßen bei uns, aber einige rannten zwischen beiden Räumen hin und her. Diese Trennung von den Männern erwies sich für mich als sehr vorteilhaft. Keiner würde bemerken, dass ich allein hier war.

Vor dem warmen Büfett hatte sich eine Schlange gebildet. Es gab Hühnchen, Fleischbällchen, Reis und Salat, und offensichtlich hatten die Kellner die Anweisung erhalten, möglichst kleine Portionen auszugeben. Einige Frauen vor mir in der Schlange baten um größere Portionen und wurden angebrüllt. Wie bei *Oliver Twist*, dachte ich. Schweigend nahm ich meine Portion entgegen und setzte mich an einen der Tische.

Die zehn Frauen an meinem Tisch wussten sofort, dass ich nicht aus Chicago war, da sie die meisten Leute in ihrer Gemeinde kannten. Es war auch offensichtlich, dass ich keine Palästinenserin war. Deswegen waren sie sehr an mir interessiert. Sie wollten wissen, wer ich war und wie es kam, dass ich an der Konferenz teilnahm, und ich breitete wie beiläufig meine Geschichte vor ihnen aus. Ich sagte, mein Mann müsse arbeiten, denn er sei Beamter. Er habe zwar schon einige Konferenzen besucht, gehe aber ungern zu politischen Veranstaltungen. Während ich erzählte und erzählte, musste ich Acht geben, dass mir nicht unbewusst ein Wort auf Hebräisch über die Lippen kam, Wörter und Ausdrücke wie »weißt du« und »okay«, die ich ohne nachzudenken verwende. Ich sagte, wir seien der Meinung, dass es für mich, die Mutter, die die meiste Zeit mit den Kindern verbringe (wie man es von einer Muslima erwartet), wichtig sei, diese Veranstaltung zu besuchen, damit ich meine Kinder im Sinne des Islam erziehen und ihnen die Ideen und Bräuche, die ich hier kennen lernte, vermitteln könne.

Nach dem Mittagessen lief ich erneut Salah über den Weg. Diesmal war er in Begleitung seiner Frau, die er mir aufhalste. Wir unterschieden uns rein äußerlich kaum, sie und ich. Langes, dunkles Gewand, langer, weißer *hijab*, kein Nagellack oder Make-up. Doch uns trennten Welten, wovon sie nichts ahnte, was mich jedoch zunehmend nervös machte. Ich ließ hauptsächlich sie reden. Diese langen Unterhaltungen wurden zu anstrengend und zu riskant. Aber ich schmeichelte ihr wegen ihrer Tapferkeit, fünf lange Jahre ohne ihren Mann mit fünf Kindern überlebt zu haben, und fragte, wie ihr das gelungen sei.

»Gepriesen sei Allah«, sagte sie, »für unsere großzügige muslimische Gemeinde. Praktisch alle hier haben uns geholfen, weil sie wussten, was mein Mann erdulden musste, und es hat uns an nichts gefehlt. Unser Zusammenhalt als Muslime ist eine sehr mächtige Waffe.«

»Ja, das stimmt«, sagte ich, und das war ehrlich gemeint.

Leo weckte uns alle am Freitagmorgen sehr früh. Die Kinder sprangen munter aus dem Bett, obwohl sie am Thanksgiving-Abend sehr müde von ihren Abenteuern in der City von Chicago zurückgekommen waren. Während ich mit Muhammad Salah geplaudert und versucht hatte, am HLF-Stand einen Märtyrersohn zu ergattern, waren sie durch die breiten Straßen der Chicagoer Innenstadt spaziert, hatten sich die Thanksgiving-Day-Parade angesehen und waren im wahrsten Sinne des Wortes mit dem Schauspieler John Malkovich zusammengestoßen. Nach der langen Fahrt und dem ausgedehnten Spaziergang in der kühlen Herbstluft hatte jedes geschlafen wie ein Stein. Ich wunderte mich, dass sie am frühen Morgen schon so lebhaft waren, bis Leo mir sagte, er habe versprochen, mit ihnen den ganzen Tag in Chicagos interaktivem Themenpark DisneyQuest zu verbringen.

Die Kinder waren sogar noch schneller als ich. Als ich mein Aufnahmegerät festband, waren sie schon fertig und warteten. Wir redeten nicht viel und gingen, als ich angezogen war, getrennt nach unten, um zum Ramada zu fahren.

Der Freitag ist für Muslime ein heiliger Tag – der Ruhetag. Freitags gehen die Gläubigen in die Moschee und hören sich die *Khutbat al-Jum'aa*, die Freitagspredigt, an. Zu Hause, Lichtjahre entfernt wie mir schien, ist der Freitag der Tag, an dem ich gern das traditionelle Mahl mit meiner Familie einnehme. Heute nicht, dachte ich. Kein richtiges Thanksgiving-Mahl und auch kein Freitagsmahl. Nur die IAP und die *Khutbat al-Jum'aa*.

Die Hauptvorträge dieser Konferenz fanden im großen Konferenzraum statt, die ergänzenden Konferenzen und Vorträge in kleineren über das Hotel verteilten Besprechungsräumen. Ich wusste, dass heute die Predigt und nicht einer der Vorträge das Hauptereignis sein würde.

Ich beobachtete, wie die Organisatoren alle aus dem Raum scheuchten und Klebeband auf dem Fußboden so anbrachten, dass ordentliche Reihen entstanden. Der Tradition entsprechend sollen die Gläubigen während eines Gebetes absolut gerade Linien bilden, damit die Anrufung Allahs maximale Wirkung hat.

Als die Predigt näher rückte, füllte sich allmählich der große Saal. Immer mehr Menschen strömten hinein, und es schien, dass jeder Muslim und Palästinenser aus Chicago und Umgebung hierher kam, um die Predigt zu hören. Später fand ich heraus, dass das gar nicht so weit von der Wahrheit entfernt war. Viele ortsansässige Imams hatten ihren Gemeindemitgliedern mitgeteilt, dass an diesem Freitag im Konferenzsaal des Ramada gleich nach der Predigt die *salat*, die Gebete, gesprochen werden würden. Deswegen war der Saal so überfüllt. Als sich die Leute immer dichter zusammenquetschten, geriet ich in Panik. Mein Aufnahmegerät könnte versagen oder, schlimmer noch, entdeckt werden.

Die Luft in diesem Raum wurde immer stickiger. Alle klagten darüber, während wir immer noch dichter zusammengedrängt wurden. Im Unterschied zu den Vorträgen, bei denen die Frauen auf einer Seite des Saals saßen, die Männer auf der anderen, war unser Platz während dieser Predigt hinter den Männern. Die Predigt wurde als wichtig erachtet, weswegen die Männer das Vorrecht genossen, dem Imam näher zu sein, damit sie ihn besser hören konnten. Männer sind in der muslimischen Welt privilegiert, auch wenn sie im Westen leben.

Dr. Salah Sultan sollte die Predigt halten. Der 40-jährige Sultan war mittelgroß und hatte dunkles Haar, einen dunklen Bart sowie sehr dunkle Augen, die irgendwie unheimlich wirkten. Vor kurzem hatte er die Islamic American University in Southfield, Michigan, gegründet. Die Universität wurde von vielen führenden muslimischen Organisationen und einer Reihe angesehener muslimischer Gelehrter unterstützt. Einer dieser Intellektuellen war Yousef al-Qaradawi, der Geistliche, der Selbstmordattentate billigte und dem, dank meiner Arbeit, die Einreise in die USA verweigert worden war. Dieser bemerkenswerte Gelehrte gab Sultans Universität nicht nur seinen Segen, sondern bekleidete auch das Amt des Rektors der Islamic American University in Katar. Tentakeln, Tentakeln, wohin man auch blickte.

Trotz der sehr unangenehmen Bedingungen in diesem Saal war ich sehr gespannt zu hören, was der angesehene Rektor der islamischen Universität, Dr. Salah Sultan, zu sagen hatte. Ich wusste damals sehr wenig über ihn und hoffte, dass er in seiner Eigenschaft als Gelehrter eine Rede über seine neuesten Erkenntnisse zur muslimischen Frage in Amerika und zum Konferenzthema »Ein Jahrhundert des Erstarkens« darlegen würde. Er begann mit seiner Rede, und während er sprach, wurde mir immer mulmiger zumute. Das Folgende sind Auszüge aus seiner Predigt.

Was bedeutet euch »die Sache«? Und was bedeutet sie euren Kindern? Wie viel wissen sie über diese Tragödien? Haben wir ihnen erzählt, dass die Kinder Zions dort drüben die Schöße von

Müttern aufschneiden? So wie Khalid M. Kahlid 1992 erzählte, er habe, als er Shamir [Yitzhak Shamir, Israels Premierminister zur Zeit des Golfkrieges] besuchte, auf seinem Schreibtisch einen seltsamen Aschenbecher gesehen und ihn gefragt: »Was für ein seltsamer Aschenbecher ist das?« Shamir erzählte ihm, dies sei der Schädel eines Embryos. Der Schädel eines Embryos! Ein israelischer Soldat öffnete den Schoß einer palästinensischen Mutter, nahm den Embryo heraus, schnitt ihm den Kopf ab und gab ihn ihm als Geschenk. Er gab ihn ihm als Geschenk! Das ist die Methode der Juden. Einen Muslim oder einen anderen Nichtjuden töten sie, ohne mit der Wimper zu zucken. Denn ihr Motto lautet: »Die Nichtjuden bedeuten uns nichts.« So heißt es im Talmud: »Begegnest du einem Nichtjuden, töte ihn!«

Sultan redete und redete, und nach fast 40 Minuten hatte ich das Gefühl, in dem immer stickiger werdenden Saal kaum noch Luft zu bekommen. Mein *hijab* wog inzwischen schwer wie Blei. Mir platzte schier der Kopf. Das Aufnahmegerät schnürte mich ein. Von allen Seiten wurde ich eingequetscht. Ich brauchte Luft. Der große Raum begann sich zu drehen. Ich musste raus, hatte jedoch keine Chance, diesen überfüllten Saal zu verlassen. Wie konnte er solche Dinge sagen? Hier waren doch Frauen und Kinder. Wie konnten sie sich das anhören? Sultan fuhr fort:

Ich möchte, dass sich jedes Kind die Wunden Palästinas und die Taten des Märtyrertums immer wieder vor Augen führt. Ich möchte ein Mann sein, der das Land verteidigt, der die Ehre verteidigt, der das heilige Jerusalem verteidigt. Wenn die Ehre verletzt wird, dann will ich mein Leben hingeben. Der Tag wird kommen, an dem sich diese Völker erheben und das Banner des Dschihad tragen. Das zionistische Regime ist eine Gefahr für die Juden, eine Gefahr für die Christen, eine Gefahr für die Amerikaner. Israel wird euer Verderben sein, es wird euch in seinem eigenen Interesse eurer Souveränität berauben. Sie haben Amerikaner im Libanon getötet, um den Konflikt noch weiter zu schüren. Diesen Leuten ist es völlig gleichgültig, wen sie zerstören. »Die Nichtjuden bedeuten uns nichts. Tötet die Nichtjuden. Wenn du einen leidenden Nichtjuden findest, hilf ihm nicht, sondern füge ihm noch mehr Leid zu, denn das gefällt dem Herrn.«

Dschihad, Märtyrertum, enthauptete Embryos. Ich erstickte fast, und mir drehte sich alles, schneller und schneller.

Schließlich beendete Sultan seine Predigt, und das Freitagsgebet begann. Im Unterschied zu meinem ersten Besuch der Dar al-Hijra wusste ich jetzt genau, wie ein guter Muslim betet. Jedes Mal, wenn wir uns verneigten, spürte ich das Gewicht meines Bauches und die enorme Anstrengung, mich wieder aufzurichten. Wir knieten uns hin, beugten uns dann vor, bis unsere Stirn den Boden berührte, und standen wieder auf. Ich wurde auf einer riesigen Welle in einem stürmischen Meer von Gläubigen dahingetragen und war nahe daran, in ihm zu ertrinken. Ich war schweißgebadet und hatte das Gefühl, jeden Moment ohnmächtig zu werden. Sollte das passieren, würden die Frauen um mich herum mir sofort helfen und etwas Merkwürdiges unter meinen Gewändern finden. Durch Salahs Rede aufgehetzt, würden sie mich sicherlich lynchen. Ich rang nach Luft und biss mir auf die Unterlippe, bis ich den ekelhaften Geschmack von Blut im Mund hatte. Als das Gebet endlich vorüber war, schleppte ich mich mit letzter Kraft nach draußen. Ich erstickte wirklich. Ich musste an die Luft. Musste hier raus.

Zurück im Hotel, duschte ich ausgiebig. Dann legte ich mich hin und ließ meinen Tränen freien Lauf. War es ihnen schließlich gelungen, mich aus der Fassung zu bringen? Oder war es die Geschichte mit dem Embryo? Dieses schaurige Bild rief in mir heftigste Gefühle hervor, denn ich dachte an mein eigenes ungeborenes Kind und das Kind, das ich verloren hatte. Es war so widersinnig: Sultan verwendete Begriffe, die er direkt seinem eigenen kulturellen Hintergrund entlehnte. Die barbarischen Akte der Enthauptung und Amputation waren und sind in einigen arabischen und muslimischen Ländern wie Saudi-Arabien oder Afghanistan unter der Herrschaft der Taliban nichts Ungewöhnliches und werden von derartigen Regierungen als akzeptable Strafe betrachtet. Du trägst die falschen Schuhe, und die

Taliban richten dich am helllichten Tag hin. Du stiehlst, und die Saudis hacken dir die Hand ab. Du hast eine Affäre mit einem verheirateten Mann, und sie steinigen dich zu Tode. Du hast keinen Ehemann und wirst schwanger, und dein eigener Vater schlitzt dir die Kehle auf. Du bist Reporter für das *Wall Street Journal*, und du wirst barbarisch ermordet, und jemand stellt sicher, dass die abscheuliche Tat auf Video aufgenommen und ins Internet gestellt wird. Für diese Missachtung des Lebens gibt es unzählige Beispiele.

So predigte Ikrima Sabri, der Mufti: »Die Muslime lieben den Tod und das Märtyrertum.« Und im offiziellen Fernsehsender der palästinensischen Autonomiebehörde trugen Kinder im Kindergartenalter mit hasserfülltem Blick vor: »Hüte dich vor meiner Wut, ich werde das Fleisch meiner Feinde essen.« Muslimische Geistliche, Imams, Scheichs und selbst der saudische Botschafter in Großbritannien, Dr. Ghazi al-Gosabi, preisen Selbstmordattentate. Sogar nach dem 11. September. Ihre Verwendung des Wortes Märtyrertum für Mord ist Ekel erregend. Die Eltern solcher »Märtyrer« loben oft ihre Kinder und sagen, dass sie ihre anderen Kinder ermutigen werden, ebenfalls diesen Weg zu gehen. Und die Saudis haben zum Beispiel öffentlich und ohne Scham Geldmittel für das »Märtyrertum« gesammelt: 100 Millionen Dollar bei einem Telethon. Vielleicht hätten sie ihn »Barbarithon« nennen sollen. Als Osama bin Laden danach gefragt wurde, wie viele Muslime bei den Angriffen auf die US-Botschaften in Kenia und Tansania umgekommen seien, antwortete er, als sei der Frager ein Idiot: »Sie sind alle in den Himmel eingegangen!«

Die Kultur, aus der Sultan stammt, nährt die Gewalt und hat keine Achtung vor dem Leben. Wie tief, dunkel und unfassbar muss der Hass im Herzen des angesehenen Rektors der Islamic American University sein, wenn er derartige Dinge sagt. Wird er seinen Hass an seine Studenten in Michigan weitergeben, so wie er es in seiner heutigen *khutba* getan hat? Und wie viele der im Ramada Plaza Anwesenden glaubten seine Geschichte von Shamir und dem Embryo-Aschenbecher? Wie weit würden diese Menschen gehen, wenn sie dies wirklich für wahr hielten?

Ausgeruht und wieder zuversichtlich rief ich Leo und die Kinder an. Sie hatten riesigen Spaß. Das hob meine Stimmung. Es half mir, meine Gedanken zu ordnen.

Bei dem, was ich tue, werde ich mit Hass konfrontiert. Oft und mit sehr viel Hass. Ich lese unzählige von Geistlichen und anderen prominenten Muslimführern verbreitete hasserfüllte Stellungnahmen und Reden, die zum Mord aufhetzen. Ich lese Websites, die Selbstmordattentate verherrlichen, das Verdienst solcher Attentate für sich in Anspruch nehmen, die Testamente von Selbstmordattentätern zeigen, zum Dschihad aufrufen, spezielle Instruktionen zu Entführungen und Mord geben und die verunstalteten Körper von Märtyrern als Mittel der Propaganda und Rekrutierung von Mudschahiddin zeigen. Ich sehe Fotos und Videos aus aller Welt von Morden, Hinrichtungen, Folterungen und Verstümmelungen, wie das Lynchen der Soldaten in Ramallah oder den Mord an Daniel Pearl. Ich sehe Videos von Terroristen, wie sie im Töten, Entführen und Zerstören ausgebildet werden.

Doch trotz all dieses Hasses, mit dem ich ständig konfrontiert werde, geht es in meinem Leben und in diesem Buch *nicht* um Hass. Mein Leben ist voller Liebe – ich empfinde Liebe für Leo, unsere Kinder, Mama, meine Brüder und Schwestern, meine Freunde. Und für Baba und Großmutter, die nicht länger hier sind, aber immer hier sein werden. Wenn ich mit all diesem Hass zu tun habe, versuche ich, meine Gefühle auszuschalten, meinen Verstand zu gebrauchen und nicht mein Herz. Zu rationalisieren, so wie ein Arzt auf einer Krebsstation. Manchmal, wie bei Sultans *khutba*, fällt mir das sehr schwer.

Schließlich hatte ich das Gefühl, dass ich bereit war, mir die *khutba* erneut anzuhören. Ich spulte das Band zurück und drückte auf die Play-Ttaste.

Das Band war leer. Wie ich befürchtet hatte, war bei der Aufnahme etwas schief gegangen.

Frustriert brach ich zusammen und weinte erneut. Das konnte nicht wahr sein. Nach allem, was ich durchgemacht hatte, konnte ich nicht ohne die Predigt nach Hause kommen.

Sultan hatte die Predigt gehalten. Ich hatte sie nicht erfunden, und ich musste das Band haben, um dies beweisen zu können. Die einzige Möglichkeit, einer solchen Aufwiegelung künftig Einhalt zu gebieten, ist die, zu zeigen, dass es sie gibt. Sie öffentlich zu machen.

Ich schwor mir, dass ich Chicago nicht ohne sie verlassen würde, ging hinunter ins Foyer, aß etwas und nahm ein Taxi zurück zur Konferenz. Dort steuerte ich sofort auf den IAP-Stand zu und erzählte den Leuten, dass ich gerade die Predigt gehört habe und unbedingt eine Aufnahme davon haben müsse. Versuch es später noch mal, sagten sie. Dann ging ich zum HLF-Stand, denn ich musste ja noch einen Märtyrersohn kaufen.

Ging es nicht zu weit, den Sohn eines Märtyrers zu sponsern? Auch wenn das Kind tatsächlich einen Teil des Geldes erhielt, würde der Rest definitiv bei der Hamas landen – zur Finanzierung des Dschihad. Aber ich musste meinem Instinkt folgen. Sicher würde der Nutzen die Nachteile überwiegen. Vielleicht, dachte ich, bin ich wie ein Undercover-Agent der Drogenbehörde DEA, der manchmal Drogen nehmen muss, um glaubwürdig zu erscheinen. Das macht ihn nicht zum Drogenabhängigen. Es gehört zu seinem Job. Ich musste einen Märtyrersohn adoptieren. Das würde mich nicht zu einer Anhängerin des Terrorismus machen.

Beim HLF-Stand traf ich wieder auf den Rothaarigen. Er erinnerte sich noch an mich. »Weißt du was?«, empfing er mich strahlend. »Wir haben einen gefunden. Den Sohn eines richtigen *shahid*. Extra für dich!« Ich zeigte mich begeistert. Er erzählte mir, der Junge sei zehn Jahre alt und habe drei Brüder, zeigte mir sein Foto und sagte, sein Vater sei in Jerusalem »beim Kampf für die Sache« erschossen worden. Ich spendete 100 Dollar für zwei Monate und ließ ihm dann die Adresse da, an die ich mir all meine Post in meiner Eigenschaft als Näherin schicken lasse, damit ich den Jungen weiterhin mit 50 Dollar im Monat unterstützen konnte. Mein HLF-Freund versprach, mir immer wieder Fotos von diesem Jungen zu schicken wie auch HLF-Publikationen. In einer dieser Publikationen machte ich später eine wichtige Entdeckung. Mit meiner

Spende unterstützte ich also nicht den Terrorismus, ich half ihn zu beenden.

Zufrieden mit meiner neuen Errungenschaft, hörte ich mir weitere Vorträge an. In einem der Gänge entdeckte ich Muhammad al-Hanooti, damals noch immer der mächtige Imam der Moschee Dar al-Hijra. Al-Hanooti kannte viele der Konferenz-Organisatoren sehr gut, und er sollte eine Rede halten. Ich spielte ein bisschen Detektiv und folgte ihm eine Weile. Er traf einen anderen Imam, sie umarmten sich, eine lange, herzliche Umarmung zweier alter Freunde. Dieser Mann, Jamal Said, war der Imam einer Moschee in Chicago und derjenige, der unseren Freund Muhammad Salah für die Muslimbruderschaft rekrutiert hatte. Nach einer Weile dachte ich, das ist ja lächerlich, was ich hier mache, und hörte mir dann einfach al-Hanootis Rede an. Während ich dort saß, kam mir in den Sinn, wie komisch das Ganze war. Ich wusste so viel über ihn. Praktisch alles. Er hingegen nichts über mich. Nicht einmal, dass ich existiere, was sich mit Sicherheit nach diesem Buch ändern wird. Die Situation glich dem Szenario eines Filmstars und seines Fans. Ich saß da und dachte an all die langen Nächte, die ich damit verbracht hatte, ein Dossier über ihn anzulegen. Ich sah ihn an und sagte mir: Hm, das ist er also. Der Typ, auf den du so viel Zeit verwendet hast.

Nach seiner Rede ging ich zurück zu den Organisatoren und fragte sie nach der Aufnahme der Freitagspredigt. Sie hatten sie noch immer nicht und baten mich, später noch einmal wiederzukommen. Auch dieses Mal erzählte ich ihnen, wie dringend ich das Material brauchte.

Dann traf ich Nahla al-Arian, Samis Frau. Sami war ebenfalls hier, und auch drei der jüngeren Kinder. Ich sagte Nahla, dass ich sie bei früheren Versammlungen gesehen habe, was der Wahrheit entsprach, und redete mit ihr über Mazen al-Najjar, ihren Bruder, einen der Gründer von ICP und WISE, der 1997 wegen seines zehnjährigen illegalen Aufenthalts in den Vereinigten Staaten verhaftet wurde. Er focht seine Abschiebung an und wurde aufgrund geheimdienstlicher Erkenntnisse ohne die Möglichkeit der Zahlung einer Kaution festgehalten. Das angerufene Gericht stellte fest, dass er angesichts seiner Verbindungen zum PIJ eine Gefahr für die nationale Sicherheit darstelle, und er wurde wegen des Verstoßes gegen die Visabestimmungen abgeschoben. Zur Zeit der Konferenz saß er jedoch noch im Gefängnis, und ich versicherte Nahla, ihr Bruder sei für uns Muslime ein Nationalheld. Wir sprachen darüber, wie schwer es sei, in den Vereinigten Staaten ein Muslim zu sein, dass wir nicht stolz sein könnten auf das, was wir waren, und wie wir von der Regierung verfolgt wurden.

Sami al-Arian trat auf der Konferenz ebenfalls als Redner auf. Während seines Vortrags, den ich auch aufnahm, zeigte man einen Film über seinen Schwager. Man sah, wie al-Najjar im Gefängnis behauptete, er habe keine Ahnung, warum man ihn hier festhalte. Dann zeigten sie seine Frau und seine armen Kinder. Der Film war sehr gefühlsbetont. Er brach einem fast das Herz.

Anschließend ging ich erneut zum Stand der IAP-Organisatoren. Ich sprach direkt mit dem Organisator der Konferenz und bat ihn um ein Band der *khutba*. Ich war mir sicher, dass es eine offizielle Aufnahme gab; die gibt es immer bei diesen Konferenzen. Der Organisator zog unter dem Tisch eine Reihe von Bändern hervor und gab mir einen Satz. Ich hatte die Bänder, endlich. Ich bezahlte sie und eilte, ohne auf mein Wechselgeld zu warten, zum Hotel.

Meine Familie war bereits da. Am liebsten hätte ich mir sofort die Bänder angehört und Leo erzählt, was ich mitgemacht hatte. Aber das konnte ich nicht, nicht vor den Kindern. Außerdem hatten sie riesigen Hunger, und so gingen wir in ein nettes italienisches Restaurant. Ohne meinen *hijab* kam ich mir richtig komisch vor. Im Gegensatz zu Leo merkten die Kinder nicht, wie angespannt ich war. Nachdem wir sie ins Bett gebracht hatten, suchte ich schnell das Band mit der Predigt heraus und steckte es in den Rekorder. Das Band war leer. Das verdammte Ding war leer. Verärgert ging ich ins Bett und vergaß, Leo von meinen Erlebnissen zu erzählen.

Der folgende Tag war der letzte Tag der Konferenz und meine

letzte Chance, an die Predigt heranzukommen. Ich sprach zweimal mit dem Organisator, erzählte ihm eine rührselige Geschichte. Ich sei Lehrerin, sagte ich, hätte eigene Kinder und unterrichtete Kinder in einer Schule. Ich wolle sie unbedingt im wahren Islam unterweisen und würde jeden Preis für die Rede bezahlen. Die Rede sei das Wesen, der Kern, die ganze Bedeutung des Islam. Ich müsse die Predigt einfach haben, damit ich sie meinen Kindern vorspielen könne und sie, *Insha-Allah*, eines Tages selbst *shuhada* werden würden. Er schien mir zu glauben. Zumindest hoffte ich das.

Am Abend fanden die Abschlussfeierlichkeiten statt mit einer Bühnenvorführung von Schulkindern als Höhepunkt. Der Titel des Stückes lautete: »Wie ich zum Märtyrer wurde«. Auf einer Bühne im Hotel Ramada Plaza in Chicago, Illinois, in den Vereinigten Staaten von Amerika, führten junge Amerikaner arabischer Herkunft in den letzten Tagen des 20. Jahrhunderts vor, wie sich gute muslimische Jungs am Dschihad beteiligen, Juden töten und Märtyrer werden. Es war ein grausiges Schauspiel.

Ich ging noch einmal zu dem Organisator, der sich hinten im Saal befand und die Aufführung mitschnitt. Zum tausendsten Mal bat ich ihn um das Band. Er sah mich eindringlich an, beugte sich dann vor und zog etwas unter seinem Tisch hervor. Es war eindeutig das gleiche massenproduzierte Band, das er mir zuvor bereits gegeben hatte. Es war nicht einmal beschriftet. Er reichte es mir und sagte dann: »Viel Glück.«

»Wie viel schulde ich dir?«, fragte ich.

»Nichts Schwester«, antwortete er. »Von dir würde ich nicht mal einen Cent nehmen.«

Als ich das Band später in unserem Minivan abhörte, stellte ich fest, dass ich sie endlich hatte. Die gesamte *khutba*, ungekürzt. Den unwiderlegbaren Beweis.

Eine halbe Stunde später, als die Aufführung vorbei war, ging ich dem Organisator noch einmal auf die Nerven. Ich bat ihn um das Band der Aufführung. Er notierte sich meine Adresse und versprach, es mir zu schicken. Wenige Wochen später war es in der Post. Die Tänzer waren da, die Musik. Aber den Auftritt der Kinder, »Wie ich zum Märtyrer wurde«, hatte man aus den offiziellen Bändern der Konferenz herausgeschnitten.

Im März 2000 schrieb Raeed N. Tayeh im *Washington Report* einen kurzen Artikel über die Konferenz unter der Überschrift: »IAP lockt 2000 zur Versammlung in Chicago an.«

Fast 2000 Personen besuchten die dritte Jahresversammlung der Islamic Association for Palestine (IAP), die während des viertägigen Thanksgiving-Wochenendes im Hotel Ramada Plaza in Chicago stattfand. In den Reden zum Konferenzthema »Ein Jahrhundert des Erstarkens« wurde ausführlich die Rolle beschrieben, die Muslime spielen müssen, um Gerechtigkeit für sich selbst, für Palästina und für Muslime überall auf der Welt zu erzielen.

Nach der Konferenz äußerten Besucher ihre Zufriedenheit. »Die Redner waren großartig. Ich habe viele Dinge erfahren, von denen ich nichts wusste«, sagte [einer der Teilnehmer]. »Ich hatte keine Ahnung, dass Muslime wie Muhammad Salah und Mazen al-Najjar in Amerika so unterdrückt werden. Die IAP hat uns mit dieser Konferenz einen großen Dienst erwiesen.«

Bei der Abschlusssitzung gab es unter anderem eine Sammelaktion, die über 100 000 Dollar an Spenden einbrachte. Anschließend erlebte das Publikum eine Aufführung von Mitgliedern der Nujoom-Tanztruppe.

Die jungen Männer zeigten den traditionellen arabischen Folkloretanz, den *debka*, während Nujoom-Sänger islamische Lieder sangen, die das Herz höher schlagen ließen. Anschließend führten Kinder einen Sketch auf, der die Entschlossenheit der jungen Generation von Palästinensern zeigte, Palästina zu befreien.

Großartige journalistische Berichterstattung. Nun wussten wir, wie viele Leute die Konferenz besucht hatten und wie viel Geld die IAP gesammelt hatte, die – wenn ich noch einmal daran erinnern darf – eine Tarnorganisation der Hamas ist. Und wir wussten auch, wie sehr die Muslime in den Vereinigten Staaten unterdrückt werden, wie zum Beispiel der arme Muhammad Salah, ein Gebrauchtwagenhändler und Menschenrechtsaktivist. Doch am meisten verblüffte mich der Bericht über den Sketch, in dem die Kinder die »Entschlossenheit der jungen Generation von Palästinensern, Palästina zu befreien« zeigten. Es kommt immer darauf an, wie man Dinge sagt. Derselbe Sketch, unterschiedliche Wahrheiten.

Da ich ja nun erfahren hatte, wie viel Geld bei der IAP-Konferenz zusammengekommen war, schaute ich mir die Steuerformulare der IAP für 1999 sehr, sehr gründlich an. Dort waren die Spenden, die auf dieser Konferenz gesammelt wurden, nicht angegeben.

7. Kapitel

Die Millenniumsverschwörung

An diesem frühen Samstagmorgen Anfang Januar wirkten die leeren Straßen der Hauptstadt vom Flugzeug aus grau und düster. So sehr ich auch Grautöne verabscheue, der graue Wintermischmasch tat der Schönheit der Stadt keinerlei Abbruch. Ich bin häufig in Washington, und bei all meinen Aufenthalten habe ich immer wieder die Architektur im europäischen Stil und die Eleganz der Stadt bewundert. So anders als New York – Washingtons selbstsichere Ruhe ist der Hauptstadt einer Supermacht nur angemessen.

Als wir uns dem Reagan National Airport näherten, zeigten sich uns der gefrorene Potomac, das Kapitol und der hoch aufragende Obelisk des Washington Monument im Herzen der National Mall in all ihrer Pracht.

Es war sehr kalt draußen. Selbst auf dem kurzen Weg zum Abstellplatz für die Mietwagen ging mir die Kälte durch und durch. Oder war es etwas anderes, das mich so frösteln, ja geradezu zittern ließ? Ich war schließlich warm angezogen, trug mehrere dicke Schichten unter einem schweren Mantel. Und die Autoheizung blies beim Losfahren einen starken, heißen Luftstrom in den Wagen. Warum also war mir so kalt?

Bevor wir den Flughafenbereich verließen, hielten wir bei Federal Express an, um einen Karton abzuholen, der uns aus Kalifornien geschickt werden sollte. Er war da, wie versprochen. Mir schlug das Herz bis zum Hals, als ich ihn begutachtete. Enthielt er die Antwort? Das musste er einfach. Sonst würde unser Treffen nicht so erfolgreich verlaufen wie geplant – und ich würde mich lächerlich machen. Kein guter erster Eindruck. Überhaupt nicht gut, wenn man bedachte, was wir vorhatten.

Hier – im Weißen Haus – war ich noch nie gewesen. Keiner

von uns war je hier gewesen, schon gar nicht in offizieller Angelegenheit. Meine Reisebegleiter, Max und zwei Mitarbeiter aus unserem Institut, Bruce und Neil, hatten es eilig, ins Weiße Haus zu kommen. Mir ging es nicht anders, und so nahm ich, über das Lenkrad gebeugt, weder auf die glatten Straßen noch auf den Verkehr oder die Ampeln Rücksicht. Nach einer schlaflosen Nacht und dem Morgenflug nach D.C. dachte ich nur an das geplante Treffen, das Paket, das ich dorthin mitnahm, und daran, auf welche Weise ich es bekommen hatte.

Neil versuchte, mir anhand einer Beschreibung aus dem Internet den Weg zu weisen. Uns blieb nur wenig Zeit – wir *mussten* uns den Inhalt des Kartons vor dem Treffen ansehen und meine den winterlichen Verhältnissen nicht gerade angepasste Fahrweise tat das ihrige, an unseren Nerven zu zerren, als wir auf der Suche nach dem Weißen Haus und einem Parkplatz mit schleuderndem Heck durch das von Pierre L'Enfant entworfene wunderschöne Labyrinth aus repräsentativen Plätzen und einander kreuzenden Boulevards rasten. Als wir schließlich in eine Parklücke auf der Pennsylvania Avenue schlidderten, blieb uns keine Zeit mehr, den Inhalt des Pakets zu begutachten. Wir sprangen aus dem Wagen und stürmten durch die eisige Kälte auf die Tore zu, die zu den Büros des Weißen Hauses führten.

Wir betraten einen langen Korridor mit einem hässlichen grauen Teppich. Keine Sicherheitsbeamten an den Toren. Das hat sich inzwischen geändert. Nach dem 11. September wurde das Wachhäuschen vor die Vorderfront des Gebäudes verlegt. Wir zeigten dem Wachposten am Ende des Korridors unsere Ausweise. Der Sicherheitsbeamte rief unseren Gesprächspartner an und bat uns, im Wartezimmer nebenan Platz zu nehmen. Wir stürzten nach nebenan, rückten zwei lange Holzbänke zusammen, rissen das Paket auf und breiteten den Inhalt auf den Bänken aus.

Der Karton enthielt eine dicke Akte über eine Organisation mit dem Namen Charity Without Borders. Diese Unterlagen waren uns vom Staat Kalifornien zugeschickt worden, mehr als 200 Seiten mit Namen, Projekten und Stundenzetteln der Angestellten, zusammengestellt vom Vorstand dieser steuerbefreiten Wohltätigkeitsorganisation. Fieberhaft durchforsteten wir die Dokumente nach einem Namen – und da war er! Ja, der Name den ich gesucht hatte. Joseph J. Adams. Wir hatten ihn. Ich hatte die ganze Zeit gewusst, dass er hier zu finden war.

Mir fiel auf, dass mir nicht mehr so kalt war. Ich sah nach oben. Die Decke war hoch, ebenso die Fenster. Riesige Fenster, sehr beeindruckend. Der Raum, in dem wir uns aufhielten, kam mit wenig Dekoration aus und wirkte trotzdem sehr einladend. Was könnte schöner sein als ein Moment wie dieser? Hier war ich nun. Ich, die ich aus dem Irak geflüchtet und nach Amerika eingewandert war, hatte einen Empfangstermin bei einem hohen Beamten im Weißen Haus, um ihm Informationen in Sachen nationaler Sicherheit zu liefern.

Der Mann, den wir treffen sollten, bekleidete einen ziemlich hohen Posten in der Regierung. Sein Assistent, Peter, der uns abholte, war mittelgroß, hatte dünnes blondes Haar und lächelte. Auch ich lächelte. Ich hatte keine Angst mehr und war nicht mehr müde. Der entscheidende Beweis in meinem Paket gab mir Selbstvertrauen.

Peter begleitete uns zum nächsten Kontrollpunkt. Wir gingen durch die Metalldetektoren und betraten einen riesigen Saal voller Menschen, die leger gekleidet, aber unglaublich geschäftig waren. Der Boden des Saals war mit wunderschönen schwarzen und weißen Fliesen ausgelegt, wie ein überdimensionales Schachbrett. Hier muss eine ziemliche Nervosität herrschen, dachte ich, wenn am Wochenende so viele Leute da sind.

Wir gingen weiter durch das große Gebäude, während Peter uns mit Geschichten über irgendeinen Korridor oder die Herkunft eines Gemäldes unterhielt.

Der leger gekleidete Beamte des Sicherheitsausschusses, den wir hier treffen wollten, empfing uns vor seinem Büro. Seine Sekretärin hatte natürlich frei. Als er die Tür zu seinem Büro öffnete, verschlug es mir die Sprache. Die Tür, die wie eine einfache alte Holztür aussah, war mindestens 60 Zentimeter dick und aus Metall. Sie schien eher zu einem großen Tresorraum zu passen als zu dem kleinen Büro, das sich dahinter verbarg und das mit Hightechbildschirmen ausgestattet war, auf denen bunte Lichterketten auf Karten von Amerika blinkten.

Wir setzten uns an einen Konferenztisch, Peter und sein Chef jeweils ans Tischende, wir vier aus dem Institut in die Mitte. Nachdem wir uns der Reihe nach vorgestellt hatten, teilte uns der Beamte mit, dass Peter am nächsten Tag zum Persischen Golf fliegen werde und sie an unserem Material über diese gemeinnützige Organisation Charity Without Borders sehr interessiert seien.

Bevor Peter uns im Wartezimmer abholte, hatten die anderen, gleich nachdem wir Adams' Namen gefunden hatten, beschlossen, dass ich unseren Fall darstellen sollte. »Wieso ausgerechnet ich?«, fragte ich. Euer Englisch ist doch viel besser.« Aber Max, Bruce und Neil wussten, dass ich dieses Zeugs im Schlaf herunterrasseln konnte. Es waren lauter neue Informationen, doch ich hatte sie noch ganz frisch im Kopf und brannte darauf anzufangen.

Einige Tage vor diesem Treffen im Weißen Haus war es in unserem New Yorker Büro relativ ruhig gewesen. Um diese Zeit geht in der City alles viel gemächlicher vonstatten. Selbst hier, im Finanzzentrum der Welt, führt das Zusammentreffen von Feiertagen und kaltem Wetter dazu, dass die Stadt wie leer gefegt ist. In jenem Jahr war die Situation jedoch eine andere: Der Countdown für das Millennium lief. Bis zum Jahr 2000 waren es nur noch wenige Tage. Alle, selbst die eingeschworenen Skeptiker, machten sich Gedanken über das Jahr 2000. Jeder versuchte so zu tun, als sei er absolut zuversichtlich, dass sich keine Katastrophe ereignen würde, aber viele beschlossen insgeheim, ein paar Tage zu warten, bevor sie wieder ein Flugzeug oder einen Aufzug besteigen würden. »Nur für den Fall, weißt du«, erzählten sie ihren engsten Freunden. »Nicht, dass ich Angst hätte oder so.«

In der Regierung war die Lage keinesfalls entspannt. Während einige fieberhaft versuchten, Programmfehlern vorzubeugen, machten sich andere Sorgen um viel gefährlichere Millenniumsviren.

191

Das erste Warnzeichen hatte es Anfang Dezember gegeben. Ahmed Ressam, ein Algerier, der versuchte, von Kanada aus in den Staat Washington einzureisen, wollte die Grenze mit einem Wagen überqueren, der mit einer beängstigenden Menge an Sprengstoff beladen war. Bomben auf Nitroglyzerinbasis, wahrscheinlich selbst gebastelt, ähnlich den Sprengsätzen, die man 1993 beim Bombenanschlag auf das World Trade Center verwendet hatte. Die US-Zollbeamtin, die Ressam geschnappt hatte, war von der Regierung nicht gewarnt worden, dass Terroristen versuchen könnten, in das Land einzureisen. Ihr fiel nur auf, dass Ressam sich seltsam verhielt, und sie folgte ihrem Instinkt.

Kurz danach wurde Ressams Wohnung in Montreal durchsucht und sein Plan aufgedeckt. Er hatte das Zeug im Kofferraum mitgenommen und gehofft, den Amerikanern seine Art von Neujahrsgeschenk machen zu können, mit besten Grüßen des in einer Höhle lebenden, geistesgestörten Mörders, der sich als heiliger Mann ausgab: Osama bin Laden. Ressam hatte gehofft, selbst ein heiliger Mann zu werden, und wollte den internationalen Flughafen von Los Angeles in die Luft jagen und damit zum Millenniumsfeuerwerk beitragen.

Etwa um die Zeit der Festnahme Ressams wurden an verschiedenen Orten überall auf der Welt Terroristen geschnappt, einschließlich einiger Al-Qaida-Mitglieder. Im Weißen Haus geriet die Vorstellung, kein Ausländer sei so kühn, einen terroristischen Anschlag auf US-amerikanischem Boden zu verüben, ins Wanken.

Ihren ersten sichtbaren Riss bekam die Mauer der Zuversicht nach dem Anschlag auf das World Trade Center. Aber dann kam der Bombenanschlag auf das Murrah Federal Building in Oklahoma, und sobald die Regierung ermittelt hatte, dass dies das Werk des Amerikaners Timothy McVeigh war, verwarf man erneut die Vorstellung, islamische Terroristen könnten in unserem Land zuschlagen. Die wenigen Warnungen vor einer solchen Gefahr wurden ignoriert. Wieder einmal gewann der alte Standpunkt des FBI die Oberhand: Der Bombenanschlag auf das World Trade Center war die einmalige Tat eines geistesgestörten Außenseiters.

Aber die Tatsache, dass Ressam im Kofferraum seines Wagens Sprengstoff mit sich geführt hatte, ließ sich nicht ignorieren. In den letzten Tagen des Jahres 1999 prüften die Experten sehr sorgfältig die große Zahl von Drohungen und von Hinweisen auf potenzielle Angriffe gegen amerikanische Ziele im In- und Ausland während der Neujahrsfeierlichkeiten. Drohungen, die die US-Botschaften, einschließlich der Botschaft in Amman, Jordanien, sowie andere Ziele im Ausland betrafen, wurden als sehr ernst eingestuft. Deswegen herrschte in den US-Botschaften höchste Alarmstufe.

Am 17. Dezember 1999 arrangierte der jordanische Geheimdienst die Auslieferung von Khalil al-Deek aus Pakistan. Al-Deek, ein Jordanier palästinensischer Herkunft, stand unter dem Verdacht, der führende Kopf der Terroristenzelle zu sein, die vorhatte, westliche Ziele in Jordanien zu treffen, darunter die amerikanische Botschaft und das Hotel Radisson in Amman sowie die Allenby- und Sheikh-Hussein-Brücke.

In den Vereinigten Staaten wurde al-Deek wegen seiner Verbindungen zur al-Qaida gesucht. Als Computerspezialist hatte er sehr viele Al-Qaida-Dokumente digitalisiert, einschließlich der Al-Qaida-Ideologie und der »Enzyklopädie des Dschihad«, und viele dieser Dokumente als Mittel, Mudschahiddin zu rekrutieren, ins Internet gestellt. Aufgrund von Berichten des Geheimdienstes glaubten US-Beamte, er sei einer der Hauptgeldgeber der für die Neujahrsfeierlichkeiten geplanten Anschläge der al-Qaida. Da man al-Deeks Name und Telefonnummern in Ressams Adressbuch fand, hegte man den Verdacht, al-Deeks Geld sei an Ressams kanadische Zelle geflossen, die den Anschlag auf den Flughafen von Los Angeles geplant hatte.

Von al-Deeks Auslieferung erfuhr ich aus jordanischen Zeitungen, die hierüber berichteten, bevor es die US-Presse tat. In diesen Berichten hieß es, al-Deek sei amerikanischer Staatsbürger. Das weckte mein Interesse. Ich beschloss, mehr über ihn herauszufinden. Warum, mögen Sie fragen, wollte ich Nachforschungen über jemanden anstellen, der bereits in Untersuchungshaft saß?

Um das zu verstehen, muss man das Al-Qaida-Netzwerk und

seine Vorgehensweise kennen. Al-Qaida-Aktivisten und -Mitglieder arbeiten nie allein. Sie operieren in kleinen Zellen. Zwar können die Zellen auf mehrere Länder verteilt sein, aber meist leben die Aktivisten der einzelnen Zellen sehr eng zusammen. Das vereinfacht die Zusammenarbeit. Diejenigen, die mit Ressam zusammenarbeiteten, lebten zum Beispiel mit ihm in seiner Wohnung.

Al-Deek finanzierte Ressams Zelle, aber auch einige andere. Deswegen nahm ich an, dass er selbst keiner Zelle angehörte, sondern andere Zellen koordinierte und finanzierte. Doch er musste Komplizen haben. Operationen wie diese werden selten nur von einer Person geleitet. Obwohl al-Deek in Haft war, hätten seine Kumpane eine echte Gefahr für Amerika darstellen können. Da al-Deek US-Bürger war, glaubte ich, sie am ehesten unter seiner Adresse in Amerika zu finden.

Und so suchten Bruce, Neil und ich nach Spuren von al-Deek in den Vereinigten Staaten. Es erleichtert die Sache ungemein, wenn man als Team arbeitet. Jeder im Team kann ein paar Datenbanken und Suchmaschinen übernehmen, und anschließend können die Informationen verglichen, verifiziert und in einer Datei gesammelt werden.

In Datenbanken, die der Öffentlichkeit zugängliche Dokumente enthalten, kann man Unmengen an Informationen finden. Eine dieser Datenbanken, die wir häufig nutzen, gibt zum Beispiel zu jedem Namen, den wir suchen, Folgendes an: die Namen, unter denen der Betreffende noch bekannt ist, samt den entsprechenden Sozialversicherungsnummern. Andere mit diesen Sozialversicherungsnummern auftretende Namen. Führerscheine. Mit dem Namen verbundene Adressen. Telefonlisten für diese Adressen (wenn es sich um einen Wohnblock handelt, tauchen auch alle Telefonnummern dieser Adresse auf). Unter dieser Adresse registrierte Fahrzeuge. Die Namen anderer Personen, die unter dieser Adresse gemeldet waren. Grundbesitz, Geschäftsbeziehungen, Verwandte, Vorstrafenregister und so weiter. Mit nur wenigen Mouseklicks kann ein versierter Forscher (fast) alles über eine Person erfahren. Manchmal findet man 20, 30 oder gar mehr mit solchen Daten gefüllte Seiten.

Bei unseren Nachforschungen im Fall al-Deek stießen wir auf einige sehr interessante Informationen. Zum einen, dass er den Decknamen Joseph J. Adams verwendete. Zum anderen, dass er, nachdem er in Texas eine Scheinehe mit einer Frau eingegangen war, die mehrere muslimische Männer heiratete, damit sie US-Bürger werden konnten, in den USA eingebürgert wurde. Ich weiß nicht, wie viel Geld diese Frau dafür bekam, aber sie heiratete insgesamt viermal.

Nach der Eheschließung zog al-Deek nach Kalifornien, wo er in der W. Winston Road in Anaheim in einem Wohnblock lebte. Einige seiner Nachbarn müssen bei seinen Unternehmungen dabei gewesen sein, dachte ich. Andere wussten vielleicht von seinen Aktivitäten, selbst wenn sie keine direkten Mitarbeiter waren. Ich war mir sicher, dass sich eine eingehendere Beschäftigung mit seiner Adresse in Anaheim lohnte.

Bei unserer Suche stießen wir auf unzählige Telefonnummern, die mit den Namen al-Deek und Adams in Verbindung standen. Einige bezogen sich direkt auf diese Namen, andere waren die Telefonnummern von Nachbarn und Geschäftsfreunden. Während Bruce und Neil nach weiteren Informationen zu der Adresse suchten, rief ich alle Nummern an, die direkt mit al-Deeks Adresse zu tun hatten. Einige Nummern blieben stumm. Andere waren nicht eindeutig zugeordnet.

Ich wählte eine dieser Nummern.

»*A'-Salamu Aley'kum*«, Friede sei mit dir. Ich begann mit der unter Muslimen üblichen Begrüßung.

»*Wa-Aley'kum as-Salam*«, und auch mit dir. Der Mann sprach gut Arabisch.

Ich fuhr in seiner Sprache fort und stellte mich als eine Reporterin namens Fatma von *al-Hayat* vor, einer bekannten, in London herausgegebenen arabischen Zeitung. Es machte mir Spaß, mit ihm Arabisch zu reden, denn schließlich ist Arabisch meine Muttersprache.

»Ich schreibe für unsere Zeitung einen Artikel über die Diskriminierung der Muslime in den Vereinigten Staaten«, sagte ich, »und habe gehört, dass einige Leute in deiner Nachbarschaft von den Behörden belästigt wurden.«

»*Na'am, Ukhti!*« (Ja, Schwester!) »Du wirst nicht glauben, was sie getan haben.«

Er hatte Recht. Ich glaubte es nicht. Selbst für das FBI klang es zu unwahrscheinlich.

»Sehr früh morgens klopften sie an meine Tür«, erzählte er. »Zwei Agenten in dunklen Anzügen und mit hellroten Krawatten. Sie stellten mir ein paar Fragen, und dann wollten sie wissen, ob ich Osama bin Laden kenne.«

»Was?«

Ich war mir nicht sicher, ob dieser Mann mich nicht veräppelte. Welcher Agent, der noch ganz richtig im Kopf war, würde so eine Frage stellen? Erwarteten sie, dass ein Terrorist, an dessen Tür sie klopften, sagen würde: »Ja klar, ich komme gerade aus Bin Ladens militärischem Trainingslager in Afghanistan zurück.«?

Er fuhr fort: »Sie fragten mich, ob ich den Algerier Ahmed Ressam oder sonst irgendjemanden kenne, der mit ihm in Verbindung steht. Dann erzählten sie mir, Ressam sei ein Terrorist, der plane, am Flughafen von Los Angeles eine Bombe zu deponieren.«

Anschließend beklagte er sich bitterlich darüber, wie schwer es sei, Muslim in Amerika zu sein, dass jedes Mal, wenn jemand versuche, irgendetwas in die Luft zu jagen, sofort die gesamte muslimische Gemeinde dafür verantwortlich gemacht werde. »Schreib darüber, Schwester«, sagte er. »Die Welt muss wissen, wie wir hier behandelt werden.«

Ich rief weitere Leute an. Sie wiederholten die gleiche Geschichte: Wie eines Morgens FBI-Agenten an ihre Tür geklopft und gefragt hätten, ob sie Osama bin Laden oder Ahmed Ressam kennen würden. Einige sagten, die Agenten hätten ihnen Fotos von Bin Laden gezeigt und gefragt, welcher Art ihre Beziehung zu ihm sei.

Ich erfuhr also, dass auch das FBI an der W.-Winston-Adresse großes Interesse gezeigt hatte. Mir wurde ebenfalls klar, dass die Agenten offensichtlich keinen Schritt weiterkamen. Das FBI ging an die Sache wie an einen Kriminalfall heran: Fragen stellen, Fotos zeigen und fragen, ob irgendjemand etwas gehört oder gesehen hat. Aber sie handelten weder gezielt noch rational.

Eine Frau, die nicht Arabisch sprach, erwähnte, das FBI hätte, selbst nachdem sie erzählt habe, sie arbeite für eine muslimische Wohltätigkeitsorganisation, sein Verhör fortgesetzt. Wohltätigkeitsorganisation? Bei diesem Wort klingeln bei mir immer sämtliche Alarmglocken. »Welche Wohltätigkeitsorganisation?«

»Also, ich bin nicht sicher, ob ich Ihnen das sagen darf. Können Sie mich vielleicht in ein paar Stunden noch mal anrufen? Dann frage ich erst mal meinen Chef.«

Ich notierte mir ihre Telefonnummer einschließlich der Nummer ihres Handys, und bevor wir unser Gespräch beendeten und sie den Anruf entgegennehmen konnte, wählte ich auf einer anderen Leitung letztere Nummer. Dort war folgende Ansage zu hören: »Sie sind mit Life for Relief and Development verbunden. Wir können Ihren Anruf im Moment nicht persönlich entgegennehmen, aber Ihr Anruf ist uns wichtig.«

Wir machten einen Suchlauf zu dieser Wohltätigkeitsorganisation. Das meiste Geld floss in Hilfsfonds im Iran. Ein Teil wurde auch nach Jordanien geschickt, aber ich konnte keine bestimmte Verbindung zu al-Deek feststellen.

Nachdem ich mehrere Stunden mit derlei Telefonaten verbracht hatte, die zwar interessant waren, aber zu nichts führten, wählte ich eine Nummer, unter der ich zuvor niemanden erreicht hatte, eine, die als al-Deeks Nummer aufgeführt war. Eine nett wirkende ältere Dame kam an den Apparat.

Obwohl sie kein Wort Englisch sprach, war sie sehr redselig. Sie hatte einen ägyptischen Akzent. Ich stellte mich auch diesmal als Fatma vor.

»A'-Salamu Aley'kum. Ich würde gern mit Khalil sprechen«, versuchte ich mein Glück.

»Khalil wer, meine Liebe?«, antwortete sie.

»Khalil al-Deek.« Ich gab nicht auf.

»Ich kenne niemanden mit diesem Namen.«

Ich glaubte ihr. »Und Joseph Adams, kennen Sie den?«, versuchte ich es mit al-Deeks Decknamen.

Mit Bedauern in der Stimme sagte sie: »Wissen Sie, ich kenne die Freunde meines Sohnes nicht besonders gut. Ich bin nur aus Ägypten hier, um ihn zu besuchen.«

»Und wie heißt Ihr Sohn?«

»Mein Sohn? Hisham Diab.«

»Wohnt er schon lange in diesem Haus?«

»Oh, ja, schon seit einigen Jahren.«

»Und seit wann ist er in den USA?«, bohrte ich weiter nach. »Ist er amerikanischer Staatsbürger?«

»Nein, noch nicht«, antwortete sie. »Aber er hat mir gesagt, dass er bald einer werden würde.«

»Und er hat nie den Namen Khalil erwähnt?«

»Nein, meine Liebe.«

Sie war wirklich süß, diese alte Dame. Sie langweilte sich und war froh, sich mit irgendjemandem am Telefon unterhalten zu können. Egal worüber. Leider hatte ich jedoch keine Zeit.

»Kann ich also bitte mit Ihrem Sohn sprechen?«, fragte ich.

»*Mish Mowjood*, er ist nicht hier, meine Liebe. Vielleicht sollten Sie es nach fünf noch mal probieren.«

Fünf Uhr in Kalifornien bedeutet acht Uhr abends in New York. Aber ich konnte dort nicht von zu Hause aus anrufen. Ich musste die abhörsichere Telefonanlage in unserem Büro benutzen. Vielleicht hatte ich ja hier eine Spur.

In der Zwischenzeit recherchierten wir in Sachen Hisham Diab. Er stand mit einer Wohltätigkeitsorganisation in Verbindung. Das allein reichte angesichts meiner Erfahrungen mit islamischen Wohltätigkeitsorganisationen und ihrer Verbindungen zu Terrororganisationen aus, um mich im Zusammenhang mit al-Deek argwöhnisch zu machen. Der Name der Organisation war Charity Without Borders, und es war eine 501(c)(3) – eine steuerbefreite, gemeinnützige Organisation. Perfekter Name. Keine Grenzen. Ein Mitarbeiter einer solchen Organisation ohne Grenzen würde um die Welt reisen müssen, richtig? Außerdem enthielt der Name nicht die Spur eines Hinweises darauf, dass es sich um eine muslimische Organisation handeln könnte.

Um fünf Uhr pazifischer Zeit versuchte ich es erneut. Diesmal kam Diab selbst an den Apparat. Natürlich fand die Unterhaltung auf Arabisch statt. Jetzt war ich nicht so redselig. Ich wollte keinen Fehler in meiner Geschichte riskieren. Ich nannte ihm meinen Namen, meinen Beruf, meine Referenzen und behauptete wieder, an einem Artikel zu arbeiten, der die Diskriminierung der Muslime in den Vereinigten Staaten beschreibe. Ich erwähnte al-Deek, einen amerikanischen Staatsbürger als Beispiel eines weiteren Muslim, der fälschlicherweise festgenommen wurde, und erzählte Diab, man habe mir gesagt, dass er früher mit al-Deek zusammengewohnt habe.

Im Gegensatz zu seiner Mutter war Diab sehr zurückhaltend, ja sogar abwehrend. Er kenne al-Deek kaum, murmelte er in sich hinein und behauptete, ihn vielleicht ein- oder zweimal getroffen zu haben. Als ich ihn nach seiner Wohltätigkeitsorganisation fragte, sagte er mir, dass ihre Arbeit in erster Linie »der Allgemeinheit« zugute komme. Das war so ziemlich alles, was ich aus ihm herauskriegte. Dennoch lieferte mir die Unterhaltung wichtige Informationen. Ich wusste nun, dass Diab al-Deek *tatsächlich* kannte. Sehr merkwürdig, wenn er behauptete, al-Deek kaum zu kennen, wo die beiden doch die gleiche Telefonnummer gehabt hatten. Das konnte Zufall sein, erschien mir aber nicht sehr wahrscheinlich.

Auch mit Charity Without Borders war irgendetwas faul. Auch wenn es kein Gesetz gibt, das sagt, ein Muslim könne keine Wohltätigkeitsorganisation leiten, deren Arbeit »der Allgemeinheit zugute kommt«, war Diabs Erklärung ausgesprochen bizarr. Er hatte wohl etwas zu verbergen. Ich wusste, dass ich mich mit ihm und seiner Organisation genauer befassen musste.

In öffentlich zugänglichen Dokumenten fanden Bruce, Neil und ich grundlegende Informationen zur Finanzlage dieser Wohltätigkeitsorganisation. Am Donnerstagabend riefen wir im zuständigen Ministerium der Regierung des Staates Kalifornien an, sagten den Leuten, mit denen wir dort sprachen, es handle sich um einen wirklichen Notfall und baten um zusätzliche Dokumente. Wir brauchten die 990er Formulare der Organisation, ihre Gründungsurkunde und einige andere Dokumente. Die Beamten am anderen Ende der Leitung versprachen, am folgenden Tag, einem Freitag, was immer ihnen möglich war zu faxen und den Rest zu schicken.

Tatsächlich faxte man uns die Formulare am Freitagnachmittag. Als wir sie uns ansahen, stellten wir fest, dass Hisham Diab 1997 Präsident und 1998 Schatzmeister von Charity Without Borders gewesen war. Dem Formular 990 für 1997 zufolge gab die Organisation erstattungsfähige Ausgaben in Höhe von 75 257 Dollar für die Durchführung eines Programms an, das die Kalifornier darüber informierte, wie man Motoröl recyceln könne. Irgendwas roch hier faul, und es war sicher nicht das recycelte Öl. Aber wir hatten noch immer keinen *Beweis*, dass al-Deek mit Diab in Verbindung stand oder irgendetwas mit der Wohltätigkeitsorganisation zu tun hatte. Wir mussten auf das Paket warten. Ich war mir sicher, dass wir darin die Antwort finden würden.

In der Zwischenzeit hatten Bruce und Neil im Zusammenhang mit al-Deeks Adresse über 100 Namen gefunden, Namen von Leuten, die dort gewohnt hatten, sowie von deren Nachbarn. Wir konnten uns unmöglich mit allen befassen und begrenzten unsere Nachforschungen auf die Zeit, in der al-Deek dort gelebt hatte. Damit blieben uns noch immer über 30 Namen. Zu jedem dieser Namen studierten wir die öffentlich zugänglichen Dokumente und erhielten weitere Hinweise.

Wir fanden zum Beispiel heraus, dass al-Deeks Bruder Tawfiq al-Deek im selben Wohnblock gewohnt hatte. In großen Gemeinschaften zu leben, ist in arabischen Gesellschaften Tradition. Sie nennen sie *hamula*, und zu einem solchen Haushalt oder Clan können Familienmitglieder von drei oder mehr Generationen gehören, ähnlich dem Harem meines Großvaters in Basra. Aber in diesem Fall könnte dieser Brauch einem anderen Zweck gedient haben: die Zusammenarbeit unter den Aktivisten zu verstärken. Wir machten einen Suchlauf zu Tawfiq al-Deek und entdeckten, dass er sich als der Sprecher der IAP in Kalifornien präsentierte. IAP! Die Tarnorganisation der Hamas in Amerika! Die IAP war mir noch frisch in Erinnerung, denn die Konferenz in Chicago lag erst wenige Wochen zurück. Ich wusste, dass dies kein Zufall war und dass das FBI eine wichtige Spur übersehen hatte. Die W.-Winston-Adresse war eine heiße Spur.

Bruce, Neil und ich fanden heraus, dass der Wohnblock in der W. Winston Road aus zwölf Einheiten bestand und einem Immigranten aus Tschechien gehörte. Wir erfuhren, dass Khalil und Tawfiq al-Deek sowie Hisham Diab dort alle gleichzeitig gewohnt hatten. Das bestätigte mir, dass Diab Khalil al-Deek besser kannte, als er zugab. Wir machten Suchläufe zu anderen unter dieser Adresse aufgeführten Namen. Die meisten führten zu nichts. Bei einem Namen, Khalid Ashour, der vor zwei Jahren dort gewohnt hatte, fanden wir jedoch eine Verbindung zu einer gewissen Adresse in Tucson, Arizona. Als ich diese Adresse sah, entfuhr es mir: »Ach, du liebe Sch…!« Aus meiner Sicht war's das. Ich hatte die Antwort gefunden. Die Information war nicht mehr nur heiß. Nun brannte sie in meiner Hand.

Wir befassten uns nun genau mit Khalid Ashour. Er hatte früher in Katar gewohnt und war wie al-Deek palästinensischer Abstammung. Auch er hatte Verbindungen zur IAP. Ashour war im August 1985 aus Katar in die Vereinigten Staaten gekommen, um dort zu studieren. Er schrieb sich am Pima Community College in Tucson für schöne Künste und Grafikdesign ein und engagierte sich auch im Islamic Center of Tucson. Von September 1992 bis Januar 1993 war er unter der Adresse des Zentrums, 901 E., First Street, gemeldet.

Das Islamic Center of Tucson war mit bekannt, doch darauf möchte ich später eingehen. Wichtig ist vorerst, dass Ende der Achtzigerjahre die IAP im Islamic Center stark vertreten war und dass das Islamic Center of Tucson außerdem die erste amerikanische Basis einer weiteren Organisation war: nämlich der al-Qaida.

Sobald ich erfahren hatte, dass Ashour mit dem Islamic Center zu tun hatte, wusste ich, dass er mein Mann war. Über ihn musste ich Nachforschungen anstellen. Wir fanden heraus, dass er 1991 beim Grenzübergang Blaine, Washington, beim Versuch, mit einem gefälschten Ausweis in die Vereinigten Staaten einzureisen, festgenommen wurde. In seinem Wagen fand man paramilitärische Zeitschriften, im Klartext Handbücher über

Sprengstoff und Bomben, sowie IAP-Literatur. Ashour gab gegenüber US-Beamten zu, dass er sich der IAP angeschlossen habe. Ursprünglich wurde er als Sicherheitsrisiko eingestuft und festgehalten, durfte aber nach wenigen Tagen wieder nach Kanada ausreisen. Irgendwie kehrte er später in die Vereinigten Staaten zurück.

Ashour wohnte von Ende 1993 an einige Zeit in dem Wohnblock in Anaheim und zog dann in eine andere, nur wenige Häuserblocks entfernte Wohnung. Eine weitere im Zentralarchiv angegebene Adresse Ashours war die von American Epress CapitaFinance, L.L.C., einer Finanzierungsgesellschaft in Phoenix, Arizona. Ashour muss diese Adresse wegen des Finanzamts verwendet haben. Wann immer jemand mehr als 10 000 Dollar in einer einzigen Transaktion überweist, muss er laut Steuergesetz ein Formular ausfüllen, in dem seine persönlichen Daten, einschließlich seiner Adresse, abgefragt werden. Wir stellten später fest, dass Ashour allein 1999 fast eine halbe Million Dollar außer Landes geschafft hatte. Wie kommt wohl jemand, der 600 Dollar pro Woche verdient, an so viel Geld? Der Typ musste sehr genügsam sein, um von einem solchen Gehalt so viel sparen zu können. Und warum sollte sich jemand wegen einer Finanzierungsgesellschaft so viel Mühe machen und so weit reisen – von Kalifornien nach Arizona? Zweigstellen von American Express CapitaFinance gibt es überall!

Im Fall Ashour und Diab erhärteten sich die Beweise, aber noch immer war es uns, abgesehen davon, dass alle unter derselben Adresse wohnten, nicht gelungen, eine Verbindung zu al-Deek festzustellen. Dann kam Max in unser Büro und fragte, ob das Belastungsmaterial zur Vorlage ausreiche.

»Um es wem vorzulegen?«, fragte ich.

»Dem Weißen Haus. Sie haben gerade angerufen.«

Die Tatsache, dass Pakistan al-Deek ausgeliefert hatte, und die Informationen über al-Deeks Plan hatten das Weiße Haus im Zusammenhang mit der zufälligen Festnahme Ressams an der kanadischen Grenze in Unruhe versetzt. Das FBI andererseits drehte sich im Kreis und fand keine stichhaltigen Beweise im Fall al-Deek und al-Qaida. Also beschloss ein Beamter des

Sicherheitsausschusses Max, obgleich er »Zivilist« war, anzurufen, um zu hören, was wir wüssten.

»Wie spät ist es, Max?«, fragte ich, ohne von dem Papierstapel auf meinem Schreibtisch aufzusehen.

»Gegen zwei.«

»Gib uns noch ein wenig Zeit, an dieser Sache zu arbeiten, dann kann ich dir sagen, ob das Material ausreicht.«

Unsere Ermittlungen im Fall al-Deek waren noch längst nicht abgeschlossen, aber wir kamen der Sache näher. Al-Deeks Bruder hatte Verbindungen zur IAP. Einer seiner Nachbarn leitete eine Wohltätigkeitsorganisation, die vom Staat Kalifornien große Steuerrückzahlungen erhielt. Ein anderer Nachbar hatte mit dem Islamic Center of Tucson zu tun und transferierte große Geldsummen. Ich wusste noch nicht, wo das Geld hinging, konnte es mir aber gut vorstellen. An diesem Freitagnachmittag waren wir gegen fünf mit unserer Analyse der Informationen über die Wohltätigkeitsorganisation fertig. Ich unterrichtete Max von unseren Erkenntnissen und sagte, ich hätte den Verdacht, Charity Without Borders sei der Schlüssel zu al-Deeks Geschäften in den Vereinigten Staaten.

Max verließ das Büro, um zu Abend zu essen, und kam nach zwei Stunden wieder. Er erzählte uns, die Leute vom Sicherheitsausschuss hätten, sobald er ihnen von der 501(c) berichtet habe, die al-Deeks Nachbar leite, darum gebeten, dass wir am nächsten Morgen ins Weiße Haus kämen.

»Ihr habt noch den ganzen Abend und die ganze Nacht«, sagte Max. »Glaubt ihr, dass ihr das schafft?«

»Die Zeit ist nicht das einzige Problem«, antwortete ich. »Wir warten auch auf einige Dokumente aus Kalifornien.«

»Frag nach, ob sie die Dokumente über Nacht direkt zum Flughafen in Washington schicken können«, sagte Max. »Wenn das möglich ist, nehmen wir morgen früh den Shuttle.«

Ich stellte sicher, dass wir das Material aus Kalifornien am Samstagmorgen bekommen würden.

Nun blieben mir nur wenige Stunden, um zu beweisen, dass al-Deek eine direkte Verbindung zur Wohltätigkeitsorganisation Charity Without Borders hatte. Max sagte, wir sollten uns auf

Diab konzentrieren, da er der Leiter der Organisation sei, über die wir bei unserem Treffen mit den Beamten des Sicherheitsausschusses sprechen würden. Doch ich entgegnete, dass wir dazu nicht genug Zeit hätten, und weitere Ermittlungen zu Ashour anstellen müssten. Er wurde ärgerlich.

Bei mir brannten die Sicherungen durch. »Halt dich da raus«, brüllte ich, »und lass uns unsere Arbeit tun. Wir lassen dich wissen, was wir gefunden haben, wenn wir es gefunden haben. Kümmere du dich darum, das morgige Treffen zu arrangieren!«

Max wirkte verblüfft, drehte sich dann auf dem Absatz um und ging. Ich war selbst ein wenig überrascht. So war ich doch sonst nicht. Doch dann wurde mir klar, dass ich den ganzen Tag noch nichts gegessen hatte. Zu fasten ist keine gute Idee, wenn man schwanger ist.

Als ich gerade mit einem Beamten des Staates Kalifornien telefonierte, steckte Berta den Kopf zur Tür herein und sagte, da sei ein weiterer Anruf für mich.

»Nicht jetzt, Berta. Schreib auf, worum es geht.«

»Aber …«

»Sie sollen in einer halben Stunde noch mal anrufen.«

»Aber es ist Gil«, sagte sie. »Du hast versprochen, um sieben Uhr zu Hause zu sein.«

Ich sah auf die Uhr an der Wand. Es war zehn nach sieben. Heute Morgen hatte ich meiner Familie versprochen, dass wir nach dem traditionellen Sabbatmahl ins Kino gehen und den Abend miteinander verbringen würden. Film? Sabbatmahl? Ich bat Berta, Gil zu sagen, dass es mir Leid tue und dass ich gleich zu Hause anrufen würde. »Sag ihnen, dass ich bald komme, wirklich.«

Ich hatte nicht nur Hunger, ich schämte mich auch. Die ganze Woche hatte ich hart gearbeitet und war erst spätabends nach Hause gekommen. Ich hatte meinen Kindern hoch und heilig versprochen, an diesem Freitag zum Abendessen mit der Familie zu Hause zu sein.

Wenige Minuten später kam Max und verkündete, Berta habe für Samstag Tickets für den ersten Flug nach D.C. besorgt. Es blieb uns nur wenig Zeit. Wir hatten zwar viele Informationen, aber wir mussten sie ordnen und eine überzeugende Präsentation vorbereiten.

Leo rief an. Ich hatte vergessen zurückzurufen! Es war fast 22 Uhr. Ich hatte keine Ahnung gehabt, dass es schon so spät war, und entschuldigte mich immer wieder. Ohne allzu viel Aufhebens darum zu machen, gab er mir zu verstehen, dass er und die Kinder verärgert waren. Ich hatte ein Versprechen gebrochen.

»Ich hoffe, du hast wenigstens etwas gegessen. Du solltest keinen Raubbau mit deiner Gesundheit oder der des Babys treiben.« Ihm war anzuhören, wie Verstimmung und Sorge miteinander kämpften.

»Ja natürlich, Leo. Ich habe gegessen«, log ich. »Es geht mir gut. Mach dir keine Sorgen.«

»Offensichtlich bist du beschäftigt. Ich rufe dich später noch mal an.« Leo legte auf. Seine Verletztheit schmerzte mich, aber was hätte ich tun sollen. Ich musste meine Arbeit beenden.

Wir fertigten die Schaubilder an, die die Verbindungen zwischen Khalil al-Deek, Tawfiq al-Deek, Ashour, Diab und Charity Without Borders zeigten. Wir fotokopierten Dokumente, die wir im Computer zum Islamic Center of Tucson gespeichert hatten. Das Zentrum würde eins unserer Hauptthemen sein. Wir fotokopierten alte Zeitungsausschnitte. Unser morgiger Bericht nahm immer mehr Gestalt an.

Das Telefon klingelte. Wieder war es Leo. Er klang nicht sonderlich glücklich. Als ich ihn bat, die Kinder an den Apparat zu holen, reagierte er mit Unverständnis. »Sie sind im Bett. Schon lange.«

Im Bett? Ich sah auf die Uhr, und mir blieb das Herz stehen. Es war *zwei Uhr morgens*. Ich musste ein paar Sachen packen, andererseits wollten wir in Washington keinesfalls wie Amateure wirken. Die Chance zu einer Präsentation im Weißen Haus würden wir so schnell nicht wieder bekommen. Wir mussten perfekt sein. Und wir taten unser Bestes. Um drei Uhr schaute Max vorbei. Er sah sich die Präsentation an, prüfte die Schaubilder und bemängelte noch Kleinigkeiten. Ich konnte nicht einmal mehr wütend werden, so müde war ich.

»Das sind die Schaubilder für morgen. Punkt, aus, Ende«, sagte ich.

Um halb vier morgens verließen wir vier das Institut. Die Straßen waren verschneit. Als ich schließlich nach Hause kam, war Leo noch wach. Er hatte auf mich gewartet. Sobald er mich sicher zu Hause wusste, konnte er schlafen. Aber bei mir war gar nicht an Schlaf zu denken. Ich aß etwas – das erste Mal seit 20 Stunden. Mein Adrenalinspiegel war immer noch hoch, und als ich schließlich ins Bett ging, schwirrten mir die Informationen unentwegt im Kopf herum. Dann bewegte sich das Kind in meinem Bauch, und ich wälzte mich unruhig hin und her, bis es sechs Uhr morgens war: Zeit, um aufzustehen. Ich wusch mir die Haare und warf mich in Schale. Das gehörte zur Präsentation. Wenn wir nur nicht hätten fliegen müssen.

Im Warteraum des Weißen Hauses hatten wir gespannt die Akten durchgesehen, die man uns aus Kalifornien geschickt hatte. Dort fanden wir endlich den Beweis für al-Deeks Verbindung zu Charity Without Borders. Unter dem Decknamen Joseph J. Adams hatte er als seine Privatadresse P.O. Box 4035, Garden Grove, Kalifornien, angegeben, die Adresse der Wohltätigkeitsorganisation. Keine Zufälle, keine Fehler. Die Puzzleteile fügten sich zu einem Bild. Zwischen Joseph J. Adams und Charity Without Borders bestand nicht nur eine Verbindung aufgrund einer Adresse und einer Telefonnummer. Adams war auch einer der Leiter des Öl-Recycling-Projekts. Für diese Arbeit bezog al-Deek ein Honorar plus Zusatzleistungen vom Staat Kalifornien. Während er vom Staat Kalifornien dafür bezahlt wurde, dessen Bürger in der Technik des Öl-Recyclings zu unterweisen, hielt er sich nach Aussagen seines Bruders tatsächlich mehr als zwei Jahre im Ausland auf. In dieser Zeit trieb er sich im Nahen Osten und in Pakistan herum und versuchte, verschiedene Einrichtungen in die Luft zu jagen. Sein Bruder Tawfiq erhielt für seine Arbeit als Umweltingenieur beim Recycling-Projekt ein Beraterhonorar. Ich fragte mich, wie sich die Bürger von Kalifornien wohl fühlen würden, wenn sie erfuhren, dass ihre Steuergelder dazu verwendet wurden, eine Wohltätigkeitsorganisation zu unterstützen, deren Schatzmeister Verbindungen zu einem Al-Qaida-Aktivisten hatte, der unter dem Verdacht stand, Anschläge gegen Amerikaner zu finanzieren.

Das Treffen mit den Beamten des Sicherheitsausschusses verlief gut. Wenn man bedenkt, dass es unsere erste Besprechung mit ihnen war, sogar ausgesprochen gut. Ich zeigte ihnen alle Verbindungen zwischen al-Deek und Charity Without Borders auf, informierte sie über al-Deeks Werdegang und seine Verhaftung in Jordanien und erzählte ihnen alles, was wir über die Wohltätigkeitsorganisation erfahren und wie sorgfältig wir recherchiert und unsere Informationen verifiziert hatten.

»Wissen Sie, was das FBI über den Fall hat?«, fragte der Beamte, der dieses Treffen vorgeschlagen hatte. Die Frage war eher an seinen Assistenten Peter gerichtet als an mich.

»Soweit ich weiß, nichts«, antwortete Peter.

»Wie kommt es, dass das FBI nicht an diese Informationen herangekommen ist?«, hakte der Beamte nach.

»Vielleicht wissen sie Dinge, die sie nicht weitergeben«, gab Peter zu bedenken. »Selbst wenn sie was haben, geben sie es ja nur selten weiter.«

Das hörte ich zum ersten Mal. Anfangs war ich schockiert, aber inzwischen habe ich mich daran gewöhnt. Das FBI gibt seine Informationen einfach nicht weiter. Es erhält Hinweise und Informationen aus anderen Quellen und von anderen Behörden, einschließlich des Sicherheitsausschusses, der Einwanderungs- und Einbürgerungsbehörde und des Finanzministeriums. Manchmal sogar als Teil einer übergreifenden Sondereinheit. Aber das FBI seinerseits hält alle Informationen zurück, ja, es informiert die Behörden nicht einmal darüber, was es mit dem Material macht, das es erhalten hat.

»Wie sind Sie denn an all diese Informationen gekommen?« Nun wandte sich der Beamte an mich.

»Über öffentlich zugängliche Dokumente. Man muss nur wissen, wonach man sucht«, sagte ich.

Ich wusste nicht, wie ich seinen Gesichtsausdruck deuten sollte. Zweifelte er an dem, was ich gerade gesagt hatte? Dass wir, ohne unser Büro zu verlassen, Informationen erhalten hat-

ten, an die das FBI, das vor Ort ermittelte, nicht hatte herankommen können. Oder spiegelte dieser Gesichtsausdruck vielleicht das plötzliche Bedürfnis wider, die für die Ermittlung
im Fall al-Deek verantwortlichen FBI-Agenten zu finden und
bewusstlos zu schlagen?

»Das sind die Möglichkeiten, die ich habe«, fuhr ich fort. »Ich
habe keinen Zugang zu Geheimdienstquellen und keine Befugnis, andere als öffentlich zugängliche Dokumente einzusehen.
Ich meine aber, das FBI sollte sich diese Dokumente vornehmen
und sich Ashours und Diabs Akten ansehen.«

Natürlich dachte ich: Wie hätten die FBI-Agenten mit ihren
Methoden auch irgendetwas in al-Deeks Nachbarschaft finden
sollen? *Klopf, klopf.* »Kennen Sie Osama bin Laden?« Statt
an die Sache so heranzugehen, wie meine Kollegen und ich es
taten, führten die FBI-Agenten ihre Ermittlungen zu al-Deeks
Adresse auf sehr merkwürdige Art durch. Deswegen waren die
Nachbarn, die sie befragten, eben nichts weiter als Nachbarn.
Für uns waren sie Ashour und Diab und Charity Without Borders.

Die gute Nachricht war die, dass den Beamten des Sicherheitsausschusses meine Ansicht darüber, wie islamische Wohltätigkeitsorganisationen zur Finanzierung des Terrorismus benutzt werden, nicht völlig neu war. Das war einer der Gründe,
warum sie uns unbedingt treffen und über Charity Without
Borders informiert werden wollten. Später erfuhr ich, dass Peters Reise zum Persischen Golf dem Zweck diente, Informationen zu einigen dieser Organisationen zu sammeln. Aber wie
ich hatte auch der Sicherheitsausschuss Schwierigkeiten gehabt,
das Finanzministerium davon zu überzeugen, dass es sich hier
um ein dringendes Problem handelte, das es anzupacken galt,
vielleicht sogar durch Gesetzesänderungen.

Am meisten empörte mich an der Geschichte von Charity
Without Borders, dass die Organisation tatsächlich Geld von
der US-Regierung bezog. Dann diskutierten wir mit den Leuten vom Sicherheitsausschuss ein uns allen bekanntes, noch
ungeheuerlicheres Beispiel, die Islamic African Relief Agency,
IARA, die Verbindungen zur Regierung des Sudan hatte, der

Regierung die Bin Laden jahrelang Unterschlupf gewährt hatte. Die United States Agency for International Development, USAID, die staatliche amerikanische Entwicklungshilfe-Organisation, ist, ihren eigenen Veröffentlichungen zufolge, eine »unabhängige Agentur, die überall auf der Welt zur Unterstützung der außenpolitischen Ziele der Vereinigten Staaten Entwicklungshilfe und humanitäre Hilfe leistet«. Die IARA erhielt von der USAID entsprechende Mittel, bis nachgewiesen wurde, dass Verbindungen zu terroristischen Organisationen bestanden. Die USAID stellte dann aus »Gründen der nationalen Sicherheit« ihre Unterstützung ein. Doch die IARA ist immer noch in Amerika aktiv und von der Steuer befreit.

»Genau aus diesem Grund wollten wir eine Liste von Wohltätigkeitsorganisationen zusammenstellen, die möglicherweise Verbindungen zum Terrorismus haben«, sagte Peter.

Das brachte mich auf eine Idee.

Veronica und ich aßen zusammen zu Mittag. Es war Mitte des Jahres 2000. Das Wetter war entsetzlich, Gewitter und heftiger Regen. Was jedoch nicht meine Verfassung widerspiegelte. Alles lief – zu Hause wie bei der Arbeit – besser denn je. Ich hatte im Institut viel zu tun, aber ich war nicht überarbeitet. Schon länger hatte ich daran gedacht, Veronica von meiner Idee mit der Überwachungsliste zu erzählen, aber wir waren mit anderen Projekten beschäftigt gewesen, und ich war nie dazu gekommen. Unser heutiges Mittagessen war nun eine gute Gelegenheit.

Inzwischen arbeitete ich häufiger mit dem Weißen Haus zusammen. Ich fuhr etwa einmal im Monat dorthin. Normalerweise versuchte ich, meine Reisen mit anderen Aktivitäten zu verbinden, zum Beispiel dem Besuch einer Moschee oder einer Kundgebung oder auch einem Treffen mit anderen Regierungsbeamten. Nachdem Peter vom Persischen Golf zurückgekommen war, fragte ich ihn nach der Überwachungsliste. Doch aus offensichtlichen Gründen konnte er mir natürlich nicht sagen, wer darauf stand. »Aber das ist doch auch gar nicht nötig. Sie wissen doch sehr gut, welche Wohltätigkeitsorganisationen überwacht werden müssen.«

Bei einem unserer Treffen erzählte er mir jedoch, Agenten des jordanischen Geheimdienstes hätten es mit der Angst zu tun bekommen, als sie das von al-Deek finanzierte Lager mit Sprengstoff fanden, mit dem zur Jahrtausendwende Anschläge auf westliche und strategische Ziele in Jordanien verübt werden sollten. Irgendjemand behauptete, dort sei genug Sprengstoff gewesen, »um den gesamten Nahen Osten in die Luft zu jagen«.

Als Veronica und ich in einem indischen Restaurant in der Nähe des INS-Gebäudes saßen, erzählte ich ihr von meiner Idee.

»Übrigens, diese Liste von Wohltätigkeitsorganisationen, die das FBI und das Weiße Haus für das State Department zusammenstellen«, begann ich.

»Ja?«, sagte Veronica. Sie hatte einen seltsamen Gesichtsausdruck.

»Du weißt doch bestimmt von dieser Liste, oder?«

Sie wusste offensichtlich nichts davon.

Die Wege der Regierung sind geheimnisvoll.

Die Liste war für das State Department gedacht, dem die INS damals unterstand. Veronica und Dan Cadman hätten von der Liste wissen müssen! Sie sollte dem State Department helfen, zwischen rechtsstaatlichen Wohltätigkeitsorganisationen und solchen zu unterscheiden, die mit dem Terrorismus in Verbindung standen. Und eigentlich hätte man erwarten können, dass das State Department die Nationale Sicherheitseinheit der INS – wie diese Abteilung damals offiziell genannt wurde – über die Liste informieren würde.

Doch das hatte das State Department nicht getan. Erst durch mich erfuhr Veronica von dieser Liste.

Ich sagte ihr, dass ich nicht mit Sicherheit wisse, welche Wohltätigkeitsorganisationen auf der Liste stünden, es mir aber gut vorstellen könne. Sie müsse diese Liste besorgen, und in der Zwischenzeit würde ich ihr dann erzählen, welche Organisationen meiner Meinung nach darauf gelandet seien, und ihr Informationen über deren Hintergrund geben.

Bevor ich Veronica dann meine Idee vorstellte, ging ich ganz allgemein auf den Zweck von Wohltätigkeitsorganisationen ein und erklärte ihr, dass einige von ihnen nicht nur Mittel auftreiben, um den Terrorismus zu fördern, sondern diese Mittel auch nutzen, um Treffen für ihre Anhänger sowie Konferenzen zu organisieren, bei denen als Teil der Rekrutierungsstrategie Hassreden gehalten werden. Außerdem fungieren diese Wohltätigkeitsorganisationen als Bürgen für Visa, ausgestellt auf alle möglichen zweifelhaften Gestalten, denen die religiösen Zwecke und die karitative Arbeit dieser Organisationen als Tarnung dienen. Diese Organisationen sind von der Steuer befreit, weil scheinbar gemeinnützig, und der ihnen eigene Internationalismus ist natürlich optimal für weltweite Überweisungen. Vor allem verwenden sie oft das Wort »Katastrophenhilfe« als Tarnung. Als »Katastrophenhelfer«, so erklärte ich Veronica, könne man überall hinreisen und ohne Verdacht zu erregen große Geldsummen bei sich führen. Niemand würde einen »Katastrophenhelfer« verdächtigen, der den Armen, Kranken und Hungrigen zu Hilfe eilt.

Eine dieser Wohltätigkeitsorganisationen war Help Africa People, finanziert und geleitet von einem Mann namens Wadih al-Hage. In seiner Freizeit war al-Hage auch als Privatsekretär von Osama bin Laden tätig. Schließlich wurde er überführt, die Bombenanschläge auf die Botschaften in Kenia und Tansania geplant zu haben. Help Africa People hatte es ihm ermöglicht, sich überall frei zu bewegen und diese Anschläge zu finanzieren.

Ein weiterer »Katastrophenhelfer« war ein ägyptischer Kinderarzt namens Ayman al-Zawahiri, der 1995 als Vertreter des kuwaitischen Roten Halbmonds in die Vereinigten Staaten kam. Im Hauptberuf war er allerdings Bin Ladens Stellvertreter, Leibarzt und Architekt der Ideologie der al-Qaida. Al-Zawahiri wurde in den Vereinigten Staaten wegen der Anschläge auf die amerikanischen Botschaften in Ostafrika unter Anklage gestellt und in Abwesenheit von einem ägyptischen Militärgericht wegen seiner entscheidenden Rolle innerhalb der Terrororganisation Ägyptischer Islamischer Dschihad zum Tode verurteilt. Doch 1995 reiste er unbehelligt in Amerika umher. Er war aus Afghanistan eingereist und sammelte allerorts Spenden – insgesamt fast eine halbe Million Dollar –, die, wie er behauptete,

Witwen und Waisen zugute kommen würden. Er vergaß wahrscheinlich zu erwähnen, dass diese Frauen und Kinder erst noch mithilfe seines Geldes, das für den wohltätigen Zweck verwendet wurde, in eben jenem Jahr einen Bombenanschlag auf die ägyptische Botschaft in Pakistan zu verüben, zu Witwen und Waisen werden würden. Das versteht dieser Kinderarzt unter Katastrophenhilfe.

Schließlich erzählte ich Veronica von meinem Plan. »Das State Department sollte Leute, für deren Visum die auf dieser Liste stehenden Wohltätigkeitsorganisationen gebürgt haben, überprüfen. Es sollte sich die Visaanträge von Leuten ansehen, die diese Wohltätigkeitsorganisationen und die von ihnen veranstalteten Konferenzen als Grund dafür angeben, in die Vereinigten Staaten einreisen zu wollen. Heißt es in ihrem Antrag, dass sie beabsichtigen, für diese Organisationen zu arbeiten, sollte der Antrag nicht nur doppelt, sondern drei- und sogar viermal geprüft werden.«

Veronica gefiel dieser Plan. Sie bat mich, ihr die von mir zusammengestellte Liste zu geben. Sie würde sich sicherlich kaum von der offiziellen Liste unterscheiden, und sie wolle sich schon mal mit ihr vertraut machen, während sie versuchte, vom FBI die offizielle Liste zu bekommen. Zwei Tage später rief ich sie an und fragte, ob sie die offizielle Liste bereits habe. Ich könne ihr, wenn nötig, über meine anderen Regierungsquellen helfen, schneller an sie heranzukommen.

Veronica hatte schriftlich um Einsicht in die offizielle Liste gebeten, jedoch einen ablehnenden Bescheid erhalten. Sie war entrüstet.

Ich fand es ebenfalls unbegreiflich. Es machte keinen Sinn, dass das FBI und das State Department einer Beamtin der Nationalen Sicherheitseinheit der INS eine solche Liste nicht zukommen lassen wollten. Ich selbst war natürlich an solche Einschränkungen gewöhnt. Ständig hörte ich: »Sie können dieses nicht bekommen, jenes nicht einsehen und dürfen hierüber gar nichts wissen.« Aber ich arbeitete nicht für die Regierung. Wie konnte das FBI sich weigern, mit der INS zusammenzuarbeiten? Was nutzte eine solche Liste, wenn die INS, die Zoll-

fahndung und andere für den Schutz unserer Grenzen verantwortliche Behörden sie nicht zu Gesicht bekamen und daher
nicht definitiv wussten, wem sie die Einreise in dieses Land ver-
wehren sollten?

Wutentbrannt rief ich im Weißen Haus an. Peter war befördert und in eine andere Abteilung versetzt worden, aber sein
Nachfolger, der an den Apparat kam, wusste, wer ich war. Ich
erzählte ihm, was Veronica passiert war.

»Ich frage mal beim FBI nach, was da los ist«, sagte er.

Knapp eine Stunde später rief er zurück.

»Die kümmern sich darum«, sagte er. »Ich habe mit Steve
gesprochen, vom FBI. Ich habe ihm von Ihnen und Ihrer Idee
erzählt und ihm erklärt, warum die INS die Liste haben muss.
Er würde gern mit Veronica sprechen, und ich habe ihm gesagt,
dass sie ihn anrufen wird. Außerdem habe ich ihm vorgeschlagen, sich mit Ihnen zu unterhalten. Vielleicht haben Sie ja Lust,
in Zukunft mit ihm zusammenzuarbeiten.« Er gab mir Steves
Telefonnummer.

Später an diesem Tag sprach ich mit Steve. Er war höflich,
aber abweisend. Ich erklärte ihm, wer ich sei, wer Veronica sei
und was wir mit der Liste der Regierung vorhatten. Veronica
solle ihn anrufen, meinte er.

Das tat sie umgehend. Fünf Minuten später meldete sie sich
wieder bei mir. »Weißt du was?«, begann sie.

»War meine so ähnlich?«, platzte ich aufgeregt heraus. Ich
war mir sicher, dass sie anrief, um mir zu sagen, die Listen seien
so gut wie identisch.

»Woher soll ich das wissen?«, antwortete sie. »Steve hat gesagt, die Liste sei vertraulich und ich nicht zur Akteneinsicht
berechtigt.«

»Du machst wohl Witze.«

»Ich wünschte, es wäre so. Er weigerte sich, sie mir zu geben.
Ich habe ihn gefragt, ob der Beamte des Weißen Hauses ihn
angerufen habe, was er bejahte. *Trotzdem* wollte er mir die Liste
nicht geben!«, beklagte Veronica sich. »Ich habe ihm vorgeschlagen, mit meinem Boss zu sprechen. Das würde nichts ändern,
meinte er.«

Ich rief im Weißen Haus an und sprach erneut mit dem Beamten des Sicherheitsausschusses. Der dachte, *ich* mache Witze. Als ihm klar wurde, dass das kein Witz war, brannte bei ihm eine Sicherung durch. Er telefonierte mit Veronica und fragte sie nach ihrem Gespräch mit Steve. Dann schickte er die Liste direkt an sie, obwohl dies nicht dem Dienstweg entsprach.

Ich schlug vor, dass Vertreter der INS und des Weißen Hauses, da sie ja bereits voneinander wüssten, sich treffen und eine Zusammenarbeit hinsichtlich dieser Liste und anderer gemeinsamer Interessen diskutieren sollten. Als sie das hörte, fiel Veronica fast in Ohnmacht.

»Bist du verrückt? Wir und sie stehen doch nicht auf der gleichen Stufe. Man wird auf keinen Fall zulassen, dass ein solches Treffen stattfindet.«

Der Sicherheitsausschuss des Weißen Hauses soll also den Terrorismus bekämpfen. Die gleiche Aufgabe hat die Nationale Sicherheitseinheit der INS. Sie stehen alle auf der gleichen Seite, und dennoch dürfen diese Einheiten sich nicht treffen und zusammenarbeiten? In einem kommunistischen Land oder einer Diktatur, so wie der, der ich als Kind entronnen war, kann zu viel Zusammenarbeit gefährlich sein. Arbeiten in einem solchen Regime hohe Beamte zu eng zusammen, kann dies eine Verschwörung zur Folge haben. Aber in einer Demokratie wie der unsrigen dürfen Behörden bei der Terrorismusbekämpfung nicht kooperieren? Das war einfach unglaublich. Hielten al-Qaida, Hamas, PIJ und all ihre Tarn- und Wohltätigkeitsorganisationen bei ihrer Planung, den Westen zu zerstören, auch den Dienstweg ein? Offensichtlich nicht. Während also die Terroristen unbekümmert untereinander Listen potenzieller amerikanischer Ziele austauschten und sich gegenseitig finanzierten, waren die für die Terrorismusbekämpfung verantwortlichen US-Agenten damit beschäftigt, mit der Bürokratie zu kämpfen. Und ihre so genannten Kollegen im FBI ließen ihnen keine Informationen zukommen. Wenn es mich nicht gäbe, hätte Veronica nicht einmal gewusst, dass eine solche Liste existiert.

Als ich mich nach dem 11. September mit Generalstaatsanwalt John Ashcroft traf, brachte ich auch die Geschichte mit

Veronica und der Liste sowie das Problem im Allgemeinen zur Sprache. »Wie kann man erwarten, dass die Regierung den Terrorismus bekämpft, wenn ihre verschiedenen Zweige sich nicht treffen, nicht miteinander kommunizieren und keine Informationen austauschen dürfen?«, fragte ich ihn. Wie können wir je etwas erreichen, wenn das FBI sogar auf den Informationen hocken bleibt, nachdem es von der Regierung angewiesen wurde, sie weiterzugeben?

Glücklicherweise arbeite ich nicht für die Regierung. Ich brauche nicht nach deren Regeln zu spielen und kann das Richtige tun, ohne befürchten zu müssen, meine Beförderung zu gefährden oder einen Eintrag in die Personalakte zu bekommen. Ich kann jeden beliebigen Beamten treffen, wann immer ich will.

Eines Tages las ich bei der Arbeit das vierteljährlich erscheinende Mitteilungsblatt der HLF, das ich regelmäßig erhielt, seit ich meinen Märtyrersohn sponserte. Angesichts der Tatsache, dass die HLF eine der ersten Wohltätigkeitsorganisationen auf der Überwachungsliste hätte sein sollen, überraschte mich das, was ich in ihrer Publikation fand, doch ziemlich. Die Organisation war stolz mitteilen zu können, dass sie endlich Geld von der staatlichen amerikanischen Entwicklungshilfe-Organisation, USAID, bekommen sollte!

Das State Department bewies wieder einmal seine Inkompetenz. Man hatte ihm eine Liste zusammengestellt, die HLF stand definitiv darauf, und ihr waren dennoch Geldmittel zugebilligt worden. Sofort rief ich im Weißen Haus an. Was hatte die Liste für einen Sinn, fragte ich, wenn dort aufgeführte Organisationen von der Regierung Mittel bekommen sollten, die zweifellos zur Finanzierung des Terrorismus genutzt würden. Meine Kontaktperson im Weißen Haus konnte es auch nicht fassen und bat mich, die Seite aus der HLF-Publikation zu faxen, in der man sich damit brüstete, USAID-Dollar zu erhalten. Wenige Tage später meldete der Beamte sich bei mir. Im State Department hatte man sich einsichtig gezeigt und hinsichtlich der Bezugsberechtigung der HLF einen Rückzieher gemacht. Der Fehler war korrigiert worden.

Hätte ich das Mitteilungsblatt nicht gelesen, so wäre eine Gruppe, die George W. Bush Ende 2001 als Terrororganisation einstufte, mit Geld von der US-Regierung ausgestattet worden. Die Regierung hätte sprichwörtlich Terroristen finanziert, die ihre Bürger angreifen.

Wieso hatte sonst niemand, zum Beispiel das FBI, das so starrköpfig an Informationen festhält und sie nie an jemanden weitergibt, diesen Fehler bemerkt?

Die Informationen, mit denen ich bei jener ersten Besprechung das Weiße Haus versorgte, wurden an das FBI weitergeleitet. Was machte man dort mit ihnen? Ich hatte Peter mehrmals danach gefragt, und immer wieder sagte er, dass er vom FBI nie eine Rückmeldung erhalten habe. Er nahm an, die Behörde hocke einfach auf diesem Material.

Mit dieser Vermutung lag er richtig. Aber war dies eine Ausnahme?

Dazu folgende Geschichte: Robert G. Wright war FBI-Agent in Chicago. Als Ergebnis seiner Arbeit wurde 1998 ein Kontoguthaben über 1,7 Millionen Dollar von Muhammad Salah, jenem Gebrauchtwagenhändler und Hamas-Aktivisten, den ich bei der IAP-Konferenz in Chicago getroffen hatte, beschlagnahmt. Wrights Affidavit (eidesstattliche Versicherung) 1998 über Salah zeigte auch, dass dieser Terroristen rekrutiert und den Terrorismus finanziert hatte. Der FBI-Agent wies außerdem nach, dass Salah in dieser Angelegenheit mit einem wohlhabenden saudischen Geschäftsmann namens Yassin Qadi zusammenarbeitete. Qadi schleuste durch das in New Jersey ansässige Unternehmen Beit Maal Investment (BMI) Geld an die Hamas. Nach dem 11. September wurde Qadi von der US-Regierung als Geldgeber von Osama bin Laden identifiziert.

Wie also, mögen Sie sich fragen, belohnte das FBI Wright für seine hervorragende Arbeit? Indem es ihn der Diskriminierung beschuldigte und von der Ermittlung suspendierte. Wie sonst?

Im Verlauf seiner Ermittlungen zu Salah und Qadi hatte Wright mit einem Kollegen vom FBI zu tun, einem Muslim namens Gamal Abdel Hafiz. Dieser unterhielt enge Beziehungen zum Buchhalter von BMI, der sich damals um eine Stelle als Übersetzer beim FBI bemühte.

Wright, der sich der Tatsache bewusst war, dass Hamas-Mitglieder versuchten, das FBI zu infiltrieren, bat Hafiz, bei einem Treffen mit dem Präsidenten von BMI, gegen den zum damaligen Zeitpunkt ein Voruntersuchungsgericht ermittelte, eine Wanze zu tragen. Hafiz weigerte sich. Als Wright mit seinen Vorgesetzten darüber sprach, forderte man Hafiz erneut auf, eine Wanze zu tragen. Wieder wehrte er sich dagegen, es sei denn, der Mann, den er traf, würde davon unterrichtet. Er sagte, er habe kein Vertrauen darin, dass das FBI ihn schütze (wobei ich Sie gern daran erinnern möchte, dass Hafiz FBI-Agent *war*). Und wichtiger noch, Hafiz sagte: »Ein Muslim hört keinen anderen Muslim ab.« Wie sich zeigte, hatte Hafiz es schon in der Vergangenheit abgelehnt, ähnliche Undercover-Aufträge durchzuführen.

Wright beschwerte sich. Er argumentierte, dass für ihn, obwohl er Katholik sei, religiöse Gesichtspunkte bei der Ermittlung in Sachen Terrorismus keine Rolle spielten. Hafiz hingegen reichte Beschwerde gegen Wright ein und behauptete, er würde ihn aufgrund seiner Religion und seiner ethnischen Zugehörigkeit diskriminieren. Statt genau zu prüfen, wem Hafiz sich verpflichtet fühlte, suspendierte das FBI Wright von der Ermittlung. Hafiz wurde inzwischen vom FBI befördert und ist nun als FBI-Verbindungsmann in Saudi-Arabien tätig.

Dass Yassin Qadi nach dem 11. September mit dem Terrorismus in Verbindung gebracht wurde, hatte nichts mit dem FBI zu tun. Seit Wrights Suspendierung ist das FBI nicht einen Schritt weitergekommen. Salah läuft noch immer als »Menschenrechtsaktivist« frei in Chicago herum, und Qadi behauptet weiterhin, dass er nie mit dem Terrorismus zu tun hatte. Wäre Qadi bereits 1997, als Wright sein Affidavit einreichte, als Anhänger von Osama bin Laden identifiziert worden, hätte er es sich vielleicht zweimal überlegt, Terrororganisationen mit Geld zu versorgen.

Wrights Suspendierung wurde zwar gut ein Jahr nach dem 11. September aufgehoben, doch blieb er weiterhin von den Ermittlungen im Fall BMI und Qadi ausgeschlossen. Er hat nicht einmal Zugang zu seinen eigenen Unterlagen zu diesem Fall.

Zugegeben, die Welt war vor dem 11. September eine andere. Aber hat sich nach dieser Tragödie irgendetwas geändert? Arbeiten Regierungsbehörden nun enger zusammen? Ist das FBI nun – nachdem allgemein bekannt ist, dass die fehlende Zusammenarbeit der Behörden ein Hauptgrund dafür war, dass die Geheimdienstinformationen nicht vor dem 11. September verwertet wurden – dazu in der Lage, effizienter und effektiver Jagd auf die Terroristen in unserer Mitte zu machen?

Der Öffentlichkeit wird weisgemacht, dass es Leute gibt, die sich um ihre Sicherheit kümmern, die Informationen sammeln, an andere weiterleiten und alles tun, damit die Terroristen nicht wieder zuschlagen können.

Entspricht das der Realität? Urteilen Sie selbst.

Im März 2002 erhielt ich eine E-Mail von Dan Cadman, in der er schrieb, Loraine, eine Fachanwältin der INS für Einwanderungsfragen, habe ihn angerufen und ihm erzählt, sie sei vom Leiter der INS mit dem Fall Sami al-Arian betraut worden. Nach Durchsicht der Unterlagen, so Loraine, habe sie Zweifel, ob es genug Beweise gebe, um Sami abzuschieben. Sie habe vor, die Sache fallen zu lassen. Dan bat sie, mit mir zu sprechen, ehe sie eine Entscheidung treffe. Wir verabredeten, uns in einem INS-Gebäude in der New Yorker Innenstadt zu treffen.

Ich fuhr also mit einigen meiner Akten über Sami dorthin. Ich wusste nicht, was genau sie brauchte, denn schließlich hatte das FBI seit Jahren an Samis Fall gearbeitet. Mike, ein junger Anwalt, der jetzt für unser Institut tätig war, kam mit, um mir tragen zu helfen. Wir brauchten zwei Faltkisten, um das Material zu transportieren. Als wir das Material hineinschleppten, sah Loraine uns völlig verblüfft an.

»Was ist das denn?«, fragte sie.

»Sie wollten doch Informationen zu Sami haben, oder?«

Bevor ich anfangen konnte, musste ich jedoch in Erfahrung bringen, was Loraine an Material hatte und wie weit sie mit ihren Ermittlungen war. Es wäre Zeitverschwendung gewesen, ihr Dinge zu erzählen, die sie bereits wusste.

»Ich denke, ich weiß alles, was es zu wissen gibt. Ich habe alle Informationen geprüft«, begann sie, »und die reichen nicht aus, um irgendeinen Richter zu überzeugen.« Sie fügte hinzu, dass sie sich nur auf Dans Drängen hin mit mir traf. »Ich schätze ihn sehr, deswegen bin ich hier.«

»Und welche Informationen haben Sie geprüft?«, fragte ich.

»Das meiste Material liegt beim FBI in Tampa. Sie können das Verfahren nicht einstellen, bevor Sie nicht wissen, was die haben.«

Ich wusste, was das FBI hatte, obwohl man *mir* keine Einsicht in die Unterlagen gewährte. Das Beweismaterial zu Sami al-Arian füllte mehrere Räume. Das FBI hatte Tausende von Dokumenten, Hunderte übersetzte und abgeschriebene Bänder, eine enorme Fülle an Informationen.

»Also, ich war in Tampa«, sagte Loraine, »und ich habe gesehen, was das FBI hat. Ich habe das Material sorgfältig durchgearbeitet.«

»Wann wurden Sie mit dieser Ermittlung betraut?«, fragte ich. Sie konnte auf keinen Fall die gesamten Unterlagen des FBI gesehen haben. Selbst ein Sami-Experte, jemand wie John Canfield, würde Monate brauchen, um sich durch das Material zu arbeiten.

»Vor ungefähr zwei Wochen.«

Das hatte ich mir gedacht. Irgendwie konnte ich mir auf ihre Geschichte keinen Reim machen.

»Ich war dort«, sagte sie. »Sie waren widerlich, aber daran bin ich ja schon gewöhnt. Die sind immer so. Einer der Typen führte mich in einen Raum und gab mir zwei Kartons.« Sie deutete etwa die Größe eines Schuhkartons an. »Er sagte, er habe keine Ahnung, in welchem Fall ich ermittle, man habe ihm aber aufgetragen, mir das Material zu geben, das sie für mich zusammengestellt hätten. In diesen Kartons fand ich ein Videoband, einen Brief, den Sami geschrieben hat, und einige Dokumente. Ich brauchte ein paar Stunden, um sie gründlich zu studieren, aber ich hätte mir wahrscheinlich eine Menge Zeit sparen können, wenn dort jemand gewesen wäre, der mir meine Fragen hätte beantworten können.«

Das FBI hatte Berge an Beweismaterial und Loraine dennoch nur zwei Kartons gegeben und ihr niemanden zur Verfügung gestellt, der ihr deren Inhalt erklären konnte. Kein Wunder, dass sie ihre Ermittlungen einstellen wollte. Ich fing also ganz von vorne an. Da Loraine so gut wie nichts wusste, kehrte ich zurück zu ICP, WISE, Ramadan Abdallah, Bashir Nafi, *al-Mukhtar al-Islami, a-Taliya al-Islamiya*. Alles, worüber ich mit John Canfield bei unserer ersten Begegnung gesprochen hatte. Praktisch eine Wiederholung dieser Show, nur dass ich es damals mit Leuten zu tun gehabt hatte, die viel über Sami wussten und ihn seit Jahren im Visier gehabt hatten. Nun sprach ich mit einer Person, die gerade in diese Ermittlung einbezogen worden war und sehr wenig Informationen über ihn hatte.

Ich redete und redete, zog Dokumente heraus und erklärte und zog weitere Dokumente heraus. Nach einigen Stunden bat Loraine mich, mit meinem Vortrag aufzuhören. Sie hatte den Sättigungspunkt erreicht. Es war inzwischen später Nachmittag, aber ich hatte Loraine überzeugt, und sie war der Meinung, dass es jedem Richter genauso gehen würde. Dann sagte ich ihr, das FBI habe alles, was ich ihr gezeigt hatte, ja sogar noch viel mehr. Das FBI hatte ihr nicht nur die Informationen vorenthalten, sie gehörten ihm nicht einmal! Der ursprüngliche Durchsuchungsbefehl, der zu Razzien beim ICP und bei WISE geführt hatte, bei denen man das Meiste des jetzt im Besitz des FBI befindlichen Materials fand, war von der INS ausgestellt worden. Wenn diese Informationen überhaupt irgendjemandem gehörten, dann der INS.

Auf dem Weg zurück ins Institut meinte Mike, dass er, ein Anwalt, diese Geschichte nie geglaubt hätte, wäre er bei dem Treffen mit Loraine nicht dabei gewesen. »Das Verhalten des FBI ist nicht nur unbegreiflich«, sagte er, »es ist geradezu beängstigend.«

Auch nach dem 11. September hält das FBI noch immer Informationen zurück.

Dieses Verhalten erinnert mich an meine kleine Tochter, die sich Dinge schnappt, die ihr nicht gehören, und laut ruft: »Meins.« Manchmal kostet es große Mühe, diese Sachen wieder von ihr zurückzubekommen. In dieser Hinsicht unterscheidet das FBI sich in nichts von ihr. »Meins«, sagt das FBI, »basta!« Und niemand sonst darf das Material haben, selbst wenn das FBI es nicht verwendet. So wie die Logik meiner Tochter, nicht teilen zu wollen, ist auch die Argumentation der Behörde kindlicher Egoismus. Würde das FBI seine Informationen nämlich an andere Behörden weitergeben, so könnten diese sie vielleicht nutzen, um eine Ermittlung durchzuführen, die dem FBI seinen Rang streitig machen würde. Obwohl diese Verhaltensweise Amerika gefährdet, hält das FBI an ihr fest. Meine Tochter wird diese Angewohnheit bald ablegen. Und das FBI?

Anfang 2002 rief mich eine sehr nette Dame an, die sich als Bundesanwaltsassessorin in Kalifornien vorstellte. Sie erzählte mir, der Gouverneur Gray Davis habe kurz nach dem 11. September die Bundesanwälte zusammengerufen, um ihnen mitzuteilen, dass er vorhabe, einen höheren Gang einzulegen und sich auf die Terrorismusbekämpfung zu konzentrieren. Er könne es nicht zulassen, dass sich eine Katastrophe wie die vom 11. September in Kalifornien ereigne. Deswegen seien sie und viele ihrer Kollegen nun mit neuen Aufgaben betraut worden und hätten damit begonnen, sich in das Thema Terrorismus einzuarbeiten. Irgendjemand hatte sie an mich verwiesen. »Ich wende mich an Sie, weil ich Informationen über die HLF und andere mit dem Terrorismus in Verbindung stehende Organisationen brauche«, sagte sie.

»Warum, wenn ich fragen darf, kommen Sie da zu mir?« Das verstand ich nicht. US-Präsident Bush hatte die HLF gerade als Terrororganisation eingestuft. »Soweit ich weiß, hat das Justizministerium mindestens 2000 Dokumente hierzu. Warum bitten Sie die nicht um die Informationen?«

»Denken Sie vielleicht, das hätte ich nicht versucht?«, sagte sie mit einem bitteren Lachen. »Die haben mir gesagt, ich hätte keine Befugnis zur Akteneinsicht.«

Nachdem ich so viel über das FBI erfahren hatte, überraschten mich solche Geschichten nicht mehr. »Aber selbst der 50-seitige Bericht des FBI über die HLF wurde nach der Einstufung dieses Vereins als Terrororganisation freigegeben«, erzählte ich ihr. »Ein Großteil dieses Materials ist der Öffentlichkeit zugänglich.«

Ich versprach, ihr einige Informationen über die HLF und andere Terrororganisationen in ihrem Staat zukommen zu lassen, und schickte ihr wenige Tage später einen Karton mit Informationen zur HLF, zu al-Deek, der IAP und der al-Qaida in Kalifornien zu.

Es war Material, das ihr eigener Arbeitgeber, das Justizministerium, ihr vorenthielt.

Schon bald schickte sie mir eine E-Mail: »Hab's bekommen. Und gelesen. Faszinierend. Dürfte ich Sie besuchen und mit Ihnen darüber sprechen?«

Nun gut, das FBI gibt seine Informationen also nicht an andere weiter.

Aber was ist mit den eigenen Mitarbeitern?

Etwa zur gleichen Zeit wie die Bundesanwaltsassessorin, knapp vier Monate nach dem 11. September, rief mich ein FBI-Agent aus Kalifornien an. Er suchte nach Ermittlungsspuren bezüglich der al-Qaida in Kalifornien. Ich erwähnte al-Deek, Diab, Ashour und Charity Without Borders. Diese Namen hatte er noch nie gehört. Und die Geschichte, die ich ihm dann präsentierte, faszinierte ihn. Nach der Art der Dokumente gefragt, die ich habe, erzählte ich ihm, dass zu den Unterlagen, die ich vor über zwei Jahren vom Staat Kalifornien erhalten hätte, auch stornierte Schecks der Wohltätigkeitsorganisation gehörten. »Oh, die könnten sehr hilfreich sein«, meinte er. Damit könne das FBI Bankkunden vorladen und erfahren, was mit dem Geld der Organisation passiert sei. Er bat mich, ihm alles zu schicken, was ich für wichtig hielt.

Ich schickte ihm einen großen Karton mit Material, das Bruce, Neil und ich für unseren ersten Besuch im Weißen Haus zusammengestellt hatten: Dokumente mit Namen, Adressen und Unternehmen in Zusammenhang mit al-Deek und Diab, mit den Namen ihrer Geschäftspartner in diesen Unternehmen, Listen von Angestellten und Kopien von Schecks der Wohltätigkeitsorganisation. Wenige Tage nach Erhalt der Unterlagen rief der FBI-Agent mich erneut an.

»Das Beweismaterial«, sagte er, »ist *sehr* überzeugend. Ich habe die Akten durchgesehen, die wir zu diesen Leuten haben, und Ihr Material gelesen. Ihre Dokumente sind hervorragend, und ich werde in dieser Sache nicht locker lassen.«

Ich wusste, dass der Sicherheitsausschuss die Bedeutung der von uns erhaltenen Informationen verstanden und sie direkt an das FBI weitergeleitet hatte. Offensichtlich war in den letzten zwei Jahren aber nichts damit passiert.

Aber das war noch nicht alles.

»Als ich mir unsere Akte zu al-Deek angesehen habe«, sagte der FBI-Agent, »habe ich festgestellt, dass al-Deek, Diab und andere anscheinend Anfang der Neunzigerjahre in Südkalifornien militärische Trainingslager durchgeführt haben.« Später erfuhr ich, dass in diesen Camps unter anderen die Anhänger des blinden Scheichs, die versucht hatten, den Lincoln-Tunnel in New York in die Luft zu jagen, ausgebildet worden waren.

Ich flippte aus. »Das darf doch nicht wahr sein! Wie lange liegen die Informationen da schon?«

»Seit Jahren.«

»Und nicht einmal diese Entdeckung hat ausgereicht, um eine Ermittlung in Gang zu setzen? Warum hat man nichts getan, um diese Leute aufzuhalten?«

»Weil es mit nachrichtendienstlichen Mitteln gewonnene Informationen sind. Sie sind unbrauchbar, sie dürfen auf keinen Fall in normalen Prozessen verwendet werden«, sagte er.

Das FBI hatte also nicht nur jahrelang auf meinen Informationen über al-Deek und seine Verbündeten gehockt, es hatte auch erfahren, dass al-Deek militärische Trainingslager für die al-Qaida in Kalifornien veranstaltete und plante, verschiedene amerikanische Ziele in die Luft gehen zu lassen. Und die Behörde ließ diese Leute ungehindert ihren Geschäften nachgehen. Während al-Deek Ende 1999 in Jordanien in Untersuchungshaft war, hätte man Ashour, der in Amerika Asyl beantragt hatte, leicht ausfindig machen, überprüfen, ihm, wenn nötig, das Asyl verweigern und ihn abschieben können. Während ich dies schreibe, treibt er, ein freier Mann, sich an der Westküste der Vereinigten Staaten herum. Und Diab? Der setzte sich um den

11. September herum nach Pakistan ab. Als der FBI-Agent mich anrief, war es zu spät. Diab war schon längst untergetaucht.

Das FBI, das über die Information verfügte, verfolgte die Sache nicht weiter und behauptete, dass aufgrund der Art und Weise, wie man an die Informationen gelangt sei, diese zu einem Verwertungsverbot vor Gericht geführt hätten.

Erzählen Sie das mal den Opfern von Terroranschlägen und ihren Familien.

Doch jetzt hatte mich ein engagierter FBI-Agent angerufen. Es schien, als würde sich nach dem 11. September endlich etwas ändern. Außerdem hatte er Erfahrung in diesem Bereich. Er war an vergangenen Ermittlungen in Sachen Terrorismusbekämpfung sowie an Verhaftungen von Mitgliedern der al-Gama'at al-Islamiya beteiligt gewesen, der Gruppe, deren Führer der blinde Scheich war, und die mit der al-Qaida in Verbindung stand. Endlich schien man in Kalifornien etwas zu unternehmen.

Der Agent meldete seine Ermittlung entsprechend der Gepflogenheit der Behörde an, damit bekannt war, dass er in diesem Fall tätig wurde, und jeder, der Hinweise zu seiner Ermittlung hatte, mit ihm Kontakt aufnehmen konnte.

Wenige Tage später rief er mich an und sagte, er sei von diesem Fall abgezogen worden. Dem FBI-Büro in Anaheim war wohl aufgefallen, dass al-Deeks Adresse in seinen Zuständigkeitsbereich fiel, und hatte den Fall übernommen.

Irgendwann meldete sich dann ein ziemlich unfreundlicher Agent des Anaheimer Büros bei mir. Er bat mich, ihm die Dokumente zu schicken, die ich zuvor an den FBI-Agenten in Kalifornien gesandt hatte. Er werde die Unterlagen durcharbeiten und mich dann noch einmal anrufen.

Wieder schickte ich einen riesigen Karton mit Material zur Westküste.

Doch von diesem Agenten habe ich nie wieder etwas gehört.

Warum, so mögen Sie fragen, ermittelte das FBI nicht im Fall al-Deek, Diab, Ashour und Charity Without Borders? Nicht einmal, nachdem ich dem Weißen Haus alle Hinweise geliefert hatte? Warum unternahm das FBI nichts gegen diese fröhliche

Bande, obwohl es mehr als genug Gründe gab, diese Leute zu überprüfen?

Die Antwort ist einfach: Das FBI war intensiv mit anderen Ermittlungen beschäftigt.

Es war damit beschäftigt, Ermittlungen zu meiner Person anzustellen.

8. Kapitel

Die Fratze eines Monsters

Nach vielen Jahrhunderten voll inneren Streits und Bruderkampfes kam eine Zeit, als junge Männer anfingen, sich zu einer einzigen Bewegung zusammenzuschließen. Bis dahin waren die arabische und die islamische Welt aufgespalten in Sekten, Stämme und Nationen. Aber als die Sowjets in den späten Siebzigerjahren in Afghanistan einmarschierten, beeilten sich sunnitische und schiitische Muslime, Jordanier, Palästinenser, Iraker, Saudis, Algerier, Marokkaner, Syrer, Libanesen und Ägypter, dieser vereinigten Bewegung des Dschihad beizutreten.

Eine solche Vereinigung aller Kräfte unter einer Flagge, eine panarabische Bewegung dieser Größenordnung, ward nicht mehr gesehen seit den Tagen des Propheten Mohammed selbst.

Was als ein kleiner lokaler Konflikt in Afghanistan begonnen hatte, sollte zu einer Bewegung werden, die bald das Gesicht der amerikanischen Geschichte verändern würde.

Die treibende Kraft und der Grundpfeiler dieser Bewegung war eine einzige charismatische und außergewöhnliche Person.

Ein Mann namens Abdallah Azzam.

Meine Kreuzschmerzen waren unerträglich geworden. Seit nunmehr drei Tagen litt ich nun unter diesen Schmerzen, und inzwischen waren sie so stark, dass ich nicht einmal mehr gehen konnte. Ich entschloss mich, meine Geburtshelferin anzurufen.

Ich hatte ja zuvor schon Schwangerschaften erlebt, aber noch keine war so gewesen wie diese. Dieses Mal war alles anders – oder war ich vielleicht eine andere geworden? Zuerst konnte ich es gar nicht glauben, dass ich diesmal ein Mädchen bekommen würde – selbst dann noch nicht, als ich das Baby in einer Ultraschallaufnahme gesehen hatte und ich die Chromosomenanalyse nach der Fruchtwasseruntersuchung erhalten hatte. Bis zum Schluss war ich immer noch davon überzeugt gewesen, dass es ein Junge werden würde. Wie bei meinen früheren Schwangerschaften arbeitete ich während der ganzen neun Monate weiter und nahm auch langsamer zu als allgemein üblich. Und auch diesmal weigerte sich mein Baby, zum vorberechneten Zeitpunkt auf die Welt zu kommen. Aber ich merkte auch, dass dieses Mal mein Hormonspiegel anders war, da meine Libido Überstunden machte. Das hatte ich so noch nie erlebt.

Aber ich hatte auch noch nie solche entsetzlichen Schmerzen gehabt. Bei meiner letzten Schwangerschaft erreichte ich erst die Klinik, als ich schon alle drei Minuten die Eröffnungswehen verspürte. 20 Minuten später kam dann das Baby. Aber diesmal waren es keine Wehen, nur schlimme Schmerzen.

Am Telefon meinte meine Geburtshelferin, dies komme wahrscheinlich daher, dass der Kopf des Babys auf mein Becken drücke. »Es ist Zeit, dass das Baby auf die Welt kommt«, sagte sie. »Sagen Sie mir, wann Sie in den Kreißsaal gehen möchten – heute, morgen, je eher, desto besser.«

Daran war ich nun überhaupt nicht gewöhnt. Eine Geburt nach Fahrplan? Bis jetzt hatte ich dabei nichts mitzureden gehabt: Meine Babys hatten sich ihr Geburtsdatum selber gesucht. »Ich wähle einen Zeitpunkt, und Sie sorgen für eine prompte Lieferung?«

»Sicher. Sie sind jetzt schon eine Woche über die berechnete Zeit hinaus. Kommen Sie einfach her, dann leiten wir die Geburt ein, und Sie haben gleich darauf Ihr Baby!«

Morgen war es nicht so günstig: Da mussten wir den Vertrag für das Haus unterzeichnen, das wir gerade gekauft hatten. Übermorgen, am Mittwoch? Ja, Mittwoch war in Ordnung. Das Schuljahr war bald zu Ende, Jordan feierte am Donnerstag seinen Abschluss von der Mittelschule, den er mit Auszeichnung bestanden hatte, also würde ich am Tag davor ins Krankenhaus gehen und mein Baby kriegen, und dann könnte Leo an Jordans Abschlussfeier teilnehmen.

»Einverstanden«, sagte die Geburtshelferin. »Wir sehen uns dann.«

Und so ging ich zwei Tage später dorthin, um mein Kind zu bekommen.

Was nimmt man in einen Kreißsaal mit? Klar, ein paar persönliche Hygieneartikel. Natürlich eine Zahnbürste. Dann Make-up, eine absolute Notwendigkeit. Vielleicht noch etwas zum Lesen, zum Beispiel einige Zeitschriften und ein oder zwei Bücher.

Konnte ich einige meiner Aktenordner mitnehmen? Kaum. Sie waren zu schwer, und wenn außerdem eine Krankenschwester mal kurz darin blättern würde … Am besten nahm ich also nur arabischen Lesestoff mit.

Auf dem Weg ins Krankenhaus fuhr ich im Büro vorbei und holte mir ein paar alte Zeitschriften, mein Lieblingslesestoff, und ein paar Bücher, in die ich schon lange mal einen Blick werfen wollte. Ich dachte, dass die paar Tage im Krankenhaus vielleicht eine gute Gelegenheit seien, ein paar Punkte meines »Pflichtenhefts« abzuarbeiten.

Erst nach Shirleys Geburt glaubte ich es endlich, dass es diesmal ein Mädchen war. Ich nahm sie in die Arme und küsste sie. Vom Glück überwältigt, fing ich zu weinen an. Shirley war das Allerschönste, was ich je gesehen hatte.

Nachdem ich sie gestillt hatte, schlief sie sofort ein. Ich ließ sie ein Bäuerchen machen und legte sie in ihren Babykorb. Da lag sie nun, so winzig und so entzückend. Glücklicher konnte ich überhaupt nicht sein. Als ich sie anschaute, fühlte ich mich gesegnet. Sie, die Jungs, Leo, das neue Haus, mein Job, alles in meinem Leben war gut.

Leo war in der Nacht bei mir geblieben und am Morgen heimgefahren, um den Jungen zu helfen, sich für ihre letzten Schultage vorzubereiten. Heute war ein großer Tag für sie. Am Abend hatten Jordan und Charlie ein wichtiges Konzert. Und danach durfte Jordan auf seiner Abschlussfeier eine Rede halten. 300 seiner Schulkameraden hatten sich darum beworben, eine der vier Abschlussreden halten zu dürfen, und Jordans Rede war unter den besten vier gewesen. Also musste Leo die Jungs erst in die Stadt zum Konzert bringen und sie dann zurück in Jordans Schule fahren.

Ich war müde, aber gleichzeitig ziemlich aufgekratzt. Ich konnte nicht einschlafen. Ich dachte, dass ich vielleicht einen Blick in meinen mitgebrachten Lesestoff werfen sollte. Das würde mich bestimmt so sehr langweilen, dass ich gähnend ins Reich der Träume versinken würde.

Aber zuerst nahm ich mein Handy und rief Leo an. Er hatte die ganze Nacht bei mir durchgewacht und musste deshalb so aufgedreht sein wie ich.

»Wie läuft's bei euch?«, fragte ich ihn.

»Könnte nicht besser sein, Schatz. Die Kinder sind schon von der Schule daheim. Jordan hat mir seine Rede vorgelesen. Sie ist ganz fantastisch! Ich nehme sie für dich auf, wenn er sie auf der Abschlussfeier vorliest. Nach der Feier kommen wir alle im Krankenhaus vorbei. Wie geht's dem Baby? Wie geht's dir? Brauchst du etwas?«

Ich hatte für diese geplante Geburt wirklich alles Nötige eingepackt, und sagte ihm einfach, dass es uns beiden gut gehe. Ich erzählte ihm, wie schön Shirley aussehe, wenn sie schlief, und konnte direkt spüren, wie glücklich ihn das machte.

Leo und ich waren noch mehr zusammengewachsen, seit wir in die Vereinigten Staaten gezogen waren. Vielleicht weil wir nun so weit weg von allen anderen waren, von unserer Familie und unseren Freunden. Hier hatten wir nur uns beide. Und die Kinder natürlich, aber einiges kann man dann doch nicht mit ihnen teilen. Leo und ich waren richtige Seelenverwandte geworden. Über alle wichtigeren Dinge in unserem Leben stimmten wir überein. Am Anfang, drüben in Israel, hatten wir uns oft gestritten. In Israel neigen die Leute dazu, sehr emotional zu reagieren und wegen der unwichtigsten Dinge sinnlose und kleinliche Auseinandersetzungen anzufangen. Vielleicht ist es auch der Stress wegen der politischen Situation oder das nahöstliche Temperament, oder das Ganze ist ein Teil des harten Weges, den jede Nation gehen muss, bevor sie zur Reife gelangt. Aber als wir in die Vereinigten Staaten gekommen waren, bemerkten Leo und ich, dass wir gar nicht mehr so oft Krach hatten. Und jetzt, nach Shirleys Geburt, wuchsen wir noch enger zusammen.

Sobald Leo aufgelegt hatte, steckte ich eine Hand in die Tasche auf dem Sessel neben meinem Bett, legte mein Handy hinein und zog etwas heraus. Es war ein Buch, keine Zeitschrift. Also nicht einmal Fotos – ich würde wahrscheinlich nach zehn Minuten einschlafen.

Der Herausgeber des Buches war ein gewisser Adel Abdul Jalil Batterjee. Zum ersten Mal war ich im Jahr 1999 auf ihn gestoßen, als ich auf meiner Suche nach zwielichtigen Wohltätigkeitsorganisationen die Benevolence International Foundation, BIF, unter die Lupe genommen hatte. Sie arbeitete mit der Global Relief Foundation, GRF, und mit der HLF zusammen. Bei den islamischen Konferenzen, die ich besuchte, war mir aufgefallen, dass, wann immer eine dieser Organisationen einen Stand hatte, die beiden anderen nicht weit waren. Und oft erfuhr ich von gemeinsamen Spendenversammlungen der BIF und GRF oder von GRF und HLF.

Da ich genau wusste, was die HLF war, war ich ziemlich sicher, dass auch GRF und BIF in diese unschöne Affäre verwickelt waren. Als ich mir die 990er Steuerformulare der BIF kommen ließ, die ja jede Wohlfahrtsorganisation mit einem jährlichen Spendenaufkommen von mehr als 25 000 Dollar einreichen muss, sah ich, dass sie jedes Jahr Millionen Dollar gesammelt und das meiste Geld nach Afghanistan, Pakistan, Bosnien und Tschetschenien weitergeleitet hatten ohne genau anzugeben, was genau mit diesem Geld geschah.

Alle diese Länder waren Hochburgen von al-Qaida und Bin Laden. Obwohl die BIF ihren Sitz angeblich in Chicago hatte, entdeckte ich, dass ihr Hauptquartier in Wirklichkeit in Saudi-Arabien lag. Als ich mir die Gründungsurkunde der BIF genauer anschaute, stellte ich fest, dass diese Wohltätigkeitsorganisation drei Gründer hatte: Adel Abdul Jalil Batterjee, seinen Vetter Shahir Abdulraoof Batterjee und Mazin M. S. Bahareth. Jeder dieser ehrbaren Herren gab als seine Adresse Dschidda in Saudi-Arabien an.

Diese saudische Verbindung ließ bei mir alle Alarmglocken läuten. Denn gar zu oft war ich schon aus Saudi-Arabien finanzierten Wohlfahrtsvereinigungen begegnet, die Verbindungen zum Terrorismus aufwiesen. Deshalb studierte ich sorgfältig die Hintergründe dieser drei Männer. Meine Untersuchung von zwei der drei Namen führte zu nichts. Aber bei Adel Batterjee fand ich heraus, dass er neben der BIF auch die WAMY leitete. Laut einer Mitteilung des FBI ist WAMY, die World Assembly of Muslim Youth (»Weltversammlung der Muslimjugend«), eine terroristische Vereinigung. Ich erinnerte mich daran, dass Schriften der WAMY im Koffer von Ahmed Ajaj gefunden worden waren, dem Mann, der zusammen mit Ramzi Yousef 1993 das World Trade Center in die Luft jagen wollte. Die Zentrale der WAMY befindet sich ebenfalls in Saudi-Arabien, ihr Hauptbüro in den USA in Falls Church, Virginia. WAMYs amerikanischer Direktor Abdallah bin Laden ist Osamas Halbbruder. Wie die BIF wurde diese Organisation nach dem 11. September von der US-Regierung als eine der Hauptfinanzquellen von al-Qaida bezeichnet. Während ich diese Zeilen schreibe, befindet sich ihr Direktor für die Vereinigten Staaten in einem amerikanischen Gefängnis. Daher wusste ich, dass ich auf Batterjee und BIF ein Auge halten sollte. Ich ahnte: Batterjee würde sich als sehr interessant herausstellen.

So lag ich also in meinem Bett hier in der Säuglingsstation und hatte Batterjees Buch auf dem Schoß. Auf dem hellroten Umschlag waren zwei Fäuste abgebildet, die gegeneinander erhoben waren. Auf die linke Faust war das sowjetische Symbol, Hammer und Sichel, gestempelt. Auf der rechten Faust war ein arabischer Satz eintätowiert: *la ilaha il Allah,* es gibt keinen Gott außer Allah. Die rechte Faust waren die Muslime, die linke Russland. Ganz schön militant, dieser Umschlag. Aber auch viel versprechend. Natürlich hatte ich auch schon Bücher gelesen, die zuerst ganz viel versprechend aussahen und sich dann als totale Langweiler herausstellten.

Der Titel des Buches war *al-Ansar al-Arab fi Afghanistan,* »Die arabischen Freiwilligen in Afghanistan«. Ein kleines Logo in der Ecke des Umschlags – zwei Hände, die sich einander entgegenstrecken, mit einer Erdkugel im Hintergrund – war fast identisch mit demjenigen der BIF.

Ein kurzer Text auf dem Rückumschlag handelte vom sowjetisch-afghanischen Krieg. Darin hieß es: »Dies ist der Dschihad in Afghanistan. Das arabische Volk ist das Wasser, das den Fluss des Dschihad speist.« Es gab auch eine kleine Anmerkung, dass das Buch von der BIF und der WAMY herausgegeben worden sei. Ich schlug das Buch auf und begann die Einleitung zu lesen. Sie erklärte, wie der Krieg gegen die einmarschierten Russen zu einem kritischen Wendepunkt der Art und Weise geworden sei, wie Muslime und Araber den Westen betrachteten. Der Krieg, der als eine Dschihad-Mission zur Befreiung Afghanistans anfing, endete mit einer vernichtenden Niederlage der Supermacht Sowjetunion. Und so hieß es in der Einleitung, dass dieser ruhmreiche Sieg die Augen vieler junger Muslime geöffnet habe. Sie fühlten nun, dass sie stark seien. Und ihre Einigkeit vermittelte ihnen den Eindruck, unbesiegbar zu sein. Der Sieg weckte in ihnen den Wunsch, noch weit mehr zu erreichen. Wenn sie die Sowjets schlagen konnten, dachten sie, könnten sie auch den dekadenten Westen besiegen.

Dschihad, ihr neuer Dschihad, könnte so zur islamischen Weltherrschaft führen.

Ich schaute zu meinem kleinen Engel hinüber. Shirley schlief, und ihre rosa Backen waren einfach dazu bestimmt, geküsst zu werden. Die Farbe Rosa erinnerte mich daran, dass ich nun endlich auch einmal in den rosa Abteilungen der Kinderbekleidungsgeschäfte und Spielzeugläden einkaufen konnte. Ich stellte mir schon vor, wie ich ihr eines Tages die Haare flechten würde, so wie es Großmutter bei mir gemacht hatte. Bis dahin würde allerdings noch eine geraume Zeit vergehen, denn Shirley war fast kahl auf die Welt gekommen.

Ich kehrte zu meinem Buch zurück. Die Einleitung sprach nun über Abdallah Azzam. Dies war nicht überraschend, wenn man bedenkt, dass fast jede Darstellung des sowjetisch-afghanischen Krieges aus einer arabischen oder islamischen Perspektive über diesen Mann sprach, dem etwas gelungen war, was vor ihm kein anderer Moslem seit den frühen Tagen des Islam mehr geschafft hatte: die Araber und Muslime aus allen Sekten und Ländern davon zu überzeugen, ihre Kräfte im Dschihad zu vereinen. Als Palästinenser hatte Azzam großes Interesse an Palästina und seiner Befreiung, aber ihm wurde schon in den frühen Achtzigerjahren klar, dass Afghanistan ein fruchtbares Feld für die Entstehung einer internationalen Dschihad-Bewegung war. Er reiste von einem arabischen Land zum andern, predigte, hielt Vorträge, redete und überzeugte und begann Krieger für seine Sache zu werben: den Dschihad, um die islamische Welt vom Joch der Ungläubigen zu befreien.

Da mir das alles bereits bekannt war, dachte ich, dass dieses Buch mir nichts außer einem guten Schlaf verschaffen würde. Noch ein paar Seiten, und ich würde sanft entschlummern.

Das Klingeln meines Handys durchbrach plötzlich die Stille. Shirley bewegte sich in ihrer Babybox. Ich langte nach dem Telefon, so schnell ich nur konnte, und fluchte ganz leise, dass ich es nicht abgestellt hatte, nachdem ich mit Leo gesprochen hatte.

»Hallo?«, sagte ich ganz leise.

»Störe ich?«, fragte eine bekannte Stimme. Es war John Canfield.

»Hi, John!« Gegen einen Anruf von ihm hatte ich nichts. »Was ist los?«

»Ich habe gute und schlechte Neuigkeiten. Wir konnten den Termin ändern, wie Sie es vorgeschlagen hatten. Vorgesehen ist jetzt Ende September. Hoffentlich klappt es diesmal.«

John sprach über die Reise nach Israel, die die Task-Force aus Tampa plante. John und eine Reihe von FBI-Agenten sollten dort Informationen über Sami und den PIJ sammeln. Die Reise war schon so oft verschoben worden, dass ich inzwischen daran gezweifelt hatte, dass sie je stattfinden würde. Aber dann hatte mich John ein paar Wochen vor Shirleys Geburt angerufen und mir mitgeteilt, dass sie nun tatsächlich im August fahren würden.

»Ganz Israel macht im August Ferien«, war meine Reaktion gewesen. »Die meisten Leute werden nicht einmal im Land sein, wenn Ihre Delegation ankommt.« Er hatte es also geschafft, sie noch einmal zu verschieben.

»Gut«, sagte ich. »Aber was sind nun die schlechten Nachrichten?«

»Nun, es sieht so aus, als ob eine ganze Reihe von Treffen, die das FBI zu arrangieren hoffte, nicht stattfinden werden«, sagte er. »Bisher haben wir niemand Besonderen auf unserer Begegnungsliste. Haben Sie vielleicht ein paar Vorschläge für uns? Wen könnten wir Ihrer Meinung nach treffen?« Er klang ganz unglücklich.

»Oh, das ist alles? Keine Sorge, John, wir haben noch genug Zeit«, beruhigte ich ihn. »Ich gebe Ihnen alle Namen und Kontakte, die Sie brauchen. Entspannen Sie sich und überlassen Sie alles mir. Im Moment kann ich gar nichts tun – ich bin ein paar Tage nicht im Büro –, aber sobald ich zurück bin, kümmere ich mich darum. Versprochen.«

Einigermaßen erleichtert scherzte John mit mir: »Und wer hat denn *Sie* so lange aus dem Büro gelassen? Wo sind Sie denn eigentlich?«

Männer! Jede Frau hätte das automatisch erraten. John wusste, dass ich im neunten Monat schwanger war.

»Ich bin auf der Geburtsstation. Ich habe gerade ein Baby bekommen.«

Ein Schlag von Mike Tyson hätte nicht besser sitzen können.

»Nein, jetzt wirklich, wo sind Sie? Sie machen nur Spaß, oder?«

»Nein, ich bin hier auf der Geburtsstation.«

»Sie sind verrückt, wissen Sie das? Sie sind völlig von Sinnen. Ich spreche nicht mehr mit Ihnen! Sie haben gerade eine Geburt hinter sich und reden mit mir über die Arbeit? Ruhen Sie sich aus, denken Sie an Ihre Tochter, machen Sie, was Sie wollen, denken Sie bloß nicht an die Arbeit!«

»Beruhigen Sie sich, die Geburt ist schon ein paar Stunden her, meine Tochter schläft hier neben mir, und mir geht es gut. Ich las gerade ein Buch, als Ihr Anruf kam. Über Afghanistan.«

»Sie sind verrückt. Das ist alles, was ich sagen kann.« Danach versuchte er, die Situation ein bisschen aufzuheitern, und fragte: »Sehen Sie immer noch gleich aus? Ich meine, so gut wie immer?«

Darüber hatte ich noch gar nicht nachgedacht. Wie *sah* ich eigentlich aus? Während der Schwangerschaft war ich sehr aktiv gewesen. Ich hatte nur 14,5 Pfund zugenommen, und meine

Geburtshelferin war deshalb sehr um mich besorgt gewesen. Und jetzt, nur Stunden nach der Niederkunft, hatte ich das Gefühl, bereits das meiste Gewicht wieder verloren zu haben.

Also antwortete ich: »Ich glaube, ich sehe noch ungefähr gleich aus.«

»Ihr Mann ist wirklich ein Glückspilz. Das ist alles, was ich dazu sagen kann. Aber ruhen Sie sich jetzt aus, verstanden? Und vor allem: Meinen herzlichen Glückwunsch!«

»Bis später.« Diesmal stellte ich mein Handy wirklich ab.

Ich rede gern mit John. Er ist ein prima Bursche.

Jetzt war ich endgültig hellwach. Ich nahm Batterjees Buch und hoffte, dass es diesmal seine Aufgabe erfüllte und mich zum Einschlafen brachte. Ich blätterte schnell die Seiten der Vorbemerkung, des Vorworts und der Einleitung durch – überall stand wieder das Gleiche über Azzam. Wie er zu Beginn der Achtzigerjahre nach Afghanistan ging und Mudschahiddin für den Krieg anwarb. Langweilig, langweilig, langweilig.

Im ersten Kapitel wurde dann die Geschichte von einigen Leuten erzählt, die sich dort in Afghanistan um Azzam herum versammelt hatten, um seinen Predigten zuzuhören. Auf Seite 26 hieß es dann: »Einer der Männer, die die arabischen Kämpfer des afghanischen Dschihad anführten, kam aus einer der wohlhabendsten saudischen Familien: Beeindruckt vom Kampf der Afghanen, wollte er mit ihnen leben und alles dem afghanischen Dschihad opfern. Dieser junge, große Mann folgte Dr. Abdallah Azzam, um in Afghanistan zu kämpfen.«

Mir stockte der Atem.

Ich las die letzten Zeilen noch einmal. Und noch einmal. Das konnte doch gar nicht sein, aber hier stand es. Schwarze arabische Druckschrift auf schon vergilbendem Papier. Das Buch, das ich hier in Händen hielt, barg einen viel größeren Schatz als König Salomos Bergwerke und Ali Babas Höhle zusammen. So unglaublich diese wenigen Sätze klangen – ich merkte doch sofort, wessen Geschichte sie erzählten und wie wichtig dieses Buch sein musste. Es handelte von Bin Laden. Das Buch erzählte tatsächlich die Geschichte von Osama bin Ladens ersten Schritten im Afghanistankrieg.

Zitternd vor Aufregung las ich weiter. Ich versuchte den ganzen Text auf einmal zu verschlingen, stürzte mich auf ihn und blätterte fieberhaft die Seiten um, aber gleichzeitig las ich sorgfältig jedes einzelne Wort und versuchte, mir dieses einmalige Dokument einzuprägen und in mich aufzunehmen.

»Im Jahr 1979 war Abu Abdallah erst 22 Jahre alt und wog kaum 70 Kilo. Er war sehr dünn«, erzählte das Buch. Abu Abdallah war Osama bin Ladens Deckname. Viele der arabischen Kämpfer, die in Afghanistan fochten, nahmen solche falschen Namen an. »Er war 180 Zentimeter groß. Osama, der einen Abschluss der wirtschaftswissenschaftlichen Fakultät der König-Abdulaziz-Universität in Dschidda hatte, trug schon eine riesige Verantwortung für die Verwaltung der Besitztümer seines Vaters, für die er gemeinsam mit seinen neun Brüdern zuständig war.«

Von da an erzählte das Buch die Geschichte in Abu Abdallahs eigenen Worten: »Ich erinnere mich, dass ich im Jahr 1399 [nach der Hedschra das islamische Jahr, das dem christlichen 1978 entspricht] in Dschidda hörte, dass die russischen Truppen in Afghanistan eingefallen seien. Dies machte mir einen starken Eindruck, und ich beschloss, dass ich mich meinen Mudschahiddin-Brüdern in Pakistan anschließen müsse. Ich brauchte etwa zwei Wochen, um mich dafür vorzubereiten und von meiner Familie und meinen Brüdern eine gewisse finanzielle Unterstützung zu erhalten.«

Später beschreibt der Bericht Bin Ladens Ängste in seinen ersten Jahren dort. »Bis ins erste Viertel des Jahres 1984 pflegte Bin Laden häufig [Beauftragte der] Jama'at-e Islami [-Partei] in Lahore aufzusuchen, um ihnen Spenden zu überbringen. Aber Osama hatte weiterhin zu viel Angst, um das Kriegsgebiet zu besuchen oder auch nur über Lahore, Islamabad oder Peschawar hinaus zu reisen.«

Er war also ein großer Feigling, dachte ich. Seine Mit-Mudschahiddin starben im Kampf gegen die Russen, während er ihnen aus sicherer Entfernung von jenseits der pakistanischen Grenze zuschaute. Über diese Zeit berichtet Bin Laden selber: »Bis 1984 unterlag ich einer Hemmung, physisch am Kampf teilzunehmen, die unglücklicherweise bis zum Monat Rajab 1984 anhielt – was ich heute bitterlich bedaure –, als ich zum ersten Mal wagte, mich ins Innere des Landes in die Kampfgebiete des Dschihad zu begeben.«

Dass Bin Laden anscheinend seine Furcht zu überwinden lernte, ist wohl dem Einfluss von Azzam zu verdanken. Dieser charismatische Mann, Bin Ladens Mentor und geistiger Führer, forderte ihn auf, »nach Jaji zu gehen, wo sich Scheich Sayyaf aufhält«.

Das Buch fährt fort: »In Jaji, nahe der afghanisch-pakistanischen Grenze, hatte Scheich Sayyaf, der damals das Oberhaupt der Union [der Parteien der Mudschahiddin] war, ein Lager in den befreiten Gebieten eingerichtet. Hier hatte Scheich Sayyaf mehrere Zelte aufstellen lassen, von denen eines für Osama bin Laden bestimmt war, als dieser zum ersten Mal seinen Fuß auf afghanischen Boden setzte. Hier konnte Bin Laden die Verhältnisse des Dschihad und der Mudschahiddin aus der Nähe beobachten. Er fasste seine Reaktion in diese Worte zusammen: ›Ich war schockiert, als ich die äußerst armseligen Verhältnisse und den Mangel an allem und jedem sah: an Waffen, Straßen und Schützengräben. Ich bat Allah den Allmächtigen um Verzeihung, da ich mich schuldig fühlte, auf den Rat einiger Brüder und Scheichs und Verwandten gehört zu haben, die mich aufforderten, nicht ins Innere des Landes zu gehen, weil dies ein Sicherheitsrisiko für mich bedeute. Ich fühlte, dass dieses vierjährige Versäumnis nur durch ein Martyrium auf dem Weg zu Allah gesühnt werden konnte.‹«

Also, so fing alles an, dachte ich. Dort hatte sich Bin Laden entschieden, seinen Reichtum und seine Kenntnisse im Baugewerbe dazu zu nutzen, für die Krieger des Dschihad eine Infrastruktur zu schaffen und befestigte Anlagen zu errichten. Dort in Jaji, nahe der pakistanischen Grenze, richtete Bin Laden später seinen ersten Stützpunkt in Afghanistan ein, sein erstes Ausbildungslager für die Araber, die nach Afghanistan strömten, um am Dschihad teilzunehmen. Dieses Lager sowie Bin Ladens neu gebildete Gruppe wurde unter dem Namen al-Masada oder »Höhle des Löwen« bekannt.

Ich blickte hinüber zu Shirley. Sie schlief immer noch. Ich las weiter und kam zu der Stelle, wo Azzam mit seinen eigenen Worten beschreibt, wie er in diesen Krieg verwickelt wurde. »Ich schaute auf den Zustand der Welt und verspürte dieses starke Verlangen nach dem Dschihad, das ich schon immer gefühlt hatte. Ich sah, dass ein Dschihad im Jemen zwischen der Islamischen Bewegung und den Kommunisten herrschte, es aber auch einen Dschihad in Afghanistan gab. Deshalb entschloss ich mich, an einen dieser Orte zu gehen. Ich unterschrieb einen Vertrag mit der König-Abdulaziz-Universität in Dschidda und lehrte dort ein Semester lang.« Dort traf Azzam auch Bin Laden. »Gott der Allmächtige hat vielleicht in unsere Herzen geschaut und unseren Wunsch erfüllt, als er unser Verlangen nach dem Dschihad sah, und uns den Weg bereitet.«

Dann enthüllte das Buch noch eine weitere erstaunliche Geschichte. Sie handelte von einem anderen reichen Saudi, einem Mann namens Wa'el Julaidan. Julaidan würde die dritte Kraft in dem Triumvirat werden, das die Welt fast 20 Jahre später erschüttern würde.

In einer amerikanischen Universität im Staate Kentucky besuchte Abul-Hasan [ein Alias für Julaidan] eifrig Vorlesungen über »die menschliche Zivilisation«. Der Professor versuchte diese der wissenschaftlichen Forschung gewidmeten Hallen zu einem Forum umzuwandeln, das ideologischen Konflikt und methodologische Verwirrung verbreitete. Aber der Schüler wandte sich daraufhin gegen den Meister, der vergiftete Pfeil verwandelte sich in einen Bumerang. Abul-Hasan berichtet darüber: »Im Sommer des Jahres 1980 behandelte ein jüdischer Professor mit dem Namen Godson die islamische Zivilisation … Der Professor redete dabei über den islamischen Dschihad und warnte vor dessen Gefahren, indem er den Studenten erzählte, er sei die Basis für die Zerstörung der ganzen menschlichen Kultur. Er behauptete, dass die Reste der griechischen Zivilisation im Namen des islamischen Dschihad zerstört worden seien und dass die byzantinische Kultur unter dem Ansturm des Islam ebenso zusammengebrochen war wie die persische und pharaonische. Der Professor schloss seine Ausführungen mit den Worten: ›Die westliche Zivilisation, wie wir sie heute im 20. Jahrhundert kennen, wird auch im Namen des islamischen Dschihad untergehen. Wenn dieser Dschihad einmal in Gang kommt, wird er Moskau erreichen und Russland erobern. An diesem Punkt wird im Namen des islamischen Dschihad ein Dritter Weltkrieg ausbrechen, und dies wird das Ende der menschlichen Kultur sein, wie wir sie gegenwärtig im Westen genießen.‹ In diesem Augenblick verstand ich als junger Moslem, welch große Hoffnung sich mit dem Dschihad in Afghanistan verband. Es war der Feind, der dies noch vor den eigenen Freunden ausgesprochen hatte. Diejenigen, die sich gegen den Dschihad verschwören, haben dies vor denen erkannt, die ihn unterstützen. Von diesem Moment an war ich entschlossen, auf die Schlachtfelder zu gehen.«

Ich wusste, dass Julaidan eine Schlüsselfigur von al-Qaida war. Aber bevor ich Batterjees Buch gelesen hatte, hatte ich keine Ahnung, *wie* wichtig er tatsächlich war.

Das Buch beschrieb dann in aller Ausführlichkeit die ersten Jahre des Afghanistankrieges. Wie Azzam, Bin Laden und Julaidan den Maktab al-Khidamat, »das Büro der Dienste«, und die arabischen Militärausbildungslager in Afghanistan aufbauten. Maktab al-Khidamat wurde 1984 eingerichtet, um die Mudschahiddin und die Flüchtlinge vor dem sowjetisch-afghanischen Krieg zu unterstützen. Das Buch zählte zahlreiche »arabische Kämpfer« auf, so genannte Gotteskrieger oder Dschihadisten, unter denen auch Amerikaner waren, die an der Seite Bin Ladens fochten. Einige dieser Leute wurden später für ihre Rolle bei den Bombenanschlägen auf die US-Botschaften in Ostafrika verurteilt oder wegen Unterstützung der al-Qaida angeklagt. Einer davon war Enaam Arnaout, Leiter der in Chicago sitzenden BIF, der Wohlfahrtsorganisation, die Batterjees Buch mit herausgab, der nach dem 11. September wegen wesentlicher Unterstützung des Al-Qaida-Netzwerks angeklagt wurde. Viele der in diesem Buch erwähnten Namen zieren die Most-Wanted-Listen des FBI. Etliche dieser Namen kannte ich; einige der geschilderten Ereignisse auch; aber es gab kein vergleichbares Buch, das all dies in eine Ordnung brachte, einige lose Informationseinheiten miteinander verknüpfte und bestimmte Begebenheiten aufklärte, deren Bedeutung mir (und allen anderen) bisher unklar waren.

Batterjees Buch war nicht nur das Faszinierendste, was ich je über den islamischen Terrorismus gelesen hatte, sondern auch eine erstaunliche Primärquelle über Bin Ladens erste Jahre als Terrorist. Es erzählte seine Geschichte von den frühesten Tagen an und die Geschichte derer, die ihn damals umgaben. Es war ein einmaliger Bericht aus erster Hand über eines der größten Rätsel auf dem Gebiet der Terrorbekämpfung: die Ursprünge von al-Qaida. Kein anderes Buch, keine andere Veröffentlichung hatte dies bis dahin geleistet.

Das Buch machte mir auch noch einen anderen wesentlichen Punkt klar: Bin Laden hatte eine kleine Gruppe loyaler Männer um sich versammelt, denen er vertrauen konnte. Sie fingen alle zusammen in al-Masada an und verteilten sich von da über die ganze Welt, um Al-Qaida-Stützpunkte einzurichten, in den Vereinigten Staaten, in Spanien, in Deutschland, in Bosnien, in Saudi-Arabien. Al-Qaida wurde dadurch zu einer wahrhaft weltumspannenden Organisation. Das Buch, eine erstaunliche Kombination aus Leitfaden und Erinnerungsbericht, vervollständigte das Bild, das ich von der ganzen Sache hatte. Diese Saga sollte eigentlich den Titel tragen: »Al-Qaida: Die Geburt eines Monsters«.

Dieser Gedanke machte mir Angst, und ich hörte für einen Moment zu lesen auf. Ich schaute nach Shirley. Sie war aufgewacht, gab keinen Ton von sich, blickte mich aber aufmerksam an. Ich war nicht verrückt. Sie starrte mich wirklich an. Ich nahm sie und sprach mit ihr, und nach ein paar Augenblicken begann sie, die Geduld zu verlieren. Sie hatte Hunger. Ich legte sie so auf mich, dass ich weiterlesen konnte, während ich sie stillte.

»Auf diese Weise diagnostizierte Bin Laden die wirkliche Wunde«, fuhr das Buch fort. »Er war nun völlig davon überzeugt, dass die bisher angewendeten Nachschubmethoden nicht gewährleisten konnten, dass die notwendigen Dinge die Front tatsächlich erreichten, und deshalb geändert werden mussten. Mit all seinen Fertigkeiten und den Kenntnissen, die er sich angeeignet hatte, als er mit seinen Brüdern beim Bau der berühmten Tunnel von Mekka zusammengearbeitet hatte, lag für ihn der Gedanke nahe, diese Fähigkeiten auch in den Bergen von Jaji anzuwenden. Es dauerte nicht lange, bis diese Ideen in seinem Geist Gestalt annahmen.«

Der Besitzer eines riesigen Bauunternehmens, der reiche Geschäftsmann hatte endlich einen Platz gefunden, wo er seine Mittel und Fähigkeiten einsetzen konnte. In diesen Bergen würde er unbezwingbare Festungen errichten. Jahre später, nach dem 11. September, würde er dann in diesen Bunkern Zuflucht finden, als die amerikanischen Spezialtruppen und die Kämpfer der afghanischen Nordallianz ihn zu jagen begannen.

Ich vergewisserte mich, dass Shirley sich wohl fühlte, und las dann weiter:

Und so erzählt es Bin Laden dem Verfasser: »Die Mudschahiddin brauchen Tunnel, um ihre Waffen zu lagern und ihre Krankenhäuser und Ruheplätze für die Menschen einzurichten. Wenn ich sage, Menschen, meine ich die guten, die den Dschihad und den Islam lieben. Die Ungläubigen, die Russen und die Amerikaner, haben den Geist der Muslime so sehr beeinflusst, dass die glauben, dass sie [die Ungläubigen] unbesiegbare Supermächte seien, die alle Arten von technischen Apparaten und Geheimdiensten und all dieses Zeug hätten. Dabei ist das meiste davon übertrieben und weitgehend unwahr.«

Also, hier war der Beweis, dass er uns schon damals hasste. Schon damals, zu Beginn seiner Karriere, als ihn die Vereinigten Staaten durch die CIA und deren pakistanisches Pendant, den Geheimdienst Inter-Services Intelligence (ISI), finanzierten, ausbildeten und ihn gegen die Russen zu benutzen hofften. Bereits in seinen Anfangstagen, als wir ihn immer noch für einen potenziellen Verbündeten hielten, hasste er uns und alles, wofür wir stehen.

Selbst heute glauben noch die meisten unserer Verantwortlichen, dass Bin Laden sich erst nach dem Golfkrieg gegen uns gewandt habe, angeblich weil er dachte, dass die Anwesenheit amerikanischer Truppen auf arabischem Boden sein heiliges Land entweihe. Batterjees Buch beweist, das Bin Laden den Golfkrieg nur für seine antiwestliche Propaganda benutzte. Das Buch zeigt ganz deutlich, und zwar durch Bin Ladens eigene Aussagen, dass seine Absicht, uns zu vernichten, schon fast ein Jahrzehnt vor der Operation »Desert Storm« in seinem verqueren, bösen, monströsen Gehirn heranreifte.

Ich schaute Shirley an, die so klein und unschuldig aussah. Dicke Tränen liefen mir über die Wangen, als ich das Buch auf den Nachttisch neben meinem Bett legte.

Shirley saugte friedlich und gelassen weiter.

An einem heißen, klaren Tag im August 1998 war ich auf dem Weg ins Büro. Ich arbeitete dort nun schon einige Monate, aber ich lernte jeden einzelnen Tag noch sehr viel dazu. Wie immer hörte ich unterwegs die Nachrichten.

So gegen acht hörte ich die Sondermeldung über einen Anschlag auf die amerikanischen Botschaften in Kenia und Tansania. Die gewaltigen Ausmaße der Zerstörung wurden bald klar. Ich war über die Zahl der Toten und Verwundeten erschüttert, ebenso wie über die Gerissenheit, mit der die Bombenanschläge ausgeführt worden waren. Ich verstand auch sofort, als der Name al-Qaida in Verbindung mit diesen Bombenattentaten zum ersten Mal erwähnt wurde, dass ich nicht auf der Höhe der Zeit war. Zwar hatte ich den PIJ und die Hamas gründlich untersucht, aber ich wusste kaum etwas über al-Qaida.

Das kann man mir aber wirklich nicht zum Vorwurf machen. Bis zu diesem Zeitpunkt vernachlässigte jeder die al-Qaida als ein unbedeutendes kleines Ärgernis.

Nehmen Sie zum Beispiel die amerikanische Öffentlichkeit. Damals im Jahr 1998 waren die Bombenanschläge in Ostafrika eine Zeit lang in den Nachrichten. Danach ließ aber das Medieninteresse stark nach. Wir Menschen sind Lokalpatrioten: Am meisten sorgen wir uns um Dinge in unserer Nachbarschaft. Der

Verlust so vieler Leben in Afrika war zwar tragisch, aber der Anschlag hatte nicht auf amerikanischem Boden stattgefunden, und die meisten Toten waren auch keine Amerikaner gewesen. Und dann konnten wir uns auch damit beruhigen, dass diejenigen US-Bürger, die umgekommen waren, ja gewusst hatten, dass sie Jobs in einem gefährlichen Teil der Welt antreten würden. Und so war für die große Mehrheit der Amerikaner al-Qaida nicht einmal entfernt eine Bedrohung.

Das Problem war, dass sich die amerikanische Regierung genauso wenig um al-Qaida kümmerte wie die amerikanische Öffentlichkeit, und das hätte nicht passieren dürfen. Die Regierung hätte al-Qaida schon Jahre vor den Bombenanschlägen auf die Botschaften viel ernster nehmen sollen.

Nach den Attentaten begann ich al-Qaida zu studieren. Damals wusste ich wie jeder andere auch, dass die Organisation irgendwann während des sowjetisch-afghanischen Kriegs entstanden war. Es war auch allgemein bekannt, dass die Vereinigten Staaten Mitte bis Ende der Neunzigerjahre anfänglich Bin Laden unterstützt hatten. Zu dieser Zeit schien das unter taktischen Gesichtspunkten eine gute Idee zu sein. Strategisch gesehen war es ein Desaster, was für mich auch kaum eine Überraschung war, denn was immer die jeweilige Rechtfertigung sein mag, die Unterstützung des Terrorismus geht meiner Ansicht nach stets ins Auge.

Als ich meine Untersuchungen über al-Qaida begann, stellte ich mir die Frage, was wohl in Bin Ladens Kopf vorging, was ihn letztendlich von einem Verbündeten zu einem erbitterten Feind werden ließ. Wie es meine Gewohnheit ist, versuchte ich den Dingen auf den Grund zu gehen und zu verstehen, wie und warum die al-Qaida tat, was sie tat. Ich wusste, dass ich in diesem Fall keine verdeckten Ermittlungen anstellen konnte. Alles, was ich tun konnte, war, die öffentlich zugänglichen Informationen zu sammeln. Ich musste nach Publikationen, alten Zeitungen und Büchern suchen, die jene obskuren Anfangsjahre in Afghanistan beschrieben.

Ich fing an, alte Ausgaben von *al-Jihad* aus jeder Ecke der Welt zu sammeln. Diese Zeitschrift wurde von Abdallah Azzam und anderen arabischen Afghanistankämpfern verfasst und von Azzams Maktab al-Khidamat veröffentlicht. Ich trieb Bücher auf, die Azzam geschrieben hatte. Ich fand Exemplare von *al-Binyan al-Marsous*, dem »Soliden Fundament«, einer in Pakistan auf Arabisch erscheinenden Publikation, die den sowjetisch-afghanischen Krieg aus der Sicht der arabischen Krieger, der Dschihadisten, darstellte.

Ich las in diesen Veröffentlichungen, dass es während des Krieges gegen die Sowjets noch keine Terrororganisation namens al-Qaida gab. Es gab Abdallah Azzam, dem es gelang, die arabische Welt im Dschihad zu vereinen und wie der Rattenfänger von Hameln zahlreiche junge Araber davon zu überzeugen, nach Afghanistan zu gehen und zu kämpfen. Zu diesem Zeitpunkt trat der Nationalismus, der vordem die Antriebskraft von vielen dieser jungen Krieger war, völlig in den Hintergrund. Ich erfuhr, dass Azzam, Bin Laden und Julaidan Maktab al-Khidamat nicht als Terrorgruppe, sondern als Wohltätigkeitsorganisation gegründet hatten.

Aha, dachte ich, hier war also der Ursprung der Idee, Hilfsorganisationen für den Terrorismus zu benutzen. Humanitäre Hilfe, Flüchtlinge, Spenden, Mudschahiddin, Dschihad: brillant. Je mehr ich darüber las, desto klarer wurde das Bild. Ich verstand nun, wie sich die Idee entwickelt hatte. Während des sowjetisch-afghanischen Krieges hatten die Mudschahiddin Probleme, Gewehre und Waffen über die pakistanische Grenze zu schmuggeln. Auf der einen Seite machten ihnen die Pakistani Schwierigkeiten. Auf der anderen behinderten auch viele Afghanen, die die Anwesenheit und die Aktivitäten der arabischen Kämpfer ablehnten, deren Nachschubwege. Da begannen Bin Laden und seine Männer die Hilfsorganisationen zu benutzen. Man befördert eine Ladung Versorgungsgüter für Flüchtlinge, und darunter schmuggelt man dann die wirklich wichtige Ware, die schönen Kriegsspielzeuge. Eine Hilfsorganisation, die aktiv darin verwickelt war, war der Saudische Rote Halbmond, an dessen Spitze niemand anderer stand als Wa'el Julaidan.

Mit der Zeit trieb ich fast alle Ausgaben von *al-Jihad* und *al-Binyan al-Marsous* auf und entdeckte darin Bemerkenswertes.

Erstens hatte Maktab al-Khidamat Niederlassungen in verschiedenen Ländern in Europa, Asien und Amerika eingerichtet. In Amerika gab man Maktab al-Khidamat, »dem Büro der Dienste«, einen anderen Namen, der für seinen »wohltätigen« Zweck besser geeignet war: al-Kifah, »das Flüchtlingsbüro«. Tatsächlich sammelte es Gelder für angebliche Hilfsprojekte, wie zum Beispiel für afghanische Waisenkinder, für die man, ähnlich wie bei der HLF, eine Patenschaft übernehmen konnte. Selbst die Broschüren von Maktab und HLF ähnelten einander. Die Patenschaftserklärung, die ich auf der IAP-Konferenz ausgefüllt hatte, war fast nicht von den Formularen von Maktab zu unterscheiden.

Dann machte ich eine äußerst wichtige Entdeckung: Sowohl *al-Jihad* als auch *al-Binyan al-Marsous* gaben als ihre Adresse das Islamische Zentrum in Tucson, Arizona, an. Also diente damals dieses Zentrum in Tucson als Maktabs erste Zweigstelle in den USA.

Ich entschloss mich, einige Nachforschungen über das Zentrum anzustellen. Ich ließ mir seine Jahresberichte kommen, alles öffentlich zugängliche Material, meine Spezialität. Ich sah, dass im Jahr 1983 Wa'el Julaidan der Präsident dieses Zentrums gewesen war. Wie Osama bin Laden hatte er Abdallah Azzam sprechen hören und sich entschlossen, alles hinter sich zurückzulassen, um sein Leben dem Dschihad zu widmen. Je mehr ich mich mit Julaidan beschäftigte, desto besser verstand ich seine Wichtigkeit für al-Qaida. Aber bei meinen zahlreichen Briefings von Beamten des FBI, des Nationalen Sicherheitsrats, des Finanzministeriums und der Einwanderungsbehörde INS musste ich feststellen, dass keiner von ihnen wusste, wer Julaidan war. Bei verschiedenen Gelegenheiten gab ich Verantwortlichen der Regierung Material über ihn und versuchte dadurch ihr Interesse für ihn zu wecken, zum Beispiel beim Briefing über Khalil-al Deek im Weißen Haus während der Untersuchung eines möglichen Anschlags bei den Jahrtausendfeiern. Ich brachte Julaidans Name ins Spiel, als wir uns über al-Qaida unterhielten, und ich wollte den anwesenden Beamten vermitteln, wie wichtig seine Rolle in dieser Organisation sei. Deshalb hatte ich ein dickes Dossier mitgebracht, das sein Bild in *al-Jihad* enthielt, außerdem den Beweis für seine Verbindungen zum Islamischen Zentrum in Tucson und zu den saudischen Hilfsorganisationen, die Kontakte zu Bin Laden hatten, und sogar Zeitungsinterviews, in denen Azzam und Bin Laden ihn als einen Bruder in ihrem Dschihad bezeichneten. Trotzdem unternahmen die Vereinigten Staaten erst ein Jahr nach dem 11. September etwas gegen Julaidan.

Als einer der Gründer des Maktab nutzte Julaidan das Islamische Zentrum in Tucson als seine Kontaktstelle in den Vereinigten Staaten, auch nachdem er diese im Jahr 1984 verlassen hatte, und verbreitete durch diese Einrichtung weiterhin die Veröffentlichungen des Maktab. Das Zentrum diente auch als Anwerbestelle für neue Mudschahiddin. Wadih al-Hage, Bin Ladens Privatsekretär, der für seine Rolle bei den Bombenanschlägen auf die afrikanischen Botschaften verurteilt wurde, hatte in diesem Zentrum von Maktab erfahren und seinen Weg in den Dschihad begonnen. Julaidan benutzte die Moschee in Tucson noch ein paar Jahre, bis Ende 1987 die Zentrale des Maktab in New York eingerichtet wurde. Bald danach eröffnete Maktab wenigstens 20 Zweigstellen in den USA, darunter in New York, Chicago, Boston und Tucson.

Das New Yorker Büro von Maktab war in verschiedene Terroranschläge und Verschwörungen eng verwickelt: den Mord an Rabbi Meir Kahane durch al-Sayyid A. Nossair im Jahr 1990, den Bombenanschlag auf das World Trade Center von 1993 und das fehlgeschlagene Komplott, den Lincoln-Tunnel in New York in die Luft zu jagen. Mitglieder von Maktab waren an diesen Operationen beteiligt, Maktab finanzierte und beschaffte den Sprengstoff für die Anschläge.

Das FBI bezeichnete allerdings all diese Attentate als isolierte Vorkommnisse. Warum sollte man sich über den Kahane-Mord aufregen, dachte sich das FBI, da es sich hier ja nur um einen fanatischen Moslem handelte, der diesen einen verrückten Juden umgebracht hatte? Hier machte das FBI einen tödlichen Fehler. Nossair half im Gefängnis einigen Maktab-Leuten, den Anschlag auf den Lincoln-Tunnel zu planen.

Als FBI-Agenten Nossairs Haus stürmten, kurz nachdem er Kahane umgebracht hatte, fanden sie Tausende von arabischen Handbüchern über Tötungspraktiken, Kidnapping-Methoden und die Auswahl feindlicher Ziele, einige von ihnen wurden von Maktab herausgegeben. Diese Handbücher wurden erst drei Jahre später nach den Bombenanschlägen auf das World Trade Center übersetzt.

Aber nicht einmal das überzeugte das FBI davon, dass es da eine Verschwörung, ein Komplott und ein Netzwerk von mörderischen Terroristen gab, die in diese Bombenattentate verwickelt waren, zusammenarbeiteten und zukünftige Anschläge planten. Selbst nach der Übersetzung dieser Handbücher hielt das FBI den Bombenanschlag von 1993 auf das World Trade Center für das Werk von Verrückten und ignorierte die Rolle, die Maktab dabei gespielt hatte. Aber diese Anschläge hätten ohne Maktabs Unterstützung gar nicht stattfinden können.

Das FBI führte diese Untersuchungen auf die gleiche Weise, wie ich es auch bei vielen anderen Terroruntersuchungen, wie zum Beispiel in den Fällen von PIJ und Hamas, erlebt hatte. So wie sich seine Agenten nie die Mühe gemacht hatten, *al-Mukhtar,* die Zeitschrift, die der PIJ für seine Mitteilungen benutzte, oder die *Ila-Falastine* der Hamas auszuwerten, versäumte es das FBI auch, *al-Jihad,* Azzams Zeitschrift, näher zu untersuchen. Das FBI schaute sich überhaupt den Maktab nie genauer an. Ganz im Gegensatz zu mir.

Erstaunlicherweise gelangten das FBI und ich trotzdem zu dem gleichen Schluss, was den Bombenanschlag auf das World Trade Center von 1993 anging. Wir stimmten darin überein, dass er nicht vom Maktab begangen wurde.

Das FBI meinte, es sei ein Verrückter gewesen.

Ich sagte, es war al-Qaida.

Wie aber nun war al-Qaida in all diese Dinge verwickelt?

Nachdem sie ein paar Jahre zusammen in Afghanistan verbracht hatten, fing Bin Laden an, Azzams Vorstellungen über den Dschihad abzulehnen. Zwar wusste Bin Laden, dass Azzam und der Maktab den Kampf unterstützten, aber er kam zunehmend zu der Ansicht, dass das militärische Training wichtiger sei als die anderen Dienste, die Azzams Organisation leistete. Azzam lehnte dies seinerseits strikt ab. Mentor und Schüler stritten sich auch über die Rolle, die Afghanistan spielte. Während Azzam in diesem Land nur ein Trittbrett für weitere Aktivitäten sah, hielt es Bin Laden für die zukünftige Basis eines weltweiten Dschihad. Es kam so weit, dass Bin Laden schließlich Ende 1985 mit etwa 50 arabischen Kriegern, die loyal zu ihm standen, Azzam verließ und al-Masada gründete, ein militärisches Ausbildungslager in der Umgebung von Jaji, wo er hoffte, die besten Mudschahiddin ausbilden zu können und sie zu den wildesten Kämpfern der ganzen Welt zu machen. Von da konnte man diese Krieger in den Dschihad schicken, wo immer sie gerade gebraucht wurden.

Azzam starb im Jahr 1989 im pakistanischen Peschawar durch die Explosion einer Autobombe. Eine populäre Theorie lautet, Bin Laden habe seinen ehemaligen Mentor, der zu seinem Rivalen geworden sei, eliminiert. Aber stimmt das wirklich?

Batterjees Buch, das zwei Jahre nach Azzams Tod erschien, beschreibt den Streit und die Trennung von Azzam und Bin Laden. Sie sprachen fast ein ganzes Jahr nicht mehr miteinander, aber dann stattete Azzam al-Masada einen Besuch ab, begeisterte sich richtiggehend für die Art, wie dieses Camp organisiert war, und lobte Bin Ladens Arbeit in den höchsten Tönen. Er blieb ein paar Wochen dort und erteilte in dieser Zeit den Kämpfern jeden Morgen Koranunterricht, bevor diese zu ihrem militärischen Training ausrückten. Zur Zeit seines Todes gab es nicht nur keine Rivalität zwischen ihnen, nein, Azzam unterstützte Bin Laden aus ganzem Herzen.

Als ich Batterjees Buch las, erinnerte ich mich daran, wie ich vor Jahren in *al-Jihad* auf einen Artikel gestoßen war, den Azzam im Jahr 1988 geschrieben hatte. Darin beschrieb er seine neue Vision des Dschihad in den letzten Tagen des zehnjährigen sowjetisch-afghanischen Krieges: »Die islamische Gesellschaft kann nicht errichtet werden ohne eine islamische Bewegung, die durch das Feuer der Herausforderungen gegangen ist. Seine Mitglieder müssen im Feuer der Bewährungen gereift sein.

Diese Bewegung wird dann den Funken liefern, der das ganze Potenzial der *Ummah* entzündet. Dann wird ein Dschihad beginnen, in dem die islamische Bewegung die Führung übernehmen wird.«

Nach einer Beschreibung von etwas, das nur ein militärisches Training sein konnte, wie er es in Bin Ladens al-Masada kennen gelernt hatte, schloss er: »Wir haben nun die Wichtigkeit dieser Basis begriffen, die im Islam ausgebildet wurde und die von frühester Kindheit an im Bewusstsein ihrer islamischen Mission aufgewachsen ist.« So erklärte Azzam selbst, dass seine anfängliche Ablehnung von Bin Ladens Trainingsstützpunkt einer völligen Zustimmung und Unterstützung gewichen war. Bin Laden verstand diese Botschaft gut und hegte keinen Groll gegen Azzam.

Azzams Artikel, der seine Meinungsänderung nach seinem Besuch von al-Masada beschrieb, trug den Titel *al-Qaeda al-Saliba,* »die feste Basis«. Auf Arabisch bedeutet *al-Qaeda* »Basis«, wie ein Hauptquartier oder eine Militärbasis.

Azzam, der Architekt des weltweiten Dschihad, hinterließ seinem Schüler noch ein Abschiedsgeschenk, bevor er in die Vergessenheit gebombt wurde. Azzam war der Erste, der Bin Ladens Organisation al-Qaida nannte, und dieser Name blieb bestehen.

Ein paar Jahre lang arbeiteten al-Qaida und Maktab eng zusammen. Maktab warb Männer als potenzielle Mudschahiddin an. Diese Männer kamen aus der ganzen Welt nach Pakistan und wurden dort in *beyth al-ansaar,* Gästehäusern, untergebracht. Von dort wurden sie in den Dschihad geschickt, während ihre Habe und ihre Papiere in den Gästehäusern blieben. Die *beyth al-ansaar* wurden zumindest teilweise von der Muslim World League (MWL), der in Saudi-Arabien beheimateten Muslimischen Weltliga, finanziert, die als Dachverband einer ganzen Reihe von Hilfsorganisationen fungiert. Wa'el Julaidan, der Maktab mit Bin Laden verließ und einer der höchsten Führungskräfte von al-Qaida wurde, leitete auch das Büro der MWL in Pakistan. Die besten Freiwilligen, die aus den Gästehäusern kamen, die wildesten und tapfersten, wurden dann nach al-Masada, dem Lager Bin Ladens, geschickt.

Aber Maktab löste sich in den frühen Neunzigerjahren, ungefähr zur Zeit des Bombenanschlags auf das World Trade Center, allmählich auf. Zuerst wurde sein legendärer Führer Azzam getötet. Dann wurde Mustafa Shalabi, der Chef von Maktab in den Vereinigten Staaten, in seinem New Yorker Büro umgebracht. Man glaubte, dass dies entweder das Ergebnis von Rivalitäten innerhalb des Maktab oder von Auseinandersetzungen mit dem blinden Scheich Omar Abdel-Rahman war. Und dann wurde der blinde Scheich verhaftet und verurteilt. Darauf schienen sich die Mitglieder und Zweigstellen von Maktab einfach in Luft aufzulösen.

Das begann mich zu beschäftigen, und ich erkundigte mich bei Regierungsbeamten, darunter auch solchen im Weißen Haus, nach diesem Phänomen. Wo waren all diese vielen Maktab-Leute abgeblieben? Sie konnten sich doch nicht einfach alle zur Ruhe gesetzt haben und jetzt als Autohändler oder Banker arbeiten. Sie mussten einen anderen Weg gefunden haben, um ihre Anstrengungen fortzusetzen, Azzams Vision einer islamischen Weltherrschaft wahr werden zu lassen.

Wadih al-Hage wäre der erste Kandidat gewesen, die Führung des Maktab in den Vereinigten Staaten nach der Ermordung Mustafa Shalabis zu übernehmen. Stattdessen wurde er Bin Ladens Privatsekretär und einer der Männer, die die Botschaften in Ostafrika in die Luft jagten. Enaam M. Arnaout, der Direktor der BIF, war zuvor ein Maktab-Aktivist.

Im Februar 2000 schloss er einen Handel mit der Regierung und gab zu, Rebellen in Tschetschenien und Truppen in Bosnien unterstützt zu haben. Die BIF, seine Hilfsorganisation, wurde zu einer Tarnorganisation der al-Qaida erklärt. Rabih Haddad, Präsident und Schatzmeister der GRF, hatte auch Verbindungen zum Maktab. Während ich dieses schreibe, befindet sich Haddad im Gefängnis, und seine Hilfsorganisation wurde wie die BIF als Tarnorganisation von al-Qaida entlarvt. Viele andere von Maktab gingen einen ähnlichen Weg.

Also, diesen Weg hatten manche von ihnen eingeschlagen, dachte ich. Arnaout, al-Hage, Haddad und viele andere Maktab-Leute hatten begriffen, dass Hilfsorganisationen eine enorme Macht hatten und dass sie Gelder aufzutreiben vermochten, mit denen man den Dschihad finanzieren konnte. Deshalb gründeten diese Männer ihre eigenen Wohltätigkeitsorganisationen. Je mehr sie von dieser Sorte gründeten, desto weniger brauchten sie den Maktab.

Und aus dem Maktab entstand ein weiterer Ableger, ein weiteres Auffangbecken für seine Mitglieder: al-Qaida.

Die Regierung versäumte es, diese Leute sorgfältig zu beobachten, und so konnten sie unbehelligt ihren dunklen Geschäften nachgehen. Noch schlimmer: Die Regierung hat nie wirklich verstanden, dass Nossair, Yousef, Ajaj und der Rest der Bande, die 1993 das World Trade Center in die Luft jagen wollten, eng mit Maktab, dem blinden Scheich und al-Qaida zusammengearbeitet hatten.

Und es kommt sogar noch schlimmer: Während Bin Laden einer der Verschwörer bei diesem Bombenanschlag war, allerdings wurde er nie angeklagt, hat die Regierung nie al-Qaida als Organisation für dieses Attentat verantwortlich gemacht. Nicht einmal nach dem 11. September hat das FBI diesen Fehler zugegeben.

Aber das ist immer noch nicht das Allerschlimmste: Dies ist zweifellos die Tatsache, dass der Regierung, und besonders dem FBI, wiederholt Indizien und Beweise über die Machenschaften von al-Qaida entgangen sind. So geben die Strafverfolgungsbehörden auch zu, dass sie bis zum heutigen Tag nicht wissen, wann, warum und wie al-Qaida entstanden ist. Bezüglich al-Qaida hinterließ das FBI eine Spur bestenfalls der Ungeschicklichkeit oder, je nach dem eigenen Gesichtspunkt, sogar der kriminellen Fahrlässigkeit, und zwar von dem Bombenanschlag auf das World Trade Center von 1993 bis zum 11. September 2001.

Als mein Blick auf diese Broschüre fiel, stach mir ihre Aufschrift sofort in die Augen. Ich schaute noch einmal hin und bekam eine trockene Kehle. Da stand es, in klarem Arabisch, quer über das ganze Titelblatt. Ich rief umgehend Max an und teilte es ihm mit. Zu sagen, er sei überrascht gewesen, wäre die Untertreibung des Jahres. Dann rief ich einen meiner Freunde an, einen islamischen Wissenschaftler, um ihm davon zu erzählen. Ich wollte sichergehen, dass ich keinen Fehler machte. Als Nächstes telefonierte ich mit Andy McCarthy, dem Chefankläger im Verfahren wegen des Bombenanschlags auf das World Trade Center. Als ich ihm berichtete, was ich sah und welcher Name auf der Broschüre stand, war er wie vom Donner gerührt. Er bat mich, sie ihm zuzufaxen, was ich dann auch sogleich tat.

Ich rief ihn eine Woche danach noch einmal an, um der Sache weiter nachzugehen, aber ich hörte dann nie wieder etwas von ihm.

Der Ablauf der Ereignisse begann im September 1992, als ein gewisser Ramzi Ahmed Yousef in einem Flugzeug der Pakistani International Airlines von Pakistan in die Vereinigten Staaten flog, bei ihm befand sich Ahmed Ajaj. Die beiden hatten sich zu Beginn der Neunzigerjahre in einem Ausbildungslager in Afghanistan getroffen. Der sowjetisch-afghanische Krieg war vorüber, aber die Trainingslager bildeten mehr Leute aus als jemals zuvor, und Bin Laden hatte mit den besten Konstruktionsmethoden und Baustoffen Bunker und Tunnel in den abgelegenen Bergen Afghanistans gebaut. Er erklärte Amerika den Krieg, und Ajaj und Yousef wollten dabei mitmachen. Nach dem Start in Pakistan entfernte Yousef das Bild aus seinem gefälschten irakischen Pass, den er auf dem schwarzen Markt in Peschawar für 100 Dollar gekauft hatte. Ajaj, der schon früher in die Vereinigten Staaten gereist war, zeigte nicht den gleichen Respekt vor den Fähigkeiten der Einwanderungsbehörden und versuchte erst gar nicht, seinen Pass authentischer aussehen zu lassen. Also ließ er seinen falschen britischen Pass wie er war.

Zu Ajajs größter Enttäuschung wurde er auf dem Flughafen verhaftet, hauptsächlich weil er nicht einmal die entfernteste Ähnlichkeit mit dem Bild in seinem Pass aufwies, aber auch weil er für jemanden mit einem britischen Pass ein unerklärlich schlechtes Englisch sprach. Daraufhin traf Yousef eine blitzschnelle Entscheidung. Er wandte sich an die INS – und bat um politisches Asyl. Er wusste, dass er als Besitzer eines irakischen

Passes für die Gewährung von politischem Asyl infrage kam. Tatsächlich ließ ihn die INS gehen und wies ihn nur an, in ein paar Monaten wieder vorbeizukommen und sich nach seinem Antrag zu erkundigen. In diesen paar Monaten schaffte es Yousef mithilfe seiner Freunde, eine Bombe in der Tiefgarage des World Trade Center hochgehen zu lassen.

Zum Zeitpunkt seiner Verhaftung hatte Ajaj mehrere Handbücher in seinem Besitz: Handbücher mit Tausenden von Seiten. Zwei Koffer waren mit ihnen voll, um ganz genau zu sein. Einige dieser Handbücher handelten von dem Gebrauch codierter Sprache. Das FBI übersetzte sie und benutzte sie auch als Beweismittel im World-Trade-Center-Prozess.

Eines dieser Handbücher hatte einen offiziellen WAMY-Umschlag. Auf dieser Buchhülle befand sich ein Emblem: eine Weltkugel, die den Nahen Osten hervorhebt, und eine Hand, die ein Schwert hält, das diesen Globus durchbohrt. Der Text auf dem Emblem lautete: »Militärische Studien über den Dschihad gegen die Tyrannen«. In diesen Handbüchern befanden sich detaillierte Anweisungen zu Entführungen, Bombenanschlägen und Tötungstechniken sowie Methoden, wie Mudschahiddin längere Zeit in den westlichen Gesellschaften leben konnten, ohne aufzufallen. Die Handbücher nutzten sogar die westlichen Ansichten über Menschenrechte zynisch aus, indem sie genau beschrieben, wie in Haft genommene Kämpfer sofort behaupten sollten, sie seien gefoltert worden, und man habe ihre Geständnisse mit Gewalt erpresst. In den Büchern wurden auch geeignete Anschlagziele aufgeführt, amerikanische Botschaften standen ganz oben auf der Liste.

In einem dieser Handbücher hieß es:

Islamische Regierungen sind niemals auf friedliche Art eingesetzt worden und werden dies auch künftig nicht. Sie entstehen wie schon immer
durch Feder und Gewehr
durch das Wort und die Kugel
durch die Zunge und die Zähne
im Namen Allahs, des Gnädigen und Barmherzigen.

Dieses Buch gehört dem Gästehaus.
Bitte entfernen Sie es nicht ohne Erlaubnis.

In Ajajs Besitz wurde auch ein paramilitärisches Lehrbuch gefunden, dass die wirksamste Art beschrieb, wie man einen russischen Panzer stoppen kann.

Dieses Handbuch hatte einen Titel, und dieser Titel stand auf seinem Einband sowie auf jeder einzelnen seiner Seiten.

Der Übersetzer des FBI hatte ihn mit »Das erste Element« übertragen.

Der Titel dieses Handbuchs, der Name, den man im Koffer eines Mannes gefunden hatte, der auf dem Weg war, das World Trade Center in die Luft zu sprengen, der Titel, den der Übersetzer des FBI als »Das erste Element« interpretierte, der Name der auf dem Einband und auf jeder einzelnen Seite dieser Broschüre stand, dieser Name, der mich so erschütterte, als ich ihn zum ersten Mal sah, dieser Name war –

al-Qaida.

In der ersten Woche des Jahres 1995 durchsuchte die Polizei in Manila auf den Philippinen, die ein paar Tage vor dem Besuch von Papst Johannes Paul II. unter erhöhter Alarmbereitschaft stand, eine kleine Wohnung, kurz nachdem in diesem Gebäude ein Brand ausgebrochen war. Dabei fand die Polizei zahlreiche Beweise für eine terroristische Verschwörung, einschließlich einer improvisierten Bombenwerkstatt – Chemielehrbücher, eine riesige Menge Chemikalien einschließlich Nitrobenzen, Rohrbomben, Drähten und digitalen Casio-Uhren. Unter den zahlreichen beschlagnahmten Gegenständen befanden sich auch Priestergewänder, genaue Karten der geplanten Rundreise des Papstes, Pässe und ein Computer, auf dem einige der Pläne der Terroristen gespeichert waren. Dazu gehörte zum Beispiel ein Bombenanschlag, den man zur gleichen Zeit auf zwölf Verkehrsflugzeuge über dem Pazifischen Ozean verüben wollte. Der Codename für diese Operation war Bojinka, nach dem serbokroatischen Wort für »Explosion«. Auf dem Computer fanden sich zahlreiche Dateien mit genauen Flugplänen.

Obwohl die Verschwörer das Appartement verlassen hatten, als das Feuer ausbrach, wurde einer von ihnen, Abdel Hakim Murad, bald darauf verhaftet. Ein anderer, Ramzi Yousef, der gleich nach dem Bombenanschlag auf das World Trade Center aus den Vereinigten Staaten geflohen war, schaffte es auch diesmal wieder zu entkommen, wurde aber dann doch ein paar Monate später in einem von Bin Ladens Gästehäusern in Pakistan festgenommen.

Aus den Vernehmungen dieser beiden Männer ergab sich ein Bild, das einem das Blut in den Adern gefrieren lässt.

Yousef gab eine eidesstattliche Erklärung ab, die er teilweise auf dem Flug verfasste, als er von Pakistan an die Vereinigten Staaten ausgeliefert wurde. Er offenbarte, wie er den Bombenanschlag auf das World Trade Center geplant und ausgeführt hatte. Um seine kleinen hübschen Mittelchen und handwerkliche Geschicklichkeit auszuprobieren, legte er zuerst eine Bombe in einem Kino in Manila und ließ dann eine Bombe in einem Flugzeug der Philippines Airlines hochgehen, wobei ein Passagier getötet wurde. Darüber war er deshalb besonders stolz, weil er den Sprengstoff im Flugzeug selbst platziert und eine Casio-Uhr so als Zeitzünder eingestellt hatte, dass die Bombe erst detonierte, nachdem er ausgestiegen war. Er beschrieb die Pläne seiner Terrorzelle, den Papst dadurch zu töten, dass man einen Tunnel in dem Augenblick in die Luft sprengte, wenn der Heilige Vater hindurchfuhr, und er berichtete über die Planungen der Gruppe, US-Präsident Clinton zu ermorden. Er verriet den Ermittlern auch einige der Methoden, wie er an seine Informationen gekommen war. Er behauptete, seine Kenntnisse über die Sicherheitsmaßnahmen am Flughafen, einschließlich des Wissens, wie neue, ausgeklügelte Warnvorrichtungen funktionierten, einem CNN-Sonderbericht entnommen zu haben.

Obwohl er sich weigerte, einige Dinge zu offenbaren, damit andere Al-Qaida-Kämpfer bestimmte Techniken auch noch zukünftig anwenden konnten, und obwohl einige seiner Angaben auch dazu bestimmt waren, die Ermittler auf eine falsche Fährte zu locken, enthüllte Yousefs Aussage doch einige schreckliche Einzelheiten. So wurde zum Beispiel seine Wahl des World Trade Center als Terrorziel von seinem Wunsch bestimmt, einen Turm auf den anderen stürzen zu lassen und dadurch insgesamt 250 000 zivile Todesopfer zu verursachen. Er gab an, dass dies die Zahl der Opfer der amerikanischen Atombombenabwürfe auf Hiroshima und Nagasaki im Zweiten Weltkrieg gewesen sei. Er berichtete dem FBI, dass er seit dem Bombenanschlag auf das World Trade Center damit beschäftigt gewesen sei, anderen in den Ausbildungslagern in Pakistan in der Nähe der afghanischen Grenze den Gebrauch von Sprengstoff beizubringen. Zum Schluss erzählte er die Geschichte von Murad, seinem Freund aus Kindertagen, der 1992 in die Vereinigten Staaten gereist war, um dort seine Pilotenausbildung fortzusetzen, die er in Katar begonnen hatte.

Auch Murad machte eine Aussage. Er gab an, dass Yousef, als er von seinem Plan, die Vereinigten Staaten zu besuchen, erfahren habe, ihn aufgefordert habe, während dieser Reise im Jahr 1992 potenzielle Terrorziele auszukundschaften. Genau das tat Murad dann auch; er fuhr von Florida nach Kalifornien, von Texas nach Washington, D.C., und stellte dann am Ende eine Liste zusammen. Darauf standen viele Brücken und Nuklearanlagen, und natürlich auch das World Trade Center, von dem Murad sicherheitshalber noch ein paar Fotos für sein Album machte. Bevor nichts mehr da sein würde, was man fotografieren konnte.

So wählte also Murad die Anschlagsziele aus, und Yousef sprengte sie dann in die Luft. Sie trafen sich in Pakistan kurz nach dem Bombenanschlag auf das World Trade Center im Jahr 1993, und nach der Festlegung künftiger Aktivitäten entschlossen sie sich, auf die Philippinen zu reisen. Sie beide und Yousefs Onkel, das dritte Mitglied dieser Al-Qaida-Zelle, ein Mann mit Namen Khalid Sheikh Mohammed. Dort auf den Philippinen entwickelten diese drei Männer den Bojinka-Plan. Und dann dachten sie sich noch etwas Abscheulicheres aus.

FBI-Agenten fassten das Verhör Murads zusammen: »Die befragte Person [Murad] beabsichtigte, an Bord irgendeines amerikanischen Verkehrsflugzeugs zu gehen und so zu tun, als ob sie ein ganz normaler Passagier wäre. Dann würde sie besagtes

Flugzeug entführen, das Cockpit unter ihre Kontrolle bringen und die Maschine auf die CIA-Zentrale stürzen lassen. Bei der Ausführung dieses Plans würde sie keine Bombe oder sonstigen Sprengstoff verwenden. Es sei ganz einfach eine Selbstmordmission, die sie mit Freude vollbringen würde.«

Murad plante also, in das Cockpit einzudringen, und dann würde er mit den Flugkenntnissen, die er in den Vereinigten Staaten erworben hatte, das Flugzeug in das CIA-Hauptquartier steuern. Also wusste das FBI schon sechs Jahre vor dem 11. September, dass es diese Idee in den Köpfen von Terroristen gab, die schon einmal versucht hatten, das World Trade Center zum Einsturz zu bringen.

Murad war seit 1995 in Gewahrsam. Später in diesem Jahr wurde auch Yousef verhaftet. Aber Khalid Sheikh Mohammed, der Dritte im Bunde, wurde erst kürzlich gefasst und vergaß auch nie die Pläne, die er mit seinen Kameraden besprochen hatte. Während das FBI jede offizielle Untersuchung dieser Pläne einstellte – wieder mal die gute alte Vogel-Strauß-Politik –, belebte und verbesserte Khalid Sheikh Mohammed, bis vor kurzem das meist gesuchte Al-Qaida-Mitglied nach Bin Laden selbst, die ursprüngliche Idee und ließ sie in der Gestalt der Katastrophe des 11. September Wirklichkeit werden.

1996 startete das FBI erstmals eine Untersuchung der al-Qaida. Ob dies durch die in diesem Jahr stattfindende Ausweisung Bin Ladens aus dem Sudan und seinen Umzug nach Afghanistan oder die Verhaftung der philippinischen Zelle im Jahr davor oder aus anderen Gründen ausgelöst wurde, auf jeden Fall hatte das FBI sich endlich dazu durchgerungen, gegen diese Terrororganisation tätig zu werden. In jenem Jahr begann das FBI auch Wadih al-Hage als einen Verdächtigen in die Nachforschungen über al-Qaida einzuschließen. Dies war fürwahr eine höchst vernünftige Entscheidung.

Al-Hage war ein libanesischer Christ, der zum Islam konvertiert war und April Ray, eine amerikanische Bürgerin aus Arizona, geheiratet hatte. Auch sie war eine Konvertitin. Sie trafen sich durch eine Zeitungsanzeige, und ihre Mutter arrangierte die

Hochzeit. Danach zog al-Hage nach Arizona, wo er Mitglied im Islamischen Zentrum in Tucson wurde. Er verbrachte eine beträchtliche Zeit auf Reisen nach Pakistan, Afghanistan und dem Sudan. Gleichzeitig wurden seine Verbindungen zu Maktab und al-Qaida zunehmend enger. 1992 übernahm er die Stelle als Bin Ladens Privatsekretär im Sudan.

1994 zog al-Hage vom Sudan nach Nairobi in Kenia. Zwei Jahre später begann sich das FBI für ihn zu interessieren, weil es den Verdacht hatte, dass seine Verbindungen zu Bin Laden mehr als nur »seriöse Geschäftsbeziehungen« waren. Sein Telefon wurde abgehört und er unter ständige Überwachung gestellt. Seine Frau, die wusste, dass al-Hage für Bin Laden arbeitete, hatte den Verdacht, dass sein Telefon abgehört wurde. Wenn sie miteinander telefonierten, pflegten sie sich in verschlüsselter Sprache mit bestimmten Codewörtern zu unterhalten. Einmal bat er sie, ihm »zehn grüne Papiere« zu schicken.

»Grüne Papiere«, wunderte sie sich. »Du meinst Geld?«

Ein wütender al-Hage bellte darauf zurück: »Vielen Dank. Das ist alles für dich bestimmt. Kein anderer hört uns zu.«

Einmal hatte Ray das Gefühl, dass sie Stimmen aus ihrem Fernsehgerät hörte, die sagten: »Das ist es. Das ist die Leitung. Ja, ja, spricht er Arabisch oder Englisch?« Sie hielt dies für eine schlampig ausgeführte Abhöroperation.

Anfang 1997 durchsuchte das FBI zusammen mit den lokalen Behörden al-Hages Haus in Kenia, kurz nachdem dieser von einem Treffen mit Bin Laden in Afghanistan zurückgekehrt war. Unter den Gegenständen, die das FBI beschlagnahmte, befanden sich Telefonverzeichnisse, Briefe und Computer. Die Telefonverzeichnisse zeigten, dass al-Hage mit einer großen Anzahl von Leuten engen Kontakt pflegte, die zum einen oder anderen Zeitpunkt durch ihre Verwicklungen in terroristische Aktivitäten aufgefallen waren. Darunter war auch ein Mann, der Verbindungen zu Mitgliedern der Hamburger Al-Qaida-Zelle hatte, die die Anschläge vom 11. September begingen.

Einer der Briefe, die man in al-Hages Haus fand, war als »streng geheim« gekennzeichnet. Es handelte sich dabei augenscheinlich um einen Bericht an »die Offiziellen in der Verwaltung«, die Anführer von al-Qaida. Der erste Abschnitt dieses Schreibens trug den Titel »Abdel Sabbur erläutert die neue politische Linie« und sprach von »dem Status der jungen Männer und der Hadsch, und dass es ihnen gut gehe und dass er von ihm die Vermächtnisse erhalte … Die neue politische Linie ist es, 300 Aktivisten vor der Ankunft des Gastes vorzubereiten.«

Abdel Sabbur war al-Hages Deckname. Die Hadsch: Bin Laden. Die Vermächtnisse: Geld. Die neue politische Linie: die Wiederaufnahme der militärischen Aktivitäten in Somalia. Der Gast: die lokalen Behörden und das FBI. Was das FBI anging, so nannten es Bin Laden und seine Helfer »die Essen-und-Getränke-Industrie«, Food and Beverage Industry = **FBI**. Wirklich lustig.

Im dem Moment, als ich diesen Brief sah, wurde mir klar, dass er verschlüsselt war. Auch das FBI muss von der Existenz dieser verschlüsselten Sprache gewusst haben. Denn tatsächlich wurden einige dieser Übersetzungen ein paar Jahre später in al-Hages Prozess als Beweismittel der Anklage verwendet. Nach dem Bombenanschlag auf das World Trade Center von 1993 überprüfte das FBI noch einmal aufgezeichnete Telefongespräche zwischen Yousef und dem inhaftierten Ajaj. Die beiden hatten das Kochen und verschiedene Gemüsenamen als verschlüsselte Begriffe benutzt, als sie das Attentat von 1993 vorbereiteten. Das FBI wusste schon seit Jahren, dass Nahrungsmittel und das Kochen codierte Bezeichnungen für Sprengstoffe waren und präsentierte sogar diese Codes 1995 in dem Prozess gegen die Bombenattentäter auf das World Trade Center als Beweismittel. Aber das FBI zog keine Verbindung zwischen dem Bombenanschlag von 1993, al-Qaida und dem Komplott, die amerikanischen Botschaften in Ostafrika in die Luft zu jagen. Was das FBI über diese Codes erfahren hatte, war knapp vier Jahre später schon lange wieder vergessen.

Der Bericht sprach weiter von Ingenieuren (Sprengexperten), Kommunikation (Sprengstoffen) und »den besten Wegen, in die Gebiete im unteren Jubba-Tal, südlich von Kenia, zu gelangen«, was mögliche Zufahrtsstraßen von Kenia oder Somalia nach Daressalam bedeutete. Nach den Attentaten stellte sich heraus, dass die Terroristen diese Routen mehrere Male ausprobiert hatten, bevor sie auf ihnen mit Sprengstoff im Gepäck gereist waren. Dann listete der Brief die Kosten für den Kauf der »Nahrungsmittel« (des Sprengstoffs) für die geplanten Bombenanschläge auf. Selbst ein Anfänger im Entschlüsseln codierter Botschaften konnte erkennen, dass der Brief zeigte, dass da etwas Wichtiges im Gange war.

Dieser Brief war nicht das Einzige, was dem FBI bei der Durchsuchung von al-Hages Haus in die Hände gefallen war.

Auf al-Hages Festplatte hatte das FBI eine E-Mail gefunden, die Bin Ladens Kriegserklärung an Amerika erwähnte. Diese E-Mail sprach davon, »die Agentur« (al-Qaida) für die Zukunft umzubauen, was bedeutete, die afrikanische Zelle zu militarisieren; dies war die wichtigste Botschaft, die al-Hage von seinem Treffen mit »dem Direktor«, Osama bin Laden, aus Afghanistan mitgebracht hatte.

Die sechsseitige, mit einzeiligem Abstand geschriebene E-Mail ging dann weiter: »Der Stand der Dinge lässt uns keine andere Wahl, als uns zu fragen, ob wir für diese heimliche Schlacht bereit sind. Haben wir alle notwendigen Maßnahmen ergriffen, damit keiner von uns in die Falle läuft? Wir wissen, dass wir mit unseren begrenzten Mitteln auf Allahs Segen angewiesen sind.«

Mein Gott, konnte man noch deutlicher werden, dachte ich. Wie konnte jemand das übersehen? Sie bereiteten sich ausdrücklich auf die »große heimliche Schlacht« vor!

Am Ende der E-Mail hieß es dann: »Brüder, ich habe die erste und zweite Barakah [Segen] vollendet, aber da wir übereingekommen sind, durch Disketten miteinander in Kontakt zu bleiben, habe ich euch die wichtigsten Dinge getippt – die dritte und die letzte. Am Ende möchte ich noch alle Ingenieure grüßen.«

Barakah, Segen: der spezielle Stand der geplanten Anschläge. Zwei sind schon erledigt, zwei kommen noch. Es läuft einem kalt über den Rücken.

Das FBI glaubt heute, dass diese E-Mail, die sie 1997 in al-Hages PC gefunden hat, von Haroun Fazil geschrieben wurde, dem Mann, der die Bombenanschläge auf die Botschaften dirigiert hat. Fazil befindet sich gegenwärtig auf der »Most-

Wanted«-Liste der meistgesuchten Männer des FBI, und zwar für seine Rolle bei den Attentaten auf die Botschaften. Er ist des Mordes in zwölf Fällen angeklagt, also der Ermordung von zwölf Amerikanern, die bei diesen Anschlägen umkamen.

Nach der Durchsuchung seines Hauses in Kenia kehrte al-Hage mit seiner Frau und den sieben Kindern in die Vereinigten Staaten zurück, und zwar nach Arlington in Texas. Dort überwachte ihn das FBI weiterhin sehr sorgfältig, hörte zum Beispiel sein Telefon ab und verfolgte rund um die Uhr alle seine Schritte. Kurz nach seinem Umzug in die Vereinigten Staaten musste er am 24. September 1997 vor einer Grand Jury eine Aussage über seine Verbindungen zu Bin Laden machen.

1998, ein Jahr nach der Durchsuchung von al-Hages kenianischem Haus, erschütterten zwei gewaltige Explosionen in Kenia und Tansania diese ostafrikanischen Staaten und forderten 224 Menschenleben.

Wadih al-Hage wurde wegen dieser Anschläge in mehr Punkten schuldig gesprochen als jeder andere der in dieses Komplott verwickelten Terroristen. Das Material, das zu seiner Verurteilung führte, bestand aus Beweisen, die das FBI durch Überwachungsmaßnahmen erhalten hatte, sowie aus den Gegenständen, die bei der Razzia in al-Hages kenianischem Haus gefunden worden waren, wie dem Brief und der E-Mail. Material, das dem FBI schon ein ganzes Jahr vorlag, ohne deswegen irgendetwas unternommen zu haben, Material, das ausreichte, den Mörder vor einem Gericht zu verurteilen, aber anscheinend vom FBI für nicht ausreichend angesehen wurde, um gegen die Verschwörer vorbeugend tätig zu werden, die unter seiner Überwachung standen. Trotz dieser Unmenge an Indizien, von denen einige laut und klar »Vorsicht, ein Attentat!« riefen, wurde die Tragödie nicht verhindert.

Aber es geht noch weiter. So wusste das FBI durch Yousefs eidesstattliche Erklärung, dass er nach den Bombenanschlägen auf das World Trade Center nach Pakistan gegangen war und dort zehntägige Grundkurse und 20-tägige »Fortgeschrittenen«-Kurse über den Gebrauch von Sprengmitteln abgehalten hatte. Yousef gab an, dass dort in dem Monat vor seiner Ankunft

60 Männer ausgebildet worden waren; während seines Aufenthaltes unterrichtete er weitere 70; und für den nächsten Kurs waren noch einmal 60 Männer vorgesehen. Stellen Sie sich einmal vor, wie viele Zerstörungsexperten dort ausgebildet worden sind! Wo sind die alle abgeblieben? Sind sie etwa auch Autohändler geworden? Wo befinden die sich im Augenblick, und was haben sie vor? Hätte nicht auch das FBI diese Rechnung anstellen müssen, als es diese Informationen von Yousef erhielt, und hätte es nicht darüber nachdenken müssen, deswegen etwas zu unternehmen?

Es gab noch weitere Hinweise. Im selben Jahr 1998 verkündete Bin Laden ein Fatwa, in dem er feststellte, er habe Amerika den Krieg erklärt. Dann bekam die CIA einen vertraulichen Hinweis, dass eine Hilfsorganisation mit Verbindungen zu Bin Laden, die Al-Haramain-Stiftung, Terrorpläne hege. Neun arabische Verdächtige wurden verhaftet und das Büro der Organisation in Kenia durchsucht. Da man in den Unterlagen der Stiftung keine Pläne für einen Bombenanschlag fand, befragte die CIA nicht einmal die Verdächtigen und stellte ihre Nachforschungen ein.

Da startet das FBI im Jahr 1996 eine umfassende Untersuchung über Bin Laden und sein Umfeld. Ein kluger Schachzug. Die Bundespolizei greift sich einen Verdächtigen heraus, Wadih al-Hage. Ein noch klügerer Schachzug. Nach dem Bombenanschlag stellt sich heraus, dass der Verdächtige wirklich ihr Mann und daher das perfekte Objekt für eine Überwachung ist. Großartiger Schachzug. Das FBI ist ihm ständig auf den Fersen, und dann durchsuchen Agenten sein Haus und konfiszieren Material, das den Terroristen seiner Verbrechen überführt. Ein fast perfekter Schachzug. Und dann? Dann gehen dem FBI die Züge aus.

Die Information war da. Die Anrufe, die Treffen mit Bin Laden, die Briefe, die E-Mails, die häufigen Reisen, die verschlüsselten Nachrichten. Es gab alle Anzeichen und Indizien und Hinweise und Spuren, die nötig waren.

Aber eine Sache fehlte den FBI-Agenten, damit sie ihren letzten Zug tätigen und die Terroristen festsetzen konnten.

Das Verbrechen war noch nicht begangen worden.

Als dann die Botschaften *tatsächlich* angegriffen wurden und das Verbrechen *wirklich* begangen worden war, handelte das FBI schnell, verhaftete al-Hage und brachte ihn und einige andere Schuldige vor Gericht – zumindest die, die die Agenten ausfindig machen konnten. Mit all dem Beweismaterial, das ihnen das FBI zur Verfügung stellte, konnten die Bundesstaatsanwälte ohne Schwierigkeiten al-Hages Rolle bei den Bombenanschlägen nachweisen, trotz der Behauptung der Verteidigung, dass al-Hages Loyalität Amerika und nicht Bin Laden gehöre.

Aber nichts wurde getan – oder drücken wir es etwas milder aus: nicht genug wurde getan –, um den Tod so vieler Menschen in Kenia und Tansania zu verhindern.

Wie es seiner Politik entsprach, weigerte sich das FBI zu handeln, bevor das Verbrechen begangen worden war, und versäumte es folglich, die Informationen richtig zu verwerten und damit die Mörder aus dem Verkehr zu ziehen, bevor sie zu ihrer tödlichen Mission aufbrachen.

Jeden Tag verfolgte ich die Berichte über den Prozess gegen die Botschafts-Attentäter in New York. Im Februar 2001 las ich, dass die Anklage Handbücher als Teil ihres Beweismaterials vorgelegt hatte. Sie waren im englischen Manchester in der Wohnung von Khalid al-Fawwaz gefunden worden, einem der Terroristen, der wegen dieser Anschläge angeklagt war. Auf diesen Handbüchern befanden sich Zeichnungen einer Weltkugel, die von einem Schwert durchbohrt wurde.

Die Anklage präsentierte diese Handbücher als etwas, »das niemand zuvor je gesehen hatte«.

Aber ich hatte sie schon einmal gesehen. Solch ein Emblem vergaß ich nicht so leicht. Ich holte meine Ordner über den Bombenanschlag auf das World Trade Center von 1993 heraus, und in der Tat, es waren die gleichen Maktab-Handbücher, die man auch in Ajajs Gepäck gefunden hatte. Die gleichen Handbücher, die die Regierungsbehörden fünf Jahre lang nicht ernst genommen hatten. Weder nach den Anschlägen von 1993 noch nach dem Manila-Komplott von 1995, nicht einmal nach den

Attentaten auf die Botschaften im Jahr 1998 zogen sie die richtigen Schlüsse.

Während dieses Prozesses gegen die Botschaftsattentäter erfuhr ich noch ein anderes interessantes Detail. Bei der Erwähnung eines bestimmten Satellitentelefons tauchte plötzlich der Name Tariq Hamdi auf, dem ich bei der Untersuchung des PIJ schon einmal begegnet war. Wieder einmal kam Sami al-Arian ins Spiel. Hamdi saß nämlich im Kuratorium des Islamischen Zentrums von Tampa Bay, einer Moschee in Florida, die von Sami, seinem Schwager Mazen al-Najjar und Ramadan Abdallah Shallah, dem gegenwärtigen Generalsekretär des PIJ, geleitet wurde. Hamdi hatte auch intensive Kontakte zu WISE und der ICP. 1990 hatten er und Sami sich sogar ein Postfach in Tampa geteilt.

Beim Prozess sagte ein Angestellter der O'Gara Satellite Networks aus, dass ein US-Bürger namens Ziyad Khalil im März 1998 ein INMARSAT-Satellitentelefon im Wert von 7500 Dollar gekauft habe. Khalil kam noch einmal im Mai dieses Jahres vorbei, um einige Zubehörteile für dieses Telefon zu erwerben. Dieses Mal jedoch bat er O'Gara, seinen Einkauf an einen gewissen Mr. Tariq Hamdi in der Park Avenue 933 in Herndon, Virginia, zu schicken.

Was steckte nun hinter dieser ganzen Telefon-Geschichte? Es stellte sich heraus, dass ABC News im Jahr 1998 ein persönliches Interview mit Bin Laden führen wollte. Dazu wandte man sich an Khalid al-Fawwaz, Bin Ladens Repräsentant in Großbritannien. Al-Fawwaz verwies sie an einen Mr. Tariq Hamdi in Washington. ABC schrieb dann einen weiteren Brief, um den Interviewwunsch weiterzuverfolgen, aber diesmal an Mohammed Atef, Bin Ladens Militärchef. Der Brief bezog sich auf die vorherige Kontaktaufnahme über Hamdi, den Atef anscheinend gut kannte. Als das Interview vereinbart war, reiste Hamdi mit der Crew von ABC News nach Afghanistan. Am 17. Mai 1998 faxte er bei seiner Ankunft in Pakistan eine persönliche Botschaft an al-Fawwaz und erzählte ihm, dass sie gut angekommen seien und dass die Dinge nach Plan verliefen. Was für ein Plan? Ziyad Khalil kaufte dieses Telefon. Es war für Osama bin

Laden höchstpersönlich bestimmt. Dann kaufte er die Batterie, aber jetzt bestand das Problem, diese nach Afghanistan zu kriegen. Gab es einen besseren Weg, als ABC News Hamdis Reise arrangieren – und *bezahlen* – zu lassen und es ihm so zu ermöglichen, diese Batterie persönlich auszuhändigen?

Warum die ganze Aufregung, werden Sie sich vielleicht jetzt fragen. Was machte es schon, wenn Hamdi Bin Laden eine Batterie überbrachte?

Der Punkt ist, dass diese spezielle Batterie das Satellitentelefon mit Strom versorgte, mit dem Bin Laden persönlich den Befehl gab, die Botschaften in Kenia und Tansania in die Luft zu sprengen.

Der Punkt ist, dass ein Mann, der mit Sami al-Arian zusammenarbeitete, unter geneigter Mitwirkung von ABC News die Bombenanschläge auf die Botschaften erst möglich machte.

Im Geburtszimmer wischte ich die Milch von Shirleys winzigen Lippen und legte sie zurück in ihren Babykorb. Wenn sie so weitermachte, dachte ich, würde es ein Kinderspiel sein, sie aufzuziehen. Aber Leo und ich sollten bald erfahren, dass ihre ersten Tage, als sie nichts anderes tat als zu essen und zu schlafen, nur ein geschicktes Täuschungsmanöver waren. Bald würde sie die Tochter ihrer Mutter werden und mich endlich verstehen lassen, wie sich meine Mutter gefühlt haben muss, als sie mir kleinem Irrwisch im ganzen Haus nachjagen musste.

Ich begann mich zu fragen, warum Leo und die Kinder noch nicht gekommen waren. Es war schon nach 23 Uhr, und nach meinen Berechnungen hätten sie schon längst hier sein müssen. Ich betrachtete Batterjees Buch, aber ich konnte mich nicht mehr dazu aufraffen, es wieder in die Hand zu nehmen. Es war zu packend, unheimlich und verstörend. Wenn ich weiterlesen würde, wusste ich, dass ich in dieser Nacht nicht mehr einschlafen könnte. Aber ich brauchte die Ruhe, 20 Stunden nach der Entbindung, und so entschied ich mich, das Buch liegen zu lassen, bis ich ausgeschlafen hatte.

Aber ich begann doch unruhig zu werden, warum sie noch nicht da waren: Das ist das Los einer Mutter; eine winzige Kleinigkeit ist nicht so, wie sie sein sollte, und sofort gehen alle Alarmlampen an. Vielleicht steckten sie einfach im Stau. Während ich wartete, entschloss ich mich, Max anzurufen und ihm von meiner Entdeckung zu erzählen. Bald würde Batterjees Buch in vielen Untersuchungen eine wichtige Rolle spielen, und ich wollte meine Begeisterung mit meinem Boss teilen.

Als ich auf mein Handy schaute, wusste ich, warum Leo mich nicht angerufen hatte, um mir zu sagen, dass sie sich verspäten würden. Nach meinem Gespräch mit John Canfield hatte ich es ausgeschaltet und vergessen, es wieder einzuschalten. Tatsächlich gab es da eine Botschaft von Leo. Er teilte mir mit, dass die Abschlussfeier länger gedauert habe als geplant und dass sie jetzt auf dem Weg hierher seien. Laut dieser Botschaft mussten sie jeden Moment eintreffen. Ich rief Max an. Er beglückwünschte mich von ganzem Herzen, wir unterhielten uns ein bisschen, und dann erzählte ich ihm von dem Buch.

Er verstand nicht, warum ich ein solches Aufheben davon machte.

»Aber Max, verstehst du denn nicht? Dies hier ist einmalig! Es ist Bin Laden in seinen eigenen Worten, und es erzählt die ganze Al-Qaida-Geschichte von Anfang an! Alle tauchen darin auf, er selbst, Azzam, Julaidan, Khalifa, jeder! Ihre Anfänge, ihre Biografien! Max, das ist riesig, einfach großartig!«

Er kapierte immer noch nicht, warum ich dieses Buch für so wichtig hielt.

Er war aber auch nicht der Einzige, dem das so ging. Kurz nachdem ich ein paar Tage nach der Entbindung wieder zurück im Büro war, rief ich das Weiße Haus an und erzählte ihnen von dem Buch. Ich erklärte, um was für ein zentrales Beweismittel es sich dabei handelte, dass es 1991 von den Saudis geschrieben worden war, als Bin Laden noch kein unanständiges Wort war, und dass es dazu bestimmt war, neue Mudschahiddin anzuwerben. Aber die Leute im Weißen Haus zeigten kaum Interesse. Doch ich gab nicht auf. Ich übersetzte wichtige Teile des Buchs und schickte ihnen den Text. Wieder gab es darauf keine Reaktion. Als ich nachfragte, meinten sie nur, sie hätten ihn weitergeleitet, wüssten aber nicht, was daraus geworden sei.

Nach dem 11. September, nachdem die BIF (die zusammen mit der WAMY Batterjees *Die arabischen Freiwilligen in Afghanistan* herausgegeben hatte) durchsucht und deren Leiter Arnaout verhaftet worden war, wurde ich schließlich vom Justizministerium angerufen und gebeten, ihnen mein Exemplar des Buches zur Verfügung zu stellen. Plötzlich hatte sich also jemand an dieses Buch erinnert, das die Geschichte von Arnaout und vielen seiner Genossen in allen Einzelheiten erzählte. Wie die von Muhammad Bayazid, dem die Staatsanwaltschaft vorwarf, versucht zu haben, Uran zu beschaffen, um für Bin Laden Kernwaffen zu entwickeln. Oder die von Muhammad Jamal Khalifa, dem Schwager Bin Ladens, der in die Bombenanschläge auf das World Trade Center von 1993 und den Bojinka-Plan verwickelt war. Oder Abu Talha, al-Qaidas Finanzchef in Europa, von dem man glaubt, dass er den 11. September finanzieren half und der ein paar Monate nach den Anschlägen in Spanien verhaftet wurde. Und von vielen, vielen anderen, einschließlich Arnaout selbst. Sie stellen den inneren Kern der al-Qaida dar, die Kämpfer aus den Tagen von al-Masada. Das Buch war praktisch ein *Who is Who* der al-Qaida. Doch die Regierung begann sich erst nach dem 11. September dafür zu interessieren, zwei Jahre nachdem ich es entdeckt und ihnen angeboten hatte. Kein Wunder, dass mir Agenten der Regierung zugestehen mussten, mehr über al-Qaida zu wissen als sie.

Leo und die Jungs waren immer noch nicht angekommen, und nun begann ich mir wirklich Sorgen zu machen. Was hielt sie so lange auf? Ein ungutes Gefühl machte sich in mir breit, und je mehr ich es abschütteln wollte, desto unruhiger wurde ich.

Ich erinnerte mich daran, wie Leo vor vielen Jahren, noch daheim in Israel, auf dem Nachhauseweg war; ich wartete darauf, dass er heimkäme und die Kinder zu ihrem Musikunterricht brächte. Er war spät dran, und ich spürte, dass etwas nicht stimmte, und dann bekam ich einen Anruf vom Krankenhaus. Sie teilten mir mit, dass er in einen Unfall verwickelt gewesen sei. Obwohl ich wusste, dass er lebte, wusste ich nicht, was ich denken sollte, als ich ins Krankenhaus raste.

Erst ein paar Tage später erfuhren wir durch die Nachforschungen der Polizei, was tatsächlich geschehen war. Leo selbst konnte sich an nichts mehr erinnern; auch jetzt, ein Jahrzehnt später, ist das immer noch so. Es war Nacht, und es regnete, und ein Lastwagenfahrer, der gerade ganze Kisten voller Orangen aus einer Obstplantage gestohlen hatte, versuchte mit seinem schwer beladenen Lastwagen ohne Licht direkt auf die Hauptstraße zu kommen. Leo hat ihn wohl überhaupt nicht gesehen, da er gerade über einen kleinen Hügel kam, als er in den LKW raste. Der große amerikanische Wagen, den er unbedingt immer hatte fahren wollen, rettete ihm das Leben, aber er kam nicht unverletzt davon. Als ich sein Krankenhauszimmer betrat, schlug mein Herz bis zum Hals. Ich schaute ihn an. Er lag im Bett, ein junger Arzt stand neben ihm. Ich war erleichtert, dankbar, denn er schien mir ganz gut auszusehen, und dann drehte er mir seinen Kopf zu. Ich konnte den Schrei, der mir aus der Kehle drang, nicht zurückhalten. Die linke Seite seines Gesichts war ganz zerschlagen, schwarz und blau und mit zerrissenem Fleisch und Blut bedeckt, und es war auf die Ausmaße einer respektablen Wassermelone angeschwollen. Sein linkes Auge trat hervor wie bei einem dieser schrecklich hässlichen Goldfische. Leos Gesicht war das Gesicht eines Monsters.

Es brauchte Monate voller Geduld, chirurgischer Eingriffe und Zahnbehandlungen, bevor Leo wieder wie er selbst aussah. Die Computertomographie und die MRT-Untersuchungen zeigten auch, dass es zu größeren Hirnblutungen gekommen war. Die Ärzte wussten nicht, welche Auswirkungen dies haben würde, aber ich merkte, dass er nach dem Unfall irgendwie anders war.

Diese schwarzen Gedanken wurden sofort von ihrer herzerwärmenden Ankunft hinweggewischt. Leo und die Jungs kamen auf Zehenspitzen herein, küssten und umarmten mich und sahen sich Shirley an, als ob sie ein Geschenk sei, das der Himmel ihnen gesandt habe. Sie erzählten mir von ihrem großen Erfolg beim Konzert. Dann berichteten mir Jordan und Leo von Jordans Rede. Die ganze Schule, Kinder wie Eltern, war anscheinend von ihr gefesselt worden; sie hatten gelacht und geklatscht und sich ihre Tränen abgewischt. In seiner Rede fasste Jordan die drei Jahre zusammen, in denen er von einem Ausländer und Außenseiter zu einem der beliebtesten Jungs der Schule geworden war. Als er fertig war und die applaudierende Zuhörerschaft sich endlich wieder hingesetzt hatte, erzählte sein Direktor jedermann, was Jordan für einen anstrengenden Tag gehabt habe, weil er von seinem Konzert zur Abschlussfeier eilen musste, die er fast noch verpasst hätte. Dann ergriff Jordan noch einmal das Mikrofon und sagte:

»Oh, sicher, und dann wurde heute früh noch mein Schwesterchen geboren.«

Die Menge war begeistert.

Dies war in jeder Beziehung ein großartiges Jahr gewesen. Die Jungs waren auf allen möglichen Gebieten erfolgreich gewesen. Sie kamen sogar mit ihrem Klavierspiel ins Fernsehen und durften dort zusammen mit Billy Joel und anderen Stars auftreten. Leo und ich verliebten uns wieder ineinander wie Teenager. Beide hatten wir Erfolg in unseren Jobs. Wir hatten uns ein Haus gekauft, und jetzt hatten wir noch ein Baby. In dieser Nacht war mein Krankenhauszimmer so voller Liebe und Freude, dass es für zehn große Familien zehn Jahre lang ausgereicht hätte.

Leo brachte die Kinder nach Hause. Ich begann einzuschlafen, und viele Gedanken schwirrten mir durch den Kopf. Alles wirbelte jetzt durcheinander: die Entbindung, das Konzert, Leos Unfall, das World Trade Center, die Botschaften, das FBI, Batterjees Buch.

Als mein Kopf schwerer wurde, dachte ich an Leo und das monströse Gesicht, das er ein paar Monate lang gehabt hatte, und dann verband sich sein Gesicht mit dem eines jungen, groß gewachsenen, leise sprechenden Saudis, der mit seinem langen Bart und seinem Turban dasaß und Pläne für den Kampf gegen die Ungläubigen schmiedete. Dann wanderten meine Gedanken zu den anderen bärtigen Männern mit ihren Kaffiyeh, ihren Palästinensertüchern, die um den groß gewachsenen Mann in al-Masada herumsaßen, und dann waren es die Imams und die islamischen Gelehrten und die saudischen Banker und die Hilfsorganisationen, und bevor ich in einen süßen, erfrischenden Schlaf sank, klärte sich plötzlich alles auf, und ich wusste endlich Bescheid.

Diese zuvorkommenden, reichen Männer, die sich hinter dem Vorhang ihrer Wohltätigkeit verbergen, die in einem schicken Büro in Virginia oder einem Palast in Saudi-Arabien sitzen, während sie den Dschihad predigen und finanzieren: Sie sind die Fratze des Monsters.

9. Kapitel

Die »Dunkle Seite«

Im Rahmen ihrer Nachforschungen über Sami al-Arian und den Palestinian Islamic Jihad entschied sich die Task-Force in Tampa, nach Israel zu fahren, um dort Beweise zu sammeln. Sie wollten dort die letzten fehlenden Puzzleteile finden: den Weg des Geldes von den Vereinigten Staaten bis zum PIJ und seinen Anhängern im Nahen Osten.

Um zu verhindern, dass Terroristen ohne große Schwierigkeiten Gelder ins Land holen können, überprüft Israel alles Geld, das in sein Staatsgebiet oder das Westjordanland und den Gazastreifen fließt. Deshalb können Terrororganisationen wie der PIJ keine Bankkonten in Israel oder den besetzten Gebieten eröffnen und unterhalten. Und so mussten sie Möglichkeiten suchen, Israels Blockade zu überwinden. Eine davon war das Anlegen von ausländischen Bankkonten. Fat'hi Shikaki, der Chef des PIJ, der in Malta ermordet wurde, besaß ein Bankkonto in der Schweiz. Ebenso Samis Hilfsorganisation Islamic Committee for Palestine (ICP). Die Tampa-Task-Force fuhr nach Israel in der Hoffnung, dort zu erfahren, wie diese Konten für die Verschiebung von Geldern verwendet wurden und ob sie miteinander verbunden waren.

Es gab auch noch andere Methoden; eine war sogar ziemlich raffiniert. Sie wurde in den späten Neunzigerjahren von der Hamas entwickelt, die eine Bank namens al-Aqsa gründete und im ganzen Nahen Osten Filialen dieses Geldinstituts eröffnete. Diese Al-Aqsa-Bank schloss mit einer amerikanischen Bank, die eine Zweigstelle in Tel Aviv hatte, einen Partnerschaftsvertrag ab: der Citibank. Auf diese Weise konnte man in jeder Al-Aqsa-Filiale Geld einzahlen, das wiederum jedermann in der Citibank-Filiale im Herzen Israels abheben konnte. Ein einfacher und brillanter Weg, Geld an der israelischen Aufsicht vorbeizuleiten. Und da gab es ja außerdem immer noch das gute, alte System der Geldkuriere. Es war zwar riskant, klappte aber meistens doch.

Die Task-Force wusste, dass Sami Gelder für den PIJ sammelte. 1995 schrieb er nur wenige Tage nach einem doppelten Selbstmordattentat des PIJ, das 18 Menschen das Leben gekostet hatte, einen Spendenwerbebrief, in dem er sich auf »zwei Mudschahiddin, die für Allah das Martyrium erlitten hatten« bezog und um erneute Spenden bat, »damit Operationen wie diese auch weiterhin stattfinden können«. Die Task-Force wollte herausfinden, welchen Weg das Geld von den Vereinigten Staaten in die Hände der PIJ-Aktivisten im Nahen Osten nahm. Die Gruppe entschloss sich deshalb, nach Israel zu reisen und mit Experten der israelischen Geheimdienste und der akademischen Welt zu sprechen.

Das war die Reise, wegen der mich John Canfield im Krankenhaus angerufen hatte, aber ich hatte schon davon gehört, bevor ich überhaupt mit Shirley schwanger war. Sie war immer wieder verschoben worden. Zuerst wollte das Justizministerium die Fahrt nicht genehmigen. Dann wollte es den Termin nicht genehmigen. Einen anderen später dann auch nicht. Fast zwei Jahre nach Beginn der Planung wurde als Termin der Reise der August festgelegt, aber nach meinem Rat an John dann wieder verschoben, diesmal auf Ende September.

Ein paar Tage nach Shirleys Geburt war ich wieder zurück im Büro. Als Erstes kümmerte ich mich um Johns Reiseplanung. Ich hätte mir da noch nicht vorstellen können, dass diese Fahrt, von der ich hoffte, dass sie die Ermittlungen gegen Sami zu einem Abschluss bringen würde, stattdessen eine Krise in meiner Beziehung zu John verursachen sollte und damit enden würde, dass John von diesem Fall abgezogen, fast entlassen und in ein anderes Land versetzt werden würde. Nicht einmal in meinen schlimmsten Albträumen hätte ich mir vorstellen können, dass die Reise, die eigentlich die letzten Beweise beschaffen sollte, mit denen man Sami vor Gericht bringen konnte, den Ermittlungen enormen Schaden zufügen würde.

John hatte mich ja darum gebeten, für ihn ein paar zusätzliche Unterredungen mit Leuten zu arrangieren, die ich für Experten auf diesem Gebiet hielt. Sofort begann ich die verschiedensten Leute anzurufen: das israelische Justizministerium, Geheimdienst- und Terrorismusexperten, Journalisten, hohe Polizeioffiziere und Wissenschaftler, einschließlich ein paar meiner alten Professoren an der Universität von Tel Aviv. Wegen des Zeitunterschieds zwischen den beiden Ländern fanden viele dieser Anrufe entweder ganz früh am Morgen oder spätnachts statt. Ich stand drei oder vier Mal in der Nacht auf, um Shirley zu stillen, und dazwischen führte ich meine Telefongespräche mit Israel.

Danach berichtete ich John stundenlang von den Leuten und Organisationen, mit denen sich die Task-Force treffen sollte. Ich erklärte ihm den Hintergrund jedes Einzelnen von ihnen und erzählte ihm, was sie wüssten und welche Informationen er von ihnen erhalten müsste. So hatte zum Beispiel einer dieser Männer, ein Journalist und ehemaliger Geheimdienstmitarbeiter, ein Buch veröffentlicht, in dem er detailliert die Rolle der Tampa-Zelle des PIJ dargestellt hatte. Ich übersetzte das entsprechende Kapitel für John und sagte ihm, welche für die Ermittlungen wichtigen Informationen von diesem Autor noch zu erwarten seien. Ich gab ihm eine Liste, in der die Fragen aufgeführt waren, die die Task-Force den einzelnen Personen bei den geplanten Treffen stellen sollte.

Vier Tage, nachdem ich mit der Planung dieser Fahrt begonnen hatte, war der Reiseplan schon vollgestopft mit Treffen vom frühen Morgen bis spät in die Nacht. Hätte man all diese Verabredungen über die üblichen bürokratischen Kanäle getroffen, wäre man damit niemals rechtzeitig fertig geworden. Hätte John den Versuch gemacht, jedes dieser Treffen formell über das US-Justizministerium zu beantragen – Anträge, die man an das israelische Pendant des Justizministeriums hätte schicken müssen – und dann auf die Genehmigung und offizielle Koordinierung dieser Anträge zu warten, hätte niemand irgendjemanden getroffen. Denn normalerweise dauert es Monate, bis eines dieser formellen Gesuche bewilligt wird. Deshalb stellte ich den ersten Kontakt mit den Experten in Israel her. Nachdem die Israelis einem Treffen mit der Task-Force zugestimmt hatten, setzte John die entsprechenden Termine fest. Erst dann schickte er die formellen Anträge über die korrekten Kanäle los, wobei jedem Gesuch das vereinbarte Datum, die Uhrzeit und die Faxnummer in Israel beigelegt war, sodass die Genehmigungen sofort den Israelis, die dem Treffen schon vorher zugestimmt hatten, zugeleitet und von diesen formell bestätigt werden konnten. John lieferte also dem Justizministerium einen fertig ausgearbeiteten Reiseplan auf einem Silbertablett.

Das israelische Justizministerium schickte einen formellen Brief zurück, in dem es bestätigte, dass seine Beamten »die von John Canfield geleitete Delegation« erwarteten. Diese Wortwahl war für mich eine Selbstverständlichkeit. John *war* der Leiter der Delegation. Innerhalb der amerikanischen Regierungsbehörden wussten nur John und ein anderer Beamter alles und jedes über Sami und den PIJ. Dieser andere Experte war Barry Carmody, der FBI-Agent, der beim ersten Besuch Johns in unserem Büro dabei gewesen war. Barry war ein Mitglied der Tampa-Task-Force gewesen und hatte mit John jahrelang zusammengearbeitet. Aber Barry, der ungefähr zu der Zeit sein Pensionsalter erreicht hatte, als Mitte der Neunzigerjahre Samis Organisationen zum ersten Mal untersucht worden waren, wurde genau zu dem Zeitpunkt aus dem Untersuchungsprozess – und der Gehaltsliste – herausgenommen, als die Nachforschungen ihren Höhepunkt erreichten. Stattdessen wurden einige neue FBI-Agenten auf die Sache angesetzt, die natürlich überhaupt nichts über Sami und den PIJ wussten. Soweit es mich betraf, war John tatsächlich der Leiter der Delegation. Das FBI dachte allerdings anders darüber.

Ein paar Monate vor der Reise entschied sich die Bundespolizei, ihre Präsenz bei den Ermittlungen und der entsprechenden Dienstreise zu verstärken. Das FBI hatte das Gefühl, dass die Untersuchungen nun endlich in Fahrt gekommen seien und man die Angelegenheit in Kürze vor Gericht bringen könne: John und Barry hatten die entsprechenden Anklageschriften schon entworfen. Da entschied das FBI, dass es Zeit sei, die

Sache selbst in die Hand zu nehmen. Es ernannte einen neuen Leiter der Task–Force, einen Mann, der nichts über den PIJ wusste, und schickte bedeutend mehr Agenten mit auf diese Reise, als ursprünglich vorgesehen. Gemäß dem Protokoll war das FBI-Büro in Tel Aviv, das in der dortigen Botschaft sitzt, für die Koordinierung der Reise und der Treffen mit den Israelis verantwortlich. Dieses Büro in Tel Aviv vereinbarte tatsächlich einige der Treffen, aber als seine Agenten hörten, dass man auf israelischer Seite von »John Canfields Delegation« sprach, gingen sie an die Decke. Ihre Kollegen daheim in Amerika waren ebenso wütend.

Dann bekamen sie mit, dass ich, eine Zivilistin, mit der Planung dieser Dienstfahrt zu tun hatte. Bei jedem Treffen zwischen der Task-Force und den Israelis wurde mein Name erwähnt. Da brannten dem FBI die Sicherungen durch. Die Agenten im Tel Aviver Büro weigerten sich von da an, der Task-Force, also Canfield, irgendwelche relevanten Informationen mitzuteilen.

Es machte die Sache auch nicht besser, dass einige der Treffen ein einziges Desaster waren. Als John einen kleinen Abstecher nach Jordanien machte, um dort einige Experten zu besuchen, blieben die FBI-Agenten in Israel und baten einige Fachleute, die ich aufgetan hatte, sich noch einmal mit ihnen zu treffen. Bei diesen Begegnungen während Johns Abwesenheit offenbarten die FBI-Agenten nach kurzer Zeit ihre absolute Ahnungslosigkeit und Ignoranz.

Einige der Israelis riefen mich danach empört an. So zum Beispiel Gad, einer der Experten, der John zuvor viele Informationen geliefert und dann stundenlang auf deren Wunsch noch einmal mit den FBI-Agenten zusammengesessen hatte.

»Was zum Teufel ist denn da los? Warum sind diese Agenten, die Sie mir geschickt haben, solche Ignoranten?«

Obwohl ich wusste, worüber er sprach, fragte ich zurück: »Was meinen Sie damit?«

»Ich meine diesen Haufen Anfänger, der mich besuchte, nachdem wir uns mit John getroffen hatten«, antwortete er. »Ich saß stundenlang da und musste ihnen alles erklären, als sei ich ein Vorschullehrer!« Eine solche Reaktion von Gad hatte ich noch nie erlebt.

»Sie fragten mich, wer Bashir Nafi sei. Nafi! Wie können die Ermittlungsarbeit über den PIJ leisten, wenn sie nicht einmal wissen, wer Nafi ist! Sie waren wirklich total ahnungslos! Was ist mit John los? Warum hat er keine Kollegen, die sich auskennen?«

Darauf hatte ich auch keine Antwort parat. Dabei wusste ich zu diesem Zeitpunkt noch nicht einmal, wie schlimm die ganze Angelegenheit tatsächlich war.

Einige Tage nach der Rückkehr der Delegation aus Israel bestellte Jerry, der neue FBI-Mann, der mit der Führung der Ermittlungen betraut war, John in sein Büro. Dort erklärte er ihm ohne Umschweife: »Das FBI hat jetzt offiziell diese Untersuchung übernommen. Dies ist also keine Task-Force mehr. Dies sind jetzt meine Ermittlungen. Von jetzt an sind Sie mir unterstellt. Sie werden mir direkt berichten. Sie werden genau das tun, was ich Ihnen sage. Sie werden keine persönlichen Nachforschungen über Sami mehr anstellen. Als Mitglied der Zollfahndung werden Sie sich ab jetzt nur noch mit den Finanzen des PIJ befassen, und mit nichts anderem. Auch über diese Angelegenheit werden Sie nur mir, mir allein, berichten.« John schaute ihn nur an. Warum sollte er, der einzige verbliebene Regierungsexperte mit Kenntnissen über Sami, diesem Grünschnabel Auskünfte erteilen? Seine Antwort auf diese Zumutung war dann sehr direkt: »Fuck you.«

Dann packte er den Papierstoß, den ihm Jerry gegeben hatte, warf ihn ihm ins Gesicht und verließ das Büro.

Kurz darauf wurde John von seinem Vorgesetzten von der Zollbehörde angerufen. Der kannte seinen Mann gut. Er war darüber im Bilde, wie viel John über Sami wusste und wie gut er seine Aufgaben erfüllte.

»Da kann ich nicht viel machen, John«, teilte er ihm mit. »Sie haben die Ermittlungen übernommen. Vollständig. Dagegen kommen wir nicht an – hier geht es um Terrorbekämpfung, und das ist deren Aufgabenbereich. Sie möchten einen Bericht von Ihnen haben über alles, was Sie im Laufe Ihrer Ermittlungen herausgefunden haben, und den müssen Sie ihnen liefern. Wir haben da keine Wahl.«

Das FBI beauftragte etwa 20 neue Agenten mit dem Untersuchungsverfahren, von denen keiner sich in dieser Frage auskannte. Und zu einem Zeitpunkt, als John und Barry ihre Anklageschriften praktisch fertig hatten, warf das FBI die Ermittlungen um Jahre zurück und machte fast sieben Jahre harter Arbeit zunichte.

Die Israelis waren wütend. Sie machten diese totale Auswechslung des Personals für die Behinderung der Untersuchungen verantwortlich. Sie meinten, dass man mit den Informationen, die sie geliefert hatten, auf jeden Fall eine Verurteilung hätte erreichen können. Wenn man sie richtig eingesetzt hätte, natürlich. Während John Canfield nach Israel gefahren war, um seine schon vorher beträchtlichen Kenntnisse über Samis Umtriebe noch zu vertiefen und die Ermittlungen voranzubringen, fuhr das FBI nach Israel, um noch einmal von vorne anzufangen und dann die Untersuchung zu übernehmen.

Durch die traurige Sucht des FBI nach Ruhm und Prestige wurde die Ermittlungsarbeit wieder auf ihren Ausgangspunkt zurückgeworfen. Aber das bedeutete noch nicht das Ende der Geschichte.

Im Monat nach seiner Auseinandersetzung mit Jerry setzten John und ich unsere Zusammenarbeit auf die übliche Weise fort. John sagte, er wolle diese Unterredung nicht zu ernst nehmen. Er wollte immer noch weiterarbeiten, die Ermittlungen vorantreiben und Sami al-Arian am Ende schnappen.

Eines Tages piepste ich ihn mit dem Pager an, aber er rief nicht zurück. Das war ein bisschen eigenartig, da er gewöhnlich sofort antwortete, aber ich machte mir keine großen Gedanken. Ich nahm an, dass er gerade bei einer Nachforschung, einer Besorgung oder beim Training, etwas in der Art, sei. Eine Woche später piepste ich ihn noch einmal an. Wieder keine Antwort. Immer noch vermutete ich nicht, dass etwas nicht in Ordnung sein könnte. Ich rief sein Büro an und hinterließ eine Nachricht. Dann schickte ich ihm eine E-Mail. Zwei Monate vergingen und immer noch keine Antwort. Er musste wirklich völlig mit Arbeit eingedeckt sein, dachte ich mir.

Eines Tages rief mich Gad, der israelische Experte, der so sehr über die Ignoranz der FBI-Beamten geklagt hatte, an, um meine Meinung über eine bestimmte Angelegenheit zu erfahren. Während des Gesprächs fragte er mich, was ich über »den armen John« dächte.

»Was meinen Sie? Was ist passiert?«, fragte ich ihn. Ich hätte wissen müssen, dass da etwas nicht stimmte! Wie konnte ich zwei Monate dasitzen und Johns Schweigen einfach ignorieren?

»Aber ich dachte, Sie wüssten das. Haben Sie es denn nicht gehört?«

»Nein, worüber reden Sie überhaupt?« Ich bekam plötzlich richtiggehend Angst.

»Er ist aus den Ermittlungen völlig raus. Er hat mit dem Fall nichts mehr zu tun.«

Das konnte doch nicht wahr sein. Sofort piepste ich John wieder an, und dann noch einige Male an diesem und dem folgenden Tag.

Nichts.

Jetzt wusste ich, dass er mir aus dem Weg ging. Ich dachte, er sei deprimiert. Wir hatten so hart an dieser Sache gearbeitet, und gerade als er dabei war, Erfolg zu haben, warfen sie ihn raus.

Ich versuchte weiterhin, ihn zu erreichen. Ich wollte mit ihm sprechen und ihm die Angelegenheit leichter machen.

Nach ein paar Wochen ohne Kontakt entschied ich mich, ihn daheim anzurufen. Seine Frau nahm den Hörer ab.

»Wie geht es ihm?«, fragte ich. »Ist er in Ordnung?«

»Nun, es könnte ihm besser gehen«, antwortete sie mit freundlicher Stimme, »aber er bleibt am Ball.«

»Ist er deprimiert?«

»Er ist mit der neuen Lage zweifellos nicht sehr glücklich.«

»Bitte sagen Sie ihm, er soll sich nicht grämen. Es gibt immer einen Grund, warum etwas geschieht, auch wenn wir ihn anfangs noch nicht zu sehen vermögen. Die Dinge werden schon wieder besser werden.«

»Das hoffe ich.«

»Ist er daheim? Ich habe mir wirklich Sorgen gemacht, und ich versuche ihn nun schon eine ganze Weile zu erreichen. Kann ich jetzt mit ihm sprechen?«

»Nun … er ist, äh, gerade nicht erreichbar.«

»Also, wann könnte ich dann mal mit ihm reden?«

»Es tut mir Leid, aber er kann im Moment wirklich nicht mit Ihnen sprechen. Aber bitte, Sie müssen mir glauben, dass er Sie anruft, sobald er kann.«

Also würde er mich anrufen, sobald seine Stimmung wieder besser geworden war.

Für jemand mit meinen Fähigkeiten, zwischen den Zeilen zu lesen, war ich diesmal bemerkenswert schwer von Begriff. An einem Freitag, nicht lange, nachdem ich mit Johns Frau gesprochen hatte, rief mich Eli an, ein israelischer Untersuchungsbeamter, der mit John bei den Ermittlungen gegen Sami al-Arian zusammengearbeitet hatte. Er erzählte mir, dass er und einige seiner Kollegen vorhätten, in einigen Tagen in die Vereinigten Staaten zu kommen, und fragte mich, ob ich an einem Treffen und Informationsaustausch interessiert sei.

»Klar, das ist eine gute Idee. Ich wünschte nur, dass John in einer besseren seelischen Verfassung wäre; dann könnte er bei unserem Treffen dabei sein.«

»Seelische Verfassung? Er hat doch keine Probleme mit seiner seelischen Verfassung.«

Meine Verblüffung hätte nicht größer sein können. »Woher wissen Sie das?«

»Nun, ich habe vor zwei Tagen mit ihm gesprochen. Er wirkte so gut gelaunt wie gewöhnlich.«

»Aber«, stotterte ich, »ich versuche ihn schon seit ewigen Zeiten zu erreichen, und er hat nie zurückgerufen!«

»Ich dachte, Sie wüssten es«, sagte Eli. »Er darf nicht mit Ihnen sprechen.«

»Er darf nicht mit mir sprechen?« Ich verstand es *immer noch* nicht. »Hat seine Frau das gesagt?«

»Doch nicht seine Frau!« Eli muss gedacht haben, ich sei nicht mehr ganz bei Trost. »Die Blödmänner vom FBI! Sie verboten ihm, mit Ihnen zu sprechen. Nicht nur über Sami, sondern generell. Es läuft eine Untersuchung gegen John, wegen dem, was zwischen Ihnen beiden passiert ist.«

»*Was?*«

»Ja, die wollen wissen, ob er Ihnen vertrauliches Material übergeben hat.«

»Wovon reden Sie überhaupt?«

»Soviel ich weiß, nahm ein Land – es war nicht Israel – mit dem FBI Kontakt auf, und danach versuchte das FBI herauszufinden, woher Sie verschiedene Informationen erhalten haben. Sie glauben, dass John sie Ihnen gegeben hat. Deshalb verboten sie ihm, mit Ihnen zu sprechen.«

Erst da, nach zwei langen Monaten, begriff ich endlich, was los war. Ich hatte mich geweigert, das Offensichtliche zu sehen. Aber jetzt war alles so klar wie die Skyline von Manhattan an einem hellen, sonnigen Wintertag.

Mitte des Jahres 2000, einige Monate nach meinem Briefing über den Khalil-al-Deek-Fall im Weißen Haus, schickte ich ein Fax an meine Kontaktpersonen in Jordanien und erzählte ihnen von der Untersuchung, und was ich herausgefunden hatte. Ich fragte sie, ob sie daran interessiert seien.

Sie waren es. Sie waren es wirklich. Sie baten mich, ihnen alles zu geben, was ich hatte. Also schickte ich ihnen eine E-Mail, erzählte ihnen von Charity Without Borders, von Hisham Diab, von Ashour und erklärte ihnen, warum ich Grund zu der Annahme hätte, dass große Geldsummen nach Jordanien überwiesen worden seien, und wie und warum diese Überweisungen etwas mit terroristischen Aktivitäten zu tun haben könnten. Da sie al-Deek in ihrem Gewahrsam hatten, waren die Jordanier begeistert, diese ganzen Informationen zu bekommen. Ich teilte ihnen mit, dass ich mit meinen Nachforschungen bis zu diesem Punkt gekommen sei, aber ich sagte ihnen auch, dass die amerikanische Regierung vielleicht über noch mehr Informationen verfüge. Ich schlug ihnen vor, sich an die amerikanischen Behörden zu wenden.

Das taten sie dann auch.

Sie nahmen zum FBI Kontakt auf.

Sobald diese formelle jordanische Anfrage eingegangen war, ging jemandem in der FBI-Zentrale der Hut hoch. Denn mein Name stand auf dem Fax. Beim FBI konnte man nicht verstehen, wie ich Informationen über al-Deek, Diab und Ashour haben konnte, über die es nicht verfügte. Also vermuteten sie, dass diese Informationen durch ein Leck bei den Regierungsbehörden zu mir gelangt seien. Sie weigerten sich schlicht zu akzeptieren, dass ich, eine Zivilistin, ein Nichts in ihren Augen, den Jordaniern solch gute Hinweise geben konnte. Vor allem konnten sie die entscheidende Tatsache nicht verstehen: dass ich diese Informationen aus öffentlich zugänglichen Unterlagen gewonnen hatte und dass ich diese Erkenntnisse an die Regierung – in diesem Falle an John Canfield – weitergegeben hatte und nicht umgekehrt. Für das FBI war es unvorstellbar, dass ich wichtige Informationen herausgefunden haben könnte, ohne zu ihrem riesigen »Geheimdienstapparat« Zugang zu haben.

Was noch schlimmer war, mein Name war im Hauptquartier des FBI schon längst bekannt. Einige der FBI-Agenten, die der Tampa-Task-Force neu zugeteilt worden waren, kamen aus der Zentrale in Washington, D.C. Sie hatten meinen Namen auf ihrer Reise nach Israel unzählige Male gehört. Sie hatten von Eli erfahren, dass ich mehr über Sami wisse als irgendjemand sonst; während seines Briefings forderte sie Eli auf, bei ihren Ermittlungen gegen Sami mit mir zusammenzuarbeiten. Das FBI wusste auch, dass John und ich diese Reise zusammen vorbereitet hatten. Als sich dann noch auf meinen Vorschlag hin die Jordanier an sie wandten, hatten sie meinen Namen einmal zu oft gehört. Nach allem was die FBI-Agenten in Israel erfahren hatten, wurde der FBI-Führung bewusst, welche Bedeutung der Fall Sami hatte, und sie entschied sich, das Ermittlungsverfahren gegen ihn an sich zu ziehen. Und nun sahen sie die einmalige Gelegenheit, mit einem Streich zwei Hindernisse loszuwerden: John Canfield und mich.

Als ich über Eli von dieser Untersuchung hörte, geriet ich etwas in Panik. *Auf welche Weise* führte das FBI seine Ermittlungen gegen mich? Ich kannte ja seine Methoden. Das Anzapfen des Telefons, Überwachungsmaßnahmen, Befragungen. Sie benutzen keine alten Datenbanken und lesen keine alten Zeitungen. Wurde ich verfolgt? Hörte man mich ab? Konnte ich überhaupt noch telefonieren, ohne dass sie in der Leitung waren? Waren vielleicht auch meine Telefone im Büro angezapft? Diese Bastarde! Terroristen und Verbrecher laufen frei herum, und das FBI ermittelt gegen mich! Ich hatte nie etwas für meine Auskünfte verlangt. Kein Geld, keine Dokumente, nichts. Alles was ich tat, war doch nur, umsonst und ohne Verpflichtung meine Erfahrung und mein Wissen mit anderen zu teilen, weil ich den Terrorismus stoppen wollte. Es machte mich wütend, dass die schrägen Typen aus meiner Jahrtausendwende-Untersuchung, Ashour und Diab, sich frei wie die Vöglein bewegen durften, während ich vom FBI überwacht wurde.

Dieses FBI hatte von sich aus keinen der Hinweise finden können, die ich über die Machenschaften von Charity Without Borders recherchiert hatte; diese Leute besaßen nicht einmal ein Tausendstel meiner Kenntnisse über die entscheidenden Fragen, wie die nach der Bedeutung des Islamischen Zentrums von Tucson; das FBI klopfte im kalifornischen Anaheim an Türen und fragte die Bewohner, ob sie Bin Laden kennen würden, selbst nachdem ich dem Weißen Haus genug Informationen mitgeteilt hatte, die es den Agenten eigentlich hätten ermöglichen müssen, ihre Nachforschungen erfolgreich abzuschließen – aber die einzigen Terroristen in dieser ganzen Geschichte, die das FBI wirklich zu überwachen imstande war, waren John Canfield und ich!

Als der jordanische Geheimdienst seine Bitte um Informationen und Zusammenarbeit übermittelt hatte, hätten die Leute des FBI die Hilfe anerkennen sollen, die sie von mir erhalten hatten. Sie hätten mich anrufen können, um mich zu bitten, mich mit ihnen zu treffen, so wie es das Weiße Haus und Dutzende anderer Regierungsbehörden schon getan haben und immer noch tun. Darüber hinaus hätte das FBI die Gelegenheit ergreifen müssen, mit den Jordaniern zusammenzuarbeiten, da diese ihnen zusätzliche Informationen für ihre Ermittlungen hätten liefern können.

Stattdessen zerstörte das FBI sofort jede Chance der Zusammenarbeit mit einem befreundeten Land. Es kappte auch meine

Verbindungen mit den Jordaniern. Ich habe den Jordaniern danach noch einige Male eine E-Mail geschickt, aber sie haben nie geantwortet. Sie hatten wahrscheinlich vom FBI die gleichen Anweisungen erhalten wie John.

Eines schönen Tages rief John plötzlich an.

Zuerst war ich wie benommen.

»John!« Ich schrie fast. »Was, ist es vorbei? Können wir wieder miteinander reden? Haben sie die Untersuchung endlich abgeschlossen?« Ich war so erleichtert!

»Aber nein, nichts ist vorbei«, entgegnete mir John. »Ich darf immer noch nicht mit Ihnen reden. Soweit ich weiß, werden sie mir niemals mitteilen, dass alles vorbei sei und ich wieder mit Ihnen sprechen darf. Sie teilen einem nur mit, wenn sie ein Ermittlungsverfahren gegen einen eröffnen; sie machen sich nie die Mühe, einem zu sagen, dass es endlich vorbei sei. Und so sage ich hiermit allen, die uns jetzt zuhören, und ich weiß, dass sie es tun: Verpisst euch! Ich habe die Schnauze voll. Wenn es nach ihnen geht, dürfen wir nie mehr miteinander reden. Also sollen sie zur Hölle gehen!«

Ich war überrascht, aber er hatte vollkommen Recht. »Haben Sie keine Angst?«, fragte ich ihn.

»Was könnten sie mir jetzt noch tun, he? Mich rausschmeißen? Zu spät, sie haben mich bereits aus dem größten Ermittlungsverfahren rausgeworfen, mit dem ich je zu tun hatte. Was könnten sie mir noch antun – mich ins Gefängnis werfen?«

»John, alles was passiert, hat einen Sinn«, sagte ich zu ihm. »Daran glaube ich wirklich. Eines Tages werden Sie sehen, dass Ihnen diese schmutzige Geschichte sogar genutzt hat. Und was das FBI angeht, gibt es da ein arabisches Sprichwort, *Kul Kalb Yijji Yoomo,* was bedeutet: ›Für jeden Hund wird der Tag kommen.‹«

Wir sprachen fast zwei Stunden miteinander. Wir hatten uns so viel zu erzählen.

»Und was ist mit dem Abhören?«, fragte ich ihn.

»Was soll damit sein? Das ist doch der lächerlichste Teil dieser ganzen FBI-Ermittlungen. Sie hören uns zu, aber was können sie dann damit anfangen? Glauben Sie denn, dass denen ein

Richter eine Abhörerlaubnis erteilt hat? Sie hören zwar mit –
stimmt's, ihr Freaks? –, aber es ist nur eine durch nachrichtendienstliche Mittel erhaltene Information. Und Sie wissen ja, was
sie mit denen machen.«

Ich wusste es genau. Sie würden überhaupt nichts damit machen.

»Also erzählen Sie diesen Furzern, was immer Sie wollen«,
schloss John seine Ausführungen. »Alles was die damit tun können, ist, daran zu ersticken.«

Nicht lange danach beschuldigte das FBI John, er habe Informationen auch noch an andere Zivilisten weitergegeben. Ein solcher Vorwurf kam auf, nachdem Gad einen Artikel geschrieben
hatte, in dem es um die Unterstützung von Terrororganisationen durch den Iran ging. Darin erwähnte er ein Dokument, das
bei den Razzien auf Einrichtungen der WISE gefunden worden
war. Es war 1981 in Ägypten entstanden und beschrieb einen
Plan, Geheimdienstzellen in verschiedenen Ländern zu bilden
und sie als Erziehungsorganisationen zu tarnen. Das ähnelte der
Vorgehensweise von WISE. Diese Einheiten sollten für den Iran
Geheimdienstinformationen sammeln. Das FBI beschuldigte
John, dieses Dokument Gad gegeben zu haben. John rief mich
empört an und teilte mir mit, dass sie dies jetzt auch noch seiner Akte hinzugefügt hätten.

»Warum behaupten sie denn diesmal, dass Sie es gewesen
sind?«, fragte ich ihn.

»Weil sie wissen, das Gad und ich im Fall Sami zusammengearbeitet haben, deshalb.«

»Aber dieses Dokument ist doch öffentlich zugänglich. Jeder
kann es kriegen.«

Als Samis Schwager Mazen al-Najjar im Jahr 2000 aus dem
Gefängnis entlassen wurde (nur um sofort wieder verhaftet und
abgeschoben zu werden), veröffentlichte die INS eine ganze
Menge Material über Sami. Dieses Dokument, dessen illegaler
Weitergabe das FBI John bezichtigte, war schon fast zwei Jahre
zuvor von der INS freigegeben worden.

Das FBI hatte offensichtlich keine Ahnung, was alles da draußen in Umlauf war und was nicht. Und was John angeht, bis

zum heutigen Tag konnte ihm kein Fehlverhalten nachgewiesen werden. Er ist absolut sauber, aber er ist draußen.

Das ist die Macht der Regierung. Um jemanden loszuwerden, musst du nicht einmal Beweise haben. Eine simple Behauptung, so grundlos sie auch sein mag, die bloße Vermutung, gegen das Protokoll verstoßen zu haben – und schon gibt es einen Eintrag in die Personalakte, der auf Dauer drin bleiben wird.

Vor jedem amerikanischen Gericht wird der Angeklagte für unschuldig gehalten, bis seine Schuld nachgewiesen ist. Terroristen und ihre Helfershelfer in Amerika kennen ihre Rechte gut und schreien deshalb »Redefreiheit« und »Menschenrechte« in alle Richtungen. John Canfield aber wurde angeklagt, es wurde gegen ihn ermittelt, dabei war sein einziges Verbrechen, ein guter Beamter zu sein.

Aber was meine Beziehung zu ihm angeht, ist alles wieder normal. Er und ich stehen nach wie vor in engem Kontakt.

Anfang 2002 wurde John von der Zollbehörde befördert, nur ein paar Monate, nachdem das Verfahren gegen ihn gelaufen war. Eine wirklich bedeutende Beförderung. Auf seiner neuen Dienststufe kam er jetzt auch für einen Posten in Übersee infrage, für den er sich schon lange interessierte. Er bewarb sich und erhielt den Job.

Er rief mich an, glücklicher als er es je seit der unseligen Israelreise gewesen war. Er teilte mir mit, dass er ins Ausland gehen werde.

Ich wünschte ihm viel Glück. Er hatte diese Beförderung wirklich verdient.

»Aber dies ist nicht der einzige Grund, warum ich angerufen habe«, sagte er dann. »Einige meiner Freunde richten eine Abschiedsparty für mich aus. Sie müssen kommen und auch die Leute aus Ihrem Büro mitbringen.«

»Haben Sie keine Angst, dass das FBI in Ihrer Akte festhalten wird, dass ich an Ihrer Party teilgenommen habe?«, fragte ich ihn.

»Aber sicher, was glauben Sie denn?« Offensichtlich waren ihm diese Schnüffler jetzt total egal.

Danach fragte ich ihn dann noch, ob er die Neuigkeiten über Sami schon gehört habe.

Es war kurz nach dem 11. September. Samis Name tauchte ständig in allen Nachrichten auf. Am 26. September 2001 war er in der politischen Talkshow *The O'Reilly Factor* des Fernsehsenders Fox News aufgetreten. Vielleicht hatte er gedacht, dass er dort nach der Diskriminierung der amerikanischen Muslime und deren Rechte nach dem 11. September gefragt würde. Stattdessen quetschte ihn Bill O'Reilly über seine Verbindungen zum Terrorismus aus, und besonders über seine Beziehungen zu Ramadan Abdallah Shallah, Tariq Hamdi und Mazen al-Najjar. Sami leugnete jedwede Verwicklung in den Terrorismus. Darauf meinte O'Reilly:

»Also gut. Nun, was haben wir dann hier: Sie wünschen den Untergang Israels. Dann lassen Sie einen Kerl rüberkommen [Shallah], der von den rechtschaffenen Bürgern von Florida bezahlt wird und dann zurückgeht und einer der Offiziere oder sogar Generäle des Islamischen Dschihad wird, aber Sie wissen darüber überhaupt nichts. Ein anderer Typ [Tariq Hamdi] arrangiert für ABC ein Interview mit Osama bin Laden, und darüber wissen Sie auch nichts. Also wissen Sie, Doktor, mir scheint, dass da unten an der Universität von Südflorida etwas nicht stimmt. Ist mein – ist mein Eindruck hier falsch?«

Samis Antwort: »Sie vermitteln hier einen völlig falschen Eindruck, denn wie Sie wissen, kann man Tatsachen auf ganz unterschiedliche Weise auswählen und zusammenstellen und sie dann auch ganz unterschiedlich interpretieren. In Wirklichkeit haben wir uns nur mit intellektuellen Aktivitäten befasst. Dazu haben wir Dutzende von Leuten eingeladen. Das waren alles Intellektuelle. Da sind dann auch mal ein oder zwei faule Äpfel dabei, aber wenn Sie sich nur auf die beziehen, kommen Sie zu einer ganz einseitigen Sicht der Dinge. Tatsache ist, dass das FBI schon seit vielen Jahren gegen uns ermittelt …«

O'Reilly: »Das stimmt.«

Sami: »… und dabei kein Vergehen, gleich welcher Art, gefunden wurde.«

O'Reilly: »Nun, darüber weiß ich nichts. Ihr – Ihr Schwager

wird gerade abgeschoben. Ich meine, es scheint so, dass man ihn tatsächlich aus dem Land wirft, das stimmt doch?«

Sami: »Das hat nichts damit zu tun.«

Nach einem ähnlichen Wortwechsel zog O'Reilly ein Fazit: »Also. Nun, Doktor, wissen Sie, bei allem Respekt – ich weiß es zu schätzen, dass Sie in diese Sendung gekommen sind, aber wenn ich die CIA wäre, würde ich Ihnen folgen, wo immer Sie auch hingehen. Ich wäre Ihnen rund um die Uhr auf den Fersen.«

Sami: »Nun, Sie kennen mich nicht. Sie kennen mich eben nicht. Überhaupt nicht.«

Dieses Interview verursachte einen ungeheuren Sturm der Entrüstung. Als Folge davon beurlaubte ihn seine Universität bei vollem Gehalt. Andererseits geriet die Universität in die Schusslinie verschiedener Menschenrechtsgruppen, die der Meinung waren, dass alle Äußerungen Samis unter die akademische Redefreiheit fielen. Sie behaupteten, das FBI könne ja nicht beweisen, dass er ein Terrorist sei; ergo sei er ein Ehrenmann. Da er einen Dauervertrag hatte, musste die Universität sich entscheiden, ihn entweder wieder zurückzuholen oder zu versuchen ihn loszuwerden.

Ein paar Monate später erhob die Universität von Südflorida Klage gegen Sami; dies musste sie tun, wenn sie ihn wegen seiner Terrorverbindungen entlassen wollte. Sie nahm zum FBI Kontakt auf und bat dort um Unterstützung. Das FBI dachte nicht daran.

Eine Anwältin des US-Finanzministeriums suchte mich wegen einer anderen Sache im Büro auf, ein paar Tage, nachdem diese Klage eingereicht worden war. Sie war der Meinung, dass wir alle wegen dieses Gerichtsverfahrens feiern sollten.

»Feiern?« Ich war verblüfft. »Was denn feiern? Dass Sie – dass die Regierung, das FBI – seit zehn Jahren nichts getan haben? Dass sich das FBI weigerte, der Universität zu helfen, als die es darum bat? Dass sich hier die Öffentlichkeit selbst helfen muss, weil die Regierung es versäumt hat, ihre Arbeit korrekt zu erledigen? Das ist kein Grund zum Feiern. Der Umgang mit Samis Fall ist eine Schande!«

Sie war wirklich froh, dass Sami endlich in Schwierigkeiten war, und sie hatte alles erwartet, bloß nicht diese Reaktion.

Ich war noch nicht fertig. »Wenn es das FBI nicht schafft, Sami vor Gericht zu bringen, sollte es wenigstens so viel Anstand haben, die Berge von Informationen freizugeben, die es über ihn besitzt, damit wenigstens andere, wie die Universität, etwas Sinnvolles damit anfangen können.«

Sie wurde richtiggehend verlegen, denn sie wusste, dass ich Recht hatte.

Aber die empörendste Tatsache über Sami al-Arian und wie das FBI die Untersuchung gegen ihn führte, sollte ich erst einige Monate später erfahren.

John Canfields Abschiedsparty fand in einer großen, erstklassigen Restaurant-Bar statt, die in einem kleinen Einkaufszentrum lag. Einige der Leute auf der Party kannte ich schon, aber die meisten hatte ich noch nie gesehen. Ich kannte Barry Carmody und Kirk, die beiden Agenten, die mit John zusammen damals zum ersten Mal in unser Büro gekommen waren. Ich kannte auch, zumindest vom Telefon her, einige der Übersetzer der Task-Force, die auch bei der Untersuchung gegen Sami dabei gewesen waren. John stellte mich einigen Leuten vor und ging dann, um mit anderen Gästen zu plaudern.

Irgendwann hielt Barry eine Rede. Er erzählte von der ersten Zeit, als er und John mit ihrer Arbeit in der Tampa-Task-Force anfingen, dass die Zusammenarbeit mit ihm die beste Zeit seines Lebens gewesen sei und wie sehr er ihn vermissen werde.

Und dann sagte er etwas, was ich ihn und John und viele andere bei zahlreichen Gelegenheiten schon hatte sagen hören, dessen Bedeutung ich aber nie wirklich verstanden hatte.

Erst in ein paar Monaten würde auch ich es verstehen.

Er sagte, dass er in all seinen Jahren beim FBI sich nie habe an die Art gewöhnen können, wie diese Organisation arbeitete. »Beim Ermittlungsverfahren gegen Sami war immer schon jemand vor uns da.«

Einmal waren sie mit einem Gerichtsbeschluss in eine Bank gegangen, der es ihnen gestattete, Samis und Shallahs Konten zu untersuchen. Sie dachten, sie seien da auf einer ganz heißen Fährte.

»Das ist ganz einfach«, teilte ihnen dann der Filialleiter mit. »Da ihr Jungs uns das schon vor ein paar Monaten habt machen lassen, haben wir hier alles fertig in diesem Aktenordner.«

Barry beschrieb, was für eine unangenehme Überraschung dies für sie gewesen war. Das Gleiche passierte, als sie zur Telefongesellschaft gingen, und fast überall, wohin auch immer sie bei ihren Untersuchungen kamen. Was immer sie machten, was immer sie herausfanden – andere Agenten der Regierung waren schon vor ihnen da gewesen.

Mitte des Jahres 2002 wurde ich gebeten, mit einer Task-Force in Kalifornien bei den Ermittlungen gegen einen Mann zusammenzuarbeiten, den sie schon seit Jahren beobachteten. Sie hatten Schwierigkeiten, den Fall dieses Mannes zum Abschluss zu bringen, der Verbindungen zur Hamas und anderen Terrororganisationen hatte. Ich fuhr nach Kalifornien, um mich mit dieser Task-Force zu treffen. Nach zwei Tagen intensiven Briefings offenbarten mir die Agenten beim Essen etwas, das endlich das Bild komplettierte, das ich bis dahin schon ansatzweise von der Vorgehensweise des FBI gewonnen hatte. Barrys Rede bei Johns Party bekam dadurch für mich eine ganz neue Bedeutung.

»Wir wünschten nur, dass wir Ihnen alles mitteilen könnten, was wir über diesen Burschen haben«, sagte einer der Agenten zu mir. »Wir haben genug Belastungsmaterial, um diesen Mann für die nächsten 20 Jahre aus dem Verkehr zu ziehen. Es ist eine Schande, dass wir Ihnen diese Sachen nicht zeigen können.«

»Aber warum machen Sie dann keinen Gebrauch davon?«, fragte ich. »Wozu brauchen Sie dann noch meine Hilfe? Warum brauchen Sie dann noch so dringend mein Material über ihn, anstatt ihn gleich vor Gericht zu bringen?« Ich ahnte schon, wie ihre Antwort lauten würde.

»Weil es mit nachrichtendienstlichen Mitteln gewonnene Informationen sind. Das macht sie für uns unbrauchbar.«

»Macht Ihnen das gar nichts aus, auf solch wertvollen Erkenntnissen zu sitzen und statt sie verwenden zu können, mich bitten zu müssen, auf Kosten der Steuerzahler hierher zu fliegen und Ihnen zu helfen, etwas zu bekommen, was Sie sowieso schon besitzen?«

»Sehen Sie, das liegt nicht an uns, sondern am FBI und den Gesetzen. Die haben eine bestimmte Einheit, die nach den Bestimmungen des FISA funktioniert. Jeder nennt sie die ›Dunkle Seite‹.« FISA, der Foreign Intelligence Surveillance Act, ist das Gesetz, das die speziellen Gegenspionage- und Terrorismusbekämpfungsmaßnahmen gegen Ausländer auf amerikanischem Boden regelt. Später habe ich dann erfahren, dass der Begriff »Dunkle Seite« von Barry Carmody geprägt wurde. »Sie finden wertvolle Sachen heraus, aber sie geben sie nicht weiter. Alle ihre Akten werden irgendwo an einem sicheren Ort aufbewahrt, aber sie dürfen sie nicht benutzen.«

»Aber warum hängen sie sich dann überhaupt so rein, all diese Erkenntnisse zu sammeln?« Das Ganze machte mich verrückt. »Sie hören ab, verfolgen, sammeln, sammeln, sammeln – und das *war's* dann?«

Das war tatsächlich genau, was die »Dunkle Seite« tat. Sie stellten Ermittlungen an, sammelten Informationen, und dann … nichts. Aufgabe dieser Einheit war es, an die Informationen zu gelangen. Und nicht, irgendetwas damit anzufangen. Nur das Sammeln war nach den Bestimmungen des FISA erlaubt. Aber die »Dunkle Seite« teilte auch ihre Entdeckungen mit niemand anderem, nicht einmal mit anderen Abteilungen des FBI.

So also funktionierte das FBI. Zwei FBI-Leute konnten also in nebeneinander liegenden Büros sitzen, vielleicht sogar im selben Büro, nur durch einen Raumteiler getrennt, und konnten am selben Ermittlungsverfahren mitwirken. Wenn einer von ihnen bei der »Dunklen Seite« war, verfügte er über alle Geheimdiensterkenntnisse, er wusste, dass auch der andere Agent an dem Fall arbeitete, er wusste, dass sie den gleichen Feind bekämpften, und dennoch würde er seinem Kollegen nie etwas erzählen und ihm nicht einmal mitteilen, was sich so alles in seinen Unterlagen befand. Wirklich eine Riesenschande!

Ungefähr zur gleichen Zeit erfuhr ich noch etwas weit Beunruhigenderes. Es war die schlimmste Entdeckung, die ich je über

das Untersuchungsverfahren gegen Sami al-Arian machen musste. Es scheint nämlich, dass die Ermittlungen gegen Sami und
seine Kameraden vom PIJ nicht erst 1995 begannen, nachdem
Shallah Generalsekretär des Palestinian Islamic Jihad geworden
war.

Die »Dunkle Seite« überwachte Sami schon Jahre bevor die
formellen Ermittlungen begannen, Jahre bevor die Task-Force
in Tampa gegründet wurde, Jahre bevor Shallah nach Syrien
ging. Sie hatte Sami seit den frühen Neunzigerjahren im Blick,
seit der Zeit, als Shallah nach Tampa zog. Britische und israelische Geheimdienste hatten dem FBI einen Wink gegeben und
ihm geraten, Shallah und Sami genau im Auge zu behalten.
Genau dies tat die »Dunkle Seite« auch. Schon vor mehr als zehn
Jahren zapften sie Shallahs und Samis Telefone an und stellten
sie unter Überwachung. Das also hatte Barry gemeint, als er in
seiner Rede anmerkte, das ihnen immer schon jemand zuvorge-
kommen sei. Ohne Zweifel jemand von der »Dunklen Seite«.

Die »Dunkle Seite« hörte die Gespräche zwischen Sami, Shallah und den Jungs in Syrien – Fat'hi Shikaki und andere – ab
und zeichnete sie auf. Diese Männer sprachen über Terroranschläge auf eine Weise wie unsereins über die Frage, ob wir zum
Cheeseburger auch noch Pommes Frites bestellen sollen. In
einer ihrer Unterredungen besprachen die Männer in Florida
mit dem PIJ-Hauptquartier in Damaskus einen bestimmten Ter-
roranschlag. Hamas hatte für ihn öffentlich die Verantwortung
übernommen. Die PIJ-Leute waren deswegen alle wütend. »Es
ist unsere Operation«, meinten sie. »Wie können die es wagen,
dafür den ganzen Ruhm in Anspruch zu nehmen?«

Shallah telefonierte ständig mit Syrien, und seine Telefonrech-
nungen für Gespräche allein mit diesem Land beliefen sich
monatlich auf bis zu 800 Dollar. Seine monatlichen Gesamtrech-
nungen betrugen öfter mehr als 2000 Dollar. Dies war ungefähr
so viel, wie er offiziell bei WISE verdiente.

Und was unternahm das FBI deswegen?

Eigentlich so gut wie nichts.

Es nahm zwar alle Gespräche auf und verfügte über schla-
gende Beweise gegen Shallah und Sami schon Jahre, bevor

Shallah der Chef des PIJ wurde. Aber da es mit nachrichtendienstlichen Methoden gewonnene Informationen waren, konnte sie das FBI nicht verwenden; und da gab es auch nichts, was
es hätte tun können, um diese Situation zu ändern. Diese Informationen ruhen wahrscheinlich immer noch in den Akten-
schränken der Büros der nach FISA-Richtlinien operierenden
Einheiten.

Aber ich kann Ihnen jetzt schon sagen, *was* das FBI tun wird,
wenn dieses Buch erscheint. Sie werden wieder anfangen, gegen
John Canfield zu ermitteln. Sie werden ihm vorwerfen, er habe
mir diese Informationen über FISA gegeben. Armer John. Er
hat nichts damit zu tun und mit mir auch nie darüber gesprochen. Aber das FBI wird sich ihm trotzdem an die Fersen hef-
ten und ihm Schwierigkeiten machen. Das ist es, was das FBI
am besten kann. Und John wird nicht der Einzige sein, über den
das FBI eine Untersuchung starten wird, nach dem, was ich alles
in diesem Buch geschrieben habe. Mein Buch wird der Anlass
für viele diesbezügliche Ermittlungen sein. Denn ich weiß, dass
es das FBI nicht akzeptiert, dass es eine ganze Menge öffentlich
zugängliches Wissen gibt. Außerdem ist es auch viel leichter,
gegen einen Regierungsbeamten zu ermitteln als gegen einen
Terroristen. Ich frage mich manchmal, wie dick wohl *meine*
Akte beim FBI ist. Sicherlich viel dicker als die von Khalil al-
Deek oder Ishaq al-Farhan oder Wa'el Julaidan. Da bin ich mir
ziemlich sicher.

Auch über al-Deeks Ausbildungslager in Kalifornien musste
das FBI Bescheid gewusst haben – oder vielleicht war es auch
seine »Dunkle Seite« –, aber das Einzige, was sie mit diesen
Informationen anfingen, war, sie sauber in ihrem Archiv abzulegen. Das Gleiche passierte mit der Holy Land Foundation,
HLF. Das FBI beobachtete die HLF seit den frühen Neunzigerjahren, aber erst nach dem 11. September wurde diese Stiftung zu einer terroristischen Vereinigung erklärt. Einen ähnlichen Verlauf nahmen die Ermittlungen gegen Abdalhalim al-
Ashqar (den Hungerstreiker, erinnern Sie sich?), den man jahrelang rund um die Uhr beschattete, und seine Hilfsorganisation,
den Al-Aqsa Educational Fund. Diese Untersuchungen führten

nie zu etwas. Und jetzt konzentrierte die »Dunkle Seite« ihre geballte Energie und ihre gesamten Mittel auf John und mich, verschleuderte dabei das Geld der Steuerzahler, damit die gesamte Information schließlich in einem obskuren Aktenordner in irgendeiner abgelegenen Schublade landete. »Skandal« wäre für all das wohl ein viel zu mildes Wort.

Angeblich sollen die Ende 2002 vorgelegten neuen Gesetze endlich den Weg zu einer Nutzung der durch geheimdienstliche Mittel erlangten Informationen ebnen. Vielleicht wird dann einiges des nach FISA-Richtlinien gesammelten Materials doch noch einem guten Zweck dienen können. Vielleicht sogar im Fall Sami.

Und Sami … nun, er wäre wahrscheinlich sehr stolz, wenn er wüsste, wie viel Zeit, Geld und Ressourcen die US-Regierung über die Jahre wegen ihm verschwendet hat; im November 2002 reiste eine zweite FBI-Delegation nach Israel, um Informationen über den PIJ zu bekommen. Es geht das Gerücht um, dass sie nach ihrer Rückkehr jetzt an der Anklage gegen Sami und seine Frau arbeiten.

Selbst wenn Sami endlich angeklagt wird, ist es ein Jahrzehnt zu spät, und man wird wahrscheinlich Jerry in Tampa das Verdienst für diese Anklage zusprechen, obwohl er das nun wirklich nicht verdient hat. [Tatsächlich wurde Sami am 20. Februar 2003 in Tampa verhaftet. A.d.Ü.]

Je mehr Erfahrungen ich sammelte, desto mehr wurde mir die Unfähigkeit der Regierung deutlich, sich in dem Irrgarten des islamischen Terrorismus zurechtzufinden und einen klaren Kurs zu halten. Dieses Unvermögen, diese spezielle Art des Terrors zu bekämpfen, ist ein Ergebnis verschiedener Faktoren. Zuerst einmal ist es eine Frage der Einsatzplanung und des Verhaltens der Einsatzkräfte. Viele Ermittlungen und Gerichtsverfahren machen wegen der Unfähigkeit und des Leichtsinns von Regierungsbeamten kaum oder gar keine Fortschritte. Ich habe schon zahlreiche Beispiele dafür erwähnt, und in diesem und den folgenden Kapiteln werden noch einige dazukommen. Diese Agenten haben oft nur geringe Kenntnisse des Arabischen und über den Islam. Sie bearbeiten diese Fälle mit Konzepten und Strategien, die sie aus ihren kriminalpolizeilichen Ermittlungen übernommen haben, und gehen in dieser Angelegenheit genauso vor, wie sie es bei einem Mordfall oder der Verfolgung von Drogenhändlern tun würden.

Aber wenn man sich im Antiterrorkampf nur auf Geheimdienstinformationen und Tatsachen verlässt, die mit dem Verbrechen selbst zu tun haben, wird man kaum an der Oberfläche des Problems kratzen. Es wird keinesfalls dazu ausreichen, das komplette Ausmaß der Tat zu verstehen, eine robuste Anklagestrategie vor Gericht zu schaffen, die zu einer Verurteilung führen wird, oder gar das Wichtigste zu erreichen, nämlich den nächsten Anschlag zu verhindern. Dafür braucht es ein tiefes Verstehen und eine genaue Kenntnis der Gründe, der Quellen, der Mittel, der zeitlichen und geografischen Vorbereitung und Entwicklung und der Ideen, die hinter diesen Verbrechen stecken.

Hier komme ich ins Spiel und kann meine Hilfe anbieten. Die Regierungsbehörden versagten bei der Bekämpfung von al-Qaida nicht nur deshalb in jeder Beziehung, weil die einzelnen Dienststellen nicht miteinander kooperierten und es versäumten, die reichlich vorhandenen Warnungen zu beachten, sondern hauptsächlich, weil sie al-Qaida (und ihren Vorgänger Maktab al-Khidamat) nicht gründlich genug erforschten. Nachforschungen jedoch, bei denen die Regierung den Rat von Experten wie mir suchte, um ein in die Tiefe gehendes Verständnis für diese terroristische Bedrohung zu gewinnen, konnten häufig erfolgreich abgeschlossen werden.

Schließlich gibt es auch ein ungesundes Konkurrenzdenken unter den einzelnen Behörden. Anstatt im Sinne des gemeinsamen Ziels zusammenzuarbeiten, Terroristen zu jagen und aus dem Verkehr zu ziehen, sind einige Dienste direkt besessen von der Sucht nach Prestige und Anerkennung. Die Haupttriebkraft scheint für sie die Frage zu sein, wer am Schluss den Orden kriegt. Der 11. September ist der letzte verheerende Beweis ihres Versagens. Richard Shelby, der wichtigste Republikaner im Geheimdienstausschuss des Senats, drückte es sehr treffend aus:

»Wenn man die vielen Informationen von FBI, CIA, der National Security Agency NSA und der Einwanderungsbehörde an einer zentralen Stelle zusammengefasst hätte, wären vielleicht die Anschläge vom 11. September zu verhindern gewesen.«

Nach all den Geschichten, die ich erlebt habe – von der kalifornischen Bundesanwaltsassessorin, die mich um Informationen bat, die ihr das Justizministerium nicht geben wollte, über Loraine, der Fachanwältin von der Einwanderungsbehörde INS, die bei ihren Ermittlungen gegen Sami fast keine Unterstützung vom FBI bekam, bis zu anderen Geschichten, von denen ich später noch erzählen werde –, fällt es mir sehr schwer zu glauben, dass es die Reformen und Kooperationen und den totalen Umbau der wichtigeren Strafverfolgungsbehörden, die man uns jetzt verspricht, tatsächlich geben wird.

Von allen Regierungsbehörden, mit denen ich es zu tun habe, ist das FBI am bekanntesten dafür, Informationen zurückzuhalten. Die Agenten der Task-Force in Kalifornien, die mir von der »Dunklen Seite« erzählt hatten, berichteten mir auch von den Kämpfen, die sie mit ihren Kollegen vom FBI hatten ausfechten müssen. Wie bei vielen anderen Sondereinheiten gehörte zu ihrem Team auch ein FBI-Agent. Bei jeder Besprechung pflegten die Zollbeamten Dokumente auszupacken, die sie im Laufe ihrer Nachforschungen vorbereitet hatten, und sie an alle Team-Mitglieder zu verteilen. Das Gleiche machten die INS, die Steuerbehörde IRS und die Vertreter anderer Regierungsorganisationen. Wenn aber der FBI-Agent nach seinen Erkenntnissen gefragt wurde, pflegte der sein Notizbuch herauszuziehen, es sorgfältig 15 Zentimeter vor die eigene Nase zu halten, dass nur ja keiner einen Blick hineinwerfen konnte, kurz hinter sich zu schauen und sich dann über den einen oder anderen angesprochenen Punkt nur zu äußern:

»Ja, davon wissen wir, und wir verfügen wohl auch über wertvolle Informationen über diese Angelegenheit.«

»Also, was denn?«, fragten dann die anderen. »Was wissen Sie nun darüber?«

»Kann ich nicht sagen. Ist alles vertraulich und geheim.«

Diese Agenten erzählten mir dann noch, dass sie das alles

schließlich so leid waren, dass sie ihm ihrerseits Informationen vorzuenthalten begannen. Sie hörten dann sogar auf, ihm die Termine der Treffen mitzuteilen, oder legten sie so, dass er nicht an ihnen teilnehmen konnte. Und all das war lange nach dem 11. September!

Nach all dem muss ich doch noch hinzufügen, dass ich schon mit zahlreichen Beamten der Regierung zusammengearbeitet habe, die ihren Job gut erledigen wollten. Sie kamen von der INS, dem Zoll, dem Finanzministerium, dem Nationalen Sicherheitsrat und einige sogar vom FBI. Eine hohe Anzahl der Agenten, mit denen ich zusammengearbeitet habe, hatte sicherlich ihr Herz auf dem rechten Fleck. Wann immer man mich um meine Hilfe bat, tat ich mein Bestes, um ihnen alles mitzuteilen, was ich wusste. Ich sah es als meine Verpflichtung an, denen, die daran interessiert waren, den Weg zu zeigen.

Das musste natürlich alles im Hintergrund ablaufen. Ich musste in der Deckung bleiben und durfte auch keine Anerkennung für das erwarten, was ich tat. Aber so ist das eben in meinem Job.

Die Kundgebung sollte vormittags um elf Uhr anfangen, und jetzt war es schon zwölf, aber ich hatte keine Angst, dass ich sie versäumt haben könnte. Inzwischen hatte ich genug Erfahrung, um zu wissen, dass es immer noch zu früh war, wenn man eine Stunde zu spät kam; diese Veranstaltungen fingen selten pünktlich an. Ganz gemächlich und selbstsicher war ich an diesem Morgen aufgestanden, hatte mich angezogen und den ersten Acela-Hochgeschwindigkeitszug des Tages von der Penn Station genommen. Ich wusste, dass ich erst kurz vor Mittag am Weißen Haus sein musste.

Es war ein wunderschöner, sonniger Freitag, wenn auch etwas zu kalt für mich. Der Lafayette-Park, wo die Kundgebung stattfinden sollte, war noch ziemlich leer.

Dies war weder meine erste Kundgebung in diesem Park, noch wird es meine letzte sein. Ich habe dieses große Symbol demokratischer Freiheit stets bewundert: Praktisch jeder kann sich dort nur einen Steinwurf entfernt vom Weißen Haus hinstellen und jede Ansicht und jeden Protest äußern. Das wäre undenkbar in solchen Ländern wie Russland, China oder Saudi-Arabien. Jeder, der es dort wagte, eine Protestversammlung gegen die Regierung an einem solchen Ort zu veranstalten, würde innerhalb von Minuten aus dem Verkehr gezogen.

Ich wusste, dass Sami al-Arian heute hier sein würde. Ich wusste, dass er gegen den Secret Evidence Act wettern würde, das kürzlich verabschiedete Gesetz, das es der INS erlaubt, des Terrorismus verdächtigte Ausländer sogar über lange Zeit festzuhalten, ohne die Beweise gegen sie enthüllen zu müssen. Sami würde vor allem die Tatsache anprangern, dass man mithilfe dieses Gesetzes seinen Schwager Mazen al-Najjar verhaftet hatte, der dann knapp ein Jahr nach dem 11. September aus den Vereinigten Staaten abgeschoben werden wird. Aber zum Zeitpunkt dieser Kundgebung, lange vor dem 11. September, war sein weiteres Schicksal noch ungewiss. Sami, der gesetzestreue Professor, der mit Mazens Schwester verheiratet ist, wurde vorgeladen, in dessen Prozess auszusagen. Im Zeugenstand berief sich Sami bei 99 der ihm gestellten 102 Fragen auf den fünften Verfassungszusatz. Warum versteckte sich dieser ehrenwerte Professor bei der überwältigenden Mehrheit seiner Antworten hinter seinem Recht, sich nicht durch eine Aussage selbst belasten zu müssen, wenn er doch angeblich nichts zu befürchten hatte? Ich war schon sehr gespannt darauf zu hören, was Sami öffentlich über die Angelegenheit seines Schwagers zu sagen haben würde.

Ich machte einen Spaziergang durch den Park, und als ich etwa gegen 12.30 Uhr zurückkehrte, war immer noch nichts von einer Kundgebung zu sehen. Vielleicht gab es eine Absage, die ich irgendwie nicht mitbekommen hatte. Oder vielleicht hatten sie diesmal rechtzeitig angefangen und waren bei meiner Ankunft schon fertig gewesen. Dann kam ein seltsam aussehender Mensch auf mich zu, der eine Riesenfernsehkamera trug und auf Arabisch fragte, ob ich etwas von einer Kundgebung wisse.

»Ja«, antwortete ich auf Arabisch, »soweit ich weiß, ist für heute eine geplant. Aber ich bin zu spät gekommen, sie haben sie vielleicht schon abgehalten.«

»Da hätten sie schon vor 11.30 Uhr anfangen müssen, denn seitdem bin ich hier«, sagte er.

Etwas zögernd fragte er dann: »Würde es Ihnen etwas ausmachen, wenn ich Ihnen in der Zwischenzeit ein paar Fragen stelle?«

Er zog einen Ausweis heraus. Er war ein Ägypter, ein Reporter des ägyptischen Staatsfernsehens.

»Ich habe den Auftrag, einen Bericht über Muslime in Amerika der Jahrtausendwende zu machen«, sagte er. »Ich werde die Sendung ›Muslime an der Schwelle zum neuen Jahrtausend‹ nennen. Hätten Sie einen Moment Zeit, mir ein paar Fragen zu beantworten?«

»Warum nicht«, sagte ich.

Er fragte, wie ich mir unter einem islamischen Gesichtspunkt das neue Jahrtausend in den Vereinigten Staaten vorstellte. Dann fragte er, was der islamischen Gemeinschaft in Amerika in den nächsten Jahren bevorstehe. Er wollte wissen, was ich über das jüdische Problem dächte und wie ich die Situation der Juden in Amerika und dem Rest der Welt beurteilte. Zum Schluss fragte er noch, ob ich mir vorstellen könne, dass es in Amerika im nächsten Jahrzehnt einen Moslem als Präsidenten geben könne.

Es amüsierte mich innerlich, aber mit unbewegtem Gesicht sagte ich ihm, dass ich die Situation von uns Muslimen hier in Amerika für ganz schlecht hielte und sie wohl sogar noch schlechter werden würde. Das einzige Mittel dagegen sei, uns zu vereinen. Ich führte die armen Leute im Irak als Beispiel an, die wegen der alliierten Sanktionen unter Hunger und fehlenden Medikamenten zu leiden hätten. »Wer«, fragte ich ihn, »in Ägypten oder in Saudi-Arabien hat sich je um diese Leute gekümmert?« Ich erwähnte noch weitere Beispiele wie Palästina und den Kosovo. Als er mich nach einem islamischen Präsidenten fragte, antwortete ich ihm, dass die Muslime hier in Amerika mehr an ihrem persönlichen Wohlbefinden und ihrer finanziellen Situation interessiert seien als an den wirklich drängenden Problemen wie dem Kampf für die weltweite Einheit der Muslime. »Wenn unsere Brüder hier das gute Leben nicht mehr genießen können, das ihnen Amerika bietet, dann können wir uns vielleicht über einen muslimischen Präsidenten Gedanken machen«, fügte ich dann noch hinzu.

Je mehr Antworten ich für diesen Menschen erfand, desto lustiger wurde die Situation. Ich musste so sehr gegen das Lachen ankämpfen, dass mir die Tränen in die Augen traten. Da sagte ich dem Reporter, dass ich jetzt aufhören müsse. Als ich ging, war er immer noch sprachlos. Ich ging in eine Ecke des Parks und setzte mich auf eine Bank. Ich rief das Büro an und erzählte ihnen, dass ich gerade die komischste Sache der Welt erlebt hätte. Als sie meine kleine Geschichte hörten, fragten sie mich, ob mein Gesicht während des Interviews verhüllt gewesen sei. Erst da fiel mir siedend heiß ein, dass dies nicht der Fall gewesen war und dass man nun meine edlen Züge in ganz Ägypten und vielleicht sogar noch darüber hinaus sehen würde.

Also, das war nun überhaupt nicht mehr lustig.

Ich rannte zurück zu dem Mann. Ich erfand ein paar blöde Ausreden und erzählte ihm, dass mein Mann ein Regierungsangestellter sei, und auch wenn ich hinter jedem Wort, das ich gesagt habe, tatsächlich stünde, ich mein Gesicht nicht im Fernsehen zeigen könne, ohne den Job meines Mannes zu gefährden.

»Könnten Sie mir dann vielleicht die gleichen Antworten mit verhülltem Gesicht geben? Ich *muss* dieses Interview mit Ihnen einfach haben«, sagte er. »Sie sind unglaublich.«

Er hatte nicht einmal eine Crew dabei; er war Reporter, Regisseur, Kameramann und Tontechniker in einer Person. Nachdem ich mich vergewissert hatte, dass er die vorherige Aufnahme beim Rückspulen des Bandes gelöscht hatte, verhüllte ich mein Gesicht, und wir fingen noch einmal ganz von vorne an. Jetzt, da aus meinem Schleier nur noch meine Augen hervorguckten, konnte ich mich gar nicht mehr beherrschen. Meine Versuche, das Kichern zu unterdrücken, klangen wie ein unterdrücktes Muhen. Die Anstrengung, dieses Interview ohne einen Lachanfall zu Ende zu bringen, ließ mir nun endgültig die Tränen über die Wangen laufen, wobei der Reporter glaubte, dass ich mir, von meinen Emotionen überwältigt, die Augen ausweinte. Wieder bat ich ihn aufzuhören. Als er seine Ausrüstung zusammenpackte, sagte er zu mir, ich sei eine der ernsthaftesten und tapfersten Frauen, die er je getroffen habe. Dann meinte er, dass, wenn er daheim in Ägypten nur eine der Sachen zeigen dürfe, die er hier in Amerika aufgenommen habe, er in diesem Falle mein Interview auswählen würde.

Mata Hari war nichts gegen mich.

Eine kleine Weile nach meinem Interview fand die Kundgebung dann doch noch statt. Die Leute hatten sich wegen der Freitagspredigt verspätet. Wie angekündigt redete Sami, dann sprach der Anwalt seines Schwagers, dann redeten noch ein paar andere. Es war wirklich ermüdend. Und dann kam ein hoher Beamter des Weißen Hauses vorbei, mit dem ich schon zusammengearbeitet hatte. Ich sah, wie er die Protestierer musterte, und da ich ihn gut kannte, wusste ich, was er über sie – über uns – dachte, wie wir da so standen und behaupteten, dass Mazen al-Najjar ein Held sei.

Er war zutiefst angewidert.

Amüsiert nahm ich ihn mit meiner Videokamera auf, wie er Blicke voller Verachtung auf uns warf, und fragte mich, wie er wohl reagieren würde, wenn er mich in meiner gegenwärtigen Aufmachung erkennen würde.

Als dann die Kundgebung zu Ende war, merkte ich, dass ich das Sabbat-Essen verpassen würde, wenn ich den Zug nähme. Also rief ich ein Taxi, das mich zum Flughafen bringen sollte. Der Fahrer, ein Araber, sah meine Kleidung und fragte mich, wo ich gewesen sei. Ich erzählte ihm von der Kundgebung und erklärte ihm, um was es bei dem Secret Evidence Act gehe. Als wir am Flughafen ankamen, fragte ich ihn nach dem Fahrpreis. Er drehte sich um und sagte mit bewegter Stimme: »Ich würde nie daran denken, von Ihnen auch nur einen Penny zu nehmen, Schwester. Was ihr Leute tut, ist gesegnet, und ihr seid die wahren Helden des Islam. Ich bitte Sie, meinen Fahrpreis zu nehmen und ihn dorthin zu geben, wo er wirklich gebraucht wird – geben Sie ihn der *Sache*.«

Wie üblich schloss ich im Flugzeug in dem Moment die Augen, als ich mich anschnallte. Es war eine winzige Maschine. Der

Pilot, neun andere Passagiere und ich. Keine Gangsitze, nur eine Sitzreihe und viel zu viele Fenster. Dieses kleine Flugzeug sah eher wie ein Taxi aus, dachte ich. Nachdem wir den Start überlebt hatten, den Teil des Fliegens, den ich am meisten hasse, musste ich an die Unterhaltung mit dem Taxifahrer denken. Was hätte der Typ gesagt oder getan, wenn er gewusst hätte, wer ich bin? Und wenn ich darüber nachdenke, wer bin ich denn eigentlich? *Was* bin ich?

Meine Familie und ich leben in einem netten Viertel, unsere Kinder gehen in eine gute Schule und haben Freunde. Leo kennt nette Arbeitskollegen, auch er und ich haben Freunde. Kurz, wir kennen eine Menge Leute. Da bekommt man doch auch einmal unweigerlich die Frage gestellt: Womit verdienen Sie eigentlich Ihr Geld? Ja wirklich, *womit* denn? Was kann ich der Mutter eines Klassenkameraden meiner Kinder auf eine solche Frage antworten? Was schreibe ich auf den Antrag für eine Hypothek oder auf das Formular, das ich für die Schule meiner Jungs ausfüllen muss? Sicher, ich könnte »Terroristenjäger« schreiben, oder vielleicht sogar »Spion«. Selbst wenn es ungefährlich wäre, so etwas zu tun – können Sie sich vorstellen, wie verrückt das aussähe? Unsere Nachbarn kennen mich, sie mögen mich, aber sie wissen nicht, wer oder was ich bin. Selbst bei Verwandten und engen Freunden weiß ich nicht, ob ich ihnen mein Geheimnis anvertrauen kann. Und wenn ich ihnen erzählen würde, wie ich mein Geld verdiene, könnte ich es keinem von ihnen übel nehmen, wenn sie dieses Geheimnis nicht bewahren würden. Denn wenn ich es ihnen erzählte, würde ich ja selbst mein Geheimnis lüften. Wie könnte ich dann von ihnen verlangen, es nicht zu tun?

In den ersten Monaten meiner Arbeit war es am schwierigsten, Ausreden und Erklärungen zu finden, weil damals *ich* mir *selbst* nicht sicher war, was ich da eigentlich tat. Mit der Zeit stellte ich mich auf meine Situation besser ein, meine Ziele wurden mir klarer, und meine Erfindungen – oder richtiger: Lügen – wurden professioneller. Ich lernte, wem ich vertrauen und was ich wem erzählen konnte. Ich hatte eine Tarngeschichte für meine verdeckten Ermittlungen und eine zweite für den Alltagsgebrauch. Und nichts davon ist vorbei, nicht einmal jetzt, da Sie dieses Buch lesen. Was ich tue, berührt die nationale Sicherheit. Wenn ich etwas in den Nachrichten sehe oder höre, das auf eine Aktion von mir zurückgeht – ein Untersuchungsverfahren, eine Razzia, eine Ausweisung, eine Verhaftung –, wie kann ich dann sagen: *»Das habe ich gemacht!«*?

Ich kann es nicht und ich glaube auch nicht, dass ich es je können werde.

Die zweite Intifada in Israel brach nicht spontan aus. In den Monaten davor, ab Mitte des Jahres 2000 und stärker werdend im September und Oktober, gab es eine enorme Anzahl von Kundgebungen und Demonstrationen: für die palästinensische Sache, für Jerusalem (ein palästinensisches Jerusalem natürlich), gegen Israel und gegen Amerika. Solche Kundgebungen fanden in der ganzen Welt statt. Amerikanische Fahnen wurden bei Protestversammlungen in Russland, Deutschland, Großbritannien, Frankreich, Malaysia, Südafrika und selbstverständlich in fast jedem arabischen Land verbrannt. In den Vereinigten Staaten organisierten alle größeren islamischen Vereinigungen solche Kundgebungen oder nahmen zumindest daran teil. Ich eilte praktisch von einer zur anderen. Ich wollte bei so vielen dabei sein wie möglich, und obwohl erst wenige Monate seit Shirleys Geburt vergangen waren und ich sie immer noch stillte, versuchte ich an möglichst allen dieser Ereignisse teilzunehmen, was bedeutete, dass ich fast ständig auf Achse war. Einige dieser Versammlungen, die ich als islamische Frau verkleidet besuchte, waren äußerst emotional und nur schwer zu ertragen. Am bedrückendsten für mich war die Erkenntnis, dass, obwohl der Anlass der Empörung der israelisch-palästinensische Konflikt war, der Hass auf die Vereinigten Staaten überall deutlich zu spüren war und den USA auch wiederholt vorgeworfen wurde, sie seien der Grund für alle Probleme im Nahen Osten.

Am 16. September 2000 nahm ich an einer Kundgebung für »das palästinensische Recht auf Rückkehr« vor dem Weißen Haus teil. An diesem Tag fanden gleichzeitig entsprechende Protestversammlungen in Großbritannien und Israel statt, die ebenfalls höchst emotional verliefen. Auf dem ganztägigen Treffen in Washington wurde Israel von zahlreichen Rednern des Völkermords, des Rassismus und der Brutalität angeklagt. Einer der Versammlungsleiter schlug vor, zu Ehren der »Märtyrer« eine Schweigeminute einzulegen. Die Menge um mich herum schrie: »A'yash, A'yash!« Yihya A'yash, mit dem Spitznamen »der Ingenieur« wegen seines Organisationstalents, war ein Terrorist, der für Dutzende von Morden verantwortlich war. Er war, wie sie es ausdrückten, »als Märtyrer gestorben«, als eine in seinem Handy versteckte Sprengladung explodierte. Dann kamen ältere Leute auf die Bühne und erzählten Geschichten, wie sie mitten in der Nacht aus ihren Häusern geworfen und ins Exil geschickt wurden. Einige der Geschichten waren wirklich grauenhaft, und zum ersten Mal verlor ich etwas die Fassung. Ich weinte viel, und diesmal war es absolut echt, und ich weinte noch mehr auf meinem Heimweg. An einem bestimmten Punkt war ich so aufgeregt und erschüttert, meine Hände zitterten, meine Augen waren blind vor Tränen, dass ich meine Videokamera nicht mehr bedienen konnte. Aber ich brauchte das Material, und so bat ich einen der Protestierer, der neben mir stand, für mich eine Zeit lang die Aufnahmen zu machen. Überglücklich, einer Schwester in Not helfen zu können, stieg der Amateur-Videofilmer sogar auf die Bühne und nahm die Redner sowie die ekstatische Zuhörerschaft auf, unter der auch ich mich befand.

Ich dachte, wenn ich bei meinem Hintergrund schon so mitfühlend reagierte, obwohl ich es doch sicher besser wusste – was für einen Effekt mussten dann die Worte der Redner erst auf die jungen und heißblütigen Muslime haben? Ob die Geschichten, die man uns hier erzählte, nun stimmten oder nicht, sie hatten jedenfalls eine ungeheure Wirkung.

Was mich dann doch wieder auf den richtigen Weg brachte und mich daran erinnerte, wer ich war – und wer sie in Wirklichkeit waren –, waren die Reden der Führer der amerikanischen islamischen Gemeinschaft.

Nihad Awad, der Geschäftsführer des Rates für amerikanisch-islamische Beziehungen (Council on American-Islamic Relations, CAIR), war einer der Organisatoren und auch einer der Redner. CAIR bezeichnet sich selbst als eine gemäßigte Vereinigung, deren Hauptaugenmerk auf den Menschenrechten liegt und die die Gerechtigkeit befördern möchte. Viele Zeitungsartikel über Fragen des Terrorismus haben heftige Angriffe seitens einiger CAIR-Vertreter auf sich gezogen. Auf der Kundgebung sagte Awad: »Sie [die Juden] pflegen zu sagen: ›Nächstes Jahr in Jerusalem.‹ Wir sagen jetzt: ›Nächstes Jahr in *ganz* Palästina.‹« Mit anderen Worten: Ziel war die Vernichtung des Staates Israel.

Auf einer anderen Kundgebung rief Nihad Awad zum Hass nicht nur auf Israel, sondern auch auf die Vereinigten Staaten auf. Awad beschuldigte Israel, Instrument der amerikanischen Verfolgung der Palästinenser zu sein, und erklärte, dass »mehr als 50 Milliarden Dollar an Soldaten geflossen sind, die im Namen Israels handelten, die aber in Wirklichkeit von den Vereinigten Staaten befehligt werden … Man benutzt mein Geld und das Geld des Volkes, um den Terrorismus zu finanzieren: Wer sind denn da die wirklichen Terroristen? Sind es denn nicht die Israelis? Die Israelis haben Kinder verstümmelt, haben unschuldige Menschen getötet, haben Städte bombardiert, und dies ohne jeden Einspruch der Vereinigten Staaten … All diese Dinge passieren, passieren im Namen der Vereinigten Staaten.«

Die gleichen Vereinigten Staaten, in denen Awad lebt und gedeiht.

Andere Anführer der islamischen Gemeinschaft hatten zu dieser Zeit ebenfalls recht interessante Dinge über Amerika zu sagen.

Muzzamile Saddiqi, Präsident der Islamischen Gesellschaft von Nordamerika, meinte auf einer Kundgebung vor dem Weißen Haus: »Wir wollen an das amerikanische Gewissen appellieren. Amerika muss das lernen. Denn wenn es auf der Seite der Ungerechtigkeit verharrt, wird der Zorn Gottes über es kommen. Bitte! Bitte, all ihr Amerikaner, denkt daran, dass Allah jeden beobachtet. Gott hat jeden von uns im Auge. Wenn ihr weiterhin ungerechte Handlungen begehen werdet oder zulasst, wird der Zorn Gottes über euch kommen.«

Der Zorn, den Saddiqi predigte, kam dann tatsächlich kaum

ein Jahr später, am 11. September 2001. Kurz nach dieser Katastrophe fand eine Gedenkfeier für die Opfer in der Nationalkathedrale in Washington statt. An der Seite Präsident Bushs standen ein Priester, ein Rabbi und ein Imam, um die Gebete zu sprechen. Der Name dieses Imams war Muzzamile Saddiqi.

Was war es, dachte ich, das diesen Hass gegen Amerika hervorrief? Warum hegten diese nach eigenen Aussagen gemäßigten Leute, die seit Jahrzehnten mit ihren Familien in den USA lebten und alle Freiheiten und Annehmlichkeiten unserer Demokratie genossen, einen solchen Groll gegen dieses Land? Ich konnte es kaum glauben, dass diese Leute in einer Nation leben wollten, die sie in ihren Reden so vehement anklagten. Sollen sie doch mal in ihre Ursprungsländer zurückkehren und dort versuchen, solche Dinge zu sagen, wie sie es hier tun, und dann warten wir mal, wie lange sie das dann überleben. Die tragischen Geschichten, die auf diesen Kundgebungen erzählt werden, die Reden auf den Zusammenkünften und die aufrüttelnden Predigten in den Moscheen hatten immer den gleichen Hintergrund: einen tiefen Hass auf die Vereinigten Staaten. Es waren schlicht und einfach Hasstiraden. Dies erklärt auch die Existenz der amerikanischen Taliban oder der so genannten Buffalo Six, einer aus sechs Männern bestehenden »Schläferzelle« aus der Stadt Buffalo, die angeklagt wurden, al-Qaida unterstützt und in deren Lagern in Afghanistan trainiert zu haben. Für solche Leute, die gelernt haben und indoktriniert wurden, das Land zu hassen, in dem sie aufwuchsen, ist der Weg nicht weit von dem Hören einer Predigt eines Imams, der zur Gewalt aufruft, bis zu den Ereignissen des 11. September.

Kurz nach dem Ausbruch der zweiten Intifada fand vor der israelischen Botschaft in Washington eine Protestkundgebung statt. Laut Plan sollte sie um 13 Uhr beginnen, ich kam eine halbe Stunde später. Zu diesem Zeitpunkt waren erst drei Leute da. So gegen 14 Uhr fing es zu nieseln an, und ich entschied mich, meinen Camcorder und meine Ausrüstung zusammenzupacken und zum Bahnhof aufzubrechen. Mein Inneres war noch so voll von den emotionalen Erlebnissen der vergangenen Wochen, dass ich froh war, dass die Veranstaltung nicht stattfinden würde und ich nach Hause zu meinem Baby gehen konnte. Gerade als ich mich auf den Weg machen wollte, trafen allmählich die Busse ein. Ich erkannte Nihad Awad, Abdalhalim al-Ashqar und einige der Aktivisten von Dar al-Hijra. Schließlich hatten sich doch noch 2000 Menschen versammelt.

Während der Kundgebung kam es immer wieder zu Hasstiraden und Aufforderungen zur Gewalt gegen Juden; Slogans wurden von den Rednern und der Menge skandiert, die gewöhnlich von Hamas und dem PIJ verwendet werden, wie »Mit unserem Blut und unserer Seele werden wir Palästina befreien«.

Einer der Redner sang ein arabisches Lied, und die Menge sang mit.

Al-Aqsa ruft uns, lasst uns alle in den Dschihad gehen und den Juden Steine ins Gesicht werfen.

Ich hatte schon an vielen unschönen Versammlungen teilgenommen, aber diese hier war der Gipfel. Der Hass, der sich hier gegen die Juden zeigte – nicht nur gegen die Israelis, sondern gegen die Juden im Allgemeinen –, war von einer Heftigkeit, wie ich sie zuvor noch nicht erlebt hatte. Ich bin mir sicher, wäre ich in diesem Moment enttarnt und als Jüdin erkannt worden, der aufgebrachte Mob hätte mich gelyncht.

Ein Redner bei dieser Kundgebung, Dr. Ayman Sirajuldeen, ein Mitglied der Muslim American Society, der Gesellschaft der amerikanischen Muslime, der als Professor für Politikwissenschaften und Völkerrecht vorgestellt wurde, setzte Israel mit dem Naziregime gleich. »Es gibt keinen Unterschied zwischen Barak und Scharon und Hitler. Sie sind alle gleich«, äußerte er sich über Ehud Barak, den damaligen israelischen Premierminister, und Ariel Scharon, den damaligen Führer der Likud-Bewegung. Vergleiche zwischen Nazis und Juden, wahrscheinlich die zynischste und sadistischste Vergewaltigung der Geschichte, waren bei vielen dieser Kundgebungen gang und gäbe.

Sirajuldeen pries danach »das Märtyrertum« und ließ die Menge vor der israelischen Botschaft in den Ruf »*Khaibar, Khaibar*« ausbrechen.

Ich schaute mich um. »*Khaibar, Khaibar?*« Wussten die hier

versammelten Journalisten, was für ein schrecklicher Ruf dies war? Offensichtlich nicht. Am nächsten Tag stand in den Zeitungen, es sei »eine friedliche, propalästinensische Kundgebung« gewesen.

Neben mir stand eine Muslima mit ihren drei Kindern. Sie trug ein höchstens zwei Monate altes Baby auf dem Arm. Ihre beiden anderen vielleicht drei und vier Jahre alten Kinder sahen in dieser Kälte, diesem Regen und diesem Gedränge ganz jämmerlich aus. Ich hatte wirklich Mitleid mit ihnen. Während der ganzen vier Stunden, die diese Kundgebung dauerte, schrie ihre Mutter immer wieder aus vollem Halse: »Tod den Juden!« und »*Khaibar, Khaibar!*« Als ich ihr Baby betrachtete und an mein eigenes dachte, wurde ich sehr traurig. Ich sah ein Kind von vier Jahren, das ein T-Shirt mit einem aufgedruckten Bild von Hassan Nasrallah trug, dem Führer der Hamas. Das Kind schrie dieselben Parolen wie alle anderen.

»*Khaibar, Khaibar!*« wurde bei dieser und bei vielen anderen Kundgebungen gerufen. Das Echo dieses Rufs war im ganzen Land zu vernehmen, während dazu im Hintergrund, von Florida bis Texas, von New York bis Kalifornien, israelische Fahnen brannten. Für einen Außenstehenden klang »*Khaibar, Khaibar, Ya Yahud, Jaish Muhammad Safayood*« vielleicht wie ein fröhliches Freiheitslied. Viele Journalisten erzählten mir, dass es das war, was sie zu hören glaubten. Aber es hat doch eine etwas andere Bedeutung: »Khaibar, Khaibar, oh, ihr Juden, Mohammeds Armee wird über euch kommen.« Der Ursprung dieses Liedes ist eine Geschichte aus der Zeit des Propheten Mohammed. Auf seinem Feldzug zur Eroberung der Arabischen Halbinsel belagerte er die Stadt Khaibar, die von Juden bewohnt war. Nachdem er einige Schlachten gegen die mächtige Armee der Stadt verloren hatte, probierte es Mohammed mit einer neuen Taktik. Er schickte Botschafter mit einem Friedensgruß zu den Führern der belagerten Stadt. Sobald der Friedensvertrag unterzeichnet war und die Tore der Stadt geöffnet wurden, stürmte *Jaish Muhammad,* Mohammeds Armee, die Stadt und metzelte alle Einwohner nieder, ohne einen einzigen zu verschonen. »Khaibar, Khaibar« bedeutet also: »Bringen wir die Juden durch

List dazu, mit uns Frieden zu schließen, und sobald sie unser Angebot annehmen, ziehen wir los und bringen sie alle um.«

Ein wirkliches Freiheitslied.

Es wurden auch noch andere Lieder gesungen. Bei einer Kundgebung vor dem israelischen Konsulat in Miami sangen alle im Chor:

»Wir wollen keine Verhandlungen, durch den Dschihad gewinnen wir unsere Nation. Durch den Dschihad gewinnen wir unser Land zurück, und das zionistische Blut rinnt in den Sand.«

Ein Kind rief die Parole: »Die Juden kriegen das amerikanische Steuergeld und töten damit in der ganzen arabischen Welt.«

Die schlimmsten Hetzer waren meines Erachtens die islamischen Geistlichen. Diese Imams sind die Anführer, sie haben die Macht, ihr Wort ist Gesetz, ihre Empfehlungen verkörpern Allahs Willen.

»Rhetorik wird al-Quds [Jerusalem] und die Al-Aqsa-Moschee nicht befreien«, predigte Mohammed al-Asi, der frühere Imam der Islamischen Akademie von Potomac in Maryland. »Nur Waffen werden dies erreichen. Und es wird nicht jemand anderer sein, der für dich oder mich diese Waffen führen wird. Du und ich werden diese Waffen gebrauchen müssen.«

Solchen Worten folgen ganz leicht entsprechende Taten.

Die meisten Kundgebungen tauchten nie in den Fernsehnachrichten auf. Eine aber schon, und dies auf eine höchst unerwartete Weise. Wie viele andere war es eine sehr emotionsgeladene Veranstaltung. Aber nachdem ich nun schon an so vielen Versammlungen teilgenommen hatte, war ich gegen die Gewalt dieser Rhetorik inzwischen immun geworden. Diese Kundgebung im Lafayette-Park war als ein bedeutendes Treffen geplant; mit Bussen kamen Gruppen aus New York, New Jersey, Michigan und Illinois. Demonstranten marschierten zuerst von der Freedom Plaza zum Lafayette-Park und sangen: »Der Sieg kommt von *Allah,* und unser Vorbild ist die Hisbollah.« Oder: »Oh, lieber Nasrallah [der Anführer der Hizsbollah], gemeinsam mit dir werden wir uns befreien.«

Die Kundgebung dauerte den ganzen Nachmittag, und gegen 16.30 Uhr waren die Reporter schon längst gegangen, und die Demonstranten fingen an heimzugehen. Auch ich dachte daran aufzubrechen. In diesem Augenblick kletterte Abdurahman al-Amoudi vom American Muslim Council (AMC) fünf Meter von der Stelle entfernt, wo ich mit meinem Camcorder stand, auf die Bühne und wandte sich auf Englisch an die jubelnde Menge:

»Die New Yorker Presse hat mich als einen Anhänger von Hamas bezeichnet. Unterstützt hier jemand die Hamas?«

Als Antwort brach die Menge in Jubel aus.

»Ist hier jemand Hamas-Anhänger?«

Wieder jubelte die Menge.

»Ist hier jemand Anhänger der Hamas?«

Die Menge jubelte jetzt noch lauter.

»Bill Clinton, hörst du das? Wir *alle* hier sind Hamas-Anhänger. *Allahu Akhbar!* [Allah ist groß]«

Der Beifall war jetzt noch enthusiastischer.

»Ich wünschte, sie würden noch hinzufügen, dass ich auch ein Hizbollah-Anhänger bin. Unterstützt hier jemand die Hisbollah?«

Die Menge stimmte brüllend zu.

Auch nach den vielen emotionalen Kundgebungen, die ich in der letzten Zeit erlebt hatte, traute ich doch kaum meinen Ohren. Ging dieser Mensch wirklich so weit, öffentlich terroristische Vereinigungen wie die Hisbollah zu unterstützen, die Terrororganisation, die nach der al-Qaida das meiste amerikanische Blut vergossen hat? Die Organisation, die für den Mord an Hunderten von US-Soldaten in Beirut und den Khobar-Türmen in Saudi-Arabien verantwortlich ist?

Der American Muslim Council wurde von vielen als eine moderate islamische Vereinigung betrachtet. Auch al-Amoudi galt als gemäßigter Muslim. Er war ein regelmäßiger Gast im Weißen Haus. Und dann unterstützte er öffentlich zwei zu terroristischen Vereinigungen erklärte Organisationen – und das direkt vor dem Weißen Haus. Ist dies nun ein Missbrauch der Redefreiheit? Oder bin ich verrückt geworden?

In einem Zustand höchster Aufregung eilte ich zum Zug, und sobald ich auf meinem Platz saß, vergewisserte ich mich, dass ich tatsächlich die ganze Szene auf meinem Videoband hatte. Danach rief ich die Redaktion der *New York Daily News* an. Ein Reporter wartete in der Penn Station auf mich. Ich übergab ihm das Band. Die Zeitung bat al-Amoudi um einen Kommentar. Zuerst behauptete er, er habe nur Arabisch gesprochen und sei deshalb missverstanden und falsch interpretiert worden. Darauf spielte ihm die *Daily News* mein Band vor. Nachdem er es sich angesehen hatte, teilte er der Zeitung mit, er werde sich von nun an nur noch über seinen Anwalt äußern.

Als die Geschichte herauskam, verbreitete sie sich wie ein Lauffeuer, und mein Band wurde auf dem Fox-Nachrichtensender landesweit gesendet. Es war Wahlkampfzeit, und Hillary Clinton, die sich in New York um einen Sitz im US-Senat bewarb, hatte etwa 50 000 Dollar an Spenden vom AMC und anderen Muslimorganisationen erhalten. Mrs. Clinton hatte al-Amoudi für einen Freund gehalten. Ihr gegnerischer Kandidat sah das Video im Fernsehen und benutzte es ohne meine Erlaubnis für seinen Wahlkampf. Ich war entsetzt, eines Morgens sehen zu müssen, wie mein Band im Fernsehen aus diesen politischen Gründen gezeigt wurde. Alles, was ich wollte, war, al-Amoudi zu entlarven.

Hillary Clinton gab al-Amoudi und den anderen Muslimgruppen das Geld zurück, brach alle Verbindungen zu ihnen ab und änderte ihre Meinung über die Palästinafrage vollkommen. Nach diesem Vorkommnis gab auch George W. Bush die 1000 Dollar zurück, die er von al-Amoudi erhalten hatte.

Monate später trat al-Amoudi in einer Fernsehsendung auf. Er gab zu, diese Aussagen gemacht zu haben, meinte aber, sie seien »ein Fehler« gewesen und dass er glaube, dass Steven Emerson, ein früherer CNN-Reporter, der über den Nahostkonflikt schrieb, hinter der ganzen Sache stecke. Al-Amoudi meinte, dass er seit diesem Ereignis das Gefühl habe, mit Herrn Emerson jede Nacht zu Bett zu gehen und jeden Morgen wieder neben ihm aufzuwachen.

Wenn es ihn denn trösten sollte: Ich war diejenige, die al-

Amoudi wiederholt mit ins Bett nahm. In seinen Träumen allerdings …

Aber mit al-Amoudi bin ich noch nicht fertig. Ich werde bald in meiner »555«-Untersuchung auf seinen Fall zurückkommen.

Donna Chabot ist energisch, äußerst kenntnisreich und in hohem Grad unberechenbar. Ähnlich wie ich, wenn ich es recht bedenke. Sie schätzt die Macht der Medien, im Gegensatz zu vielen Regierungsbeamten, denen ich bisher begegnet bin, die glauben, dass sie über allen anderen stünden und die Medien nur eine nutzlose Plage seien. Donna ist sich der Tatsache wohl bewusst, dass auf unserem Gebiet die öffentliche Meinung, hauptsächlich geprägt von den Medien, eine entscheidende Rolle spielt. Und sie weiß, wie wichtig es ist, ihre Themen in aller Gründlichkeit zu untersuchen.

Als Donna mich zum ersten Mal anrief, sagte sie, sie suche nach öffentlich zugänglichen Informationen über Ghassan Dahduli, den IAP-Mann, über den ich geschrieben hatte. Sie stellte mir die üblichen Fragen, ob ich über Dahduli informiert sei, ob ich etwas über ihn hätte, woher meine Informationen stammten. Sie versuchte, so viele Indizien und Beweise über ihn aufzutreiben wie möglich. Die Task-Force, zu der sie gehörte, hatte ihn wegen Visavergehens festnageln wollen. Nicht dass das sein schlimmstes Vergehen gewesen wäre, bei weitem nicht, aber dies war ein einfacher und glatter Weg, einen Terroristen loszuwerden, fast wie die Steuervergehen, die Al Capone auf Dauer aus dem Verkehr zogen. Die Idee war, zu beweisen, dass Dahdulis Visum ungültig war. Es war ihm gewährt worden aufgrund der Annahme, er sei ein ausgebildeter Geistlicher, aber in seinem Lebenslauf gab es nichts, was auch nur entfernt religiösen Studien geähnelt hätte. Aber da Dahduli und seine Familie schon in den Vereinigten Staaten lebten, mindestens seit Thomas Edison die Glühbirne erfand, schaffte eine Anklage wegen Visavergehens diesen Menschen nicht so leicht aus dem Lande. Die Task-Force hatte Dahdulis Ausweisung beantragt, ein Richter ihr sogar zugestimmt, dann aber hatte Dahduli postwendend Berufung eingelegt und politisches Asyl beantragt. Um diesen

Asylantrag abschmettern zu können, musste die Task-Force jetzt sehr viel schwerer wiegende Vorwürfe gegen Dahduli erheben und tatsächlich beweisen, dass er ein Terrorist war.

Ich hörte aufmerksam zu und fragte Donna dann: »Warum beschäftigen Sie sich denn plötzlich so intensiv mit Dahduli? Sind es seine kürzlich entdeckten Verbindungen zu Wadih al-Hage?« Ich war schon an die langen Pausen gewöhnt, die entstanden, wenn ich in einem Gespräch eine solche Bombe platzen ließ. Ich wartete.

Nach einiger Zeit fragte Donna: »Woher wissen Sie das mit al-Hage? Ich dachte, dies seien vertrauliche Informationen!«

Offensichtlich nicht.

Ein paar Tage nach diesem Telefongespräch klopften sie an meine Tür und kamen herein. Donna hatte mir mitgeteilt, dass sie aus Texas vorbeikäme, aber sie hatte mir nicht erzählt, dass sie eine ganze Delegation mitbringen würde. Sie erschien mit einem stellvertretenden US-Bundesanwalt und zwei FBI-Agenten. Nachdem wir uns gegenseitig vorgestellt hatten, erzählten mir Donna und ihr Team, dass sie sehr besorgt seien. Dahdulis Anwalt habe eine Liste von 20 Leuten präsentiert, die bereit seien, zugunsten seines Mandanten auszusagen. Darunter befänden sich nicht nur prominente Muslime, sondern auch christliche und jüdische Amerikaner. Die Task-Force besitze nicht genug gerichtlich verwendbares Beweismaterial, um einen Richter davon zu überzeugen, dass Dahduli ein Terrorist sei; alles was sie hätten, sei dieses kleine Visumvergehen.

Ich suchte einige Aktenordner heraus und führte alle in unseren Konferenzraum. Ich ließ für alle Plätzchen und Getränke kommen. Dann öffnete ich den ersten Ordner. Ich sage immer im Scherz, ich habe einen Ordner für jede Gelegenheit, aber es ist tatsächlich so. Ich bereite für jede Verabredung einen eigenen Ordner vor. Für den Fall Dahduli hatte ich eine Menge Dokumente und sonstiges Material zusammengestellt. Material, das so viel wert war wie Gold, wie sich bald herausstellen sollte. In diesem Fall hatte ich vier dicke Ordner vorbereitet, zwei identische Sätze. In jedem Satz gab es einen Ordner in Englisch und einen in Arabisch. Zwei für sie und zwei für mich. Dadurch würden wir bei ihrem nächsten Anruf über den gleichen Informationsstand verfügen. Ich wusste, dass sie noch einmal anrufen würden, da niemand so viel Informationen in nur einem Treffen aufnehmen kann, auch wenn es, wie in unserem Fall, mehrere Stunden dauert.

Die Task-Force wusste, dass die IAP eine Tarnorganisation der Hamas war. Aber sie hatten keine Ahnung, wie sie das beweisen und darüber hinaus Dahdulis Verwicklung aufzeigen sollten. Zu Beginn stellte ich ihnen eine Frage. Nicht als billiger Trick, um ihre Aufmerksamkeit zu erregen, denn sie hätten überhaupt nicht aufmerksamer sein können. Ich wollte ihnen nur zeigen, wo sie meiner Ansicht nach beim Richter auf die größten Zweifel stoßen würden. Ich fragte sie, wie sie überhaupt behaupten konnten, dass die IAP eine Tarnorganisation der Hamas sei, da sie doch schon im Jahr 1981 in den Vereinigten Staaten gegründet worden sei, also wenigstens sechs Jahre bevor die Hamas im Nahen Osten entstand. Diese Frage mochten sie nun überhaupt nicht. Sie schauten richtig besiegt drein. Ich lächelte und forderte sie auf, den Kopf nicht hängen zu lassen. Dann begann ich zu erklären, wie die IAP mit der Muslimbruderschaft zusammenhing, aus der die Hamas hervorging, und wie dann im Jahr 1987 die Holy Land Foundation gebildet wurde. Dann zeigte ich ihnen etwas, das sie oder irgendeine andere Regierungsbehörde ohne mich nie bekommen hätten.

Ich öffnete meinen Ordner und bat sie, ebenfalls die entsprechende Seite aufzuschlagen. Ich zog eine kleine hellgrüne und weiße Broschüre heraus. Sie war von dem Informationsbüro der IAP herausgegeben worden. Gedruckt in den Vereinigten Staaten, trug sie zwar die englische Aufschrift »Islamic Association for Palestine«, aber war sonst ganz auf Arabisch. Auf ihrer Rückseite stand eine Liste von IAP-Büros in den Vereinigten Staaten und ein Postfach für diejenigen, die weitere Exemplare der Broschüre zugeschickt haben wollten. Auf dem vorderen Einband stand in großen arabischen Buchstaben: »Die Charta der Hamas«.

Seit meinem ersten Besuch im Dar al-Hijra versuchte ich jedes Mal, wenn ich in der Gegend war, in diese Moschee zu gehen. Meine Besuche wurden mit den Jahren sogar noch häufiger, da sich meine Verbindungen zur Regierung festigten. Ich arbeitete mit verschiedenen Regierungsbehörden zusammen, und mit einigen Nicht-Regierungsorganisationen, die den islamischen Terrorismus untersuchten. Außerdem fanden immer mehr Kundgebungen vor dem Weißen Haus statt. Auf diese Weise sah ich manchmal das Weiße Haus von innen, manchmal von außen – und manchmal bei ein und demselben Besuch in der Hauptstadt sogar von beiden Seiten. Ich versuchte immer meine Briefings und Treffen auf das Ende der Arbeitswoche zu legen, sodass ich die Gelegenheit bekam, am Freitag die Moschee zu besuchen. Einmal ging ich nach der Predigt in den Laden im Dar al-Hijra. Dort kannten sie mich schon, denn inzwischen war ich Stammkunde. Ich hatte sogar ein Konto, das es mir gestattete, etwas zu kaufen und es erst später zu bezahlen, wenn ich an einem Tag nicht genügend Geld dabei hatte.

Als ich bei einem dieser Besuche einmal etwas herumstöberte, fiel mir eine Druckschrift mit dem Titel »Die Charta der Hamas« in die Hände. Ich kannte diese Charta, da ich Teile davon schon in *Ila-Falastine,* der Hamas-Zeitschrift, gefunden hatte, aber mein Erstaunen war groß, als ich sah, dass diese Broschüre von der IAP in Nordamerika herausgegeben wurde.

Aber die Sahne auf dem Kaffee war die Adresse, die die IAP jenen Leuten anbot, die weitere Exemplare dieser Schrift bestellen wollten: Es war das Postfach von Ghassan Dahduli.

Die Agenten der Task-Force, die der IAP und Dahduli nun schon seit einigen Jahren auf den Fersen waren, hätten diese arabische Veröffentlichung der IAP nie gefunden, dieses hübsche kleine Büchlein, das in das Weiß und Grün der palästinensischen Fahne eingebunden war. Als ich ihnen dieses Dokument zeigte, das die Verbindungen Dahdulis zur Hamas bewies, war die Freude der Agenten groß.

Und dann ließ ich die zweite Bombe auf diesem Briefing hochgehen. Ich erzählte ihnen nämlich, dass dieses Informationsbüro der IAP in den späten Achtzigerjahren im Islamischen Zentrum in Tucson gesessen hatte, dem Ursprungsort des Al-Qaida-Krebsgeschwürs in Amerika. Wie ich es erwartet hatte, wussten sie sehr wenig über dieses Zentrum. Sie schauten mich an, es verschlug ihnen die Sprache, aber ich spürte, dass sich ihre Stimmung von Minute zu Minute hob. Dahduli war ungefähr zur gleichen Zeit Leiter des Islamischen Zentrums von Tucson, als er auch für das Informationsbüro der IAP verantwortlich war. Dann erzählte ich ihnen, dass zu dieser Zeit Wadih al-Hage Mitglied dieses Islamischen Zentrums war. Über al-Hage wussten sie alles. Sie wussten auch, dass Dahdulis Telefonnummern – seine Privatnummer und die seines Büros, alle seine Nummern – in al-Hages beschlagnahmtem Telefonverzeichnis gefunden worden waren, was bewies, dass diese zwei mehr als nur einfache entfernte Bekannte waren. Al-Hages Telefonverzeichnis war einer der Gründe, warum sich diese Task-Force plötzlich so sehr für Dahduli interessierte. Aber dann erzählte ich ihnen etwas, das sie noch nicht wussten. Ich erklärte ihnen, dass al-Hage und Dahduli schon seit der gemeinsamen Zeit in diesem Zentrum zusammenarbeiteten, was in Dahdulis Fall von entscheidender Bedeutung war. Ich erzählte ihnen auch von Wa'el Julaidan und seiner Verbindung zu diesem Zentrum, und ich zeigte ihnen die Dokumente, die seine Rolle bei al-Qaida bewiesen. Ich betonte, wie wichtig dieses Zentrum in Tucson war, und berichtete ihnen, dass es noch jahrelang nach dem Weggang Julaidans ein Anwerbezentrum für Mudschahiddin blieb. Zu diesem Zeitpunkt waren die Agenten schon viel entspannter. Ich sah sogar den Anflug eines Lächelns auf Donnas Lippen.

Aber ich war noch nicht fertig. Ich zeigte ihnen in dem arabischen Ordner Kopien von *Ila-Falastine*, die von Dahdulis Informationsbüro herausgegeben worden war. Da diese Zeitung Anfang der Neunzigerjahre ihr Erscheinen eingestellt hatte, hatten die Agenten der Regierung nie von ihr gehört. Ich zeigte ihnen, worum es bei *Ila-Falastine* gegangen und wie *al-Zaytuna* an ihre Stelle getreten war. Diese Zeitschrift kannten sie, auch wenn sie nichts von den explosiven Themen auf ihren hinteren Seiten wussten. Dann zeigte ich ihnen einige englischsprachige IAP-Publikationen wie den *Palestine Monitor* und dessen Nachfolger, den *Muslim World Monitor*. In den Ausgaben dieses *Monitor* standen auf jeder zweiten Seite Nachrichten über die Hamas und Scheich Yassin (den geistlichen Führer der Hamas) und eine Menge Propaganda für den Terrorismus. Deutlich und ohne Umschweife. Die Agenten hatten von diesen Zeitschriften noch nie etwas gehört. Zum Schluss zeigte ich ihnen Broschüren und Flugblätter der IAP und von Dahduli und dazu noch eine Menge einschlägiger Dokumente, die ganz klar die engen Verbindungen zwischen Dahduli, IAP und Hamas belegten. Was mich anging, war der Fall Dahduli aufgeklärt. Alles, was dazu nötig war, befand sich in meinen Ordnern, und ich hatte alles aus öffentlich zugänglichen Quellen gewonnen. Theoretisch hätte jedermann all diese Informationen auffinden können.

Als wir fertig waren, stellten sie mir noch eine Frage, die nicht direkt mit Dahduli zu tun hatte. Sie wollten wissen, welche Organisationen mit Verbindungen zur Hamas man außerdem noch untersuchen solle, welche Gruppe oder Vereinigung die gefährlichste sei. War es die Hamas, IAP, HLF oder das Islamische Zentrum von Tucson? Ich dachte einen Moment nach und fragte mich, ob ich ihnen sagen sollte, was ich wirklich dachte. Ich wusste, dass sie lieber einen Schlag in den Magen bekommen würden, als hören zu müssen, was ich ihnen nun sagen würde. Ich entschied mich, ihnen doch meine wirkliche Meinung mitzuteilen. Also zündete ich die dritte Bombe: »Das ist wirklich einfach. Ich würde sagen, es ist InfoCom.«

Donna und die Bundespolizisten sprangen buchstäblich von ihren Sitzen, als ob ihnen meine Bemerkung einen körperlichen Schlag versetzt hätte. Mit zitternder Stimme fragte mich Donna, warum ich denn gerade InfoCom genannt hätte. »Weil sie ganz leicht Geldwäscheoperationen ausführen können. Sie handeln mit Hunderten von saudischen Organisationen und einigen aus den Golfstaaten. Große Geldsummen fließen so aus Saudi-Arabien und dem Golf zu ihren hiesigen Niederlassungen, und diese Bewegungen sind äußerst schwer aufzuspüren. Das Geld wird als Bezahlung von Computerdiensten deklariert, die InfoCom angeblich geleistet hat, und dann an Hamas und möglicherweise auch noch an andere Terrororganisationen weitergeleitet. Außerdem ist InfoCom die Firma Abu Marzooks.«

InfoCom war eine sehr profitable Computerfirma, die Software im- und exportierte und Websites einrichtete. Sie verwaltete in Saudi-Arabien allein mehr als 500 verschiedene Websites, einschließlich einer, die der Baufirma Bin Ladens gehörte. Die Chefs von InfoCom waren dieselben Leute, die die IAP und HLF leiteten, aber im Gegensatz zu diesen beiden Deckorganisationen hatte es InfoCom mit wirklich riesigen Geldsummen zu tun. Die Firma wurde von Musa Abu Marzook gegründet, Sie erinnern sich: dem ehemaligen Chef des politischen Arms der Hamas, wegen dem jemand aus dem Büro von Ishaq al-Farhan, dem jordanischen Diplomaten, die amerikanische Botschaft in Amman offen bedroht hatte? Oh, Entschuldigung! InfoCom wurde nicht wirklich von Musa gegründet. Es war Musas *Frau*, die dieses Multi-Millionen-Dollar-Unternehmen eingerichtet hatte, indem sie eine Anfangsinvestition über 250 000 Dollar in die Firma einbrachte. Kein Wunder, dass sie so viel Geld ansparen konnte – schließlich war sie eine Hausfrau!

Nachdem ich InfoCom erwähnt hatte, sahen Donna und ihre Mannschaft aus, als wollten sie das Büro möglichst schnell verlassen. Sie hatten genug gehört, dachte ich, und vielleicht sogar mehr, als sie erhofft hatten. Aber sie gingen viel, viel fröhlicher weg, als sie gekommen waren. Heute Nachmittag hatte ich wirklich mein Gehalt verdient.

Nach diesem Treffen rief mich Donna häufig an. Wir besprachen die Dokumente, die Dahdulis Anwalt hervorzauberte, und ich faxte ihr Unterlagen zu, die das Gegenteil bewiesen. Dahdulis Anwälte legten sogar Schriftsätze vor, in denen stand, dass ihr Klient sowie die IAP einige Zeitschriften herausgaben, die ganz klar an Muslime gerichtet waren und den Islam befördern sollten. Und diese Zeitschriften waren – ja, richtig geraten! – *Ila-Falastine* und *al-Zaytuna*. Auf diese Anwälte wartete wirklich eine unangenehme Überraschung!

Ich schätzte Donna und ihr Team. Sie arbeiteten professionell und engagiert und kannten sich in ihrem Fach gut aus. Zwar hätten sie ohne meine Hilfe die Informationen, die sie von mir bekommen hatten, nicht gefunden, aber sie verfügten über beträchtliche Kenntnisse über die Hamas und die IAP. Sie verstanden auch das Konzept der Deckorganisationen, die terroristische Vereinigungen tarnen sollten. Am überraschendsten für mich war der Zusammenhalt dieser Task-Force. Sogar die FBI-Agenten waren gern bereit, ihre Erkenntnisse mit ihren Teamkollegen sowie mit anderen Regierungseinheiten zu teilen, eigentlich mit praktisch jedem, der sie benötigte. (Ich hoffe, sie bekommen keine Schwierigkeiten mit dem FBI, wenn ich dies hier bekannt mache.) Es war offensichtlich, dass sie gern als ein Team arbeiteten, und deswegen arbeitete auch ich gern mit ihnen zusammen.

Ein paar Monate später, Anfang September, rief mich Donna an. Ich konnte hören, dass im Hintergrund viel los war, und sie klang auch sehr aufgeregt:

»Raten Sie mal, von wo ich anrufe?«, fragte sie mich. Wie sollte ich das wissen?

»Keine Ahnung«, gab ich zur Antwort. »Woher?«

»Ich dachte, Sie sollten die Ehre haben, als Erste davon zu erfahren. Ich wollte nicht, dass die Reporter Sie anrufen und Sie unvorbereitet sind. Ich sage Ihnen, wo wir sind. Wie durchsuchen in diesem Augenblick InfoCom!«

Ich wusste diese Geste zu schätzen. Es bedeutete, dass ich vor allen anderen die wichtige Nachricht von dieser Razzia bekam. Sie war für meine Hilfe dankbar, und dies war ihre Art, mir das zu zeigen. Sie erzählte mir später einmal beim Kaffeetrinken, dass sie und ihr Team am selben Tag, an dem sie mich besucht hatten, noch ein Treffen mit Beamten des Finanzministeriums über InfoCom absolviert hatten. Dies war einer der Gründe gewesen, warum damals so viele Leute dabei waren: Der andere Zweck ihrer Reise war gewesen, eine Strategie gegen InfoCom zu entwickeln. Deshalb waren sie auch so erstaunt und beeindruckt gewesen, als ich InfoCom als die gefährlichste Organisation von allen bezeichnet hatte. IAP, HLF und Hamas waren ständig in den Nachrichten, aber kaum jemand hatte je etwas von InfoCom gehört.

Ein Jahr nach der Durchsuchung wurde InfoComs Leitungspersonal angeklagt. Dies war nur einer in der langen Kette von Erfolgen von Donnas Task-Force. Mittlerweile werden Mitglieder dieses Teams zu Tagungen und Briefings eingeladen, um anderen die Grundlagen der Terrorbekämpfung beizubringen und ihnen wertvolle Hinweise zu geben.

An einem stillen Samstagnachmittag im Oktober waren die Jungs bei Leo und übten auf dem Klavier, und ich arbeitete im Büro. Da klingelte das Telefon. Das war seltsam. Wer würde an einem Samstag hier anrufen? Es war Donna. Sie hatte mich daheim angerufen, und als ich nicht da war, hatte sie es im Büro versucht.

»Raten Sie mal, warum ich anrufe«, neckte sie mich. Von Texas, von wo sie anrief, bis hierher konnte man ihr Lächeln spüren. Aber dieses Mal riet ich richtig.

»Es ist Dahduli, stimmt's?«

»Richtig geraten!«

Nun konnte *ich* das Schmunzeln nicht unterdrücken. »Wie haben Sie denn das geschafft?«, fragte ich.

»Eigentlich war ich das gar nicht. Das waren Sie. Als der Termin seiner Berufungsverhandlung näher rückte, führten wir ein Gespräch mit ihm. Tatsächlich mussten wir überhaupt nichts tun. Wir zeigten ihm nur, was Sie uns über ihn gegeben hatten. Raten Sie mal, wie er reagierte?«

Ich brannte darauf, es zu erfahren.

»Er schaute sich die Dokumente an«, erzählte sie, »und dann zog er einfach seine Berufung zurück. Sagte, er wolle freiwillig gehen, und gab auf, ohne Prozess.«

Als ich das hörte, wischte ich mir eine Träne ab. Sie waren fast vier Jahre hinter diesem Kerl her gewesen. Jetzt bekam er endlich, was er verdiente.

»Dahduli und seine Anwälte konnten einfach nicht begreifen, woher wir, die Regierung, Dokumente bekommen hatten, die Dahduli vor über einem Jahrzehnt veröffentlicht hatte. Sie steckten sofort zurück, als wir ihnen beweisen konnten, dass es eine Lüge war, all das einfach als ›islamische Publikationen‹ zu bezeichnen. Und das ist alles Ihr Werk«, schloss Donna ihren Bericht. »Ohne Sie hätten wir das nicht erreicht.«

Nach einigen Wochen Haft wurde Ghassan Dahduli von Donna persönlich zum Flughafen gebracht; sie begleitete ihn bis nach Jordanien. Als sie in Amman landeten, wurde Dahduli sofort von den jordanischen Behörden wegen seiner Verbindungen zum Terrorismus festgenommen.

Die Bibel macht eine klare Unterscheidung zwischen falschen und echten Propheten. In biblischen Zeiten steckte die Wissenschaft erst in ihren Anfängen, verschwanden Königreiche so schnell, wie sie entstanden waren, und waren Prophezeiungen ein alltägliches Mittel bei der Planung und der militärischen und staatlichen Entscheidungsfindung. Bis die Königreiche untergingen und die Armeen ausradiert wurden und es klar wurde, dass einige dieser Desaster durch den Einfluss von Scharlatanen noch befördert worden waren. Deshalb formulierten weise Männer eine Reihe von Regeln, die den Königen und Herrschern helfen sollten, zu entscheiden, welcher Prophet echt und welcher falsch war.

Nach generationenlangen Überlegungen war die Antwort dann ganz einfach.

Die Propheten, die eine glückliche Zukunft voraussagten, waren falsch.

Jene, die ein Unglück ankündigten, seien echte Propheten, entschieden die weisen Männer, sie seien diejenigen, die vor Gottes Zorn warnten und deshalb auch von göttlicher Eingebung geleitet sein mussten.

Dies nennt man Josephs Gabe, meinen Fluch. Ich sage etwas, und bald geschieht das genaue Gegenteil. Gewöhnlich eine Katastrophe. Oft zog mich Leo auf und bat mich, doch einfach mal zu sagen: »Wir werden nie in der Lotterie gewinnen.« Er sagte, wenn ich diese Worte spräche, würden wir am nächsten Tag das große Los ziehen. Aber ich hatte nie das Gefühl, so etwas aussprechen zu sollen. Was ich aber zum Beispiel äußerte, weil ich einen plötzlichen Drang dazu verspürte, war, dass Gil sehr gut aussehe. Am nächsten Tag fiel Gil auf sein Kinn, und es blieb eine entstellende Narbe zurück. Einmal sagte ich, dass Charlie eigentlich nie krank sei. Am nächsten Tag bekam er eine schlimme Ohrenentzündung und musste sogar operiert werden. Dann sagte ich, dass ich von dem riesigen Erfolg eines Bekleidungsgeschäfts, das ich sehr mochte, beeindruckt sei. Einen Monat später machten sie Pleite. Solche Dinge passieren mir ständig.

Anfang September 2001 bat mich der Geheimdienst der Zoll- und Finanzbehörde, ein Briefing über die Geldwäsche islamischer Hilfsorganisationen in den Vereinigten Staaten und besonders in Michigan zu geben. Normalerweise gehe ich nicht allein zu solchen Treffen. Ich versuche, die jüngeren Forscher im Büro zum Mitgehen zu bewegen, sodass sie sowohl von mir wie von der Situation selbst lernen und auch wichtige Kontakte herstellen können. Einige der Jungs, die mit mir zusammengearbeitet haben, nutzten solche Kontakte, um einen Job bei der Regierung zu finden. Diesmal nahm ich Sam mit. Er war sehr jung, gerade mit dem Studium fertig, aber sehr engagiert und ungewöhnlich klug. Wir fuhren nach Washington ins Hauptquartier der Zollbehörde. Dort wurden wir zu ihrem »War Room«, zu ihrer Kommandozentrale, geführt. Bevor ich anfing, schaute ich auf einen riesigen Bildschirm, der eine der Wände des Raums fast völlig ausfüllte. Es war ein toller Hightechbildschirm, auf dem man eine Karte der Vereinigten Staaten sah, die von blinkenden Lichtern übersät war.

»Was ist das denn?«, fragte ich.

»Das sind unsere gegenwärtigen geheimdienstlichen Warnhinweise auf terroristische Bedrohungen der Vereinigten Staaten«, erklärte man mir. »Sehen Sie diese Markierungszeichen? Das sind mögliche Ziele. Und diese Lichtpunkte, die wechseln von Grün, das heißt: keine Gefahr, über Gelb, Orange schließlich zu Rot, der höchsten Alarmstufe.«

Alle Lichtlein leuchteten grün.

»Warum sehen die alle so aus?«, fragte ich. »Warum sind alle diese Lichter grün?«

»Oh, ich glaube, Sie verstehen nicht ganz.« Der Mann war ja so herablassend. »Das ist die Karte der USA. Nur die kontinentalen Vereinigten Staaten.« Oh, vielen Dank, mir das zu erklären. »Wir sagen ja nicht, dass es nirgendwo auf dem Globus Gefahren gibt, wir sagen nur, dass die Verhältnisse auf amerikanischem Boden im Moment recht sicher sind.«

»Aber was ist mit dem Plan, den Internationalen Flughafen von Los Angeles in die Luft zu jagen?«, gab ich zu bedenken. »Wie können Sie sicher sein, dass überhaupt keine Gefahr besteht?«

»Oh, das. Das ist doch schon lange her, fast ein Jahr, noch vor dem Jahrtausendwechsel. Zu der Zeit hatten wir hier ein paar orangefarbene Lichter. Aber seitdem hat sich die Lage doch ziemlich beruhigt, glauben Sie nicht?«

Ich gab ihnen mein Briefing, in dem ich ihnen verschiedene Methoden schilderte, wie Hilfsorganisationen Geld für terroristische Zwecke abzweigten. Aber ich verließ diesen »War Room« mit einem sehr unbehaglichen Gefühl.

»Glauben Sie auch, dass wir vollkommen sicher sind?«, fragte ich Sam, als wir in den Zug stiegen.

»Hört sich irgendwie viel zu gut an, um wahr zu sein, wenn Sie mich fragen. Aber die verfügen ja über die ganzen Geheimdienstinformationen.«

Ein paar Tage später traf ich mich mit Leo zum Mittagessen. Ich mag es, wenn wir uns beide mal von unserem Job loseisen können, um mal wieder gemeinsam essen zu gehen. Ich fühle mich dann immer, als ob ich eine Affäre hätte – nur eben mit dem eigenen Mann. Wir gingen in ein vietnamesisches Lokal, das wir beide mögen. Der Schirm im »War Room« beschäftigte mich immer noch. »Ich muss immer daran denken, wie diese Dinge mir zu folgen scheinen, wohin auch immer ich gehe«, sagte ich zu Leo. »Als wir Israel verließen, dachte ich, ich würde nie mehr etwas über Terrorismus hören. Aber schau mal, wo ich jetzt bin. Genau mittendrin. Die Terroristen sind zwar dort drüben, aber so viele ihre Anführer und Hauptquartiere befinden sich hier. Das kann einem direkt Angst machen.«

»Stimmt etwas nicht? Bist du um deine Sicherheit besorgt?«, fragte er mich.

»Nein, eigentlich nicht.«

Dieses Gefühl wurde von den grünen Lichtern in dem »War Room« gespeist. Aber andererseits waren dies auch die Tage der zweiten Intifada, als täglich schreckliche Attentate in Israel passierten. Aber dann dachte ich: Das ist eben Israel.

»Ich glaube, das ist doch etwas anderes«, sagte ich dann. »Ich denke schon, dass es hier sicher ist. Immerhin sprechen wir über Amerika. Terroranschläge sind ein Problem des Nahen Ostens. Ich beschäftige mich mit ihren Tarnorganisationen und Wohlfahrtsvereinigungen hier, aber nicht mit den Leuten, die dann tatsächlich die Bomben hochgehen lassen.«

Einem plötzlichen Drang folgend, schaute ich über den Tisch auf Leo und sagte zum Schluss: »Ich glaube, wir sind hier auf amerikanischem Boden vor dem Terrorismus sicher, sicherer als irgendwo sonst.«

Als ich wieder zurück in mein Büro kam, war es schon spät, etwas nach drei Uhr, am Montag, dem 10. September 2001.

10. Kapitel

Brennende Vögel

In gewisser Hinsicht war ich allein im Büro. Im Laufe des Sommers 2001 war unser ganzes erfahreneres Forschungspersonal wie George, Bruce und Neil gegangen. Bruce arbeitete jetzt für die Regierung, die anderen hatten ein Graduiertenstudium an der Universität aufgenommen. So war unsere verbliebene Mannschaft recht klein und mein Forschungsstab noch ganz neu. Sam, der am längsten dabei war, war zu diesem Zeitpunkt, im September, gerade einmal zwei Monate bei uns. Aber in dieser kurzen Zeit hatte er schon eine Menge gelernt und war meine rechte Hand geworden. Aber ich war zu dieser Zeit der einzige Terrorismusexperte, den wir hatten.

Früh an diesem hellen, warmen, wunderschönen Dienstagmorgen saß ich in meinem Büro und schaute mir im Fernsehen die Sondersendung über das Flugzeug an, das gerade ins World Trade Center gerast war. Ich sah als Liveübertragung, wie die zweite Maschine auf den anderen Turm prallte. In diesem Augenblick kamen mir die Worte des FBI-Berichts aus der Befragung Abdel Hakim Murads in den Sinn: »Die befragte Person beabsichtigte, an Bord irgendeines amerikanischen Verkehrsflugzeugs zu gehen und so zu tun, als ob sie ein ganz normaler Passagier wäre. Dann würde sie besagtes Flugzeug entführen, das Cockpit unter ihre Kontrolle bringen und die Maschine auf die CIA-Zentrale stürzen lassen. Bei der Ausführung dieses Plans würde sie keine Bombe oder sonstigen Sprengstoff verwenden. Es sei ganz einfach eine Selbstmordmission ...«

Also hatten Bin Ladens Männer, Murads Kameraden, endlich ihren Plan ausgeführt.

Als klar wurde, dass hier etwas Außergewöhnliches geschah, tauchten alle Mitarbeiter allmählich im Büro auf. Max jedoch konnten wir nirgends finden. Er hatte noch nicht angerufen und auch noch nicht auf die beiden Botschaften geantwortet, die ich auf seinem Anrufbeantworter hinterlassen hatte.

Wie die meisten waren wir in diesen ersten Stunden überwältigt von unseren Gefühlen, verwirrt und fassungslos. Ich versuchte, Leo zu erreichen – wir alle versuchten, unsere Familien anzurufen und uns zu vergewissern, dass ihnen nichts passiert war –, aber alle Leitungen waren besetzt. In dieser surrealen Stille gerieten meine Mitarbeiter allmählich in Panik. Sie brauchten meine Anweisungen – und meinen Zuspruch.

Dann klingelte ein Telefon. Nachdem schon seit 45 Minuten kein Anruf mehr gekommen war, war dieses plötzliche Klingeln richtiggehend alarmierend. Der Anrufer war ein früherer CIA-Agent und Freund von Max. »Ich schlage vor, dass Sie alles stehen und liegen lassen und Ihr Büro sofort räumen«, riet er mir. »Wie Sie wissen, gibt es widersprüchliche Berichte, aber es sieht so aus, als ob ein Krieg ausgebrochen sei. Gerade wurde das Pentagon angegriffen. Einige sagen, das Außenministerium stehe unter Beschuss, aus der National Mall in Washington steige Rauch auf, und außerdem wissen wir, dass noch ein paar nicht identifizierte Flugzeuge, und zwar mindestens drei, in der Luft sind. Sieht aus wie der Jüngste Tag.«

»Aber warum«, fragte ich zurück, »sollte irgendeiner unser Büro angreifen wollen?«

Meine Mitarbeiter, die das Gespräch mithörten, verloren in diesem Augenblick total die Fassung. Einer stürzte sogar aus dem Büro, und als ich ihn dann auf seinem Handy erreichte, war er schon 20 Häuserblocks entfernt. »Wir wissen überhaupt noch nichts«, meinte dazu Max' Freund. »Wenn ich Sie wäre, würde ich alle meine Computer abstellen – denn es könnte ja noch einen Cyber-Angriff geben – und an einen sichereren Ort gehen, zum Beispiel nach Hause.«

Einen Augenblick lang dachte ich, dass wir das vielleicht tatsächlich tun sollten, dass ich alle Mitarbeiter in mein Haus, das ja unmittelbar vor der Stadt lag, mitnehmen sollte, wo wir dann weiterarbeiten könnten. Aber was war mit den Computern, den Telefonen? Nein, wir mussten hier und erreichbar bleiben. Au-

ßerdem war sicher in der ganzen Stadt der Verkehr zusammengebrochen.

Ich wandte mich an meine Mitarbeiter. Sie hatten alle einfach
Angst. »Ich denke, wir sollten das Büro räumen«, sagte einer,
und die anderen nickten.

»Sie haben das Gespräch mit angehört«, sagte ich zu ihnen.
»Wenn Sie gehen wollen, gebe ich Ihnen dazu meine ausdrück-
liche Erlaubnis. Wenn Sie sich um Ihre Familie Sorgen machen,
gehen Sie nur. Ich bleibe hier, und die, die mit mir da bleiben
wollen, dürfen dies natürlich gern tun. Die Menschen werden
uns jetzt dringender brauchen als jemals zuvor. Und wir wissen
doch auch nicht wirklich, wo es sicher ist und wo nicht.«

Meine Zuversicht war wohl ansteckend. Alle entschlossen
sich zum Bleiben. Sogar der Mitarbeiter, der weggelaufen war,
kam zurück. Ich schickte zwei Kollegen zu Max nach Hause.
Ich wollte wissen, ob es ihm gut ging, und ich war der Meinung,
dass er in dieser schrecklichen Zeit im Büro sein sollte.

Max traf in dem Augenblick ein, als der zweite Turm ein-
stürzte. In diesem Moment schrie ich auf: »Das ist es. Er hat's
geschafft. Bin Laden hat endlich den Job beendet, den er 1993
begonnen hat!«

Uns ging es wie allen anderen Amerikanern: Keiner, der am
11. September mit mir im Büro war, wird diese ersten Stunden
des Schreckens jemals vergessen.

Später an diesem Tag und in den Tagen nach den Anschlägen
wich in unserem Büro die anfängliche gespenstische Stille einem
verrückten Dauerklingeln der Telefone. Die Medien waren
natürlich völlig aus dem Häuschen. Wir erhielten Anrufe von
jedem Journalisten, mit dem wir je zusammengearbeitet hatten.
Die Ersten, die anriefen, waren die Fernsehsender. »War das Bin
Laden?«, fragten sie. »Gab es bei der al-Qaida ausgebildete Piloten?« Später begannen sich dann die Regierungsbeamten zu melden, die schon mit mir zu tun gehabt hatten. In diesen ersten
Stunden und Tagen lag deren Hauptaugenmerk auf der Sicher-
heitslage, aber dann wollten auch sie wissen, ob ich glaubte, dass
das Bin Laden gewesen sei.

Jeder kann jetzt im Nachhinein behaupten, von Anfang an gewusst zu haben, dass Bin Laden hinter dem Ganzen steckt. Aber
als die Journalisten und Regierungsbeamten mich nach den
Anschlägen anriefen, war ihre erste Frage immer: »Hatte Bin
Laden Piloten?« Keiner von ihnen wusste das.

Seit Jahren verfolgte ich schon al-Qaidas Interesse an Flugschulen. Ich wusste, dass wichtige Al-Qaida-Männer wie diese
netten Herrschaften auf den Philippinen, Murad, Ramzi Yousef
und Khalid Sheikh Mohammed, Flugunterricht genommen hatten. Murad, der den Plan zugegeben hatte, eine Verkehrsma-
schine quasi als Lenkrakete benutzen zu wollen, um damit einen
Selbstmordanschlag durchzuführen, nahm Flugstunden in New
York, Texas und Florida. Wie es das Verhör Murads beweist,
wusste das FBI sehr wohl von dessen Planungen und Flugausbildung.

Darüber hinaus enthüllten zu Beginn des Jahres 2000 während des Prozesses in Manhattan gegen die Botschaftsattentäter
Bin Ladens Leute, dass Mitglieder von al-Qaida in Amerika und
dem Sudan eine Flugausbildung absolviert hatten und dabei gelernt hatten, sowohl große Verkehrsmaschinen als auch kleine
Schädlingsbekämpfungsflugzeuge zu fliegen. Einige Aussagen
beschrieben, wie die al-Qaida Geld für den Flugunterricht ihrer
Mitglieder auftrieb. Die meisten amerikanischen Flugschulen
bieten Englischunterricht für Ausländer an, die sich bei ihnen
einschreiben wollen, damit sie als angehende Piloten über das
für ihre Kurse nötige Vokabular verfügen. Diese Schulen werben auf der ganzen Welt.

Bin Ladens Interesse an der Ausbildung von Piloten erwachte
anscheinend in den Neunzigerjahren, als er selbst öfter zu den
verschiedensten Orten fliegen musste und gezwungen war,
dafür Piloten zu mieten, die keine Mitglieder von al-Qaida
waren. Essam al-Ridi war einer der Piloten, denen Bin Laden
eine Dauerstellung anbot. Al-Ridi lehnte den Job ab, da ihm das
Gehalt zu niedrig war, das ihm Bin Laden anbot. (Wie auch andere, die Bin Laden kennen gelernt haben, beschrieb al-Ridi diesen später als ausgesprochen geizig. Er erzählte, dass Bin Laden
von seinen Männern eine detaillierte Abrechnung für jeden Cent

verlangte, den sie bei ihren jeweiligen Missionen ausgaben.) Bin Laden war scharfsinnig genug zu erkennen, dass er sich auf billige Art Sicherheit erkaufen konnte, wenn er seine Piloten aus den Reihen derer nehmen würde, die ihm den Treueeid geschworen hatten.

Al-Ridi übernahm dann freiberuflich Flugaufträge für Bin Laden, bis er mit einem von dessen Flugzeugen verunglückte, woraufhin er, der den Absturz überlebt hatte, die Flucht ergriff. Im Jahr 1994, vor dem Unfall, flog al-Ridi jedoch schon mit einem Kopiloten namens Ihab Ali.

Ihab Ali war ein Taxifahrer, der in Orlando, Florida, wohnte. Seine Frau und seine Familie lebten in seiner Heimat Ägypten, und er besuchte sie häufig dort. Ali wurde 1999 als Al-Qaida-Mitglied verhaftet, nachdem das FBI in Wadih al-Hages kenianischem Haus Briefe an und von ihm gefunden hatte. Im Jahr 1994 hatte Ali in Oklahoma Flugunterricht genommen.

Nicht nur die wichtigen amerikanischen Medien wollten die Meinung unseres Büros erfahren; Journalisten aus der ganzen Welt, aus Deutschland, Großbritannien, Frankreich und fast jeder großen Stadt in den Vereinigten Staaten riefen ebenfalls an. Die überwiegende Anzahl dieser Gespräche wurde zu mir durchgestellt. Jeder interessierte sich für das Gesamtkomplott, und wie Bin Laden darin verwickelt war, aber man wollte doch auch wissen, ob es Verbindungen zu dem jeweils eigenen Land oder der eigenen Stadt gab. Mal für Mal wiederholte ich dieselben Tatsachen über die Flüge und die Piloten; aber wenn ich es für angebracht hielt, teilte ich einem Journalisten spezielle Informationen mit, die mit seinem Herkunftsort zu tun hatten. Nach den Gesprächen musste ich sie mit Material versorgen, das meine Aussagen untermauerte. Ich versandte unzählige Kopien von Ihab Alis Anklageschrift, die Adressen, die im Zusammenhang mit ihm erwähnt worden waren, Angaben über seine Verbindungen mit solchen Terroristen wie al-Hage und so weiter. Wenn ich gefragt wurde, wie ich so sicher sein könne, dass die Anschläge auf Bin Ladens Konto gingen, gab ich zur Antwort, dass die Ziele, die Methode und die Exaktheit ihrer Ausführung auf al-Qaidas Handschrift hindeuteten. Wenn man dann noch

Murads schlimmen Plan, das Flugtraining und die Tatsache hinzurechnete, dass auch der erste Bombenanschlag auf das World Trade Center von al-Qaida verübt worden war, konnte es für mich keinen Zweifel mehr geben, wer auch diesmal dahinter steckte. Letzteres war für viele dieser Journalisten ein großer Schock – und auch für die meisten Regierungsbeamten. Praktisch keiner von ihnen hatte je von irgendeiner Verbindung zwischen al-Qaida und dem Anschlag auf das World Trade Center im Jahr 1993 gehört.

Am vierten Tag nach dem Attentat rief mich ein Bundesstaatsanwalt aus Manhattan an und bat mich um Informationen über den ersten Bombenanschlag auf das World Trade Center und damit zusammenhängendes Material, wie zum Beispiel Murads Aussage. Er hatte auch das FBI darum gebeten, hatte aber von denen nichts bekommen. Er hatte sie quasi angefleht, ihm Hinweise, irgendwelche Hinweise, auf die Hintergründe des 11. September oder al-Qaida zu geben. Fast alle Regierungsstellen hatten direkt nach dem Anschlag das Gefühl, dass sie bei der Bekämpfung des Terrorismus zusammenarbeiten müssten. Die Einstellung des FBI jedoch hatte sich nicht verändert; als ein paar Monate später in New York eine Antiterror-Sondereinheit der dortigen Polizeibehörde gebildet wurde, bat sie das FBI um Hilfe. Aber sie bekamen nicht die geringste Unterstützung und gehörten am Schluss auch zu denen, die mich anriefen.

Ich sprach mit dem Bundesstaatsanwalt, gab ihm die Informationen, die er brauchte, und erzählte ihm dann von al-Muhajiroun, den »Einwanderern«, einer Gruppe mit Sitz in Großbritannien und einer Zweigorganisation in New York. Diese Gruppe, deren Weg ich seit Jahren verfolgte, hielt am 28. April 2001 eine Kundgebung vor dem Gebäude der Vereinten Nationen ab, weniger als sechs Monate vor dem 11. September. Komran Bokhari, der Leiter des New Yorker Büros von al-Muhajiroun, sagte auf dieser Versammlung: »Hier sind wir nur wenige, aber eine Milliarde Muslime stehen hinter dem Dschihad … Auch wenn hier nur wenige vor euch stehen, werden wir eines Tages das ganze islamische Land befreien. Eines Tages wird die Fahne des Islam über dem Weißen Haus wehen! *Allahu*

Akhbar!« Dann skandierten Bokhari und seine Anhänger gemeinsam: »Hisbollah, Hisbollah, Hisbollah.« und »Wir unterstützen Bin Laden! Bin Laden! Wir unterstützen Bin Laden! Was wollen wir? Den Dschihad! Was wollen wir? Dschihad! Dschihad! Dschihad!« Nach dieser Kundgebung versuchte ich die Staatsanwaltschaft für meine Videobänder dieser Veranstaltung zu interessieren, aber meine Aufnahmen wurden nur mit Vorbehalt akzeptiert und mir wurde mitgeteilt, dass Bokharis Äußerungen die Grenzen der Redefreiheit in keiner Weise überschritten. Mehrere Monate, nachdem ich die Al-Muhajiroun-Bänder dem Staatsanwalt übergeben hatte, wurden Dokumente veröffentlicht, die zeigten, dass al-Muhajiroun weit mehr tat, als nur Parolen zu skandieren: Die Gruppe warb auch Mudschahiddin an und bezahlte ihre Ausbildung in den Vereinigten Staaten. Vor allem ihr Flugtraining. Darüber hinaus absolvierten auch Mitglieder von al-Muhajiroun selbst eine Pilotenausbildung.

Eine Woche nach den Anschlägen rief mich Sam um 23 Uhr daheim an und erzählte mir, dass er gerade einen Artikel über die Flugzeugentführer und Flugschulen in Oklahoma lese. Er meinte, dass ich davon erfahren müsse, denn er habe mal zufällig mitgehört, wie ich am Telefon etwas über Oklahoma und Flugschulen geäußert hätte. Ich überprüfte diesen Artikel, und dann schaute ich in Ihab Alis Akte.

Bingo.

Ihab Ali hatte Flugunterricht in Norman, Oklahoma, in der Airman-Flugschule genommen. Mohammed Atta und Marwan al-Shehhi, zwei der 19 Attentäter, gaben als ihre erste Adresse in den Vereinigten Staaten die dieser Schule an, bevor sie ihre Pilotenausbildung in Florida fortsetzten. Und der so genannte 20. Attentäter, Zacarias Moussaoui, hatte ebenfalls ein Flugtraining in Norman absolviert.

Nach der Katastrophe zermarterte ich mir unzählige Male den Kopf, ob sie nicht zu vermeiden gewesen wäre. Ob man nicht viel mehr hätte tun können, und welches mein Anteil daran gewesen war, nicht auf diese Schrift an der Wand geachtet zu haben.

Die Regierungsbehörden hatten sicherlich Hinweise darauf. Sie kannten Murads Plan. Sie hatten Ali in Gewahrsam, ein Al-Qaida-Mitglied mit Pilotenausbildung. Sie wussten, dass die philippinische Bande ein Flugtraining absolviert hatte. Sie wussten, dass al-Qaida eifrig Mitglieder zur Flugausbildung nach Amerika schickte. Es gab sogar einen Bericht des FBI-Agenten Kenneth Williams vom Juli 2001, dass Mitglieder von al-Muhajiroun Flugstunden in Arizona nahmen. Er notierte auch, dass sie ihre Ausbildung bar bezahlten. Der Abteilungsleiter für Terrorismusbekämpfung in Washington, an den dieses Memo geschickt wurde und der auch mit den Ermittlungen gegen Moussaoui befasst war, hat, wie verlautet, Williams Bericht nie gesehen. Nur zwei Wochen nach dem 11. September wurde Moussaoui verhaftet. Aber vor allem wussten alle amerikanischen Bundesbehörden, dass Bin Laden den Vereinigten Staaten den Krieg erklärt hatte.

Im Nachhinein betrachtet: Was wäre einfacher gewesen, als alle Flugschulen aufzufordern, dem FBI jeden zu melden, der für seine Flugstunden bar bezahlte, und dann diese Personen genau zu überprüfen? Hätte es den Lauf der Dinge verändert, wenn man diesen Spuren und Berichten nachgegangen wäre? Ich weiß es nicht und glaube nicht, dass es je einer wissen wird. Heutzutage überwacht das FBI sogar Tauchschulen, da Ramzi Yousef gegenüber den Bundespolizisten ausgesagt hat, dass er eine Ausbildung im Gerätetauchen absolviert habe. Aber erst nach dem 11. September gab das FBI endlich zu, dass der Plan Bojinka der drei Männer auf den Philippinen letztendlich von al-Qaida stammte.

Nach dem 11. September machten viele der Clinton-Administration Vorwürfe, al-Qaida nicht ernst genommen zu haben, aber drei Jahre vorher hatte der Raketenangriff auf Afghanistan und den Sudan, der nicht einmal amerikanische Leben in Gefahr brachte, einen riesigen Aufruhr in den Medien ausgelöst, wobei viele Clinton vorgeworfen hatten, einen Krieg zu provozieren, um die öffentliche Aufmerksamkeit von seinen privaten Affären abzulenken. Natürlich hatte es auch laute Proteste von Seiten der amerikanischen islamischen Gemeinschaft gegeben.

»Unser Land begeht einen terroristischen Akt«, hatte in einer seiner Predigten Maher Hathout verkündet, Sprecher des Islamischen Zentrums von Südkalifornien und ein prominenter Führer der amerikanischen Muslime. »Was wir taten, war illegal, unmoralisch, unmenschlich, unzumutbar, töricht und unamerikanisch.« Und er hatte noch hinzugefügt, dass das Abfeuern der Raketen ein »Hate Crime« darstelle, ein »Hass-Verbrechen« aus rassistischen Beweggründen, das sogar schlimmer sei als die Bombenanschläge auf die Botschaften selbst, da laut Hathout die Raketen unschuldige Menschen getötet hätten, die in ihren Häusern schliefen.

Diese Sprachregelung wurde auch nach dem 11. September beibehalten. Prominente Muslime spielten den Anschlag selbst herunter und konzentrierten sich stattdessen auf das potenzielle Leid der Muslime, die in die Hände rachsüchtiger Amerikaner fallen könnten. Einige der angesehensten und moderatesten Muslimführer, sogar solche, die einen engen Kontakt zum Weißen Haus unterhielten, verurteilten die Anschläge – die aber nicht von Muslimen begangen, sondern von Israel inszeniert worden seien. So äußerte sich Salaam al-Marayati, der Geschäftsführer des Muslim Public Affairs Council, des Islamischen Rates für öffentliche Angelegenheiten, folgendermaßen über den 11. September: »Wir sollten schauen, welche Gruppen am meisten von solchen Ereignissen profitieren, und deshalb denke ich, dass wir den Staat Israel auf die Liste der Verdächtigen setzen sollten.«

Al-Marayati war nicht der einzige Muslimführer mit solchen Ansichten. Mohammed Gemeaha, der Imam und geistliche Führer des Islamischen Kulturzentrums in Manhattan, New Yorks größter und einflussreichster Moschee, behauptete, dass jüdische Kräfte hinter den Anschlägen steckten. Um dieses Bild zu vervollständigen, unterstellte er später den jüdischen Ärzten in den Vereinigten Staaten, sie würden islamische Babys vergiften. Kurz danach verließ er die Moschee und zog nach Ägypten. Wenn er solche Ansichten schon öffentlich in New York äußert, kann man sich ungefähr vorstellen, welche Wortwahl von diesem Mann in Ägypten zu erwarten war.

Andere Führer weigerten sich sogar, die Beweise anzuerkennen, die über die Attentäter gefunden wurden. Ghazi Khankan, der Direktor für Glaubensbeziehungen des Islamischen Zentrums von Long Island und in den Augen vieler Menschen eher zu den Gemäßigten zählend, behauptete, Mohammed Atta, der Anführer des Anschlags, »sei wohlauf und lebe in den Vereinigten Emiraten. Sein Pass wurde gestohlen. Das steht alles in der arabischen Presse. Aber das FBI besteht weiterhin darauf, er sei einer der Entführer. Warum haben die Medien darüber nicht berichtet?«

Selbst nach dem Auftauchen des Videobandes, auf dem Bin Laden mit dem Erfolg dieses Anschlags prahlt, blieb die Ansicht von Teilen der islamischen Welt unverändert, dass nämlich Israel hinter diesen Attentaten stecke. Solche Überzeugungen, samt anderen, erheblich schlimmeren, existieren immer noch weltweit in gewissen Kreisen und sogar in Amerika.

Aus Sicht der arabischen Welt kämpft al-Qaida für eine gerechte islamische Sache. So wie es US-Senator John Kerry in einem Interview vom Juni 2002 ausdrückte: »Wenn Sie morgen in Saudi-Arabien oder Ägypten eine Wahl abhalten würden, würde Osama bin Laden gewinnen. Die wissen das. Wir wissen das. Die Welt weiß das.«

Eine Gallup-Meinungsumfrage, die weniger als sechs Monate nach dem 11. September durchgeführt wurde, zeigte, dass die meisten Einwohner von neun islamischen Staaten, einschließlich Pakistan, Kuwait und Saudi-Arabien, ein starkes Ressentiment gegen die Vereinigten Staaten hegten und diese als »skrupellos« bezeichneten. Die Mehrheit der Befragten hielt das amerikanische militärische Eingreifen in Afghanistan für »moralisch nicht gerechtfertigt«.

61 Prozent gaben an, dass sie nicht glaubten, dass arabische Gruppen die Anschläge vom 11. September ausgeführt hätten.

In den ersten vier Tagen nach den Anschlägen arbeiteten meine Leute und ich wie die Verrückten. Mein Büro wurde zu einer Art »War Room«. Max und die meisten Mitglieder meiner Forschungsgruppe verlegten ihren Arbeitsplatz dorthin. Da ich die

Einzige war, die jedermanns Fragen beantworten konnte, arbeitete ich härter als je zuvor. Ich verlieh dem Computerbegriff »Multitasking«, Mehrprogrammbetrieb, eine neue Bedeutung. Ich erledigte manchmal zehn, zwölf Dinge zur gleichen Zeit. Ständig klingelten die Telefone. Ich führte gleichzeitig zwei oder drei Telefonate, während ich die einen Unterlagen suchte und die anderen las und meinen Mitarbeitern Anweisungen gab, etwas zu holen und zu faxen und zu kopieren … Vier Tage lang machte ich kein Auge zu, außer für ein paar kurze Nickerchen am Schreibtisch. Ich fand keine Ruhe und hatte kaum einmal Gelegenheit, ein paar Bissen zu mir zu nehmen oder mal auf die Toilette zu gehen. Jeder, der uns anrief, wollte alles wissen, wollte alle einschlägigen Unterlagen bekommen, und dies möglichst sofort.

Vier Tage lang schaltete ich meine Gefühle aus, machte ich keine Pause, in der ich meine Empfindungen hätte ordnen können, und hatte keine Zeit, innerlich auf diese Ereignisse zu reagieren. Ich arbeitete rund um die Uhr und war zu beschäftigt und zu müde für solche zweitrangigen Angelegenheiten wie Emotionen oder meine Familie.

In der vierten Nacht ging ich um drei Uhr früh zum ersten Mal seit der Katastrophe nach Hause. Auf dem Heimweg war mein Kopf so voller Gedanken, dass er sich paradoxerweise fast leer anfühlte. Endlich fing ich wieder an, Empfindungen zu haben.

Keine Worte können je die Gefühle beschreiben, die Menschen als Reaktion auf solch ungeheuerliche Ereignisse wie den 11. September entwickeln. Ich war aufgewachsen als Kind eines ermordeten Vaters, erwachsen geworden in einem Land, wo alle Männer, einschließlich meines eigenen, immer wieder in den Krieg ziehen mussten und Terrorismus und Leid alltägliche Begebenheiten waren, und war deshalb viel verletzlicher, als ich es je zugegeben hätte. Völlig aufgewühlt kam ich zu Hause an.

Dort erwartete mich eine unangenehme Überraschung.

Da er wusste, wie beschäftigt ich war, hatte mir Leo nicht gesagt, dass Shirley krank war. Sie hatte eine schwere Ohrenentzündung, hohes Fieber und schrie vor Schmerzen. Leo wachte bei ihr. Er hatte ihr mehrmals ein Schmerzmittel gegeben, aber es hatte nicht viel geholfen. Inzwischen war das Haus ein einziges Chaos. Leo tat sein Bestes, aber bei unseren vier Kindern konnte er einfach nicht alles erledigen. Und dies schon gar nicht so, wie es meinen Vorstellungen entsprach.

Also fing ich um halb vier morgens nach drei schlaflosen Nächten an, die Küche zu putzen, die Wäsche zusammenzulegen, das Schulbrot für die Jungs zu richten und das ganze Haus aufzuräumen. Ich wünschte, ich könnte mir wie Mama in den alten Zeiten im Irak ein Hausmädchen leisten. Aber das war halt nicht möglich.

Während ich meine Hausarbeit erledigte, leerte sich mein Kopf, und plötzlich gab es da viel Platz für Gefühle. Vier Tage lang hatte ich wie eine Maschine funktioniert, ganz langsam begann nun mein Herz wieder die Kontrolle zu übernehmen. Wie Geier stürzten die Erinnerungen auf mich ein und griffen mich in meinem verletzlichen Zustand an: das Trade Center, das Pentagon, der Flug 93 in Pennsylvania, der Jom-Kippur-Krieg in Israel, die zahlreichen Terroranschläge, an die ich mich aus meiner Jugendzeit erinnerte, und schließlich die Hinrichtung meines Vaters.

Ich hörte in der Küche auf und ging nach oben. Shirley hatte sich endlich beruhigt. Leo war immer noch bei ihr. Ich ging in unser Schlafzimmer, zog mich aus, stellte mich vor den Spiegel und schaute mich an. Eine Frau schaute zurück, aber sie war nicht ich. Sie war alt, müde und besiegt. Sie war die traurigste Frau, die ich je gesehen hatte.

Nach der viertägigen emotionalen Auszeit, die mich aufrecht gehalten hatte, erhoben sich nun meine Gefühle und schwappten über mich wie eine Springflut. Zum ersten Mal seit dem Einsturz der Zwillingstürme brach ich zusammen und weinte eine lange, lange Zeit.

Am nächsten Morgen war ich um halb neun wieder zurück im Büro.

Eines Tages, einige Wochen nach dem 11. September, als ich dachte, ich sei emotional wieder völlig auf dem Damm, stieß ich im Internet auf einen Artikel aus der *New York Times.* Er trug die Überschrift DAS JAHR IN BILDERN, und ein beträchtlicher Teil war natürlich der Tragödie gewidmet. Unter einer Großaufnahme der brennenden Türme stand eine kurze Beschreibung der dargestellten Szene. Sie lautete: »Menschen, die sich im Gebäude 1 des World Trade Center befanden, das zuerst getroffen wurde, aber länger aufrecht stand, lehnten sich weit aus den Öffnungen, als die Hitze immer stärker wurde. Später, als die Menschen unvermeidlicherweise in die Tiefe stürzten, rief ein Kind, das gerade aus der Public School 234 an der Chambers Street herauskam, seinem Lehrer zu: ›Schauen Sie, die Vögel brennen!‹«

Ich hatte mich getäuscht. Meine emotionalen Wunden waren noch nicht verheilt und bluteten noch.

Augenblicke nach dem Anschlag auf das World Trade Center wusste ich, dass wir im Krieg waren. Dafür gab es keinen anderen Namen als totaler Krieg. Präsident Bush benutzte am nächsten Tag dieses Wort, und eine Zeit lang diskutierte jeder darüber, gegen wen oder was genau dieser Krieg geführt werde. Wie soll man einer Organisation wie al-Qaida den Krieg erklären, die über kein eigenes Land verfügt? In wenigen Wochen wurde dann ein Begriff geprägt, der in die Alltagssprache des Großteils der zivilisierten Welt einging, der »Krieg gegen den Terrorismus«.

Ich steckte in einem besonderen Dilemma. Bereits Jahre bevor er dann wirklich erklärt wurde, war ich in diesen Krieg gegen den Terrorismus eingezogen worden. Aber gegen wen oder was musste *ich* eigentlich kämpfen? Nach dem 11. September wurde mir bewusst, dass ich etwas tun musste, und ich wusste, dass all meine bisherigen Bemühungen nichts waren im Vergleich zu dem, was jetzt Not tat. Was genau das aber war, war mir ein paar Tage lang überhaupt nicht klar.

Hamas, PIJ, al-Qaida, Bin Laden, der Bombenanschlag auf das World Trade Center von 1993, auf die amerikanischen Botschaften in Kenia und Tansania, auf die USS *Cole* – was war dabei der geheimnisvolle rote Faden, das charakteristische Zeichen, das mir in die Augen stach, das ich aber bisher nicht benennen konnte? Was war die Verbindung zwischen all dem, was ich über den 11. September wusste? Wie hieß dieser Feind, den ich nun bekämpfen würde? Plötzlich traf es mich wie ein Schlag. Es war wirklich ganz einfach, aber ich spürte, dass es dies sein musste, wonach ich suchte. Ich erinnerte mich an die Nacht, als ich nach Shirleys Geburt auf der Geburtsstation lag. Genau zu diesem Zeitpunkt, müde, aber doch euphorisch wegen Shirley, gelähmt vor Schreck wegen Batterjees Buch, hatte ich einen kurzen Blick auf die Fratze des Monsters geworfen. In diesem Augenblick gab es keine giftigen Tentakeln und kein Kleinwild mehr. Es gab nur noch das Monster und ich, unter vier Augen und von Angesicht zu Angesicht.

Damals war mir diese Offenbarung zu viel gewesen – ich unterdrückte und begrub sie tief in meiner Seele. Aber unmittelbar nach dem 11. September erinnerte ich mich wieder an das Monster. Mit dem ungeheuren Wissen, das ich über Wohltätigkeitsverbände und Tarnorganisationen angesammelt hatte, begriff ich, welche Rolle mir in diesem Krieg zukam. Ich wusste nun, dass ich gegen den Terrorismus kämpfen musste, indem ich ihn von seiner Energiezufuhr abschnitt und die Nabelschnur durchtrennte, die ihn am Leben hielt.

Ich musste den Terroristen den Geldhahn zudrehen.

»Jerome?«

»Ja?« Er eilte herbei und stand vor mir stramm wie ein amerikanischer Marineinfanterist vor seinem Ausbilder. Er war groß, sportlich und schüchtern.

»Ich weiß, dass Sie nur für eine begrenzte Zeit als Freiwilliger hierher gekommen sind«, sagte ich zu ihm. »Aber wir können Ihnen sicher Sinnvolleres zu tun geben als das, was wir Sie in den letzten Tagen haben machen lassen.«

Sam hatte mir seinen Freund Jerome empfohlen. Das Büro an der Wall Street, für das Jerome normalerweise arbeitete, hatte wegen der Anschläge vom 11. September eine Zeit lang zugemacht, und er hatte sich entschlossen, beim Geldverdienen mal eine Pause einzulegen und stattdessen etwas Gutes zu tun. Er war einer der vielen Freiwilligen, die uns in den Tagen nach den Attentaten unterstützten. Ein paar Tage war ich zu beschäftigt, um ihm etwas anderes als einfache Verwaltungsarbeiten zu geben. Als ich darüber nachdachte, welche Aufgabe ich ihm, der aus der Finanzwelt kam, übertragen könnte, fiel mir plötzlich etwas ein.

Ich führte ihn in eine dunkle Ecke im Büro, in der zwei große Kisten standen. Ich öffnete eine davon und zog einen dicken Aktenordner heraus. Auf dessen Deckel stand »SAAR«. »Dies ist etwas, das ich vor langer Zeit zu bearbeiten anfing«, sagte ich ihm. »Ich habe fast das Gefühl, dies sei mein Baby. Ich habe ein paar Jahre lang immer mal wieder einzelne Informationen darüber gesammelt und alle in diesen Ordner getan. All das hat mit einer bestimmten Adresse in Herndon, Virginia, zu tun: der 555 Grove Street. Und mit einer bestimmten Organisation, die sich SAAR Foundation nennt. Für den Anfang genügt es, dass Sie wissen, dass SAAR verschiedene Deckorganisationen terroristischer Vereinigungen finanziert. Wenn Sie die Unterlagen durchgehen, werden Sie mehr darüber erfahren. Für den Anfang hätte ich gern, dass sie eine Tabelle erstellen, auf der alle Organisationen stehen, die in diesen Akten auftauchen.«

Ein paar Stunden später tauchte Jerome wieder bei mir auf und wollte dringend mit mir sprechen. Er wirkte gar nicht mehr so wie sonst. Normalerweise leitete er seine Äußerungen mit »Entschuldigung« oder »Entschuldigen Sie« ein, wenn man ihn überhaupt sah oder hörte. Jetzt aber fiel er sofort mit der Tür ins Haus.

»Es tut mir Leid, Ihnen das sagen zu müssen, aber SAAR, ihr Baby, ist inzwischen aufgelöst worden«, teilte er mir mit. »Ich dachte, das sollten Sie wissen.«

Das war wirklich seltsam. SAAR aufgelöst? Da musste ein Fehler vorliegen.

»Lassen Sie mich mal sehen«, gab ich zur Antwort.

Mitte 2001 hatte SAAR seine 990er Steuererklärung für das Fiskaljahr 2000 eingereicht, was bekanntlich dann nötig ist, wenn man mehr als 25 000 Dollar im Jahr an Spenden einnimmt. Ich hatte mir alle vorherigen 990er Erklärungen angeschaut, bisher aber nicht die Zeit gefunden, auch diese letzte auszuwerten. Ich hätte auf dieses Baby von mir besser aufpassen müssen, dachte ich, als ich die Unterlagen studierte, die Jerome mir gebracht hatte. Fast am Ende dieser laufenden Erklärung stand tatsächlich eine Notiz, dass SAAR im Dezember 2000 aufgelöst worden sei. Es wurde auch dargelegt, dass man alle Aktien, die man von der Firma Mar-Jac besaß, verkauft habe. Mar-Jac war eine Geflügelfirma, die *halal,* das heißt nach islamischen Vorschriften geschlachtete Hühnchen für Muslime, verkaufte. Ich fand heraus, dass diese Firma immerhin einen Jahresumsatz von 240 Millionen Dollar machte. Das schienen mir ganz schön viele Hühnchen zu sein ... Diese Mar-Jac-Aktien, die SAAR für 11,96 Millionen Dollar gekauft hatte, wurden für nur 2,65 Millionen Dollar verkauft. Die Zeiten sind hart, die Aktienkurse im Keller. Also hatte SAAR einen Verlust von 9,31 Millionen Dollar deklariert, was bedeutete, dass die Stiftung nur Steuern für diese restlichen 2,65 Millionen Dollar zu zahlen brauchte.

Die Aktien wurden von der sich auflösenden SAAR an eine Gesellschaft verkauft, die sich Sterling Charitable Gift Fund nannte. Jerome und ich schauten uns diesen Sterling Fund genauer an und sahen, dass dessen Anschrift ... die 555 Grove Street war!

Darüber hinaus war Sterlings Präsident Yakub Mirza auch der Präsident von SAAR. Also ging SAAR Pleite, verkaufte ein Aktienpaket im Wert von 12 Millionen Dollar für einen Schnäppchenpreis von 2,65 Millionen Dollar an sich selbst – und wusch dabei mehr als 9,3 Millionen Dollar. Nicht schlecht für einen Tag Arbeit!

Ich schaute mir die 990er Steuererklärung von SAAR für das Jahr 2000 nun noch genauer an und sah zu meinem großen Erstaunen etwas, was mir in den vorherigen Steuerformularen dieser Gesellschaft noch nicht aufgefallen war. 1996 hatte die Stiftung laut Punkt 15 der Erklärung Geldspenden im Wert von 120 000 Dollar erhalten. 1997 waren es dann schon über 1,1 Millionen Dollar. Aber im Jahr 1998 erhielt laut ihrer 990er Steuererklärung die SAAR-Stiftung, die am 20. Dezember 2000 aufgelöst wurde, Spenden, Subventionen und Beiträge in Höhe von

1 783 545 883 Dollar. Jawohl, Sie haben richtig gelesen. Eine *Milliarde* siebenhundertdreiundachtzig Millionen fünfhundertfünfundvierzigtausend achthundertunddreiundachtzig Dollar an Spenden für eine Gesellschaft, die keine einzige Spendenwerbeversammlung abgehalten und nie eine einzige Werbung geschaltet hat, die nie eine E-Mail oder einen Brief an potenzielle Spender verschickt hat und nie im Internet aufgetaucht ist – die also nie versucht hat, Geld aufzutreiben. Wirklich nicht schlecht für ein Jahr Arbeit!

Ich vergewisserte mich, dass es nicht mein Fehler gewesen war, dass ich also diese Information zuvor nicht einfach übersehen hatte. Deshalb schaute ich mir noch einmal die 990er Erklärung von SAAR für das Jahr 1998 an. Diese astronomische Zahl tauchte dort nicht auf.

»Jerome«, sagte ich zu ihm, »vergessen Sie alle anderen Aufträge, die ich Ihnen erteilt habe. Konzentrieren Sie sich nur auf SAAR. Ich möchte so viel über die herausfinden wie möglich. Und seien Sie doppelt aufmerksam, wenn Saudi-Arabien erwähnt wird. Wir müssen alles über SAAR und 555 wissen. Wir sind im Krieg, und unser Job ist es, die Finanzierung des Terrorismus zu unterbinden.«

Eine halbe Stunde später hatte Jerome etwas gefunden. Als er Sterling, die Firma, die SAAR aufgekauft hatte, überprüfte, bemerkte er, dass einer ihrer Direktoren Cherif Sedky war. Sedky erregte Jeromes Aufmerksamkeit wegen seiner Adresse in Saudi-Arabien. Sedky wohnte und arbeitete früher als Anwalt in den Vereinigten Staaten. Er hatte ein Büro in der Hauptstadt Washington und fungierte als Rechtsbevollmächtigter einer großen Anzahl von SAAR-Firmen. Als Jerome auch Sedkys andere Kapitalanlagen durchforstete, entdeckte er, dass dieser und Khalid bin Mahfouz als Mitinhaber einer Risikokapitalgesellschaft namens Yeminvest fungierten. Bin Mahfouz: der Schwager Osama bin Ladens. Yeminvest: Eigentümer eines Hafens im Jemen.

Der Hafen, in dem der Bombenanschlag auf die USS *Cole* geschah.

Jerome war entsetzt. »Das hier *ist* Krieg«, sagte er.

Das erste Mal, dass ich über die Organisationen stolperte, die in der 555 Grove Street beheimatet waren, war ganz am Anfang meiner Karriere gewesen, als ich mich mit Sami al-Arian beschäftigte. Als Erstes erfuhr ich, dass seine World and Islam Studies Enterprise, WISE, das meiste Geld von dem in Washington sitzenden International Institute of Islamic Thought (IIIT) bekam. Dann stieß ich auf Kopien von Schecks und 990er Steuererklärungen, die zeigten, dass auch die SAAR Foundation und der Safa Trust Samis Tarnorganisationen des PIJ mit Geld versorgten. Safa, SAAR und IIIT gaben alle als Adresse die 555 Grove Street in Herndon, Virginia, an.

Taha Jaber al-Alwani und Jamal Barzinji, zwei der Männer an der Spitze von SAAR, Safa und IIIT, waren ebenfalls fleißige Teilnehmer an den Tagungen des PIJ. An Weihnachten 1989 hielt al-Alwani auf einer Tagung der ICP eine Rede mit dem Titel: »Die *ummah*, die islamische Bewegung und deren intellektuelle Herausforderung«. Das war die Zeit kurz vor dem Ende des Afghanistankriegs und dem Ausbruch der ersten Intifada in Israel. In dieser Rede sagte Alwani:

> »Es gibt gar keinen Zweifel, dass der ideologische und organisatorische Zusammenbruch des Kommunismus, dessen Zeuge wir heute sind, hauptsächlich das Verdienst des afghanischen Dschihad und seiner Auswirkungen ist. Dieser Dschihad konnte in jeder Beziehung einen grandiosen Sieg erringen. Heute jedoch steckt dieser Dschihad in einer ideologischen Sackgasse … Die Intifada macht große Fortschritte. Lasst uns Allah den Allmächtigen bitten, ihr den Sieg zu schenken … Aber neben diesem Dschihad brauchen wir auch noch eine andere Art des heiligen Krieges, einen ideologischen und kulturellen Dschihad, der den Geist der Muslime wieder aufrichtet und aufbaut, sodass wir nach dem errungenen Sieg in der Lage sind, von ihm zu profitieren und diese Errungenschaften zum Nutzen der *ummah* gebrauchen können.«

Es war also gewiss kein Zufall, dass die von Bazinji und al-Alwani geleiteten Organisationen die Tarnorganisationen des PIJ finanzierten. Sie waren mit dem PIJ in mehr als einer Weise fest verbunden: Sie teilten dieselbe Ideologie und sie kämpften denselben Krieg. Aber zu diesem Zeitpunkt verstand ich noch nicht al-Alwanis Bemerkungen über den »ideologischen und kulturellen Dschihad«. Zumindest noch nicht ganz.

Bashir Nafi, einer der vier Stützen von WISE, wurde in einer Erklärung der Staatsanwaltschaft als einer der möglichen Nachfolger von Fat'hi Shikaki, dem ermordeten Oberhaupt des PIJ, genannt. Als die Geschichte von Shallahs Ernennung zum Generalsekretär des PIJ bekannt wurde, suchte die INS nach Nafi in Tampa, wo er angeblich für WISE arbeitete. Aber sie konnte ihn dort nicht aufstöbern.

Sie fanden ihn stattdessen in Virginia und erfuhren, dass seine einzige Verbindung zu WISE die Tatsache war, dass diese Organisation als Bürge auf dem Visum aufgeführt wurde, das Sami für Nafi besorgt hatte. Nafi hatte nicht einen einzigen Tag für WISE gearbeitet. Aber dafür für das IIIT.

Nafi wurde kurz darauf ausgewiesen und ging nach Großbritannien zurück.

IIIT und Samis PIJ waren wirklich in jeder Weise eng verbunden.

Ich entschied mich, alles über SAAR, Safa und das IIIT zu erfahren, was möglich war, und zwar mit meiner liebsten Methode: dem Lesen alter Zeitschriften. Ich ackerte alle islamischen Publikationen durch, über die ich verfügte, und suchte nach Artikeln, Anzeigen, Biografien, nach allem. Ich wusste, dass diese Organisationen immer für sich Reklame machen wollen, für sich werben und sich ihren potenziellen Lesern und Spendern bekannt zu machen suchen.

Aber ich konnte überhaupt nichts über SAAR finden. Nicht ein einziges Wort.

Ich versuchte es im Internet. Eine Nachfrage bei Google ergab eine einzige Erwähnung von SAAR. Diese führte mich zu einer Website namens Islam Online. Sie ist darauf spezialisiert, verschiedene Fatwas zu erstellen. Muslime stellen Fragen, und prominente Gelehrte und Imams beantworten sie. Zu diesen prominenten Imams gehören auch Dar al-Hijras Muhammad al-

Hanooti, Salah Sultan, der auf der IAP-Konferenz in Chicago davon erzählte, wie »die Kinder Zions« den islamischen Müttern die ungeborenen Kinder aus dem Leibe schnitten, und Sheikh Yousef al-Qaradawi, der berühmte Geistliche, dem aufgrund meiner Arbeit das US-Visum verweigert wurde. Ich fand heraus, dass zwei bekannte Muslime diese Website eingerichtet hatten. Einer von ihnen war Qaradawi. Der andere war Abdurahman al-Amoudi, Präsident des American Muslim Council (AMC), des amerikanischen Rats der Muslime, den ich später in Washingtons Lafayette Park mit meiner Videoaufnahme dabei erwischen würde, wie er auf herausfordernde Weise seine Unterstützung von terroristischen Vereinigungen hinausposaunte.

Auf dieser Website stand auch al-Amoudis Lebenslauf. Demnach war er »der erste exklusive Vertrauensmann für islamische Geistliche in allen Gattungen der US-Streitkräfte«. Wie beeindruckend. Darüber hinaus erwähnte dieser Lebenslauf, dass al-Amoudi vor seiner Arbeit für den AMC als Direktionsassistent für den Präsidenten der SAAR-Stiftung gearbeitet hatte.

Da ich über SAAR nichts anderes finden konnte, versuchte ich es mit Safa, aber da gab es überhaupt keinen einzigen Treffer in der Suchmaschine.

Ich beschaffte mir eine ganze Menge arabischer Publikationen, die ich sonst gewöhnlich nicht las, davon viele aus Saudi-Arabien. Auch darin fand ich nichts über SAAR oder Safa.

Das war äußerst seltsam. Wenn ich bis dahin nach einer Organisation in alten Zeitungen gesucht hatte, hatte ich gewöhnlich enorm viel Material gefunden.

Aber dieses Mal – eine einzige große Leere. Das verwirrte mich. Ich konnte das nicht verstehen.

Dann schaute ich nach dem IIIT. Diesmal konnte ich einige Links finden. IIIT war anscheinend in den frühen Achtzigerjahren als Denkfabrik gegründet worden; als sein Zweck wurde die Aufklärung der Öffentlichkeit über den Islam angegeben.

SAAR, Safa und IIIT waren gemeinnützige Organisationen. Das bedeutete, dass sie wie HLF, IAP und ICP von Spenden und Zuwendungen leben mussten. Aber sie machten keine Werbung für sich und hielten auch keine Spendensammelveranstaltungen ab – und doch konnten sie andere Organisationen wie Sami al-Arians WISE finanzieren. Um zu überprüfen, wie viel Geld durch ihre Hände ging, ließ ich mir ihre 990er Erklärungen kommen. Was ich dabei entdeckte, war mit nichts vergleichbar, was ich bisher in einem der Hunderten von 990er Formularen gefunden hatte, die ich bis zu diesem Zeitpunkt durchgeschaut hatte.

Safa gab Hunderttausende von Dollar an das IIIT.

SAAR gab Safa Millionen von Dollar pro Jahr.

Auch SAAR überwies Gelder an das IIIT.

SAAR und Safa legten beide ihr Geld in Aktien von Mar-Jac an, der *Halal*-Hühnerfabrik. Auch deren Adresse war die 555 Grove Street in Herndon, Virginia.

SAAR überwies auch jedes Jahr Millionen an den Humana Charitable Trust, der auf der britischen Isle of Man saß. Ein Standort, der gern für Geldwäscheoperationen genutzt wird.

Und SAAR erhielt Spenden im Wert von vielen Millionen Dollar.

Wie war es möglich, dass diese Organisationen, eine Denkfabrik und zwei Hilfsorganisationen, die nicht die geringsten Anstalten machten, Spenden einzusammeln, jedes Jahr über ein solches Budget verfügen konnten?

Erinnern Sie sich, wie ich zum ersten Mal die Dar al-Hijra-Moschee besuchte und dort Abdalhalim al-Ashqar gesehen hatte? Al-Ashqar, der ungefähr zu dieser Zeit nach einem Hungerstreik aus dem Gefängnis entlassen worden war, wurde in zahlreichen Dokumenten als militärischer Führer der Hamas namentlich erwähnt. Jahrelang wurde er vom FBI rund um die Uhr überwacht. Nachdem ich ihn im Dar al-Hijra gesehen hatte, überprüfte ich den Fonds, den er in Mississippi gegründet hatte, den al-Aqsa Educational Fund. Diese Wohltätigkeitsvereinigung wurde vom FBI Jahre später als Tarnorganisation der Hamas bezeichnet. Wie immer, wenn ich Hilfsorganisationen wie al-Aqsa untersuche, beschaffte ich mir deren Steuererklärungen. In ihrer 1023er Erklärung, die man abgeben muss, wenn man Steuerfreiheit beantragt, entdeckte ich, dass Muhammad Jaghlit, ein Vorstandsmitglied von al-Aqsa, als seine Adresse die 555 Grove Street angab.

Also gab es Verbindungen eines Vorstandsmitglieds der al-Aqsa, die das FBI als Tarnorganisation der Hamas bezeichnete, zur Nummer 555. Die Adresse, die den PIJ finanzierte, hatte nun auch enge Kontakte zur Hamas.

Das war eigentümlich. Nachdem sich PIJ und Hamas von ihrer Mutterorganisation, der Muslimbruderschaft, abgespalten hatten, arbeiteten sie danach nicht mehr eng zusammen. Tatsächlich herrschte zwischen ihnen sogar eine erbitterte Rivalität, da sie sich um dasselbe Zielpublikum bemühten. Warum waren sie also beide mit dieser Adresse verbunden?

Diese Verbindung von 555 zu PIJ und Hamas vervollständigte mein Bild. Ich verstand nun den Zusammenhang und überprüfte in meinem Kopf die wichtigen Indizien, die mich zu einem unvermeidlichen Schluss führten.

Ich wusste, dass Ishaq al-Farhan, der jordanische Diplomat, der wegen mir, oder eigentlich wegen seiner Beziehungen zur Muslimbruderschaft und zur Hamas, ausgewiesen worden war, im Vorstand des IIIT gesessen hatte. Ausgerechnet er im Vorstand des IIIT? Ich wusste, dass das IIIT zahlreiche Tagungen abhielt, auf denen Gastredner auftraten, die mit der Muslimbruderschaft in Zusammenhang gebracht wurden. So veranstaltete zum Beispiel die IIIT im Jahr 1993 eine gemeinsame Tagung mit der United Association for Studies und Research, der Vereinigung für Studien und Forschung, in Herndon, Virginia. Unter den Rednern auf dieser Konferenz waren Taha Jaber al-Alwani, Sami al-Arian, Ramadan Abdallah Shallah, Ishaq al-Farhan, Musa Abu Marzook (der damalige Leiter des Politbüros der Hamas) und Kamal al-Hilbawi (der Anführer der Muslimbruderschaft in Nordamerika).

Meine Schlussfolgerung: Der Grund, warum IIIT sowohl mit dem PIJ als auch der Hamas Verbindungen hatte, der Grund, warum Farhan in seinem Vorstand saß, der Grund, warum das IIIT schon als Sprachrohr der Muslimbruderschaft diente, bevor Hamas und PIJ daraus hervorgegangen waren, und der Grund, warum es Tagungen abhielt, an denen Mitglieder von Hamas und PIJ teilnahmen, war der, dass das IIIT praktisch die Muslimbruderschaft *war*.

Al-Ashqars Verbindung zu 555 lieferte mir einen anderen wichtigen Anhaltspunkt. Bisher hatte ich mich auf SAAR, Safa und IIIT wegen deren Finanzierung von Samis Gruppierungen konzentriert. Jetzt verstand ich, dass 555 mehr war als diese Organisationen. Deshalb entschied ich mich, diese Adresse selbst zu untersuchen.

Dazu benutzte ich eine Datenbank mit einem öffentlichen Firmenverzeichnis, die ich schon unzählige Male benutzt hatte. Ich gab »555 Grove Street, Herndon, Virginia« ein. Wenn man in dieser Computerdatenbank eine Adresse eingibt, erscheint ein geteilter Bildschirm; auf der linken Hälfte steht der Name des Unternehmens oder der Unternehmen, die unter dieser bestimmten Adresse gemeldet sind. Auf der rechten Hälfte erscheinen die Namen der Personen, die als Gründer oder Verantwortliche dieser Organisationen registriert sind.

Zu meinem großen Erstaunen standen diesmal die Namen von ungefähr 130 Organisationen auf der linken Seite des Schirms. Die Liste war alphabetisch geordnet. African Muslim Agency, Child Development Foundation, Global Holdings, Grove Street Corporation und so weiter, und so weiter. Weiter unten auf der Liste standen IIIT, Mar-Jac, Safa, SAAR, bis es mit einer York Foundation endete. Die meisten der Namen klangen unverfänglich, wie das bei Firmennamen meist der Fall ist.

Wenn man dann eine dieser Organisationen anklickt, zeigt die rechte Seite des Bildschirms die entsprechende Liste von leitenden Angestellten und Verantwortlichen dieser speziellen Firma. Bei rund 130 Unternehmen hätte ich erwartet, dass die Namen von Hunderten von Leuten erscheinen würden. Aber in einer Firma nach der anderen tauchten die Namen von nur einem Dutzend Personen immer wieder auf, die ich alle von dem IIIT her kannte, darunter Hisham al-Talib, al-Alwani und Barzinji.

Wenn Sie Schwierigkeiten haben, dies alles nachzuvollziehen, grämen Sie sich nicht: Mir ging es genauso. Mehr als 100 Organisationen, zwölf Personen, eine Adresse, fast keine Erwähnung in irgendeiner arabischen oder englischsprachigen Publikation, fast keine Spuren im Internet. Und, am allerwichtigsten, kein Hinweis auf das Sammeln von Spenden. Und doch fließt viel Geld frei in alle Richtungen.

Der Gestank aus der 555 Grove Street wurde schlimmer, je tiefer ich grub.

Ich setzte meine Nachforschungen über diese Firmen und Personen fort. Diese Gruppe von zwölf Männern leitete die Masse der islamischen Vereinigungen und Hilfsorganisationen, die unter der Hausnummer 555 aufgelistet waren, aber diese Leute hatten auch noch Gesellschaften im Rest des Landes unter sich; ihr Netzwerk überspannte die ganzen Vereinigten Staaten. Oft funktionierten die Verbindungen von beiden Seiten; während zum Beispiel al-Amoudi ein Vorstandsmitglied von SAAR war, saß Barzinji, einer der Gründer von SAAR und IIIT, im Vorstand von al-Amoudis AMC.

Zwischen diesen rund 130 Organisationen wurden große Geldsummen hin und her geschoben, aber es herrschte auch ein reger beidseitiger Geldverkehr mit Vereinigungen außerhalb der 555 Grove Street. So spendeten Organisationen von 555 Gelder an den AMC; der AMC spendete seinerseits an Organisationen mit Sitz in der 555 Grove Street. Hilfsorganisationen mit der 555er Adresse spendeten Dar al-Hijra Geld; Dar al-Hijra spendete Geld zurück an die Grove Street. Einige Wohlfahrtsorganisationen wie der HLF erhielten Gelder von der 555 Grove Street, revanchierten sich aber ihrerseits nicht. Vor allem aber wanderten ständig große Summen auf die Isle of Man. Ich erkannte, dass hier Geld im Kreis floss: Die immer gleichen Organisationen spendeten einander Geld, und der eine investierte in den anderen. Da nun viele dieser Vereinigungen steuerbefreit waren, konnte dieser komplexe Geldfluss nicht nachvollzogen und kontrolliert werden.

Ich wollte untersuchen, ob diese zirka 130 Gesellschaften in der 555 Grove Street tatsächlich oder nur auf dem Papier existierten. Ich begann mit dem Telefonbuch. Eine echte Firma braucht funktionierende Telefone.

Ich rief die Auskunft an. Da man bei der amerikanischen Telefonauskunft nur drei Nummern gleichzeitig erfragen kann, musste ich Dutzende Male anrufen. Die große Mehrheit dieser Firmen stand nicht im Telefonbuch.

SAAR war eine der wenigen, die eine Telefonnummer hatten. Ich schaute im öffentlichen Verzeichnis nach, welche Namen mit dieser Nummer verknüpft waren. Die angegebene Nummer galt für den Heritage Education Trust, eine weitere Firma, an deren Spitze die Direktoren von SAAR standen – und die ihren Sitz in der 555 Grove Street hatte. Ich fand dann noch die Nummer von Mar-Jac, der Geflügelfirma. Diese teilte sie mit dem Safa Trust. Und so weiter. Das ergab alles keinen Sinn.

Ich erkannte, dass ich selbst einmal nachschauen musste, wie die 555 Grove Street eigentlich aussah. Schließlich konnte es ja ein Gebäude sein, das groß genug war, zirka 130 Organisationen zu beherbergen, und alle Unternehmen konnten ja auch an eine Telefonzentrale angeschlossen sein, was die verwirrende Verteilung der Nummern erklären würde.

George begleitete mich. Er erklärte sich bereit zu fahren, und ich war mehr als glücklich, diesmal in meiner muslimischen Verkleidung nicht fliegen oder mit dem Zug fahren zu müssen. Wir gelangten nach Herndon, fanden die Adresse und schauten uns das Haus an. Es war zwar ein Bürogebäude, aber es hatte nur drei Stockwerke, das Erdgeschoss mitgerechnet. Gebaut war es aus hellbraunem Backstein, und seine Fenster waren getönt, sodass man nicht hineinsehen konnte. Die Hausnummer 555 prangte stolz auf einem Fenster. Auf der anderen Straßenseite war eine Moschee, das All Dulles Area Muslim Society Center. Das ADAMS Center. Ich entschied mich, dorthin zu gehen und vielleicht ein paar Hintergrundinformationen über 555 zu bekommen, aber zuerst wollte ich die Adresse selbst aufsuchen.

In der kleinen Eingangshalle war eine Tafel mit Namensschildern. Darunter war eine Computerfirma, die das ganze Erdgeschoss einnahm, und SAAR.

Kein Safa, kein IIIT, kein Mar-Jac, keine der anderen 130 Organisationen, die angeblich ihren Sitz in der 555 Grove Street hatten.

Nur SAAR.

Was aber *war* SAAR?

Wir gingen in den ersten Stock hinauf.

Leer.

Im zweiten Stock war am Ende eines langen Ganges eine Glastür mit einem winzigen goldfarbenen Schild mit der Aufschrift »SAAR«. Ich klopfte an.

Stille.

Ich versuchte es noch einmal.

Nichts.

Es war mitten am Tag, einem normalen Werktag, aber bei SAAR war niemand da.

Ich entschloss mich, in die Moschee auf der anderen Seite der Straße zu gehen, um zu sehen, was ich dort erfahren könnte, und dann zum Haus 555 zurückzukehren. George blieb im Auto. Vielleicht waren die Leute von SAAR einfach nur beim Essen. Trotzdem hätte ich schon erwartet, dass SAAR, eine Organisation, die so viele andere finanzierte, in einem großen Büro mit einer beträchtlichen Anzahl von Angestellten residieren würde.

Die Moschee war gleichfalls etwas eigenartig; sie lag im zweiten Stock eines Gebäudes, das ein Geschäftshaus zu sein schien. Im Büro des Zentrums wandte ich mich an einen bärtigen Mann, der pakistanische Kleidung trug. Er sprach kein Arabisch, deshalb fand unsere Unterhaltung auf Englisch statt. Ich stellte mich als jemand aus Pennsylvania vor, behauptete, in den Raum Herndon umziehen zu wollen, und fragte nach Informationen über die Gemeinde und Arbeitsmöglichkeiten. Der Mann meinte, die Gegend sei ideal für Muslime, ihre Gemeinde groß und aktiv und sie hätten sogar eine islamische Schule in ihrer Moschee. Aber er wusste nicht, ob irgendwo ein Job frei sei.

»Was ist eigentlich mit SAAR?«, fragte ich ihn. »Ich habe gehört, sie seien eine große Firma hier in der Gegend.«

»Schwester«, sagte er. »Ich wünschte, ich könnte Ihnen da weiterhelfen. Aber ich habe noch nie etwas von SAAR gehört.«

Ich überquerte die Straße und suchte noch einmal mit George das Büro von SAAR auf.

Diesmal öffnete tatsächlich ein Mann die Glastür. Aber er wollte uns nicht hineinlassen und nicht mit uns sprechen. Er war offensichtlich sehr vorsichtig. Aber hinter ihm, hinter der Glastür mit dem SAAR-Namensschild, konnte ich ein winziges Büro ausmachen mit einem Schreibtisch, einem Telefon und einem Computer. Ich konnte sehen, dass außer dem Menschen an der Tür niemand anderer da war.

Jetzt wusste ich sicher, dass all diese Organisationen ein Schwindel waren. Die Frage aber blieb, aus welchem Grund man so viele Vereinigungen zu solch einem ausgeklügelten Netzwerk zusammenschloss. Dieses Netzwerk war wie ein Krake, und die Tentakeln dieser Krake umfassten Firmen in North Carolina, Georgia, Utah, Pennsylvania, Maryland, Delaware, Washington, Indiana, Washington, D.C., und natürlich Virginia.

Die Beziehung zwischen dem IIIT und der Muslimbruderschaft war der Schlüssel zur Beantwortung meiner Frage. Die Muslimbrüder hatten sich schon vor acht Jahrzehnten gebildet. Mit der Zeit und als Reaktion auf die ständige Verfolgung durch die nahöstlichen Länder, in denen sie operierten (später kam der Westen hinzu), entwickelten sie eine beeindruckende Schläue und Raffinesse. Jahrzehnte, bevor die westliche Welt dies bemerkte, perfektionierten die Muslimbrüder Mittel und Wege, die Ressourcen und Finanzsysteme des Westens auszunutzen, um den Terrorismus zu finanzieren und den Fundamentalismus zu fördern. Eine dieser Methoden war die Schaffung eines komplizierten Geflechts von Gruppierungen und Hilfsorganisationen, wodurch ein Aufdecken ihrer Aktivitäten unmöglich gemacht werden sollte. Das SAAR-Netzwerk war nach diesen Prinzipien konzipiert worden.

Aber *woher* kam denn nun das Geld von SAAR? Was steckte dahinter? Und *was war* SAAR, Herrgott noch mal?

Ich wusste, dass ich dieses Rätsel lösen konnte. Ich musste nur noch den richtigen Schlüssel finden.

Zwei Wochen später musste ich wegen eines Briefings wieder in den Raum Washington fahren. Ich nahm zwei Jungs aus dem Büro mit, von denen einer einen dunklen Pick-up fuhr, das perfekte Fahrzeug für drei Verschwörer, die einen Haufen Gepäck dabei haben. Wir nahmen dunkle Kleidung, Taschenlampen und große dunkle Plastikbeutel mit. Nachdem die eigentliche Arbeit des Tages erledigt war, zogen wir uns um. Ich band mein Haar zu einem Knoten zusammen, und wir fuhren zur 555 Grove Street. Am hinteren Ende des zum Gebäude gehörenden Parkplatzes stand ein kleines Müllhäuschen. Vier Wände und eine Tür, aber keine Decke und Fenster. Ein identischer Bau befand sich auch am anderen Ende des Parkplatzes, näher zur Straße und zum Hauptgebäude. Hier standen die Müllcontainer des Hauses 555. Ich hatte sie schon bei meinem ersten Besuch bemerkt und mich entschlossen, da ich nirgends sonst brauchbare Informationen über SAAR finden konnte, in dessen Abfall nachzuschauen.

Wir hatten den Müllabfuhrkalender überprüft und dadurch erfahren, dass eine private Müllfirma den Abfall von 555 zweimal in der Woche abholte. Der nächste Termin war für den folgenden Tag vorgesehen, sodass die Abfalleimer voll sein würden.

Wir entschieden uns, mit dem anzufangen, der weiter entfernt lag. Aber als wir vorfuhren, sahen wir, dass eine Art Versammlung im ADAMS Center stattfand. Viele Autos parkten auf der Straße, Leute strömten herbei, und im zweiten Stock brannte Licht. Das war schlecht. Obwohl es dunkel war, könnte jemand in der Moschee aus dem Fenster schauen und bemerken, dass jemand die Abfallcontainer auf der anderen Seite der Straße durchwühlte! Aber ich würde auf keinen Fall wegfahren, bevor ich nicht den Müll von Haus 555 genau untersucht hatte. Wir parkten den Pick-up direkt vor dem hinteren Müllhäuschen, um damit unser Vorhaben zu tarnen. Einer hielt Wache, und die beiden anderen durchsuchten abwechselnd den Abfall. Ich machte mich als Erste an die Arbeit.

Der Gestank von SAAR stieg mir endlich im wahrsten Sinne des Wortes in die Nase. Ich wusste natürlich nicht, welches nun tatsächlich SAARs Abfälle waren, aber zwischen den Essensresten und anderem ekligen Zeug fand ich große Schachteln voller Papier. Ich untersuchte sie im Licht meiner Taschenlampe. Sie waren gefüllt mit Rollen benutzten Computerpapiers. Dies war nicht, wonach ich suchte. Ich schaute mich weiter um.

Ich kann Ihnen gar nicht sagen, was wir dort alles gefunden

haben. Eines war jedoch sicher. Die Leute von 555 hatten einen großen Appetit auf Hühnchen – *halal* ohne Zweifel. Wir fanden hunderte Hühnchenknochen zwischen all dem Papier.

Alle paar Minuten schlug unser Wachposten Alarm, weil er dachte, dass jemand käme. Einmal gingen ein paar Leute vorbei, und wir drei versteckten uns in den Büschen hinter dem Abfallhäuschen. Dort fand ich eine alte, schmutzige, nasse, mit Schlamm beschmierte Broschüre der International Islamic Relief Organization, IIRO. Beim späteren Lesen stellte sich heraus, dass es die karitative Arbeit der IIRO in Afghanistan und ihre Zusammenarbeit mit dem saudischen Roten Halbmond beschrieb.

Wir versuchten es nun beim anderen Abfallhäuschen, und nachdem wir recht lange die dortigen Müllcontainer »durchforscht« hatten, hatten wir nichts außer einem Rundschreiben der HLF gefunden, von der Art, wie ich sie oft mit der Post zugeschickt bekam.

Ich erkannte, dass ich hier an Ort und Stelle nicht gründlich genug suchen konnte. Deshalb entschied ich mich, so viel Müll mitzunehmen, wie wir konnten, um ihn dann in einer sichereren und besser beleuchteten Umgebung begutachten zu können.

Also begannen wir die Beutel mit Abfall zu füllen und sie auf die Ladefläche unseres Pick-ups zu stellen. Als wir damit fertig waren, fuhren wir zurück nach New York.

Es war schon spät, als wir endlich wieder am Büro ankamen. Während wir die großen schwarzen Beutel die Treppe hinaufschleppten, musste ich schmunzeln, als ich mir die Überraschung der Leute vorstellte, die am nächsten Morgen den Müll von Haus 555 abholen wollten. Aber natürlich war das noch gar nichts im Vergleich zur Überraschung *unserer* Leute, wenn sie morgen früh das Büro voll mit Müllsäcken vorfinden würden.

Ich war schmutzig und stank und hätte mich wahrscheinlich übergeben, wenn ich mich selber gesehen hätte – also zog ich es vor, diesen Job noch in derselben Nacht zu Ende zu bringen. Wir begannen den ganzen Abfall zu durchsuchen. Das meiste Papier war einfach gebrauchtes Computerpapier. Sehr enttäuschend. Auch viele Hühnchenknochen hatten die Reise nach

New York mitgemacht. Aber nach ein paar Stunden intensiver Suche fand ich einige Fetzen eines Briefes.

Handgeschrieben, auf Arabisch. Und adressiert an eine Firma in Saudi-Arabien.

Stundenlang suchten wir nach den fehlenden Teilen dieses Schreibens. Dazu mussten wir den ganzen Müll, den wir bisher überprüft hatten, noch einmal durchsehen. Kurz vor Sonnenaufgang konnte ich dann alle Stücke zusammensetzen.

Es war der Entwurf eines Briefes der Mar-Jac-Geflügelfirma, die darin Ausrüstung und Maschinen bei einem saudischen Unternehmen namens Watania bestellte.

Diesen Namen hatte ich schon einmal gehört. Ich erinnerte mich vage, dass es eine große saudische Firma war. Ich überprüfte das auf die Schnelle. Watania war tatsächlich ein riesiger Konzern, der mit Hühnchen, Kleidern und Millionen anderer Dinge handelte. Dazu gehörte auch die Veröffentlichung von Büchern, wie bei dem saudischen Verlag, der Batterjees *The Arab Volunteers in Afghanistan* (Die arabischen Freiwilligen in Afghanistan) herausgebracht hatte. Als ich mir Watanias Website anschaute – die von InfoCom als »Host« betreut wurde –, fand ich heraus, dass der Besitzer dieser Firma ein gewisser al-Rajhi war. Ich hatte diesen Namen, al-Rajhi, bei einigen der Unternehmen mit der Adresse 555 Grove Street schon einmal gesehen.

Und dann traf es mich wie ein Blitz.

SAAR war gar kein »Was«.

Es war ein »Wer«.

SAAR: Scheich Sulaiman Abdul Aziz al-Rajhi. Oder sein Bruder Saleh Abdul Aziz al-Rajhi.

Zwei saudische Industriemagnaten, die zu den reichsten Männern der Welt gehörten.

Dies war das Stück, das mir noch gefehlt hatte, mein Schlüssel, mein Sesam-öffne-dich zu Ali Babas geheimer Höhle. Es war Al-Rajhi, der hinter all dem steckte, hinter SAAR, hinter dem IIIT, hinter dem Haus 555, hinter diesem trickreichen und schwer fassbaren Multimilliarden-Dollar-Unternehmen, das Geld in einige der gefährlichsten Terrorgruppen der Welt pumpte. Ich war mir nicht sicher, ob es Saleh oder Sulaiman war, der SAAR den Namen gegeben hatte. Vielleicht waren es beide. Für mich machte das keinen großen Unterschied; diese beiden waren die Topleute im Al-Rajhi-Imperium, das 555 geschaffen hatte. Kein Wunder, dass sie an keiner größeren Publizität für SAAR interessiert waren, kein Wunder, dass sie keine Spendengelder brauchten. Sie allein konnten den weltweiten Terrorismus das ganze nächste Jahrtausend über finanzieren.

Ich hatte endlich eine Bresche in diese Wand aus Lüge und Täuschung geschlagen, die 555 umgab. Die erste Schlacht war gewonnen. Aber ich war noch weit davon entfernt, den ganzen Krieg zu gewinnen.

Eine Sache an SAAR beunruhigte mich geraume Zeit. Nachdem ich herausgefunden hatte, was es war, begann ich alle Gruppierungen und Gesellschaften mit der Adresse 555 Grove Street das SAAR-Netzwerk zu nennen, und dieses Netzwerk war eine Multimilliarden-Dollar-Organisation, die eng mit dem IIIT und etwa 100 anderen Vereinigungen verbunden war. IIIT stand in engem Kontakt mit PIJ, Hamas und der Muslimbruderschaft. Farhan, Sami, Shallah und Nafi waren alle darin verwickelt. Die saudischen Milliardäre al-Rajhi schleusten mithilfe ihrer Tarnorganisationen Gelder in vor allem palästinensische terroristische Vereinigungen, was der Ideologie der Muslimbruderschaft entsprach. Aber es schien mir unsinnig, dass dieser monströse Apparat nur mit dem Blick auf den Nahen Osten geschaffen worden sein sollte.

Ein Jahr, nachdem ich die Verbindung zwischen 555 und al-Rajhi herausgefunden hatte, begannen die Bombenanschläge auf die Botschaften. In der Folge gab die Regierung bisher geheime Unterlagen über die Ermittlungen frei. Eines dieser Dokumente war das Telefonverzeichnis von Wadih al-Hage, dasselbe Verzeichnis, in dem auch Ghassan Dahdulis Nummer gefunden worden war. Ich ging dieses Büchlein durch. Teile waren in Arabisch, andere in Englisch. Einige Partien waren kaum lesbar.

Fast am Ende des Verzeichnisses sah ich dann den Namen, mit einer Adresse in Saudi-Arabien.

Saleh Abdul Aziz al-Rajhi. SAAR.

Aber warum sollte Osama bin Ladens Privatsekretär eine direkte Kontaktmöglichkeit zu Saleh al-Rajhi besitzen?

Ein paar Tage später gab die Regierung auch al-Hages anderes Telefonverzeichnis frei. Und wieder tauchte Saleh al-Rajhis Name darin auf, diesmal allerdings nicht mit seiner Adresse, sondern mit einer Telefonnummer in Saudi-Arabien.

Bei seiner Aussage im Prozess gegen ihn offenbarte al-Hage, wie er seinen Weg an der Seite Bin Ladens damit begonnen hatte, sich den afghanischen Mudschahiddin anzuschließen, und zwar als humanitärer Helfer der saudischen Muslim World League, der MWL. Ich wusste, dass viele Al-Qaida-Mitglieder, so zum Beispiel Wa'el Julaidan und Ihab Ali, ihren Dschihad bei der MWL begonnen hatten. Als ich hörte, dass auch al-Hage mit der MWL verbunden gewesen war, schaute ich die Adresse von deren Büro in den Vereinigten Staaten nach. Natürlich war es die 555 Grove Street.

Am 20. Tag des Prozesses sprach der Staatsanwalt über eine Zelle von al-Qaida in Großbritannien und erwähnte dabei einen Namen, der mir bekannt vorkam: Tariq Hamdi. Ich fand ihn in meinem Ordner über das ICP. Als ich seinem Namen das letzte Mal begegnete, war Hamdi nur Samis Sekretär gewesen. Seitdem hatte er es ganz schön weit gebracht, musste ich denken. Jetzt reiste er durch die Welt und überbrachte Bin Laden Telefonbatterien. Also beschäftigte ich mich noch eingehender mit diesem ehrenwerten Herrn Hamdi und fand bald heraus, dass auch er für das IIIT arbeitete. Und seine Adresse war … die 555 Grove Street.

Batterjees Buch, meiner Ansicht nach eine Biografie Bin Ladens, verriet mir einige erstaunliche Tatsachen über die Al-Qaida-Mitglieder, die Bin Laden am nächsten standen. Aber das war noch nicht alles. Auf seinem Rückumschlag war das Logo der BIF und die Aufschrift »Lajnat al-Birr al-Islamiya«, Islamic Benevolence Foundation (Islamische Wohltätigkeitsstiftung) und darunter »World Assembly of Muslim Youth«, WAMY. Ich wusste, was die WAMY war, aber ich wusste nichts über Lajnat al-Birr al-Islamiya, außer der Tatsache, dass ihr Name dem arabischen Namen der BIF ähnelte, der Benevolence International Foundation. Ich schaute in alten arabischen Zeitschriften nach und fand den Lebenslauf eines gewissen Ibrahim Hussain Bahafzallah, aus dem hervorging, dass er die Wohltätigkeitsorganisation Lajnat al-Birr al-Islamiya leitete. Natürlich untersuchte ich mögliche Verbindungen Bahafzallahs nach Amerika. Ich fand heraus, dass er Vizepräsident der MWL und zweier anderer Organisationen war, die alle drei als ihre Adresse die 555 Grove Street angaben.

Also gab es eine enge Verbindung zwischen den Herausgebern dieses Buchs und der 555 Grove Street. Aber da war noch mehr. Auf der Umschlaginnenseite stand, das Buch sei 1991 im saudischen Dschidda beim Verlag von al-Watania erschienen.

Al-Watania, dasselbe al-Watania, das ich im Müll des Hauses 555 gefunden hatte, gehörte al-Rajhi. Seine Tochtergesellschaften in den Vereinigten Staaten waren Mar-Jac und die anderen Firmen des Hauses 555.

Nun gab es keinen Zweifel mehr. Das SAAR-Netzwerk war nicht nur mit der Hamas und dem PIJ verbunden, sondern auch mit al-Qaida.

Al-Qaida wurde ein Teil der Geschichte der 555 Grove Street.

Man könnte fast sagen, dass alle Straßen der terroristischen Geldbeschaffung und der Ideologie des Terrors in die 555 Grove Street führten.

An diesem Punkt meiner Untersuchung blieben noch zwei entscheidende Fragen zum SAAR-Netzwerk ungelöst. Wie war es zum einen möglich, dass die Männer an der Spitze dieses Netzwerks, von denen keiner ein Saudi war, ein solches saudisches Multimilliarden-Dollar-Imperium kontrollieren konnten? Viele Direktoren des SAAR-Netzwerks lebten in einer feinen Gegend von Herndon, Virginia, in einer Straße und einem Court namens »Safa«. Die Regierung hielt diese Gruppe für eine eng verbundene und verschwiegene Gemeinschaft.

Ich fand die Antwort darauf in den Angaben des Gewerbeverzeichnisses über das IIIT. Darin waren die folgenden Namen als Gründer und Vorstandsmitglieder verzeichnet:

Taha Jaber al-Alwani, WAMY, Saudi-Arabien.

Jamal Barzinji, WAMY, Saudi-Arabien.

Oh mein Gott, dachte ich, IIIT war also nur ein anderer Name für WAMY. WAMY – die World Assembly of Muslim Youth, der Weltverband der Muslimjugend – war für die Jugend bestimmt. IIIT war die WAMY für die jungen Erwachsenen. Batterjee, der von der Regierung als Finanzier Bin Ladens bezeichnet wird, stand in den frühen Neunzigerjahren an der Spitze der WAMY. Diese WAMY veröffentlichte Batterjees Biografie von Bin Laden, in der er den »Fluss des Dschihad« rühmte. Die WAMY gab auch die Handbücher heraus, die bei Ahmed Ajaj gefunden wurden, einem der Verschwörer des Bombenanschlags auf das World Trade Center von 1993. Diese Schriften glorifizierten das Attentat auf Busse und die Ermordung von Zivilisten und waren voller vergifteter und hasserfüllter Bemerkungen gegen Amerikaner, Christen und Juden. Der WAMY-Direktor in den Vereinigten Staaten war seit ihrer Gründung Abdallah bin Laden, Osamas Halbbruder. Aus diesen und anderen Gründen hält das FBI die WAMY für eine mutmaßliche terroristische Vereinigung. Vor allem war WAMY eine saudische Organisation, eine Tatsache, auf die sie übrigens sehr stolz war; sie bekam sogar Gelder von der saudischen Regierung. Barzinji, al-Alwani, al-Talib und Ahmed Totonji, die vier Iraker, die später das SAAR-Imperium errichten würden, fanden irgendwie den Weg nach Saudi-Arabien. Dieses saudische Umfeld war äußerst empfänglich für ihre Botschaft und verschaffte ihnen reichliche Mittel, mit denen sie ihre Ansichten befördern konnten. So war auch das IIIT in Saudi-Arabien gegründet worden, und welche Zwecke ihre Gründer damit auch immer verfolgt haben mögen, sie müssen sich während ihres Aufenthalts dort entwickelt haben. Etwas muss in Saudi-Arabien geschehen sein, dachte ich, das sie auf den Weg, der zu SAAR führte, gebracht hat.

Die wichtigste Frage, und die am schwierigsten zu beantwortende, war: Was waren die Motive, die hinter der Errichtung dieses gigantischen Imperiums im Westen standen? Es konnte nicht nur die Finanzierung des Dschihad sein, dafür war es viel zu groß und zu komplex. Es musste noch eine andere Absicht dahinter stecken.

Um ihre Motive zu verstehen und herauszufinden, welche Zukunft diesen vier Irakern vorgeschwebt hatte, entschied ich mich, deren Vergangenheit zu untersuchen.

Dabei zeigte sich ein beklemmendes Bild.

Ahmed Totonji ist einer der vier Iraker, die Herz und Seele des SAAR-Netzwerks sind. Auch Totonji folgte der von mir beschriebenen Tradition und ging zum Studium nach England, wie es viele wohlhabende junge Iraker, so zum Beispiel mein älterer Bruder Ron, taten. Während er im Jahr 1960 in Großbritannien seine Ausbildung zum Ölingenieur absolvierte, gründete er zusammen mit anderen Studenten, von denen die meisten wie er Iraker waren, den Islamischen Studentenverband des Vereinigten Königreichs. In diesen Jahren begegnete er seinem Mentor Hisham al-Talib, dessen Schwester er heiratete. Al-Talib war ein enger Freund von Barzinji, und beide waren große Anhänger der Al-Ihwan-Bewegung – der Muslimbruderschaft. Im Jahr 1963 zog Totonji in die Vereinigten Staaten und gründete dort kurz darauf die Muslim Students Association (Islamische Studentenvereinigung), MSA. Er saß dann sieben Jahre an einer eigentlich in zwei Jahren zu erledigenden Doktorarbeit, damit er in dieser Zeit Gemeindearbeit für die muslimische Jugend in Amerika leisten und organisieren konnte. Die MSA wuchs rasch über eine reine Studentenorganisation hinaus; Wa'el Julaidan leitete zum Beispiel zur gleichen Zeit das Islamische Zentrum von Tucson, als er an der Spitze der MSA stand. Die MSA mit ihren mehr als 100 Untergruppen in amerikanischen Colleges sammelte Geld für die HLF, BIF und GRF, die nach dem 11. September von der Regierung als Tarnorganisationen des islamischen Terrors eingestuft wurden. So veröffentlichte zum Beispiel die von der Untergruppe der Ohio State University betreute Website der MSA Nachrichten der algerischen GIA, der Bewaffneten Islamischen Gruppe, die vom US-Außenministerium für eine terroristische Vereinigung gehalten wird. Einige Veröffentlichungen der MSA machen Propaganda für die Muslimbruderschaft, und ihre offizielle Website bezeichnet Osama bin Laden immer noch als »muslimischen Gelehrten« und enthält sein Bild und seine erste Kriegserklärung an Amerika aus dem Jahr 1996.

Totonji stellte sich ein weltweites Netzwerk von islamischen Studentenvereinigungen vor, das dann tatsächlich im Jahr 1966 als International Islamic Federation of Student Organizations, IIFSO, zustande kam. 1969 wurde Totonji Generalsekretär der IIFSO. Diese muslimischen Studentenorganisationen verbreiteten sich über die ganze Welt, mit Ausnahme der arabischen Länder. Diese Regime tolerierten keine Bewegungen, die die Ideologie der Muslimbruderschaft unterstützten.

Totonji zog dann nach Saudi-Arabien und gründete die World Assembly of Muslim Youth, die WAMY, die über die Anschauungen der MSA hinausging. Einige seiner Kollegen und Freunde, geborene Iraker, die er in Großbritannien und den Vereinigten Staaten kennen gelernt hatte und die seine Begeisterung für die Beförderung der islamischen Sache teilten, kamen ebenfalls nach Saudi-Arabien. Diese Männer, wie Barzinji und al-Alwani, schlossen sich dort erneut zu einer Gruppe zusammen. Die ganze Sache kam dann richtig in Schwung, nachdem sie sich heimlich mit Saleh al-Rajhi getroffen hatten, den sie als »Hilfe und Inspirator der WAMY« beschrieben sowie als »einen Mann, der der muslimischen *ummah* besser diene als irgendjemand sonst«.

Al-Rajhis brillante Idee war es, Nichtsaudis als Botschafter seiner Ansichten zu benutzen. Diese würde nämlich kaum jemand verdächtigen, eine saudische Angelegenheit zu befördern. Obwohl die meisten dieser Iraker an der Spitze des SAAR-Netzwerks sich im Westen kennen gelernt hatten, zeigten sie alle doch großes Interesse an panislamischen Vorstellungen. Als sie dann nach Saudi-Arabien gingen, kamen sie unter den Einfluss der Rajhi-Brüder. Alle diese Männer bekamen die saudische Staatsbürgerschaft, was normalerweise so gut wie unmöglich ist. Selbst Einwandererkinder, die in Saudi-Arabien geboren wurden, erhalten selten die saudische Staatsangehörigkeit oder irgendein anderes Dokument dieses Landes. Aber diese Iraker wurden fast sofort eingebürgert.

Im Jahr 1979 nahmen Totonji und seine Kumpane an einer Konferenz teil, die von einer Gruppe führender islamischer Gelehrter abgehalten wurde, die Totonji in einem Videointerview als »Anführer der muslimischen *ummah*« bezeichnete. Leiter der Konferenz war Sheikh Yousef al-Qaradawi, der Mann, dessen Einreise in die Vereinigten Staaten ich später verhindern konnte. Sie fand im schweizerischen Lugano statt. Diese Gelehrten diskutierten über Probleme der *ummah,* wie zum Beispiel die Assimilierung der Muslime in den westlichen Ländern. Nach gründlicher Überlegung kamen diese islamischen Denker zu dem Schluss, dass man an zwei Fronten tätig werden müsse, um die Situation zu verbessern: einerseits die Einrichtung von Geldinstituten, zum anderen die Schaffung von Bildungsstätten.

Eine der unmittelbaren Auswirkungen dieses Entschlusses war die Gründung des IIIT als ein Modell für Denkfabriken, die die islamische Erziehung reformieren würden.

Aber diese Idee war nun für die Leute von SAAR überhaupt nicht neu. Schon im Jahr 1973 hatten Barzinji und al-Talib in den Vereinigten Staaten eine religiöse (und deshalb steuerfreie) Organisation ins Leben gerufen und sie North American Islamic Trust, NAIT, genannt. Ironischerweise wurden deren Imams in der islamischen Welt zensiert und konnten ihre Arbeit deshalb nur in den Vereinigten Staaten ausüben, wo sie ja volle Redefreiheit genossen.

Ich wusste, dass dem NAIT in Amerika einige Moscheen gehörten. Eine davon war die Moschee von Bridgeview, Illinois. Sie war vom NAIT in den frühen Siebzigerjahren gekauft worden. In einem handschriftlichen Zeugnis beschrieb Muhammad Salah, der Hamas-Terrorist und Gebrauchtwagenhändler, dem ich auf der IAP-Konferenz in Chicago begegnet war, wie der Imam der Bridgeview-Moschee, einer der Anführer der Muslimbruderschaft in den Vereinigten Staaten, ihn angeworben hatte. Auch die Moschee von Norman in Oklahoma, der sich Zacarias Moussaoui kurz nach seiner Ankunft dort angeschlossen hatte, gehörte ebenfalls dem NAIT. Zwei der Entführer des 11. September nutzten die Hilfe von Mitgliedern einer Moschee in San Diego, um ihr Netzwerk aufzubauen. Auch diese Moschee gehörte dem NAIT. Moaataz al-Hallak, Imam der Moschee in Arlington, Texas, wurde von der Regierung mit Bin Laden und seinem Netzwerk in Verbindung gebracht. Al-Hallak koordinierte in den frühen Neunzigerjahren den Kauf eines Privatjets für Bin Laden. Die Moschee, in der er predigte, gehörte ebenfalls dem NAIT. Zwei der sechs Männer, die im Oktober 2002 in Buffalo verhaftet wurden, weil sie planten, nach Afghanistan zu gehen und sich dort al-Qaida anzuschließen, waren ebenfalls Mitglieder einer Moschee, die dem NAIT gehörte, und als ich die Gründungsurkunde von Dar al-Hijra einsah, entdeckte ich, dass der NAIT auch diese wichtige Institution besaß.

Die Satzung des NAIT erklärt die Aufgabe der Organisation folgendermaßen: »Zweck dieser Vereinigung ist es, die Interessen des Islam und der MSA zu befördern.« Sie beweist auch, dass Bazinji und al-Talib, die Gründer des SAAR-Netzwerks, ebenfalls die Gründer von NAIT, MSA und ISNA, der Islamic Society of North America, sind. Die ISNA war eine Tochterorganisation des NAIT. So wie die SAAR-Stiftung.

Das Ganze wurde nun immer verwirrender und rätselhafter.

Dann fand ich heraus, dass der NAIT nicht nur *einige* amerikanische Moscheen in seinem Besitz hatte.

NAIT gehörten die meisten Moscheen in Amerika – einige hundert von den insgesamt existierenden 1200. Mit der gigantischen Geldmaschine al-Rajhis im Rücken konnte der NAIT diese beeindruckende Menge zusammenkaufen, und dies in nicht einmal einem Jahrzehnt, wobei er jede Opposition im Keim zu ersticken vermochte. Mit all diesen Moscheen unter seiner Kontrolle konnte der NAIT beginnen, seine Ziele durchzusetzen.

Jetzt war endlich alles an seinem Platz. NAIT, ISNA, MSA, SAAR, IIIT, ICP, WISE, IAP, Safa und rund 100 andere Organisationen, die in der 555 Grove Street saßen, waren Teil eines Generalplans, das zu befördern, was al-Alwani den »ideologischen und kulturellen Dschihad« genannt hatte. Erst jetzt verstand ich wirklich, was er damit gemeint hatte. Die reichen saudischen Geschäftsleute, die al-Rajhis, nutzten ihre Botschafter – al-Alwani, Totonji, Barzinji und al-Talib –, um Moscheen in den Vereinigten Staaten aufzukaufen, um in ihnen junge amerikanische Muslime zu indoktrinieren und zu radikalisieren, indem man ihnen die Ideen des Fundamentalismus und des Dschihad nahe brachte.

Und so entwickelten die al-Rajhis und ihre im Irak geborenen naturalisierten saudischen Botschafter eine brillante Methode, eine heimtückische islamische Revolution anzuzetteln. Sie hatten schon vor etwa 30 Jahren die Vision einer muslimischen *ummah* entwickelt und schlau entschieden, die Welt ohne offene Feldschlachten oder Eroberungen zu verändern – wenigstens nicht zu Anfang.

Die Leute von SAAR hatten verstanden, dass sie genug Geld hatten, um sich den Weg zur islamischen Weltherrschaft zu erkaufen.

11. Kapitel

Die Saudi-Connection

»Um 0.01 Uhr hat an diesem Morgen mit einem Federstrich ein wichtiger Schachzug in unserem Krieg gegen den Terrorismus begonnen. Heute haben wir einen Schlag gegen die finanzielle Grundlage des globalen Terrornetzes geführt.«

Mit diesen Worten kündigte George W. Bush am Montag, dem 24. September 2001 bei einer Pressekonferenz im Rosengarten des Weißen Hauses seine Absicht an, gegen diejenigen vorzugehen, die Terroristen finanziell unterstützen. Drei Tage zuvor, am Freitag, hatte ich einen Anruf von einem Regierungsvertreter erhalten. Er sagte, er werde mir sofort eine Liste mit Organisationen faxen, ob ich Informationen über sie beschaffen könne. Wie üblich. Ich fragte nicht einmal, wozu die Liste verwendet werden sollte und was mit dem geschah, was ich ihm lieferte. Meine Aufgabe war es, Informationen zu liefern, nicht Fragen zu stellen, abgesehen von einer:

»Wann brauchen Sie das Material?« Je dringender, desto weniger Zeit hatte ich für meine Recherchen. »Am besten gestern«, antwortete der Regierungsvertreter oberschlau.

Warum kommen solche Anrufe immer freitags?

Die Liste, die mir gefaxt wurde, umfasste gut 60 Namen. Einige wie al-Qaida, Abu-Sayyaf und Maktab al-Khidamat kannte ich zur Genüge. Andere waren weniger bekannt: al-Hamati Sweets Bakeries, al-Nur Honey Center und al-Shifa Honey Press for Industry and Commerce. Honey wurde, wie es schien, nicht zufällig ausgewählt. Abgesehen davon, dass diese Unternehmen einen Teil ihrer Gewinne al-Qaida zukommen ließen, waren sie auch in den Waffen- und Drogenschmuggel verwickelt. Die Entscheidung für den Honighandel als Tarnung für Schmuggelware hatte einen ganz simplen Grund: Wegen der

Konsistenz und des Geruchs des Honigs verzichten amerikanische Inspektoren lieber darauf, ihn genauer zu untersuchen.

Um möglichst schnell liefern zu können, teilte ich die Liste unter meinen Leuten auf. Jedes Team sollte eine Reihe der Institutionen unter die Lupe nehmen, und ich arbeitete mit allen Teams zusammen. Ein Name auf der Liste fiel mir auf den ersten Blick ins Auge: Rabita Trust. Der Name glich stark der arabischen Bezeichnung für die Muslim World League oder Islamische Weltliga: Rabita al-Alam al-Islami. Ich forschte nach Informationen über Rabita und erfuhr rasch, dass es sich tatsächlich um einen Ableger der MWL handelte. Die Weltliga, die weltweit größte islamische Wohltätigkeitsorganisation, wird von der saudischen Regierung finanziert und unterstützt den Dschihad auf der ganzen Welt. Die Adresse in den Vereinigten Staaten lautet: 555 Grove Street, Herndon, Virginia. Wir arbeiteten das ganze Wochenende durch und trugen bis Sonntagnachmittag drei dicke Ordner mit Berichten und Beweismaterial zusammen. Wir fanden heraus, dass Wa'el Julaidan ein Vorstandsmitglied von Rabita war. Eben jener Wa'el Julaidan, auf den ich das Weiße Haus schon vor Jahren aufmerksam gemacht hatte. Eben jener Wa'el Julaidan, der gemeinsam mit Abdallah Azzam und Osama bin Laden Maktab al-Khidamat, das berüchtigte Dienstleistungsbüro, gründete und später zum Hauptfinanzier al-Qaidas wurde. Da Julaidan an der Spitze von Rabita stand, lag für mich auf der Hand, dass die Stiftung eng mit al-Qaida verknüpft war. Mein Bericht über Rabita und Julaidan umfasste sechs Seiten. Einmal mehr legte ich der Regierung Beweise für Julaidans Tätigkeit vor.

Einen Tag nach der Übergabe des Berichts unterschrieb US-Präsident Bush die Executive Order 13224, mit der eine Liste von Institutionen auf der ganzen Welt zu Geldgebern und Unterstützern des Terrorismus erklärt wurde. In den folgenden Wochen und Monaten wurde diese Liste immer wieder ergänzt.

Zu meinem Erstaunen und zu meiner Freude stützte die Regierung sich bei einigen Institutionen auf meine Berichte. Die Ergebnisse meiner Nachforschungen wurden zusammen mit den Aktenordnern voller Beweismaterial fast wortwörtlich zitiert.

Später erkannte ich, weshalb meine Arbeit überhaupt nötig war. Nach dem üblichen Dienstweg für derartige Erklärungen werden als Erstes nachrichtendienstliche Informationen der CIA, des FBI, des Finanzministeriums und des Weißen Hauses über potenzielle Geldgeber gesammelt. Dann werden die Informationen von einem Team aus Vertretern dieser Behörden bewertet. Daraufhin wird entschieden, ob eine bestimmte Organisation zu einem Geldgeber des Terrorismus erklärt werden soll. Das Team ist jedoch außerstande zu entscheiden, welche der ihm vorliegenden Informationen öffentlich zugänglich sind oder ob überhaupt etwas bekannt ist.

Die Regierung würde nie eine Organisation auf den Index setzen, ohne der amerikanischen Öffentlichkeit Beweise vorzulegen. Genau hier komme ich ins Spiel. Meine Mitarbeiter und ich können Informationen beschaffen, die in öffentlich zugänglichen Dokumenten erhältlich sind. Anhand meiner Nachforschungen kann die Regierung ihre Entscheidung gegenüber den Medien rechtfertigen, ohne in aller Öffentlichkeit Geheimdienstinformationen preiszugeben oder künftige Ermittlungen zu gefährden.

In der ersten Verordnung wurden mehrere Organisationen von der Liste genannt, die ich erhalten hatte, Rabita aber nicht. Ich hörte, dass Rabita nicht in der ersten Gruppe war, weil Pervez Musharraf, der pakistanische Präsident, im Vorstand der Stiftung saß. Es wäre überaus peinlich für ihn gewesen, wenn er mit einer Wohltätigkeitsorganisation in Verbindung gebracht worden wäre, die von den Vereinigten Staaten als terroristische Vereinigung bezeichnet wurde. Einige Wochen später, nachdem Musharraf seine Mitarbeit in der Stiftung beendet hatte, wurde Rabita der Liste hinzugefügt und das Vermögen eingefroren.

Die Verbindung zwischen Rabita und MWL machte mich stutzig. Es kam mir absurd vor, dass eine Organisation, die von den Vereinigten Staaten zum Geldgeber von Terroristen erklärt wurde, selbst wiederum von der saudischen Regierung finanziert wurde. Das bedeutete, dass die Saudis, unsere angeblichen Verbündeten, den Dschihad unterstützten.

Rabita war ganz auf die Finanzierung durch die Dachorganisation, die Muslim World League, angewiesen. Die MWL wiederum wird von der saudischen Regierung finanziert. Arafat al-Ashi, der Stellvertreter der MWL in Kanada, sagte in einem kanadischen Prozess gegen einen mutmaßlichen Terroristen aus: »Lassen Sie mich eines klarstellen. Die Muslim World League … ist eine ganz von der Regierung finanzierte Organisation. Also arbeite ich für die Regierung von Saudi-Arabien.«

Laut ihrem offiziellen Organ, den *Muslim World News,* unterstützt und finanziert die MWL den Dschihad in Kaschmir, Tschetschenien, Afghanistan, Palästina, auf den Philippinen, im Libanon und Sudan – buchstäblich überall, wo ein »heiliger Krieg« geführt wird.

Als ich weitere Nachforschungen anstellte, als ich, der Reihe nach, Organisationen wie Holy Land Foundation, Islamic Association for Palestine, World and Islam Studies Enterprise, Islamic Committee for Palestine, Maktab al-Khidamat, Benevolence International Foundation, Global Relief Foundation bis hin zu SAAR näher unter die Lupe nahm, faszinierte mich die Tatsache, dass ich unter jedem Stein, den ich umdrehte, eine Verbindung nach Saudi-Arabien entdeckte. Seit den ersten Tagen der al-Qaida und des Afghanistankriegs Ende der Siebzigerjahre hatte saudisches Geld, in der einen oder anderen Form, stets zum Bild dazugehört, und der Grund war wirklich sehr nahe liegend. Saudi-Arabien war ein tief religiöses Land. Ein wichtiger Glaubensgrundsatz des Islam besagte, dass alles Allah gehört. Wohlstand, den es in Saudi-Arabien in Hülle und Fülle gibt, ist den Gläubigen Allahs nur anvertraut worden. Um das Geld zu reinigen, um Allahs Segen für die richtige Verwendung zu erhalten, müssen die Gläubigen einen festen Anteil des Geldes für gute Taten spenden. *Zakat* oder »Wachstum«, also die Gabe von Almosen, reinigt das Geld in Allahs Augen: »Nimm von ihrem Gut als Almosen, damit du sie dadurch reinigst und heiligst« (9. Sure, Vers 103). Und die kostbarste Sache, für die man spenden kann, ist der Dschihad, versteht sich.

Aber warum riskierten reiche Saudis, in ferne Kriege hinein-
gezogen zu werden? Wieso sollte die saudische Regierung sich
über den Dschihad in Kaschmir, Bosnien oder Tschetschenien
den Kopf zerbrechen?

Die Antwort darauf gibt der Wahhabismus. Das ist eine Glau-
bensrichtung des Islam, die bis ins 18. Jahrhundert zurückreicht
und nach ihrem Gründer Abdul Wahhab benannt ist. Es handelt sich um eine fundamentalistische Strömung, die dazu aufruft, sämtliche Neuerungen im Islam abzuschaffen. Sie trachtet
danach, muslimische Nationen noch muslimischer zu machen
und nichtmuslimische Nationen zum Islam zu bekehren. Kurz,
ihr Ziel ist eine muslimische Weltherrschaft. Die geeignetsten
Orte für den Beginn einer solchen wahhabitischen Wandlung
sind Regionen, in denen bereits gewaltsame Auseinandersetzungen zwischen Muslimen und Ungläubigen im Gange sind, wie
in Palästina und Kaschmir. Nach dem Zusammenbruch des
Osmanischen Reiches nach dem Ersten Weltkrieg nutzten die
Wahhabiten die Gunst der Stunde. Zunächst eroberten sie die
beiden heiligsten Stätten des Islam, Mekka und Medina, dann
gründeten sie einen Staat.

Sie nannten ihn Saudi-Arabien.

In den Augen der Saudis ist folglich eine Unterstützung des
Dschihad gleichbedeutend mit der Ausbreitung des Islam. Aber
wie steht es mit der *Durchführung* des Dschihad? Bekanntlich
waren 15 der 19 Entführer vom 11. September Saudis. Wie
kommt es, dass kein Einziger von ihnen in das Stereotyp eines
Selbstmordattentäters passte? Keiner war verarmt, keiner lebte
unter einer Besetzung, keiner stammte aus zerrüttetem Eltern-
haus, keiner war ungebildet, keiner verzweifelt. Was brachte
diese jungen Männer dazu, derart barbarische Taten zu begehen?

Die Erziehung. Nach dem 11. September sah ich mir das saudische Bildungswesen näher an und stieß auf haarsträubende
Dinge. Zum Beispiel lernen Viertklässler in Saudi-Arabien,
weshalb auf ihrer Flagge ein Schwert prangt. »Das Schwert steht
für den Dschihad im Namen Allahs«, steht in ihrem Schulbuch.
Schüler lernen etliche Gedichte wie das folgende aus einem
Schulbuch für die achte Klasse:

Hab Acht, Israel! Wir sind eine Nation. Eines Tages wird unser Schwert deinen Kopf ernten. Mit dem Schwert wird unser Land sein Recht und seine Würde wiedergewinnen ...

In der sechsten Klasse lernen sie das Wort Mudschahid kennen und üben den Gebrauch in verschiedenen Sätzen, im Singular und im Plural, beispielsweise: »Die Mudschahiddin siegten im Namen Allahs« und »Allah liebt die Mudschahiddin.« In der siebten Klasse lernen saudische Kinder in Religion die Bedeutung der Koranverse. In einem heißt es: »Wir müssen uns vor den *kufr* [Ungläubigen] hüten, und wir dürfen Allah in unseren Gebeten darum bitten, sie zu vernichten.«

Zakat ist also der Grund für die Spende von Geldern, und die wahhabitische Erziehung ist der Grund, weshalb die Spenden dem weltweiten Dschihad zugute kommen. Aber wie wird der Dschihad direkt finanziert? Einige Gruppen, die einen Dschihad führen – darunter Hamas und der Palestinian Islamic Jihad (PIJ) –, sind in vielen Ländern verboten. Bin Laden hat sogar gegen Saudi-Arabien Krieg geführt. Wie könnte ein guter Saudi ihm *zakat* zukommen lassen, ohne die saudische Regierung zu verraten?

Das ist der geniale Hintergedanke des Netzes islamischer karitativer Organisationen, das von Abdallah Azzam, Bin Ladens Mentor und geistigem Vater, geknüpft wurde. Was könnte reinigender und edler sein, als das Geld einer karitativen Organisation zu spenden? Die Organisation wiederum leitet das Geld an eine Tarngruppe weiter, die als Denkfabrik oder religiöse oder schulische Einrichtung fungiert. Von dieser Tarngruppe gelangt das Geld zum Dschihad und den Mudschahiddin. Es ist ein raffiniertes Schema, mit dessen Hilfe problemlos Geld gewaschen werden kann und das Nachverfolgen der Geldströme so gut wie unmöglich ist. Die amerikanische Regierung ließ sich von dieser Strategie lange Zeit täuschen.

Freilich unterstützt die saudische Regierung Osama bin Laden nicht, zumindest nicht direkt. Aber sie unterstützt beispielsweise die MWL, die wiederum den Dschihad unterstützt, also auch Bin Ladens Dschihad. In den Augen der Saudis ist der

Dschihad gegen jeden Nichtmuslim auf jeden Fall gerechtfertigt, weil er die Ausbreitung des wahhabitischen Islam verstärkt. Aber was sind denn all diese Orte – Tschetschenien, Afghanistan, Philippinen – eigentlich, an die das Geld für den Dschihad fließt? Sie sind Hochburgen der al-Qaida, wo Bin Ladens Männer ein wichtiges Wort mitzureden haben. Somit fließt das Geld zwar nicht direkt von der saudischen Regierung an Bin Laden, landet aber am Ende bei al-Qaida. Darüber hinaus unterstützt die saudische Regierung ganz offen Hamas; das hat die Königsfamilie öffentlich erklärt. Und was ist die Hamas? Ihre Aktivisten sind in den Trainingslagern Bin Ladens ausgebildet worden, und ihre Geldgeber – wie Yassin Qadi, der reiche Saudi, den die US-Regierung auf der Liste hatte – unterstützen zugleich al-Qaida. Der Dschihad der Hamas ist von dem der al-Qaida nicht zu unterscheiden.

Die Vereinigten Staaten nennen die Saudis immer noch »unsere Freunde und Verbündeten«. Dabei sind wir für die Saudis nichts anderes als Ungläubige. Die Saudis unterstützen den Dschihad; vom Wahhabismus inspirierter, islamischer Terrorismus hat seinen Ursprung in Saudi-Arabien und wird vom saudischen Ölreichtum finanziert.

Das nenne ich die Saudi-Connection.

Nachdem ich der Regierung meine Berichte zu den karitativen Organisationen auf der ersten Liste geschickt hatte, nahm ich den Rabita Trust weiterhin sorgfältig unter die Lupe. Ich suchte nach möglichen Verbindungen zwischen Rabita und Organisationen mit Sitz in Amerika, weil ich an terroristischen Kontakten auf amerikanischem Boden besonders interessiert war. Im Gegensatz zu der Dachorganisation, der MWL, fand ich für Rabita heraus, dass sie keinen Ableger in den Vereinigten Staaten hatte. Also überprüfte ich die Mitarbeiter Rabitas. In der Welt islamischer Wohltätigkeitsvereine ist eine Organisation, wie ich bei SAAR festgestellt hatte, oft nur ein Name, der schnell gefunden und wieder gestrichen ist. Aber wenn man sich an die Leute, die hinter der Organisation stehen, hält, kommt man der Sache häufig auf den Grund. Diese Leute wechseln längst nicht so oft wie die von ihnen geschaffenen Organisationen. Deshalb konzentrierte ich meine Nachforschungen auf zwei der drei Gründer und Vorstandsmitglieder von Rabita: Abdallah Omar Nasseef und Abdallah al-Obaid. Der dritte Gründer war Julaidan, seine Geschichte kannte ich zur Genüge. Die Namen Nasseef und al-Obaid waren mir ebenfalls nicht neu. Ich hatte mehrere Artikel über sie in den *Muslim World News* gelesen. Nasseef, der Generalsekretär der MWL zu der Zeit, als Julaidan noch den pakistanischen Ableger der Organisation geleitet hatte, war mir besonders ins Auge gefallen. Er wurde in fast jeder Ausgabe des MWL-Organs erwähnt. Überwiegend wurden aus seinen Reden Passagen zitiert, in denen es hieß, dass die Muslim World League den Dschihad unterstützen müsse, weil es die einzige Möglichkeit sei, muslimische Länder wie Afghanistan, Tschetschenien, Kaschmir und Palästina zu befreien.

Ich bat Jerome, herauszufinden, ob Nasseef in den Vereinigten Staaten irgendwelche Verbindungen hätte.

Ich führte gerade ein wichtiges Telefongespräch, als Jerome mit einem breiten Grinsen ein Blatt Papier vor meinen Augen schwenkte, das die Ergebnisse seiner Recherche enthielt.

Nach einem kurzen Blick darauf war mir alles klar. Ich unterdrückte einen Aufschrei, schlug mit der Faust auf den Tisch und vergaß, den Mund zuzumachen. Jerome formte aus Daumen und Zeigefinger einen Colt, führte die Hand langsam an seine Lippen und blies den imaginären Rauch weg.

Hier rauchte in der Tat noch der Colt: Nasseef war der Leiter einer saudischen Organisation namens Makkah al-Mukarimah, das heilige Mekka. Die Adresse in den Vereinigten Staaten lautete 555 Grove Street.

Aber damit nicht genug: Nasseefs Privatadresse wurde ebenfalls mit 555 Grove Street angegeben.

Sam überprüfte al-Obaid, den anderen Vorstand von Rabita. Er stellte fest, dass al-Obaid, der amtierende Generalsekretär der MWL (deren Büro in den Vereinigten Staaten in 555 Grove Street liegt), zugleich Direktor einer Investmentfirma namens Sanabel al-Kheer, Inc., war, mit Sitz in, wie könnte es anders sein, 555 Grove Street. Darüber hinaus war er stellvertretender

Geschäftsführer der Geflügelfarm al-Watania Poultry, einem Unternehmen von al-Rajhi.

Somit standen Nasseef und al-Obaid, der ehemalige und der amtierende Generalsekretär der MWL und zugleich Vorstände der Stiftung Rabita Trust, die erklärtermaßen al-Qaida unterstützte, eng mit der Adresse 555 Grove Street in Verbindung. Die Tentakeln von 555 reichten überallhin.

Was Julaidan, den Generaldirektor von Rabita Trust, anging, so bezeichnete das Finanzministerium ihn nur ein Jahr nach dem 11. September aufgrund meiner Berichte endlich als Geldgeber Bin Ladens und als al-Qaidas Logistikoffizier: »Die Vereinigten Staaten haben glaubwürdige Informationen, dass Wa'el Hamza Julaidan ein Freund Osama bin Ladens und mehrerer führender Köpfe Bin Ladens ist. Julaidan hat Organisationen geleitet, die al-Qaida finanziell und logistisch unterstützt haben. Folglich erklären die Vereinigten Staaten Julaidan gemäß Executive Order 13224 zu einer Person, die den Terror unterstützt.«

Seit Jahren versuchte ich, die Regierung auf Julaidan aufmerksam zu machen. Im Jahr 2002 wendete sich endlich das Blatt. Ich betrachte diese Erklärung als meinen persönlichen Sieg.

Ende 2001 rief mich John Canfield an. Seine Abreise aus Tampa zu dem neuen Posten in Übersee stand unmittelbar bevor. Er sagte mir, dass ihn soeben jemand aus einem Fahndungsteam des Zolls angerufen habe, das in Washington saß. Die Truppe hatte John um seinen Rat als Experte für die Finanzierung von Terrorakten und Geldwäsche im Zusammenhang mit Terrororganisationen gebeten.

»Sie wollten, dass ich zu ihnen fliege und mich mit ihnen treffe. Ich sagte ihnen, dass der eigentliche Experte viel näher bei ihnen lebe als ich«, teilte er mir mit. »Ich habe ihnen Ihre Nummer gegeben. So viel ich weiß, heißt der Typ, der Sie anrufen wird, Mark.«

»Kennen Sie diesen Mark?«, fragte ich.

»Ja. Er ist länger dabei als ich. Bislang hatte er zwar noch nie mit Terrorismus zu tun, aber der Mann ist hervorragend. Er kommt von der Drogenfahndung und ist Spezialist für verdeckte Ermittlungen. Ich habe gehört, bei einem Auftrag hat er sich als Frau verkleidet und sogar Arme und Beine rasiert. Einmal hat er sogar einen Schuss in die Schulter abbekommen. Glauben Sie mir: Der Mann versteht sein Handwerk.«

Knapp eine Stunde später rief Mark an und stellte sich als einer der Agenten von Green Quest vor. Green Quest sei ein neu gebildetes Fahndungsteam des Finanzministeriums mit dem ausdrücklichen Auftrag, sämtliche Geldtransfers von den Vereinigten Staaten aus an Terrororganisationen zu unterbinden. Ob er nach New York kommen und sich mit mir unterhalten dürfe.

Als Mark bei mir aufkreuzte, konnte ich mir nicht vorstellen, wie dieser 1,80 Meter große, breitschultrige Mann jemals für eine Frau gehalten werden konnte. Der Gedanke belustigte mich. Würde ich womöglich als Mann durchgehen? In 100 Jahren nicht.

Mark war außerordentlich wissbegierig. Ich erklärte ihm das allgemeine Muster der Tarnorganisationen für den Terrorismus und wie sie Mittel für den Dschihad abzweigen. Meine Hinweise, die vor allem mit Geldwäsche zu tun hatten, bezogen sich auf verdächtige Aktivitäten in Florida, Michigan und Kalifornien. Da es Green Quests Aufgabe war, die Ermittlungen lokaler Fahndungsteams zu überwachen und zu koordinieren, leitete Mark meine Hinweise an die Teams in den betreffenden Staaten weiter. Aber im Gegensatz zu anderen, die meine Hinweise auch an »die Richtigen« weitergeleitet hatten, merkte ich schnell, dass es diesmal Konsequenzen hatte, denn kurz darauf riefen einige lokale Fahnder bei mir an, um ein Treffen zu vereinbaren. Wenige Tage später kamen wir alle zusammen. Ich instruierte sie, und sie ermittelten mit Volldampf. Es hatte den Anschein, als käme endlich etwas in Bewegung.

Ich saß gerade bei meinem dritten Treffen mit Mark, da kam Sam mit einigen Dokumenten herein, die soeben aus Europa eingetroffen waren.

»Entschuldigung«, sagte er, »aber ich weiß, dass Sie darauf gewartet haben. Ich dachte, Sie wollten vielleicht einen Blick darauf werfen.«

Ich sah mir die Dokumente an: schlechte Qualität, kaum lesbar und noch dazu auf Deutsch. Aber über die Übersetzung konnte ich mir später Gedanken machen, der wichtigste Teil dieser Geschäftsunterlagen aus Vaduz in Liechtenstein war die darin enthaltene Namensliste.

Ich sah mir die Namen an. Dann blickte ich zu Mark auf und wieder auf das Blatt. »Wow, ihr Imperium erstreckt sich also bis weit über unsere Grenzen hinaus«, murmelte ich.

Ich starrte einfach nur die Namen an. Mir wurde klar, dass ich etwas übersehen hatte, das unmittelbar vor der eigenen Haustür gelegen hatte.

»Wir sind auf dem Holzweg gewesen, Mark.« Meine Worte irritierten ihn. »Sie kamen wegen Hinweisen zu mir. Wir haben im ganzen Land nach diesen Hinweisen gesucht. Das sind alles kleine Ermittlungen, und wir sollten sie den lokalen Fahndungsteams überlassen, die bereits daran arbeiten. Der eigentliche dicke Fisch sitzt in Ihrem eigenen Hinterhof, nicht weit von Washington, D.C., entfernt Ich habe in diesen Unterlagen aus Vaduz etwas gefunden, das sehr kompliziert ist. Es wird ziemlich lange dauern, es zu erklären, aber es ist keine verlorene Zeit, glauben Sie mir. Es geht um eine Adresse in Herndon, Virginia. Es ist eine Spur, die mit Sicherheit Ihre kühnsten Träume übertrifft. Merken Sie sich den Namen und die Hausnummer: 555 Grove Street, weil Sie von nun an daran arbeiten werden. Diese Adresse wird Ihr Leben verändern und Green Quest berühmt machen.«

Mark kannte mich damals schon gut genug. Er glaubte mir jedes Wort.

1976 gründeten Hisham al-Talib, Muhammad M. Shamma und Jamal Barzinji, die Väter des Netzwerks von SAAR, in Vaduz, Liechtenstein, eine Bank. Sie nannten sie Nada International nach ihrem Direktor Youssef M. Nada, einem aus Ägypten stammenden italienischen Staatsbürger und guten Freund Saddam Husseins. Er zählte zu den bekanntesten Führern der Muslimbruderschaft und hatte in Ägypten im Gefängnis gesessen, weil er in einen Mordanschlag auf Gamal Abdel Nasser verwickelt war. Nach seiner Entlassung reiste er nach Europa aus, wo er die wichtigsten Finanzorganisationen der Muslimbruderschaft – und al-Qaidas – gründete. Nada wurde darüber hinaus Direktor von zwei Finanzinstituten mit Sitz auf den Bahamas: der Bank al-Taqwa (»Angst vor Allah«) und der Akida Privatbank.

Am 7. November 2001 erklärte US-Präsident Bush die Bank al-Taqwa, ihre leitenden Angestellten und alle eng mit ihr verknüpften Unternehmen zu finanziellen Unterstützern von al-Qaida und forderte, das Vermögen von al-Taqwa einzufrieren. Akida wurde ebenfalls auf den Index gesetzt. Beide Banken wurden später von den Behörden der Bahamas geschlossen. Der Präsident nannte al-Taqwa »eine Vereinigung von Offshore-Banken und Finanzberatungsfirmen, die al-Qaida half, das Geld um die ganze Welt zu schaffen. Al-Taqwa ... besorgt Mittel für al-Qaida. Sie verwalten diese Mittel, legen sie an und verteilen sie. Sie bieten den Anhängern von Terroristen Internetdienste, sichere Telefonverbindungen und andere Möglichkeiten, Botschaften zu verschicken und Informationen auszutauschen. Sie arrangieren sogar den Transport von Waffen ... Sie präsentieren sich selbst als legale Unternehmen, zweigen aber von jeder Transaktion Gelder zugunsten der Terrororganisationen ab. Sie ermöglichen es, dass die Gewinne aus Verbrechen in einem Land in ein anderes überführt werden, um Terrorakte damit zu bezahlen.« Bush erklärte abschließend: »Indem wir dieses [Al-Taqwa-] Netz zerschlagen, beenden wir das Werk der Mörder. Die heutige Aktion unterbricht die Kommunikation al-Qaidas. Sie blockiert eine wichtige Geldquelle.«

Laut Finanzministerium waren al-Taqwa und Akida »Briefkastenfirmen« und »keine eigentlichen Finanzinstitute«. Al-Taqwa, ein Netz von Unternehmen in der Schweiz, in Liechtenstein, Italien und auf den Bahamas, stand mehreren radikalen, islamischen Gruppierungen bei der Geldanlage mit Rat und Tat zur Seite und übernahm den Geldtransfer. Es gab eine Zeit, da kontrollierte al-Taqwa ein Vermögen von 220 Millionen Dollar. Das Netz verwaltete die Investitionen Tausender von Kunden gemäß der Scharia, die die Erhebung von Zinsen verbietet. Zu den größten Kunden zählten Yousef al-Qaradawi, seine Frau und Kinder sowie viele andere Angehörige seiner Familie. Auch einige Angehörige der Familie Bin Laden, sogar Brüder und Schwestern von Osama, fanden sich unter den Kunden. Als Direktor der Akida Bank *beschäftigte* Nada erstaunlicherweise Sulaiman Abdul Aziz al-Rajhi, einen der Saudi-Brüder, die sich hinter dem Kürzel SAAR verbergen.

Somit arbeitete al-Rajhi mit seinem legendären Reichtum für Nada. Aber Nada arbeitete auch für Barzinji und al-Talib, die wiederum für al-Rajhis Stiftung tätig waren, für die SAAR Foundation. Schwirrt Ihnen schon der Kopf? Das ist Absicht.

Am 29. August 2002 wurden 14 weitere Organisationen, die mit al-Taqwa in Verbindung standen, von US-Präsident Bush auf den Index gesetzt, weil sie al-Qaida finanziell unterstützt hatten, ihr Vermögen wurde eingefroren. Diese Organisationen gehörten entweder Nada oder wurden von ihm geleitet.

Nada ist wegen seiner finanziellen Unterstützung für al-Qaida zum »weltweiten Terroristen« erklärt worden. Seiner Ansicht nach wurde er natürlich das Opfer einer Vorverurteilung aufgrund seiner Zugehörigkeit zur Muslimbruderschaft und weil mehrere Angehörige der Familie Bin Laden bei ihm Kunde waren. »Ich bin seit 50 Jahren Mitglied der Muslimbruderschaft«, sagte er. »Das ist kein Geheimnis. Aber sie ist keine gewalttätige Organisation.«

Natürlich ist sie das nicht, Herr Nada. Sie ist nur die Dachorganisation für Palestinian Islamic Jihad, Hamas, al-Qaida und viele vergleichbare Gruppen.

Die Regierung setzte Nada auf den Index. Gut. Später wurde seine Organisation, Nada International, ebenfalls auf den Index gesetzt. Noch besser. Aber Nada leitete lediglich die paar Finanzinstitute in Europa und auf den Bahamas. Er war keinesfalls der Einzige hinter dem weltweiten Imperium und schon gar nicht der Spiritus rector hinter dem Plan, die Weltherrschaft zu erringen. Die Mitglieder der 555-Gruppe – die Rajhis und ihre Abgesandten – waren diejenigen, die Nada anstellten, als sie Nada International gründeten. Sie planten und schufen ein weltweites Imperium, dessen Tentakeln überallhin reichen. Sie gründeten islamische Institutionen wie das International Institute of Islamic Thought (IIIT) und fingen an, ihren eigenen Islam zu predigen. Sie kauften die Mehrheit der Moscheen in Amerika, in denen die radikalen Tendenzen überwiegen. Sie riefen Finanzinstitute ins Leben, die den weltweiten Terror finanzieren.

Nada steht auf dem Index, gewiss. Aber al-Rajhi, al-Alwani, Barzinji, al-Talib, Totonji und die anderen Pfeiler der SAAR nicht.

Mark inspizierte die Dokumente, die ich soeben aus Liechtenstein erhalten hatte. Sie waren der Beweis dafür, dass die SAAR-Gruppe Nada International gegründet hatte. Mir wurde klar, dass das finanzielle Netzwerk von SAAR sich nicht nur über die Vereinigten Staaten, sondern auch über zahlreiche andere Länder erstreckte. Ich erkannte, dass Green Quest sich SAAR, seine Partner und ihre Angestellten vornehmen musste. Green Quest musste, mit mir als ständigem Leitstrahl, gegen 555 Grove Street vorgehen.

Ich gab Mark einen kurzen Überblick über SAAR, angefangen mit der Gründung. Darüber wie es Tarnfirmen für PIJ und Hamas finanziert. Wie es mit der Muslimbruderschaft verknüpft ist, mit der Muslim World League und mit al-Qaida. Ich zeigte ihm die Liste mit mehr als 100 Unternehmen des Netzes und erklärte, wie es in Organisationen, Einzelpersonen und Adressen aufgeteilt ist. Ich erklärte, dass dieselben zwölf Personen all diese Unternehmen kontrollieren würden. Ich zeigte ihm die 990er Steuererklärung mit 1,8 Milliarden Dollar, die die SAAR Foundation 1998 aus Spenden erhalten hatte. Mark war vom ersten Augenblick an Feuer und Flamme. Er musste aber die Ermittlung noch von seinen Vorgesetzten bei Green Quest genehmigen lassen.

Am nächsten Morgen rief er an.

»Wir haben grünes Licht. Meine Bosse meinen, es lohnt sich, den Infos, die Sie uns gegeben haben, nachzugehen. Sie möchten, dass unser Team sich mit Ihnen trifft und die Arbeit an 555 aufnimmt. Könnten wir vielleicht morgen zu Ihnen kommen?«

»Morgen?«, fragte ich. »Nein, ich brauche mehr Zeit, um so

eine Unterweisung vorzubereiten. Ich muss Aktenordner zusammenstellen, Dokumente durchsehen.«

»Wozu?«, erwiderte Mark. »Wiederholen Sie doch einfach, was Sie mir erzählt haben. Keiner könnte auf diesem Gebiet besser vorbereitet sein als Sie!« Für einen überzeugenden Vortrag muss man *immer* etwas vorbereiten. Jerome und ich saßen deswegen bis nach Mitternacht im Büro.

Ich erwartete das übliche Team aus zwei, drei Fahndern, hohen Tieren. Zu meiner Überraschung brachte Mark sieben Leute mit, alle im eleganten Anzug. Es handelte sich um Agenten von Green Quest, der Steuerfahndung und von der Zollfahndung in Sterling, Virginia, die für Herndon und 555 Grove Street zuständig war. Unter ihnen war auch Dave Kane von der Zollfahndung, ein hochgewachsener, hagerer Mann mit einem liebenswürdigen Gesichtsausdruck. Er arbeitete seit drei Jahren beim Zoll und hatte genau wie Mark vor Green Quest noch keine Erfahrung mit dem Kampf gegen den Terrorismus. Er sollte zu einem wichtigen Mann in dieser Ermittlung werden. Ich bat Jerome, sich zu uns zu setzen. Wir stellten einen zweiten Tisch auf, damit die große Gruppe Platz hatte. Dann informierte ich sie über 555 Grove Street.

Ich war wirklich beeindruckt. Wenn sie acht Leute zu mir schickten, dann hieß das, sie meinten es ernst. 1999 waren schon einmal zwei Agenten der FBI-Dienststelle von Virginia an mich herangetreten und hatten mich um Informationen über Barzinji und andere Vorstandsmitglieder von SAAR gebeten. Wir hatten uns getroffen und einige Monate zusammengearbeitet. Gegen einige Leute aus 555 Grove Street wurde sogar ermittelt, sie wurden gar in Gegenwart ihrer Anwälte verhört. Aber wie so viele andere verlief diese FBI-Ermittlung allmählich im Sand. Bis heute wurde nichts unternommen. Womöglich war es diesmal, bei Green Quest, anders, dachte ich. Ich war hoch motiviert, ihnen die Story von SAAR zu erzählen und sie davon zu überzeugen, dass sie sehr wichtig war.

Wir saßen sechs Stunden beisammen. Ich erklärte, dass SAAR ein Netz aus Denkfabriken, Wohltätigkeitsorganisationen, gemeinnützigen und gewinnorientierten Unternehmen sei, insgesamt rund 100, alle mit Sitz in 555 Grove Street. Ich erklärte, wer Sulaiman und Saleh al-Rajhi waren. Ich erzählte den Agenten, wie ich zum ersten Mal auf 555 Grove Street gestoßen war, als ich Nachforschungen zu Sami al-Arian und zur PIJ angestellt und mir Tarngruppen für Hamas näher angesehen hatte. Von der HLF, dem al-Aqsa Educational Fund, WISE, ICP und vielen anderen islamischen karitativen Organisationen, die mit dem Terrorismus zu tun hätten, bestehe immer eine Verbindung zu SAAR, sagte ich ihnen.

Ich schilderte ihnen die Story in chronologischer Reihenfolge und richtete bei meinem Vortrag das Augenmerk auf die Verbindungen zwischen SAAR und den Palästinenserorganisationen Hamas und PIJ. Selbstredend war auch al-Qaida für die Fahnder interessant, wenngleich die Gruppe bei Green Quest nicht oberste Priorität hatte. Deshalb erzählte ich ihnen die Geschichte von Tariq Hamdi und legte seine Kontakte zu Sami al-Arian dar, zu IIIT und zu Bin Laden und seinem Satellitentelefon. Diese Geschichte erstaunte sie. Dann zog ich meine Kopien von Wadih al-Hages Adressbüchern heraus. Der Name al-Hage sagte keinem einzigen Agenten etwas. Also erklärte ich ihnen, wer er war und was er tat. Ich zeigte ihnen Saleh al-Rajhis Name und Telefonnummer in beiden Büchern von al-Hage. Die Agenten waren sprachlos, während ich sie weiter instruierte.

Am Ende meines Vortrags wiederholte ich: »Als Erstes müssen Sie so schnell wie möglich nach Tampa in Florida fahren.« John Canfield konnte ihnen dort weiterhelfen, aber er konnte jeden Tag Florida verlassen und seine neue Stelle antreten. »In Tampa können Sie das ganze Material bekommen, das mir nicht vorliegt. Das FBI ist schon seit Jahren hinter Sami her. Sie haben Dokumente, Videobänder von SAAR-Leuten auf Konferenzen des Islamic Committee for Palestine, Kopien von Schecks, die Sami über SAAR erhielt, Briefe – wichtige Informationen für Ihre Ermittlungen. Sie müssen noch vor Canfields Abreise dorthin fahren, weil er Sie durch das Labyrinth der angehäuften Informationen führen und Ihnen sagen kann, welches Material Sie benötigen und wo Sie es finden. Ohne ihn brauchen Sie eine Ewigkeit. Nach Ihrer Rückkehr nehmen Sie dann Kontakt zu den FBI-Agenten auf, die vor einigen Jahren in der Sache ermittelten. Die verfügen ebenfalls über eine Fülle von Informationen, die sie über SAAR zusammengetragen haben und Ihnen vielleicht zukommen lassen.«

Das Fahndungsteam reiste, wie ich vorgeschlagen hatte, nach Florida, und Mark rief mich sofort nach ihrer Rückkehr an. Ich hütete mich ihn zu fragen, was sie dort erfahren hätten. Mittlerweile arbeitete ich seit Jahren mit der Regierung zusammen und kannte die Spielregeln: Ich liefere, sie nehmen – Ende der Durchsage.

»Wissen Sie noch, was Sie von einem Band sagten, auf dem Sami als Repräsentant der Gruppe PIJ vorgestellt wird und Geld für PIJ sammelt?«, sagte Mark. »Könnten Sie das Band für mich kopieren?« Selbstverständlich, sagte ich. Aber weshalb brauchte er denn das Band von mir? Sie waren doch eben erst in Tampa, wo dieses und viele andere Bänder aufbewahrt wurden! Wahrscheinlich hatten sie keine Zeit, das ganze Material zu kopieren, dachte ich.

Einige Tage später rief Mark an und bat mich um Kopien von Verhören des FBI und der Einwanderungsbehörde INS, von denen ich ihm erzählt hatte. Das war noch seltsamer, aber ich faxte sie ihm.

Am selben Tag rief Dave Kane an. »Sie haben gesagt, Sie hätten Transkripte von Barzinji und al-Alwani auf Konferenzen des ICP.«

»Ja.«

»Könnten Sie mir die schicken?«

»Sicher.«

»Sie haben auch erwähnt, dass Sie Kopien von Schecks von IIIT an Sami hätten. Könnten Sie mir die faxen?«

»Natürlich«, sagte ich. »Ich helfe euch wirklich gern. Aber meine Kopien von den Schecks sind von einer miserablen Qualität und kaum lesbar. Das FBI in Tampa hat bestimmt viel deutlichere Kopien und wahrscheinlich noch viel mehr Schecks als ich. Weshalb rufen Sie nicht dort an und bitten sie, Ihnen Kopien von den Schecks zu faxen?«

»Sie haben vermutlich Recht.« Seine Stimme klang irgendwie merkwürdig. »Könnten Sie mir trotzdem Kopien von den Schecks machen, so gut es geht, und sie mir per Express schicken?«

Derartige Anfragen gingen noch eine ganze Weile ein, und allmählich dämmerte mir, was sich in Florida abgespielt hatte. Ich kannte die Beteiligten, und das FBI in Tampa kannte ich nur zu gut. Das waren die Jungs, die gegen mich ermittelt hatten. Das waren die Jungs, die gegen John Canfield ermittelt und ihm den Fall Sami entzogen hatten. Sie hatten Loraine so gut wie keine Unterstützung zukommen lassen, der Anwältin für Einwanderungsfragen in der INS, die sich bei ihren Recherchen an mich gewandt hatte, nachdem das FBI in Tampa sie im Regen hatte stehen lassen. Ich hatte keine allzu großen Erwartungen an diese Leute. Allerdings hätte ich mir nicht träumen lassen, wie schlecht sie Green Quest behandelt hatten.

Die Fahnder von Green Quest hatten sich mit Canfield getroffen. Der sagte ihnen ganz genau, was sie in den FBI-Räumlichkeiten suchen sollten und wo sie es finden würden. Leider hatte er keine Dokumente in seinem Besitz – er hatte alles dem FBI aushändigen müssen, nachdem man ihm den Fall entzogen hatte. Aber er stand dem FBI immer noch zur Verfügung, wenn es ihn um Informationen bat. Also führte er das Team von Green Quest zum FBI-Hauptquartier in Tampa und stellte sie Jerry vor, dem neuen Leiter der Ermittlung. Die Fahnder erklärten Jerry, woran sie arbeiteten, und baten ihn um die relevanten Informationen über SAAR und die Verbindungen zu Sami. Sie baten ihn um das Material, das bei den Haussuchungen in Samis ICP und in WISE beschlagnahmt worden war.

Ihnen wurde mitgeteilt, dass das FBI gegen Sami ermittle. Das Material, das dem FBI über Sami vorliege, sei deshalb vertraulich. Green Quest habe keinen Zugang dazu.

Wohlgemerkt, das geschah Monate *nach* dem 11. September.

Die Fahnder versuchten zu erklären, dass keine Rivalität zwischen Green Quest und dem Team in Tampa bestünde. Sie wollten lediglich die Informationen, die mit ihrer Ermittlung zu tun hätten, keine allgemeinen Informationen über Sami. Jerry bat sie folglich, einen detaillierten, schriftlichen Bericht über die Ermittlung von Green Quest vorzulegen, aus dem genau hervorging, welches Material sie vom FBI brauchten und warum.

Diese Arbeit kostete sie einen ganzen Nachmittag ihres Besuches in Tampa.

Marcy Futerman, die Leiterin von Green Quest, rief daraufhin ihren Vorgesetzten in der Zollfahndung an. Futerman ist eine freundliche, mütterliche Chefin, aber sie nahm ihr Team in Schutz. Sie erkannte, dass ihre Agenten womöglich mit leeren Händen zurückkehren würden, wenn man nicht ordentlich Druck machte. Ihr Vorgesetzter wiederum rief im FBI-Hauptquartier in Washington an und bat um eine Vollmacht für Green Quest, das Material in Tampa zu untersuchen. Das FBI-Hauptquartier kam dem Gesuch nach, rief in Tampa an und wies sie an, mit Green Quest zusammenzuarbeiten.

Mark und seine Mitstreiter legten Jerry ihren Bericht vor und wurden endlich in die Räume mit dem Beweismaterial eingelassen. Ähnlich wie bei Loraine wurden ihnen ein paar Schachteln ausgehändigt, und man sagte ihnen, das seien die einzigen Schachteln, die für ihre Ermittlung relevantes Material enthielten. Doch damit nicht genug. Sie durften sich das Material nur ansehen. Es war ihnen nicht erlaubt, etwas zu kopieren, zu scannen oder aufzunehmen. Sie durften sich lediglich notieren, was sie zu sehen bekamen. Darüber hinaus wurden sie von einem FBI-Agenten überwacht, der die ganze Zeit scharf aufpasste, dass sie nichts kopierten oder aus den Schachteln entfernten, und sogar ihre Unterhaltung kontrollierte. Wenn sie anfingen, über Dokumente zu sprechen, die sie für wertvoll hielten, ja, sobald sie irgendeinen Enthusiasmus über einen Fund erkennen ließen, ermahnte ihr FBI-Aufseher sie, dass es Zeit für eine Pause sei, oder für das Mittagessen. Das FBI hatte offenbar panische Angst davor, dass Green Quest etwas in dem Material entdecken könnte, das es übersehen hatte. Mit allen Mitteln wurde versucht, das zu verhindern.

Auch wenn die Fahrt in mancher Hinsicht ein Fehlschlag war, kehrte Green Quest immerhin nicht mit ganz leeren Händen nach Washington zurück. Sie brachten die ausgezeichneten Berichte mit, die John ihnen ausgehändigt hatte. Ihnen fehlten jedoch die Beweise, das Material, das das FBI hatte, *ihnen* aber nicht geben wollte. Aus diesem Grund baten Mark und Dave Kane mich fortwährend um Kopien von Dokumenten und Bändern.

Green Quest ist eine übergeordnete Koordinationsstelle, die der Zollfahndung angegliedert ist. Ihr gehören FBI-Agenten und Steuerfahnder an, und sie arbeitet eng mit der Aufsichtsbehörde für ausländische Vermögen, Office of Foreign Assets Control (OFAC), zusammen, die dem Finanzministerium unterstellt ist. Green Quest überwacht lokale Behörden, die in ihrem Zuständigkeitsbereich Ermittlungen durchführen, und schaltet sich in manchen Fällen wie bei SAAR auch unmittelbar in die Ermittlung ein. OFAC unterstützte Green Quest bei seiner Arbeit. Das Gleiche galt für die FBI-Männer, mit denen ich schon seit einigen Jahren wegen SAAR in Kontakt war. Anders als ihre Kollegen in Tampa waren diese FBI-Agenten kooperativ und hilfsbereit, zumindest eine Zeit lang. Sie ließen Green Quest viele Dokumente zukommen. Damals, in den Monaten, in denen wir zusammengearbeitet hatten, hatte ich den Eindruck gewonnen, dass sie ihre Arbeit genau wie Green Quest ernst nahmen. Mir wollte nie in den Kopf, weshalb ihre Ermittlung keine Fortschritte gemacht hatte.

In allen praktischen Dingen waren Mark und Dave zuständig für die Ermittlung gegen SAAR. Sie arbeiteten direkt mit mir zusammen. Mark repräsentierte Green Quest und Dave den Zoll in Sterling, Virginia. Sie bekamen von mir Material, schrieben Berichte und legten sie dem Staatsanwalt vor. Der wiederum prüfte, ob das vorhandene Belastungsmaterial ausreichte, um die Ermittlung gegen 555 Grove Street fortzuführen. Mark und Dave wurden von ihren Vorgesetzten enorm unter Druck gesetzt. Alle wollten so schnell wie möglich greifbare Erfolge vorweisen. Deshalb arbeiteten Mark und Dave auf der Seite der Regierung und Sam, Jerome und ich in unserem Büro sehr hart. Mark und Dave saßen fast rund um die Uhr an dem Fall. Ich verbrachte den größten Teil meiner Zeit mit der Ermittlung und ihren ständigen Fragen, auch wenn ich in dieser Zeit noch tausend andere Dinge um die Ohren hatte. Ich führte mehrere eigene Nachforschungen durch und arbeitete mit Staatsanwälten, dem FBI, Zoll und INS-Beamten in ganz Amerika zusammen. Ich besuchte weiterhin muslimische Konferenzen und Kundgebungen. Ich fand sogar Zeit, wieder im Müll nach Hinweisen zu suchen.

»Sie haben Tariq Hamdi erwähnt«, sagte Mark einmal zu mir. »Wie können Sie beweisen, dass er wirklich derjenige war, der das Telefon an Bin Laden lieferte?«

Ich sagte ihm, das gehe aus den Protokollen des Prozesses um den Bombenanschlag auf die Botschaft hervor. Ich suchte die entsprechenden Seiten heraus und faxte sie ihm eine halbe Stunde später.

Er rief noch einmal an. »Während Ihrer Unterweisung habe ich mir notiert, Hamdi habe auch mit Sami zu tun. In den Dokumenten, die wir in Tampa einsehen durften, konnten wir nirgends Hamdis Namen finden.«

Ich schickte ihm per E-Mail ein Bild aus dem Organ der University of South Florida, dem *USF International Affairs Quarterly,* auf dem Sami und Hamdi gemeinsam neben Hassan Turabi sitzen, dem sudanesischen Parteichef, der Bin Laden beherbergt hatte. Hamdi wird in dem Beitrag als Mitglied von WISE bezeichnet. Darüber hinaus hatte WISE, laut der Recherche in Datenbanken, ein Postfach, das unter dem Namen Hamdi gemeldet war. Ich faxte diese Dokumente an Mark.

Einige Minuten später rief er wieder an. »Woher wissen Sie aber, dass Hamdi für IIIT gearbeitet hat?«

Ich sagte ihm, dass Tariq Hamdi der Herausgeber der Vierteljahreszeitschrift von IIIT war, *Islamiyat al-Ma'rifah* (Islamisierung des Wissens). Ich fand die Akte und faxte Mark die Seite mit Hamdis Namen aus der Zeitschrift.

Er rief noch einmal an. »Schön und gut, aber woher wissen Sie, dass er noch immer für sie arbeitet?«

Gute Frage. Das wusste ich nicht, aber es war ein guter Anlass, es herauszufinden. Also rief ich beim International Institute of Islamic Thought an – nach Geschäftsschluss, weil ich die

Hoffnung hatte, die Information zu bekommen, ohne dass ich mit einem IIIT-Mitarbeiter sprechen musste. Die elektronische Ansage bot mir eine Reihe von Wahlmöglichkeiten an. Ich entschied mich für die Option, mit den IIIT-Angestellten Kontakt aufzunehmen. Ich hörte das Band ab und stellte fest, dass Hamdi immer noch eine eigene Mailbox in dem System hatte. Also arbeitete er noch für das Institut. Nachdem längst allgemein bekannt war, dass Hamdi für Bin Laden arbeitete, stand er bei IIIT immer noch auf der Gehaltsliste.

Am nächsten Tag rief Mark an und fragte: »Woher wissen Sie, dass Hamdi außer der Sache mit dem Satellitentelefon in irgendeiner Form mit al-Qaida zu tun hatte? Vielleicht war das nur eine einmalige Aktion, bei der er gar nicht wusste, was er eigentlich tat.«

Auch das war eine berechtigte Frage, allerdings schwierig zu beantworten. Immerhin erhob die Regierung keine Vorwürfe gegen Hamdi. Er lebt glücklich und zufrieden, und seine Frau Wafa Hozien unterrichtet an der Bethesda-Chevy Chase High School in der Nähe von Washington, D.C. Auch sie war stark an der Tätigkeit von ICP in Tampa beteiligt, wo sie ihren Mann kennen gelernt hatte. Sie war Chefredakteurin von *Inquiry* (Erkundigung), dem ICP-Organ in englischer Sprache, und sie arbeitete als Sekretärin von Sami al-Arian.

Dem Vernehmen nach ging das FBI davon aus, Hamdi habe ihnen alles gesagt, was er wisse, und dass es wenig Sinn mache, sich weiter mit ihm zu befassen.

Aber stimmte das wirklich? Ich kramte meine Akte zum Committee for the Defense of Legitimate Rights (Komitee zur Verteidigung legitimer Ansprüche, CDLR) hervor. Dieses Komitee ist eine saudische Dissidentengruppe mit Sitz in London und zugleich eine Tarnorganisation von al-Qaida. Aus der Akte zog ich Zeitungsausschnitte aus *al-Zaytuna,* dem Organ der IAP, in denen Mitte der Neunzigerjahre die Eröffnung eines Ablegers von CDLR in den Vereinigten Staaten bekannt gegeben wurde. In den beiden Anzeigen wurden zwei Telefonnummern genannt. Ich hatte in der Vergangenheit vergeblich versucht, Informationen zu diesen Nummern zu bekommen. Als

Regierungsbeamtem standen Mark jedoch Ermittlungsmethoden zur Verfügung, die ich nicht hatte. Ich gab ihm die Nummern, und zwei Tage später teilte er mir mit, dass ich Recht hatte: Beide Nummern gehörten Hamdi. Somit war Hamdi der Repräsentant von CDLR in den Vereinigten Staaten und hatte folglich mehrfach mit al-Qaida zu tun.

Während Mark mich zu IIIT ausquetschte, löcherte Dave mich mit Fragen zur Muslim World League. An den Fragen, die Mark und Dave mir stellten, erkannte ich, dass sie die Organisationen, die mit dem SAAR-Netzwerk in Verbindung standen, unter sich aufgeteilt hatten. Sie gingen systematisch eine Kategorie nach der anderen durch. Genau wie ich vor Jahren fingen sie am Fuß der Pyramide an, bei den Organisationen mit Sitz in Amerika, und arbeiteten sich langsam zur Spitze vor. Sobald sie dort ankamen, mussten sie, wie ich wusste, auf die Gebrüder Rajhi stoßen. Aber zu diesem Zeitpunkt waren sie noch beim Aufstieg.

Dave fragte mich zum Beispiel, wie es mir gelungen sei, eine Verbindung zwischen Rabita Trust, der auf dem Index stand, und der MWL und 555 Grove Street herzustellen. Ich sagte ihm, dass Rabita laut der Website der MWL eine Tochter der Muslim World League sei. Ich sagte ihm, dass 555 Grove Street als Wohnsitz eines Vorstands von Rabita, nämlich Nasseefs, angegeben werde. Ich schickte ihm alle Unternehmensunterlagen mit den entsprechenden Verbindungen zu dieser Adresse.

Dave und Mark hatten ganz einfach deshalb keine Ahnung von so grundlegenden Fakten wie dem Inhalt der MWL-Website, weil sie am Arbeitsplatz nicht im Internet surfen konnten. Wenn Regierungsbeamte mit ihren dienstlichen Rechnern Sites wie die der MWL aufsuchten, dann konnten die Spuren (Signaturen), die sie beim Besuch hinterließen, den Verdacht der Betreiber erregen. Erstaunlicherweise gab es nur einen einzigen Computer an jeder Dienststelle, der nicht als Regierungscomputer erkannt werden konnte, und die Warteliste für diesen Rechner war offenbar lang. Ich brachte Mark und Dave bei, wie sie mithilfe des Webs Dokumente finden, relevante Websites aufrufen und herausfinden konnten, wer die Site betrieb. Darüber hinaus zeigte ich ihnen die anderen Recherchewerkzeuge, die ich häufig nutzte. Von da an surften sie bis spät in die Nacht, aber zu Hause.

Monatelang wurde die Ermittlung auf diese Weise fortgeführt. Green Quest arbeitete bis in die Nacht und an den Wochenenden, und ich ebenfalls. Sie kamen wenigstens einmal pro Woche in mein Büro. Sie brauchten mich, und ich war immer für sie da. So untersuchte Green Quest über Mark und Dave die Verbindungen zwischen SAAR und Terrorismus. Für jeden Schritt ihrer Ermittlungen brauchten sie meine Daten, weil sie am Anfang so wenig gewusst hatten.

Aber sie arbeiteten voller Begeisterung. Nach dem 11. September hatte die Regierung die Prioritäten geändert, und viele Beamte wurden wiederum der Terrorbekämpfung zugeteilt. Einigen Beamten, mit denen ich in der Vergangenheit zu tun gehabt hatte, hatte diese Versetzung nicht gefallen, sie hatten sie sogar als Degradierung betrachtet, doch Mark und Dave waren hoch motiviert und wissbegierig. Mit einem solchen Team zusammenzuarbeiten war eine erhebende Erfahrung für mich, auch wenn sie sehr arbeitsintensiv war. Ich brauchte nur etwas zu sagen, schon gingen sie der Sache nach.

Eine Ermittlung wie diese hatte ich noch nie erlebt, bei der die Beamten so gut wie jedes Wort aus meinem Mund in ihre Überlegungen einbezogen. Jahrelang hatte ich mir anhören müssen, dass meine Hinweise »weitergeleitet«, »geprüft« und »in Betracht gezogen« würden – Einstellungen, durch die allzu viele Ermittlungen im Sand verliefen. Mit Green Quest, nicht nur bei Mark, Dave und Marcy, sondern beim gesamten Team, war das ganz anders. Sie nahmen die Informationen, die ich lieferte, und die Ermittlung selbst ernst, und sie lernten gewissenhaft alles, was damit zu tun hatte.

Mir war inzwischen klar geworden, dass die Regierung schon mehrmals gegen SAAR ermittelt hatte. Das Office of Foreign Assets Control verfügte ebenso über Informationen wie das FBI, auch anderen Behörden war aufgefallen, dass irgendetwas faul war an 555 Grove Street in Herndon, Virginia. Aber keiner einzigen Behörde war es bislang gelungen, die Verbindung zwischen dem Netz von SAAR und terroristischen Gruppen herzustellen. Die Verdachtsmomente lagen vor, aber die Ermittlungen traten auf der Stelle.

Das heißt, bis ich ins Spiel kam. Anhand von öffentlich zugänglichen Dokumenten suchte ich weiter und grub nächtelang immer tiefer, bis ich das Puzzle gelöst hatte. Ich stellte die Verbindung her und fand das fehlende Glied zwischen SAAR und terroristischen Gruppen. Als Green Quest, unter meiner Führung, genauer nachforschte und Quellen nutzte, zu denen ich keinen Zugang hatte, konnten sie meine Erkenntnisse bestätigen. Sie sagten mir, dass meine Informationen im Verein mit dem Hintergrund der geheimen Informationen, die ihnen vorlägen, eine solide Grundlage für eine Ermittlung bieten würden. Laut ihren Angaben war das Material, das ich nicht einsehen durfte, besser, als ich mir je hätte träumen lassen. Sie wurden ebenfalls zu Terroristenjägern.

Aus den Fragen, die Dave und Mark mir stellten, schloss ich, dass sie an einem Hausdurchsuchungsbefehl arbeiteten. Mark sagte, sie würden bei der Ermittlung große Fortschritte machen. Allerdings seien sie auf ernste Probleme gestoßen, als sie versucht hätten, den US-Staatsanwalt zu überzeugen, dass neben der 555 Grove Street auch die Wohnsitze einiger Personen im Umfeld von 555 durchsucht werden müssten. Ich hatte Green Quest erklärt, dass eine Hausdurchsuchung der 555 Grove Street allein nicht ausreichen würde, dass es außerordentlich wichtig sei, auch die Personen, die mit den jeweiligen Unternehmen verwickelt waren, zu überprüfen – wem gehörte was und mit wem. Die Regierung müsse diese Personen wenigstens ebenso sorgfältig unter die Lupe nehmen wie das Material aus 555 Grove Street. Doch offenbar hielt der US-Staatsanwalt es für völlig ungewöhnlich, die Wohnsitze der Direktoren von Unternehmen durchsuchen zu lassen, und verlangte deshalb mehr Beweise.

Aus eigenem Antrieb rief ich ihn an und fragte, was er denn genau brauche. Er sagte mir, es sei gar nicht so einfach, einen Richter davon zu überzeugen, dass diese Personen möglicherweise auch Material bei sich zu Hause hätten, das die Ermittlung weiterbringen würde. Ich entgegnete, die Personen seien die eigentlichen Akteure, nicht die Scheinunternehmen, die sie zur Tarnung gegründet hätten. Er war nicht überzeugt und meinte, das würde ihm so kein Richter abkaufen. Dann hatte ich eine Idee. »Was wäre«, sagte ich, »wenn ich Ihnen beweisen könnte, dass diese Personen zwar eine Reihe von Unternehmen unter 555 angemeldet haben, dass sie aber ihren Wohnsitz als Postanschrift für diese Unternehmen benutzen?«

»Stellen Sie mir diese Liste zusammen«, sagte er, »und ich verspreche Ihnen, wir werden ihren Häusern einen Besuch abstatten.«

Meine Mitarbeiter und ich arbeiteten 48 Stunden lang, zogen die Akten jedes Einzelnen hervor und prüften, wer den eigenen Wohnsitz für sein Unternehmen angab.

Meine Liste wurde von dem Staatsanwalt genehmigt.

Mark rief mich daraufhin an und sagte, dass Hamdis Adresse nicht genehmigt worden sei. Ich sagte Mark, die Batterie sei damals direkt an Hamdis Privatadresse geliefert worden. Womöglich hatte er sich auch andere Dinge dorthin schicken lassen, über die die Regierung Näheres in Erfahrung bringen wollte. Mark rief mich später an. Auch die Hausdurchsuchung von Hamdis Wohnung war jetzt genehmigt.

Anfang März 2002 rief ein Agent der Regierung namens Brandon mich im Büro an. Er sagte, er habe ein paar Fragen und würde gern vorbeikommen, um mit mir darüber zu sprechen. »Worüber?«, fragte ich. Wenn Agenten mich anrufen, wollen sie in der Regel etwas ganz Bestimmtes, einige Hinweise oder Dokumente, die mit einer Ermittlung zu tun haben. Ich bereite immer das Material für derartige Treffen vor, deshalb fragte ich, was ich für ihn vorbereiten solle.

»Wir wollen nur Ihre Meinung zu etwas hören.«

Wir? Meinung? Das klang sehr merkwürdig.

Er wollte mich so bald wie möglich treffen, am besten gleich morgen.

Am nächsten Morgen kam er ziemlich früh mit einer Frau,

die sich als Anita vorstellte. Ich ließ mir ihren Ausweis zeigen und bat sie dann herein. Sie fragten, ob wir die Bürotür schließen könnten. An einer Wand hing eine große Karte von dem SAAR-Netzwerk. Auf dem Bildschirm meines Computers war eine neue SAAR-Karte zu sehen, an der ich auf Dave und Marks Wunsch arbeitete. Brandon und Anita setzten sich, und ich erwartete das übliche angenehme Frage-und-Antwort-Spiel, in dem sie mich um Informationen bitten und ich nach Kräften versuche, sie zu beschaffen.

Brandon fing an. »Uns ist bekannt, dass Sie, ähm, sehr stark an der Ermittlung in Virginia beteiligt sind. Wie Sie vielleicht schon geahnt haben, rückt der Tag für die Razzien in diesen Objekten näher. Und genau deshalb sind wir hier.«

Ich wusste natürlich, dass sie Fortschritte mit den Durchsuchungsbefehlen gemacht hatten, weil ich ja einen großen Teil der Informationen geliefert hatte. Ich wusste auch, dass es sich um groß angelegte Razzien handeln würde, weil man mich gebeten hatte, Beweismaterial für einige Orte vorzulegen, die durchsucht werden sollten, nicht zuletzt für die erwähnten Privatadressen.

»Und?« Ich wurde nervös. Ich hatte keine Ahnung, wo das hinführen würde.

»Nun ja, wir haben gewisse Bedenken«, sagte er. »Bezüglich der Sicherheit der Beamten im Einsatz.«

Ich musste erst einmal schwer schlucken.

»Was meinen Sie damit genau?«, stieß ich mühsam hervor.

»Mit anderen Worten: Wir wollen sichergehen, dass *die* dort draußen nicht bereits auf unsere Agenten warten.«

Ich hatte mich wieder in der Gewalt. »Habe ich Sie richtig verstanden«, sagte ich. »Sind Sie hier, um mich zu fragen, ob ich Barzinji, al-Alwani oder Jaghlit informiert hätte, dass Fahnder von Green Quest und vom Zoll kommen und an dem und dem Tag ihr Haus durchsuchen würden? Wollen Sie andeuten, dass ich sie angewiesen hätte, diese Fahnder mit Maschinenpistolen zu empfangen?«

Ich war schockiert und gedemütigt wie niemals zuvor.

»Nein, verstehen Sie uns nicht falsch. Wir sind nur in Sorge und wollen uns versichern, dass alles glatt gehen wird.«

»Wissen Sie überhaupt, mit wem Sie sprechen?«, sagte ich scharf. »Ich kenne Sie nicht, und Sie kennen mit Sicherheit mich nicht. Das ist meine Ermittlung, mein Baby, mein Projekt – ganz allein – und Sie werfen mir vor, ich hätte etwas durchsickern lassen? Das ist ganz allein *mein* Wissen. Alles stammt aus öffentlichen Unterlagen. Ich kann alles weitergeben, nach Belieben. Niemand kann mich daran hindern, es weiterzugeben. Ich hätte es jederzeit durchsickern lassen können, schon vor Monaten, vor Jahren. Alles, was Green Quest hat, kommt von mir. Alles. Ich habe mich von Anfang an hingesetzt und ihnen alles beigebracht, und das ist der Lohn dafür?«

Anita, bemüht, den Schaden in Grenzen zu halten, sagte, sie seien nur die Kuriere, die man gebeten habe herzukommen, ein paar Fragen zu stellen und zu überprüfen, ob auch wirklich die Bösen eine Überraschung erleben würden, nicht die Einsatzbeamten.

»Selbst ein Verbrecher in Untersuchungshaft wird informiert, dass er demnächst wegen seines mutmaßlichen Verbrechens verhört wird. Sie hätten mir wenigstens, bevor Sie kamen, sagen können, worum es geht.« Ich spuckte aus.

Jetzt hatten wir die Rollen vertauscht, und sie waren in der Defensive. Sie wussten offenbar wirklich nicht, mit wem sie es zu tun hatten. Aber sie hatten sich auch nicht die Mühe gemacht es herauszufinden, bevor sie in mein Büro kamen.

Brandon versuchte, das Thema zu wechseln. Er sah sich die Karte auf dem Bildschirm an und fragte danach. Ich sagte ihm, dass ich die Karte für Green Quest anfertigen würde. Er bat mich um eine Kopie. Ich druckte für ihn fünf Kopien aus und sagte dann: »Sehen Sie das? Das stammt alles aus öffentlichen Dokumenten. Und wissen Sie was – vielleicht ist die Idee gar nicht so schlecht. Vielleicht sollte ich das tatsächlich der *New York Times* schicken, am besten für die Sonntagsausgabe.«

Sie sahen mich entsetzt an.

»Schämen Sie sich«, sagte ich. »Ich habe mein Leben dieser Sache gewidmet, und Sie werfen mir vor, ich sei eine Doppelagentin. Verlassen Sie mein Büro. Sofort. Sitzung beendet.«

Sie eilten nach draußen.

Ich rief sofort Marcy Futerman an. Sie war außer Haus, und man sagte mir, sie sei die ganze Woche nicht erreichbar. Ich wollte mit ihrem Assistenten sprechen.

»Was geht hier vor?«, fuhr ich ihn an, kaum hatte er den Hörer abgenommen. »Zeigt ihr so eure Dankbarkeit, indem ihr ein Team schickt, das mich verhören soll?«

Ich hatte keine Ahnung, ob er oder Marcy von dem Vorfall wussten, aber das war der beste Weg es herauszufinden. »Sagen Sie mir nur, ob Marcy das gebilligt hat.«

»Marcy wurde darüber informiert, ja, aber ich gebe Ihnen mein Wort, sie hätte so etwas nie gebilligt«, sagte er. Er war ehrlich, und mir wurde klar, dass Marcy selbst in einer Zwickmühle steckte. »Sie wissen, was für eine hohe Meinung sie von Ihnen hat. Aber Sie müssen verstehen, dass sie auf manche Dinge einfach keinen Einfluss hat. Sie konnte nichts tun, um es zu verhindern.«

Als Nächstes piepste ich Mark an. Er meldete sich ungewöhnlich spät, erst nach Stunden. Er war ganz aufgewühlt. Ich wollte ihm erzählen, dass ich von Beamten verhört worden sei, die ich noch nie gesehen hätte, doch er wiederholte immer nur, er habe das Gefühl, dass er verfolgt werde.

»Ich kann sie anscheinend nicht abschütteln. Ich hatte den ganzen Tag über das Gefühl, dass ich verfolgt werde. Ich weiß nicht, was da vorgeht, aber irgendjemand versucht mir etwas anzuhängen.«

Mir gehe es genauso, sagte ich.

»Ich weiß nicht, was sie von mir wollen, ich weiß nur, dass ich nie etwas Schlechtes getan habe«, erklärte er.

Ich rief Dave an. Auch er war aufgebracht. Auch er wurde observiert.

Womit habe ich das verdient?, dachte ich. Jedes Mal, wenn ich etwas Interessantes in Erfahrung gebracht habe, wenn eine Ermittlung gut läuft, dann wird am Ende gegen mich ermittelt. Das machte mich traurig und wütend. Es war nicht das erste Mal, dass seit dem Skandal um John Canfield gegen mich ermittelt wurde. Durchaus nicht. Es gab noch andere Fälle, auf die ich hier nicht näher eingehen kann. Aber diesmal ging die Sache weiter: Zum ersten Mal wurde mir direkt vorgeworfen, Bundes-beamte in Gefahr zu bringen.

Tagelang war ich ganz aufgewühlt. Ich konnte mich auf über-haupt nichts konzentrieren. Ich konnte nicht schlafen. Immer wieder hatte ich Albträume, in denen ich von diesen Agenten verfolgt wurde, die mich verhört hatten. Ich wusste, dass mein Telefon abgehört wurde, dass ich verfolgt wurde, dass mich jemand belauschte und jedes Wort von mir aufnahm. Am schlimmsten war, dass ich niemanden hatte, den ich um Hilfe bitten konnte. An wen hätte ich mich wenden sollen, an die Regierung? Vielleicht stand ich *doch* auf der falschen Seite. Viel-leicht, so dachte ich, sollte ich mich 555 anschließen, wie diese Agenten vorgeschlagen hatten. In den Armen von SAAR wäre ich eindeutig viel sicherer als in den Armen der Regierung.

Ich tue das, was ich tue, weil ich die Vereinigten Staaten ein wenig sicherer machen möchte, und so dankt die Regierung es mir.

Einige Wochen später, am 20. März 2002, als ich von einem Ter-min außerhalb zurückkehrte, lag ein Stapel mit Nachrichten von Journalisten auf meinem Schreibtisch. Ich rief den Ersten auf dem Stapel an.

»Was halten Sie denn von den Razzien in Virginia?«, fragte der Reporter.

»Wovon sprechen Sie überhaupt?« Ich ahnte, worauf er an-spielte, aber ich wollte sichergehen.

»Heute morgen«, erzählte er mir, »haben rund 150 Beamte von FBI, Polizei, Zoll und INS 16 Örtlichkeiten in Virginia durchsucht und eine Hähnchenfabrik in Georgia. Haben Sie nicht davon gehört? Es kommt ständig in den Nachrichten.«

Insgesamt durchsuchten Agenten von Green Quest und anderen Behörden 18 verschiedene Örtlichkeiten in Virginia, die mit SAAR in Verbindung standen. Das war die größte Razzia im Kampf gegen den Terrorismus in der Geschichte der Verei-nigten Staaten. Die Razzien wurden am nächsten Tag fortge-setzt. Rund 100 Computerfirmen wurden ebenfalls zwangs-vorgeladen.

Alle wussten von den Razzien, alle außer mir. Ich sollte als-Letzte davon hören, und ich sah mir die Razzien im Fernsehen an, mit sehr gemischten Gefühlen. Einerseits war ich zufrieden, dass die Hausdurchsuchungen stattgefunden hatten, andererseits fühlte ich mich aber auch ausgenutzt und missbraucht. So hatte sich wahrscheinlich auch John Canfield gefühlt, als ihm die Ermittlung gegen PIJ entzogen wurde, dachte ich.

Ich tröstete mich mit einem Gedanken, der mich außerordentlich belustigte. Ich, eine Ex-Irakerin, war als Einzige imstande, gegen die ex-irakischen Gründer von SAAR und ihre teuflische Verschwörung etwas auszurichten.

Man muss eben an den Richtigen gelangen, um jemanden zu fangen.

Nach den Razzien hörte ich zwei Monate lang nichts von Green Quest. Dann rief Mark überraschend an und wollte sich mit mir treffen.

»Warum?«, fragte ich sarkastisch. »Eure Ermittlung ist doch vorüber. Ihr braucht mich doch nicht mehr.«

Er begriff sofort. »Bitte seien Sie nicht beleidigt«, bat er. »Ich konnte nicht mit Ihnen sprechen. Ich stand ebenfalls unter Beobachtung. Ich wurde verfolgt, mein Telefon wurde angezapft, und ich wurde verhört. Sie setzten mir wirklich arg zu. Bitte seien Sie mir nicht böse. Das habe ich nicht verdient.«

Was war das, dachte ich, eine Wiederholung der Geschichte mit John Canfield? Was fehlte denn diesen Leuten, die fortwährend gegen Ermittlungsbeamte ermitteln?

»Wenn Sie mir nicht glauben«, fuhr er fort, »sprechen Sie doch mit dem Staatsanwalt, mit dem Sie zusammengearbeitet haben. Er wird es Ihnen sagen. Er und alle anderen im Team standen unter Beobachtung.«

Mark, das wusste ich, zählte nicht zu den Leuten, die so etwas erfinden würden. Aber ich war neugierig und rief den Staatsanwalt an, um seine Reaktion zu testen. Ich bestürmte ihn nicht allzu sehr, weil in der ganzen Angelegenheit noch ermittelt wurde – und vermutlich noch heute ermittelt wird. Aber er bestätigte alles, was Mark mir gesagt hatte. So gut wie jeder, der mit der Ermittlung gegen SAAR zu tun hatte, war observiert worden.

Das FBI zählte zu den Behörden, die diese Ermittlung durchführten.

Kein Wunder! Das FBI hatte schon längst ein Auge auf diese Ermittlung geworfen, die so umfassend war und so berühmt wurde. Die Bundesbehörde hatte sich ohnehin bereits in die Ermittlung gegen SAAR eingemischt, und das nicht gerade auf die feine Art. Nach den Razzien riefen Menschen an, die Informationen über das SAAR-Netz hatten. Da sie nicht wussten, wer für die Ermittlung zuständig war, riefen einige Leute beim FBI an und gaben ihm ihre Tipps. Das FBI wiederum behielt die Hinweise für sich und ging auf eigene Faust diesen Spuren nach, statt die Hinweise an die zuständigen Leute von Green Quest weiterzuleiten. Nicht einmal den Zoll informierte das FBI. Darüber hinaus brachen die beiden FBI-Agenten in Virginia irgendwann die Zusammenarbeit mit Green Quest einfach ab. Es lag auf der Hand, dass sie auf Befehl von oben handelten. Das FBI weigert sich immer noch, an Green Quest Dokumente auszuhändigen, die die Gruppe für ihre Arbeit benötigt. Das FBI behandelt Green Quest schlimmer als den eigenen Feind: Zacarias Moussaoui, der so genannte 20. Attentäter vom 11. September, erhielt vom FBI mehr Dokumente, die seine Ermittlung betrafen – darunter eine Anzahl geheimer Unterlagen –, als Green Quest! Und der eigentliche Skandal in der Angelegenheit ist natürlich die Tatsache, dass sich all das nach dem 11. September ereignete.

Während ich diese Zeilen schreibe, versucht das FBI, die Ermittlung vollständig zu übernehmen. Einmal mehr wiederholt sich die Geschichte mit Sami al-Arian und John Canfield. Das FBI behauptet, die Zollfahndung und Green Quest hätten zu Recht die Ermittlung in die Wege geleitet, als es anscheinend nur um Geldwäsche ging. Nunmehr, da es mit Terrorismus zu tun habe, sei die Zollfahndung nicht mehr imstande, die Angelegenheit zu regeln. Na, prächtig! Wenn man danach geht, was das FBI aus anderen Fällen gemacht hatte, dann können wir uns von dieser Ermittlung verabschieden, wenn es ihm tatsächlich gelingt, den Fall SAAR zu übernehmen. Wie viele Erfolge im Kampf gegen den Terrorismus kann das FBI vorweisen? Nicht allzu viele, das ist sicher.

Doch das FBI spielte nicht einmal den miesesten Part in dieser schmutzigen Angelegenheit.

Das blieb der CIA vorbehalten.

Die CIA ermittelte gegen mich und gegen die Ermittler von Green Quest und Zollfahndung.

Die CIA und das FBI observierten jeden, der mit der Ermittlung gegen SAAR zu tun hatte. Weiße Kleinbusse und Geländewagen mit dunklen Fenstern tauchten in der Nähe der Wohnungen sämtlicher Beteiligten auf. Alle Agenten, von denen einige große Erfahrung mit Überwachungen hatten, wussten, dass sie verfolgt wurden. Genau wie ich. Ich spürte, dass ich überall verfolgt und beobachtet wurde: zu Hause, im Supermarkt, auf dem Weg zur Arbeit ... und wozu?

Wenn ich verkleidet an einer Konferenz, einem Gebet oder einer Kundgebung teilnahm, musste ich zwar höllisch aufpassen, konnte mich aber wenigstens hinterher entspannen. Jetzt wurde ich tagtäglich rund um die Uhr beobachtet. Es ist ein schreckliches Gefühl, wenn man weiß, dass man keine Intimsphäre hat – und keine Sicherheit: das merkwürdige Klicken des Telefons, das früher nicht da war, die allzu grob geöffnete Post zu Hause und im Büro und derselbe Mann, den ich im Supermarkt nebenan beobachtet hatte und der vor einer Woche auch im Zug nach Washington saß ... Das Leben kann einem ganz schön verleidet werden, wenn man weiß, dass einem immer jemand über die Schulter guckt.

Die Zollfahnder wurden verhört sowie ihre Vorgesetzten und der Staatsanwalt im Fall SAAR. Unter anderem wurden sie alle gefragt, ob sie irgendwelches Material an mich weitergeleitet hätten. Sie erklärten alle einmütig, dass dies ein geradezu lächerlicher Gedanke sei. Sie sagten, bevor ich gekommen sei, hätten sie keinen blassen Schimmer von SAAR und 555 Grove Street gehabt. Nach ihren Aussagen hätten sie mir ohnehin nichts Verwertbares geben können, das ich nicht schon gehabt hätte. Und dass ich ihnen das Material beschafft hätte, nicht umgekehrt.

Von den Betroffenen hatte niemand die geringste Ahnung, was denn der eigentliche Grund für ihr Verhör war.

Auch wenn ich Gefahr laufe, für grundlos paranoid gehalten zu werden, muss ich meine Theorie über die Ermittlung und die Rolle der CIA darlegen. Ich kann nicht mit Sicherheit sagen, worum es der CIA ging, als sie die Ermittler observierte, aber es hat ganz den Anschein, als hätte irgendeinem hohen Tier in dem Geheimdienst der Gedanke nicht gefallen, dass Saudi-Arabien Schaden nehmen könnte. Die Razzien in 555 Grove Street hatten bereits stattgefunden, das konnte die CIA nicht ändern, aber gegen die Leute hinter den Razzien zu ermitteln und ihnen stark einzuheizen war eine äußerst effektive Methode, den Beteiligten zu signalisieren, dass die Ermittlung gegen SAAR an diesem Punkt gestoppt werden müsse.

Das könnte zugleich, man stelle sich vor, der Grund dafür sein, dass die Regierung einer Klage der Hinterbliebenen der Opfer vom 11. September gegen mehrere saudische Gruppen und Personen so reserviert gegenübersteht. Die Saudis sollten wegen der Finanzierung von Terrorakten auf Schadenersatz verklagt werden. Oder ist etwas anderes der Grund? Hat die CIA deshalb mit SAAR zu tun, weil die Saudis an der Spitze des Netzwerks in Wirklichkeit Iraker sind und die CIA sich gern, wie ich aus zuverlässiger Quelle gehört habe, beim Sturz von Saddam Husseins Regime der Hilfe dieser Leute bedienen möchte? Aus welchem Grund hat, nebenbei bemerkt, die Regierung denn nie etwas gegen Tariq Hamdi unternommen – ebenfalls ein Iraker –, über den mehr als genug Material vorliegen dürfte, um nachzuweisen, dass er terroristische Gruppierungen unterstützt?

Die CIA geht ganz eindeutig nach einem bestimmten Plan vor. Ich glaube nicht, dass irgendjemand dahinterkommen wird, nach welchem, zumindest nicht in absehbarer Zukunft.

Aber bevor eine derartige Behörde eine Partnerschaft eingeht, sollte sie sich gut überlegen, mit wem sie sich einlässt.

Falls die CIA tatsächlich wieder einen derartigen Deal mit Blick auf den Irak oder Saudi-Arabien schließen will, so steht uns allen noch eine ganze Menge Ärger bevor. Nicht nur weil die Ermittlungen gegen SAAR sabotiert würden, sondern vor allem, weil die Zusammenarbeit mit Terroristen und ihren Unterstützern zu einem bestimmten Zeitpunkt vielleicht als günstige Gelegenheit erscheinen mag, langfristig aber immer mit einer Katastrophe endet. Das haben wir oft genug erlebt.

Die CIA half Bin Laden bei seinem Krieg gegen die Sowjets in Afghanistan, und wohin hat uns das geführt?

Epilog

Frühjahr 2003

»Glaubst du wirklich, dass du das tun musst?«, hatte mich Leo gefragt, und ich hatte gespürt, dass ich es musste. Der Gedanke hatte schon seit geraumer Zeit in mir Gestalt angenommen. In den letzten Jahren hatte ich erfahren müssen, welch schändliche und unglaubliche Dinge direkt vor unseren Augen passieren, und je mehr ich darüber nachdachte, desto klarer wurde mir, dass ich keine andere Wahl hatte, als der ganzen Welt mitzuteilen, was ich in meinem Leben als Terroristenjägerin gelernt hatte. »Ich bin der Meinung, die Menschen müssen es wissen, Leo. Vieles könnte verbessert werden, wenn nur die Probleme öffentlich bekannt wären.«

Die amerikanische Öffentlichkeit hat den Eindruck, dass die verschiedenen Behörden aus dem kläglichen Versagen am 11. September gelernt hätten und nunmehr eng zusammenarbeiten, sich gegenseitig unterstützen würden. Doch das tun sie immer noch nicht. Ganz bestimmt nicht bei den unzähligen Ermittlungen, an denen ich beteiligt war.

»Wenn ich darüber schreibe, Leo, dann könnte sich wirklich etwas verändern.«

»Und was ist mit deiner eigenen Sicherheit? Das wird ziemlich viele Leute ganz schön wütend machen.«

Leo hatte Recht. Was ich schreiben wollte, würde ziemlich viele ärgern – Terrorgruppen ebenso wie bestimmte Behörden der US-Regierung. Hinzu kam, dass ich Mutter und Ehefrau war. Ein derartiges Buch konnte meine ganze Familie in Gefahr bringen. Ich dachte sehr gründlich darüber nach. Und ich erkannte, dass ich wirklich keine andere Wahl hatte. Ich musste es dennoch tun.

Bis zu diesem Buch hatte ich alles, was ich als Terroristenjägerin unternommen hatte, immer inkognito getan. Ich hatte vielen Menschen und Organisationen, die es verdient hatten, erheblich geschadet, aber ich war immer im Hintergrund geblieben. Deshalb war es mir möglich, wenn nötig verdeckt zu ermitteln. Wenn ich also meine Arbeit fortsetzen wollte, dann durfte ich auf keinen Fall mit diesem Buch an die Öffentlichkeit gehen, ich musste folglich anonym schreiben. Ich strebte ohnehin nicht nach Ruhm und Anerkennung.

Ich musste eine Möglichkeit finden, nach der Veröffentlichung des Buches anonym zu *bleiben*. Mir wurde klar, dass ich noch tiefer untertauchen musste. Damit ich weiterhin das tun konnte, was ich am besten kann, nämlich Terroristen jagen, musste ich meine Adresse ändern, untertauchen, vielleicht sogar in ein anderes Land gehen. Mein Leben und das meiner Familie war möglicherweise in Gefahr. Um das Risiko so gering wie möglich zu halten, mussten wir unser Leben komplett verändern.

Während ich schrieb, fragte ich mich, vor wem ich am meisten Angst haben musste. Vor der Islamic Association of Palestine? Vor der Holy Land Foundation? Vor Ghassan Dahduli? Oder vielleicht vor Yousef al-Qaradawi? Er ist ein bekannter muslimischer Geistlicher mit Millionen Anhängern. Für seine Anhänger ist er genauso bedeutend wie der Papst für die Katholiken. Wie viele Anhänger werden sich an mir rächen wollen, weil ich verhindert hatte, dass ihr geistlicher Führer nach Amerika einreiste? Ein einziger Fanatiker würde schon reichen. Und wie viele Saudis und Iraker, die mit SAAR zu tun haben, werden sich die Haare raufen, wenn sie herausfinden, dass ich, eine im Irak geborene Jüdin, noch dazu eine Frau, ihnen so sehr geschadet hat? Es fehlt ihnen ganz gewiss nicht an den nötigen Mitteln und Freiwilligen, mich ausfindig zu machen und für das, was ich getan habe, zahlen zu lassen.

Aber sind das meine einzigen Feinde? Wie steht es zum Beispiel mit dem FBI? Oder der CIA? Dem Außenministerium? Ich glaube kaum, dass eine dieser Behörden mich für die Wahl zum »Menschen des Jahres« vorschlagen würde. Ich habe gezeigt, dass viele Dinge im Apparat der Regierung noch heute, nach dem 11. September, im Argen liegen und schleunigst behoben werden müssten. Gewiss werden auch etliche Regierungsbeamte mir dafür dankbar sein, dass ich Dinge über das FBI aufgedeckt habe, die sie am liebsten selbst enthüllt hätten, aber andere werden mich hassen für das, was ich geschrieben habe. Ich habe zwar darauf verzichtet, über Ereignisse zu sprechen, die laufende Ermittlungen behindern könnten, und mich darum bemüht, keine Details zu nennen, die neue Ermittlungen gegen Agenten auslösen würden, bin mir aber durchaus im Klaren darüber, dass das Buch eine wahre Flut von Erkundigungen in die Wege leiten wird. Gegen jeden, der jemals mit mir zu tun hatte, wird ermittelt werden: Bundesbeamte, Staatsanwälte, sogar Journalisten. Das ist so sicher wie das Amen in der Kirche. Aber wird die Regierung sich damit zufrieden geben? Oder wird irgendein hohes Tier beschließen, dass ich schon genug Schaden angerichtet hätte und man sich meiner Person annehmen müsse, bevor noch mehr passiert?

Leo und die Kinder mussten an der Entscheidung, das Buch zu schreiben, beteiligt werden. Auch sie würden etwas opfern müssen. Sie würden eine schwere Zeit durchmachen, wenn ich meine Geschichte veröffentlichte. Sie mussten *wieder* umziehen, ihr jetziges Leben aufgeben und würden, im Grunde, unter Hausarrest stehen. Nicht nur in einer Beziehung würden sie mit mir in die Hütte in Bagdad zurückkehren. Ich habe schon jetzt regelmäßig Albträume, dass ihnen etwas zustoßen könnte.

Wir leben wirklich in einer seltsamen Welt: Wir, die Guten, müssen uns verstecken, während die Terroristen sich sämtlicher Freiheiten des Westens erfreuen.

Trotz alledem weiß ich, dass ich das Buch schreiben musste. Weil einige Dinge, die ich in den letzten Jahren erfahren habe, öffentlich gemacht werden müssen, wenn sich jemals etwas ändern soll. Ich bin fest davon überzeugt, dass die Medien und die öffentliche Meinung als Katalysator einen Wandel in die Wege leiten können. Mein größter Wunsch ist es, mit diesem Buch die immense Macht der Menschen in Bewegung zu setzen. Die Menschen müssen wissen, dass ihnen von dem islamischen Fundamentalismus große Gefahr droht und dass sie ständig zunimmt. Und sie müssen wissen, dass die Regierung schleunigst ihre Art, mit der Gefahr umzugehen, überdenken sollte.

Solange Imas Gewalt predigen, wird die Gewalt nicht ausgerottet. Diese Imams leben unter uns; sie sind unsere Nachbarn. Sie predigen in der Moschee an der Straßenecke. Ihre Anhänger hören zu, nehmen das Gesagte in sich auf und lernen. Einige von ihnen, wenn auch nicht viele, werden beschließen, den nächsten Schritt zu tun und den Worten Taten folgen zu lassen.

Solange wir Unterstützer von Terroristen »Freunde und Verbündete« nennen, treiben wir auf eine Katastrophe zu. Wir dürfen es nicht zulassen, dass ein derartiges Unglück wie der 11. September sich wiederholt. Ländern, die den Dschihad finanzieren und lehren, sollte es nicht gestattet werden, irgendwelche Handelsabkommen mit uns zu schließen, auch nicht wegen der lächerlichen Gefahr, dass ein Regime im Nahen Osten, wenn es destabilisiert wird, durch ein noch schlimmeres abgelöst wird, oder gar wegen Erpressung mit Erdöl. Es gibt kein schlimmeres Regime als eines, das den Dschihad bezahlt.

Unsere Regierung nimmt die Bedrohung durch den Terrorismus ernster als je zuvor, aber sie befasst sich immer noch nicht so damit, wie sie eigentlich sollte – indem sie nämlich genau wie ich diese Organisationen unter die Lupe nimmt. Sie richtet ihr ganzes Augenmerk auf die Jagd nach Terroristen, beschäftigt sich aber noch nicht mit den Ursachen, weshalb sie überhaupt zu Terroristen wurden.

Ich werde der Regierung immer nach Kräften helfen, Terroristen zu fangen, auszuweisen oder zu verhaften. Das sind zwar notwendige Maßnahmen, um den Terrorismus zu bekämpfen, aber sie werden das Problem nie lösen. Vielleicht trägt dieses Buch dazu bei, den Menschen klar zu machen, dass der Terrorismus ausgerottet werden muss, und zwar nicht nur indem bestimmte Anschläge verhindert werden, sondern indem die Ideologie, die sich dahinter verbirgt, bekämpft wird. In der Zeit, in der man einen Terroristen fängt, werden nämlich 15 andere an seiner Stelle ausgebildet. Außerdem ist es ein großer Fehler, Terroristen zu verharmlosen, weil sie der Hamas angehören und nicht al-Qaida, oder dem Palestinian Islamic Jihad und nicht der

Hisbollah. Diese Organisationen tragen zwar verschiedene Namen, aber sie sind alle ein und dasselbe. Wo immer Terrorismus zum Vorschein kommt, muss er ausgerottet werden.

Um diesen Krieg zu gewinnen, das ist die Quintessenz des Buches, muss die Erziehung in Ländern, die terroristische Gruppen finanzieren, geändert werden, außerdem müssen die Geldquellen für Terroristen zum Versiegen gebracht werden. Das sollte über politischen und wirtschaftlichen Druck erreicht werden. Es kann Generationen dauern, bis es so weit ist, aber es ist der einzige Weg, den Terrorismus auszurotten.

Bis das geschieht, müssen Regierungsbehörden ihre Strategie beim Kampf gegen den Terrorismus überdenken. Und zwar nicht nur auf dem Papier, sondern auch in der Praxis. Große Reden über die nationale Sicherheit zu schwingen wird nicht ausreichen. Solange Agenten zur Terrorbekämpfung immer noch keine Ahnung von den Wurzeln und der Geschichte des Islam haben, wenn sie nicht wissen, wie sie im öffentlichen Sektor nach grundlegenden Dokumenten wie den 990er Formularen für die Steuererklärung suchen müssen, wenn sie nicht einmal das Web nach Informationen über den Gegner durchsuchen, wenn sie die Praxis beibehalten, nur nachrichtendienstliche Informationen zu verwerten, die vor Gericht häufig nicht zugelassen werden, dann werden Terroristen uns weiterhin immer einen Schritt voraus sein. Solange Ermittlungen gegen saudische Unternehmen und Bürger von Regierungsbeamten abgeblockt werden, solange gegen die Guten ermittelt wird statt gegen die Terroristen, und solange Behörden, allen voran das FBI, sich weigern, Informationen mit anderen auszutauschen und die Ermittlungen anderer Regierungsbehörden sogar sabotieren, solange wird dieser Krieg in den USA nicht gewonnen. Wenn die Öffentlichkeit begreift, wie ernst die Lage ist, dann könnte sich alles zum Guten wenden.

Als Leo und ich überlegten, ob ich das Buch schreiben sollte oder nicht, wusste ich eines ganz genau: Wenn ich mich aus Angst oder Sorge um meine eigene Sicherheit davon abhalten ließe, dann würde ich eines Tages, Jahrzehnte später, bestimmt im Schaukelstuhl vor dem Kamin sitzen und zu Leo sagen:

»Siehst du, Leo, wenn ich das Buch geschrieben hätte, dann könnte es heute anders aussehen.«

Ich hätte es mir nie verziehen, wenn ich es nicht geschrieben hätte. Ich hätte mir nicht mehr in die Augen sehen können.

Unzählige Male hat mich, wenn ich verkleidet in einer Moschee saß oder, weit schlimmer, wenn ich von Regierungsbeamten verfolgt und abgehört wurde, ein Gedanke geplagt: Warum kann ich nicht ein normales Leben führen? Warum kann ich nicht wie andere Leute faul in einem Café sitzen, ins Fitnesszentrum gehen, die schönen Dinge genießen, an denen andere sich freuen? Warum brauche ich diesen ständigen Ärger? Weshalb mache ich mir die Mühe, einem Frevel nach dem anderen auf den Grund zu gehen, sei es nun in Form der Äußerungen muslimischer Führer oder der stümperhaften Vorgehensweise der US-Behörden bei ihren Ermittlungen?

Weil ich mich dazu verpflichtet fühle. Wenn ich es nicht tue, wer dann?

In Wirklichkeit könnten andere ohne weiteres das tun, was ich tue. Sam und Jerome hatten keine Ahnung von Terrorismus, als sie zu mir kamen, und jetzt, gut ein Jahr später, beschaffen sie sich ebenso geschickt wie ich Informationen und verwenden sie.

Jeder kann das. Man muss nur wollen, dann kann man ein Terroristenjäger werden.

Wir befinden uns im Krieg, ob wir es wollen oder nicht. Am 11. September wurden wir alle eingezogen. Wir können und werden diesen Krieg gewinnen, weil Fortschritt, Freiheit und Gerechtigkeit auf unserer Seite sind.

Es ist mir eine Ehre, in vorderster Front zu kämpfen. Das ist eine gute Sache, und es passt zu mir. Mein Vater hätte nichts anderes von mir erwartet.

Mögen wir alle in Frieden leben.

Abkürzungsverzeichnis

AMC American Muslim Council; AMELP American Middle Eastern League for Palestine; BIF Benevolence International Foundation; CAIR Council on American-Islamic Relations; CDLR Committee for the Defense of Legitimate Rights; GRF Global Relief Foundation; HLF Holy Land Foundation; IAF Islamische Aktionsfront; IAP Islamic Association for Palestine; IARA Islamic African Relief Agency; ICNA Islamic Circle of North America; ICP Islamic Committee for Palestine, auch: Islamic Concern Project; IIFSO International Islamic Federation of Student Organizations; IIIT International Institute of Islamic Thought; INS Einwanderungs- und Einbürgerungsbehörde der USA; ISNA Islamic Society of North America; MAYA Muslim Arab Youth Association; MWL Muslim World League; MSA Muslim Students Association; NAIT North American Islamic Trust; OFAC Office of Foreign Assets Control; PIJ Palestinian Islamic Jihad; USAID United States Agency for International Development (US-Entwicklungshilfe-Organisation); WAMY World Assembly of Muslim Youth; WISE World and Islam Studies Enterprise.

Personenregister

Die mit (f) gekennzeichneten Personen sind vermutlich nur in fiktiver Form erwähnt

A'yash, Yihya 303
Abdallah, Abu (Deckname Osama bin Ladens) 236
Abdallah, König 159
Abdel-Rahman, Omar, Scheich 250
Abraham, Stammvater des jüd. Volkes 14
Adams, Joseph J. (Deckname für al-Deek, Khalil) 190f., 197, 206
Ajaj, Ahmed 231, 251ff., 259, 263, 357
Al-Alwani, Taha Jaber 341f., 345f., 357, 362, 376, 379, 389
Al-Amoudi, Abdurahman 309ff., 343, 347
Al-Arian, Nahla 183f.
Al-Arian, Sami 110, 115ff., 122, 125, 138, 142ff., 149f., 183f., 218ff., 233, 264f., 271f., 276f., 279, 284, 286ff., 291, 293, 297, 300, 341, 344f., 354f., 378, 380, 383, 394
Al-Ashi, Arafat 366
Al-Ashqar, Abdalhalim 137f., 142, 292, 306, 344, 346
Al-Asi, Mohammed 308
Al-Bakr, Ahmed Hassan, Vetter Saddam Husseins 28

Al-Deek, Khalil 193ff., 205ff., 222f., 245, 281, 292
Al-Deek, Tawfiq 200ff., 205f.
Al-Farhan, Dr. Ishaq, muslim. Gelehrter 152, 154ff., 171, 292, 317, 345, 354
Al-Fawwaz, Khalid 263f.
Al-Gosabi, Dr. Ghazi 180
Al-Hage, Wadih 211, 246, 250f., 257ff., 312, 315, 328, 354f., 378
Al-Hallak, Moaataz 361
Al-Hanooti, Muhammad 132ff., 142f., 149f., 161, 163f., 183, 343
Alhazmi, Nawaf 139
Al-Hilbawi, Kamal 345
Ali, Ihab 328, 330f., 355
Al-Marayati, Salaam 332
Al-Najjar, Mazen 183f., 186, 264, 284, 286, 297, 300
Al-Obaid, Abdallah 370f.
Al-Qaradawi, Sheikh Yousef 152ff., 157, 160f., 163, 177, 343, 375, 399
Alrababah, Eyud 138
Al-Rajhi, Saleh Abdul Aziz 353ff., 378
Al-Rajhi, Scheich Sulaiman Abdul Aziz 353f., 375f., 378
Al-Ridi, Essam 327f.
Al-Shehhi, Marwan 330
Al-Talib, Hisham 346, 357, 362, 373, 375f.
Al-Zawahiri, Ayman 211f.

409

Sachregister